Bernardo Campos

PASTORAL PENTECOSTAL

ELEMENTOS DE TEOLOGÍA PRÁCTICA

© 2016 Bernardo Campos / Pastoral Pentecostal: Elementos de Teología Práctica
© 2016 Kerigma Publicaciones

Segunda Edición: 1500 ejemplares

Publicaciones Kerigma © 2016 Salem Oregón

Todos los derechos son reservados. Por consiguiente: Se prohíbe la reproducción total o parcial de esta obra por cualquier medio de comunicación sea este digital, audio, video escrito, salvo para citaciones en trabajos de carácter académico según los márgenes de la ley o bajo el permiso escrito de Publicaciones Kerigma.

www.seminarioteologicokerigma.org/publicaciones

Diseño de Portada: Publicaciones Kerigma

2016 Publicaciones Kerigma

Salem Oregón

All rights reserved

ISBN:10:0-9979958-4-X
ISBN-13:978-0-9979958-4-8

© 2016 Publicaciones Kerigma
Segunda Edición 1500 ejemplares

RECOMENDACIONES

La teología pentecostal en América Latina ha tenido excelentes propugnadores con creatividad y capacidad de sistematización. Con seguridad Bernardo Campos es uno de esos propugnadores a la altura del desafío. En esta obra nos brinda una madura reflexión sobre uno de los temas más caros y característicos del pentecostalismo que es la práctica. Nuestra teología ha sido, a semejanza de la iglesia de los comienzos, una teología a partir de la misión, de la vivencia. Aquí, Bernardo reúne los temas más importantes de la pastoral y sistematiza, organizando y dando cuerpo a distintas facetas de la pastoral pentecostal. Sin duda esta obra cubre de manera brillante un espacio que ha sido poco tratada en la teología pentecostal latinoamericana.

David Mesquiati, PhD
Pesquisador da Cátedra Unida de Teología Pública e
Estudos da Religião
Faculdade Unida de Vitória, Brasil

En este volumen, Pastoral Pentecostal, el lector se encontrará con una metodológica transversalmente inclusiva, que reconoce la misión socio-espiritual del Espíritu Santo en la promoción de la experiencia pentecostal en el cuerpo de Cristo. Como libro de texto, este libro enriquecerá el conocimiento de estudiantes interesados en una teología práctica desde una Pneumatología dinámica, profunda y de gran altura.

Miguel Álvarez, PhD
Profesor adjunto de teología y misión
Regent University, Virginia, USA.

PRÓLOGO 1

El presente libro del Dr. Campos, "*Pastoral Pentecostal: Elementos de Teología Práctica*", es una obra abarcadora y está sustentada en criterios bíblicos, teológicos e históricos sólidos. Define los conceptos más importantes y está respaldada en una amplia y selecta bibliografía. Además, desde el punto de vista académico, está bien escrita. Respecto al tema, es lo mejor y más completo que he leído desde y para América Latina.

Para la implementación de la pastoral pentecostal en América Latina, el Dr. Campos, propone el desarrollo de la persona humana en su totalidad: desarrollo físico, intelectual, emocional y espiritual, tanto dentro como fuera de la iglesia. No desarrolla un aspecto en detrimento de los demás. La salvación en Jesús es salvación familiar, social, económica, física, política y económica.

El libro es importante también para corregir algunos errores teológicos que, aunque no sea agradable admitirlos, existen en el movimiento pentecostal, tanto clásico como en el Neo Pentecostal. Sin duda también existen errores teológicos en las iglesias no pentecostales. En la presente obra está una excelente oportunidad para la reflexión teológica de los ministros e iglesias pentecostales.

Por otra parte, en el caso particular de Guatemala, el reconocimiento numérico de la Iglesia Evangélica no coincide con la superación de la triste realidad de pobreza, extrema pobreza, injusticia, marginación, discriminación, corrupción, etcétera, en la que se debate nuestro país. La Iglesia Evangélica tiene deudas que pagar en este aspecto. Opino que, si los pastores y las iglesias locales conocemos e implementamos responsablemente el contenido de este libro, todavía estaríamos a tiempo para influir en la transformación de la sociedad de la que formamos parte.

El conocimiento y práctica del contenido del libro del Dr. Campos, sin duda va a contribuir para la renovación de la iglesia en toda América Latina. Téngase siempre presente que solo una iglesia renovada puede influir sobre la transformación de la sociedad. Urge que la iglesia conozca e implemente la Misión Integral que Dios le encomendó. Recordemos aquí al teólogo alemán, Dietrich Bohoeffer: "*La iglesia que no vive para servir a los que no pertenecen a ella, no tiene derecho a existir*". La iglesia solo es iglesia cuando sirve a quienes no pertenecen a ella.

Apreciados compañeros pastores, líderes de la iglesia y educadores, adquieran este libro, úsenlo como libro de texto y velen por su implementación. Este tema no es solo para ser estudiado, es para ser implementado.

Dr. Roberto Aldana
Ministro
Iglesia de Dios Evangelio Completo
Guatemala

PRÓLOGO 2

El Dr. Bernardo Campos nos ha bendecido con este libro titulado *Pastoral Pentecostal: Elementos de Teología Práctica*.

Además de abordar elementos generales de la teología Práctica, el Dr. Campos propone magistralmente el tema de la pastoral desde la perspectiva pentecostal, con un enfoque creativo, novedoso y desafiante.

En esta obra a cada pastor es desafiado a considerar seriamente la complejidad de su ministerio, el cual debe ser ejercido con fidelidad a Dios, a las Sagradas Escrituras y a la vocación divina; pero al mismo tiempo, con pertinencia contextual y calidad profesional.

Conocer a Dios, quien nos llamó al santo ministerio es fundamental; pero igualmente, conocer al pueblo al quien servimos, es de importancia capital. El pastor es un sacerdote, alguien que está entre Dios y la gente que sirve. En esta obra el autor nos desafía a conocer la realidad del mundo al cual hemos sido llamados y enviados a servir en nombre de Dios.

Los conceptos de pastoral eclesial (la que sea realiza hacia dentro de la iglesia) y pastoral de reino (la que se realiza fuera de la iglesia) ponen en perspectiva correcta el ministerio pastoral. También es de gran ayuda el enfoque de interdisciplinariedad que implica el ejercicio pastoral, de lo cual el Dr. Campos nos hace conscientes.

La obra finaliza como debe ser, es decir, abordando un amplio abanico de "campos recurrentes" y problemas que los pastores enfrentamos casi cotidianamente en el ejercicio de nuestro ministerio.

Estimado pastor, tiene usted en sus manos un valioso recurso de Teología Pastoral, desde una perspectiva pentecostal. No busque e esta obra las tradicionales "recetas infalibles" que se ofrecen en algunos libros. Eso sí, este libro le ayudará a comprender su ministerio dentro y fuera de la iglesia, con apego a las Sagradas Escrituras como nuestro fundamento de fe; con dependencia del Espíritu Santo, con pertinencia contextual, con sana crítica de nuestra praxis pastoral y con apertura a la obra de Dios. Él está activo en la iglesia y el mundo revelando al Dios de la vida, y sigue reconciliando consigo mismo a sus criaturas, por medio de Jesucristo, nuestro Señor.

Responder a las necesidades humanas desde la fe cristiana es un reto enorme. Este es nuestro desafío como pastores. El Dr. Campos nos da una valiosa ayuda con esta obra, que se publica en el marco de la celebración del 84 aniversario de la Iglesia de Dios Evangelio Completo de Guatemala. Que el Señor nos ayude a ser pastores conforme a Su corazón.

Juan Manuel Castañeda
Superintendente Nacional
Iglesia de Dios Evangelio Completo,
Guatemala

PRESENTACIÓN

Este libro titulado: *Pastoral Pentecostal: Elementos de Teología Práctica* es el resultado de una cátedra de Maestría en el Seminario Bíblico Pentecostal, convenio SEMISUD - SEBIPCA pronunciada por el autor y alimentada con los aportes de los estudiantes. Una primera edición, con motivo del 84 aniversario de la Iglesia de Dios Evangelio Completo de Guatemala, se puso a disposición del público guatemalteco y centroamericano el año 2015.

Hoy, gracias a Kerigma Publicaciones, entregamos una nueva edición para el público de habla hispana en Estados Unidos, Canadá, Europa y Sudamérica.

La obra tiene dos partes. La primera parte es una introducción a la Teología Práctica General y la segunda una propuesta de Teología Práctica Especial, aplicada o ejercida desde el pentecostalismo.

Las primeras tres lecciones contenidas en el capítulo primero abordan una discusión sobre la naturaleza, objeto, método, fines, funciones, estructura y división de la Pastoral. Luego, de manera sintética, se presenta los elementos bíblicos que fundamentan el trabajo pastoral, así como una discusión acerca de las necesidades humanas y la respuesta pastoral a la luz del mensaje profético, el ministerio de Jesús y de la iglesia.

El segundo capítulo trata de las ramas afines a la teología pastoral, básicamente su correlación con las ciencias teológicas, no-teológicas y otras ciencias instrumentales.

El tercer capítulo, haciendo una distinción meramente formal, se aborda la acción pastoral desde dos planos: La acción pastoral hacia adentro (a la que se denomina *pastoral eclesial*) y la pastoral hacia afuera, (a la que se llama simbólicamente *pastoral de reino*) que, sin excluir la primera, se proyecta a las acciones pastorales de la iglesia en el mundo. Hasta ahí, la primera parte de la obra.

La segunda parte referida a la Teología Práctica especial, inicia el capítulo cuarto con una presentación breve de la realidad del mundo, América Latina y Guatemala en particular. Se busca ver cómo se ha insertado en esa realidad el pentecostalismo guatemalteco, para luego discutir el perfil de una teología práctica pentecostal en ese contexto.

Los capítulos cinco y seis abordan los campos recurrentes de la acción pastoral con una variedad de temas propios del pentecostalismo: pastoral de la salud, pastoral de los avivamientos, dones, ministerios y operaciones del Espíritu, así como la pastoral de reino y la administración de los cambios en las estructuras eclesiales. Se tocan temas como la espiritualidad pentecostal, la educación en la fe de Cristo, la administración de los bienes materiales y el dinero, y la pastoral de la conducta religiosa, tanto la sana como la patológica. Hubiéramos querido ahondar en la pastoral aborigen, pero las limitaciones de espacio sugirieron trabajar esa área de la pastoral por separado.

Se concluye con el capítulo siete tratando puntualmente problemas pastorales compartidos con otras iglesias: pastoral en situaciones de crisis, el problema de la corrupción, desviaciones y perversiones sexuales, rituales nocivos, violencia religiosa, abuso de poder, adicciones y otros males del siglo XXI. Aunque el libro no cubre todas las áreas que supone una pastoral latinoamericana, al menos quiere dejar una pauta para el abordaje de las múltiples situaciones propias de nuestro tiempo.

El autor queda especialmente agradecido a Bani Calderón, entonces Director del Seminario Bíblico Pentecostal, y ahora Secretario Nacional de Educación de la Iglesia Evangelio Completo de Guatemala.

Esperamos en Dios que pueda ser útil a la iglesia del Señor donde quiera que esta se halle.

El Autor

INDICE

RECOMENDACIONES 5
PRÓLOGO 1 7
PRÓLOGO 2 9
PRESENTACIÓN 11
PRIMERA PARTE TEOLOGÍA PRÁCTICA GENERAL 19
CAPÍTULO I 20
INTRODUCCIÓN A UNA TEOLOGÍA PASTORAL 20

Lección 1. Introducción a la Pastoral y Pastoral Pentecostal 20
   §. La Teología: Naturaleza, sujeto, objeto, fines, funciones, método, estructura y divisiones 20
   §. Definiciones: La Teología Práctica como Teología "Pastoral" o "Ministerial" 29
   §. De la teología pastoral a la teología práctica contemporánea 30
   §. El giro copernicano de la teología a las realidades terrestres y sus límites 31
   §. Teología Pragmática, Teología de Correlación (Tillich) Teología Práctica convergente (Christian D. Boyd), Teología Pública en AL (Rudolf von Sinner en Brasil) Pragmatic Theology y religión civil en EUA 32
   §. Particularidad de la pastoral pentecostal y diálogo con una teología global: Naturaleza, sujeto, objeto, fines, método, interdisciplinariedad, estructura y áreas de la teología práctica pentecostal. 41

Lección 2. La Pastoral en la historia de la salvación 43
   §. El contexto de la Creación 44
   § El contexto del Pacto 44
   § El contexto de la Ley 44
   § Los Profetas 45
   § Jesús y el Reino 45
   § La Iglesia 46

Lección 3: Las necesidades humanas y la acción pastoral 46
   § Los profetas y las necesidades humanas 46
   § Jesús y las necesidades humanas 47
   § La Iglesia y las necesidades humanas 48

CAPÍTULO II 51
LAS RAMAS AFINES A LA TEOLOGÍA PASTORAL 51

Lección 4. Correlación con las ciencias teológicas *51*
   § Administración eclesiástica 51
   § Teología bíblica en la teología pastoral 52
   § Teología histórica y teología pastoral (escatología y pastoral) – según Karl Rahner.. 52
   § Teología dogmática (eclesiología y otros dogmas) 54
   § Misionología y pastoral... 55
   § Ética (personal, social, política) y pastoral.. 56
   § Las decisiones éticas y sus enfoques.. 58
   § Las decisiones éticas y sus etapas.. 63

Lección 5. Correlación con ciencias afines no-teológicas *64*
   § Antropología y Sociología 64
   § Psicología y pastoral.. 66
   § Consejería / pastoral counseling.. 67
   § Psicología de la religión 68
   § Psiquiatría de la religión y de la secta / tratamiento de patologías religiosas 69
   § Trabajo social 70
   § Pedagogía.. 71
   § Música y artes dramáticas... 72
   § Retórica.. 74
   § Otras ciencias instrumentales 76

CAPÍTULO III *79*

DISTINCIÓN DE PLANOS EN LA ACCIÓN PASTORAL *79*

Lección 6. La acción pastoral hacia adentro (pastoral eclesial) *79*
   § Pastoral congregacional o de conjunto.. 79
   § Pastoral etárea 81
      * Pastoral de la niñez, de la pubertad, de la adolescencia 83
      * Pastoral juvenil.. 86
      * Pastoral del adulto 88
      * Pastoral de la tercera edad o del adulto mayor.. 90
   § Pastoral de transición o rites de passage: nacimiento, pubertad, matrimonio y defunción... 91
   § Pastoral de Matrimonios: Unión, separación, divorcio y recasamiento............... 94
   § Pastoral y equidad de género 97
   § Pastoral de la mujer... 101
   § Pastoral de la familia ministerial 104

Lección 7. La acción pastoral hacia afuera (Pastoral de Reino) *105*
   § Pastoral Social (de la presencia a la incidencia social) saber estar ausente 105
   § Pastoral Política: Teología pública / Partidos confesionales 110
   § Pastoral de consolación 113
   § Acción Pastoral como cumplimiento de los Derechos Humanos 117

§ Pastoral con refugiados 122
§ Pastoral con migrantes 125
§ Pastoral contra la trata de personas 128
§ Pastoral para drogodependientes 131
§ Otros campos de la acción pastoral 134

SEGUNDA PARTE TEOLOGÍA PRÁCTICA ESPECIAL 137

CAPÍTULO IV 139

LA REALIDAD DE GUATEMALA Y EL PROYECTO DE UNA TEOLOGÍA PRÁCTICA 139

Lección 8. La realidad presente: América Latina, Guatemala y el Mundo 139
§ Guatemala, América Latina y la Economía mundial 139
§ Situación de Guatemala y la coyuntura mundial 146
§ Globalización o mundialización y la iglesia universal 147
§ La Religión en Guatemala: Visión global 149
§ Postmodernidad y pentecostalismos 151

Lección 9. Presencia y acción de los pentecostalismos en la historia de Guatemala ... 153
§ Los Pentecostalismos en Guatemala 154
§ El compañerismo de Juan 17:21 156
§ La acción pastoral y misionera de los pentecostales 156

Lección 10. Perfil de una Teología Práctica Pentecostal: Experiencia y desafíos 157
§ El desafío de una Teología Práctica Pentecostal 157
§ El perfil de una Teología Práctica Pentecostal 157

CAPÍTULO V 159

CAMPOS RECURRENTES DE LA PASTORAL PENTECOSTAL (I PARTE) 159

Lección 11. Pastoral integral de la salud 159
§ Ministración de la salud física 159
§ Ministración de la salud emocional 162
§ Ministración de la salud mental 163
§ Ministración de la salud espiritual: sanidad interior y liberación de endemoniados 166

Lección 12. Pastoral de los avivamientos 174
§ Identidad y búsqueda y de los avivamientos 174
§ Administración responsable de avivamientos 184
§ Prevención y resolución de conflictos de división por avivamientos 185

Lección 13. Pastoral de Reino y de los cambios en las estructuras eclesiales 188
§ Cambios en la mentalidad y en la estructura de la iglesia como producto de avivamientos o de crisis de institucionalidad. 188

§ Transformación de estructuras eclesiales en función de una nueva visión de Reino 189
§ Eclesiogénesis: la Iglesia Celular (hacia una ecclesiologiae regnum) 195
  * Universalidad y localidad de la iglesia. 199
  * La alternativa posible: "Ecclesiola in Ecclesia" 199
  * Un medio entre otros para edificación de la iglesia 201
  * Las Comunidades Eclesiales de Base en el catolicismo popular 201
  * El crecimiento relativamente proporcional del pentecostalismo 202

Lección 14. Ministerios, dones y operaciones del Espíritu en el pentecostalismo 205
§ El Ejercicio de Ministerios, dones y operaciones del Espíritu en la iglesia contemporánea 205
§ Ministerio de Adoración, alabanza e intercesión 208
§ Ministerio docente de la iglesia 210
§ Ministerio Evangelístico Pentecostal. Proselitismo y salvación 212
§ Ministerio de misericordia o ayuda social 216
§ Ministerio Profético pentecostal 220
§ El Ministerio Apostólico contemporáneo 221
  Los "Doce Apóstoles del Cordero" 224
  Los Apóstoles de la Ascensión 229

CAPÍTULO VI 235

CAMPOS RECURRENTES DE LA ACCIÓN PASTORAL PENTECOSTAL (II PARTE) 235

Lección 15. Espiritualidad Pentecostal 235
§ Fe y razón en la espiritualidad pentecostal: La tensión entre Espíritu y Palabra 243
§ La mística pentecostal: Oración y ayunos en las iglesias pentecostales 247
§ Del culto a la Misión: El culto pentecostal, espacio para el éxtasis 249
§ Sobre los rituales de consagración y acciones simbólicas o proféticas 257
§ Carisma y poder en las comunidades pentecostales 258

Lección 16. La educación en la fe de Cristo 267
§ Espiritualidad pentecostal y educación teológica 267
§ La formación teológica de pastores pentecostales 268

Lección 17. Pobreza, riqueza y pentecostalismos 271
§ Sobre la Teología de la Prosperidad 281
§ Perspectiva bíblica de la pobreza 287

Lección 18. Pastoral de la conducta religiosa: La personalidad pentecostal 292
§ La unidad de la Iglesia y el papel de los pentecostales 295
§ Sectarismo y divisionismo vs. Ecumenismo y unidad 297
§ Posesiones demoníacas y trastornos de la personalidad 303
§ Patologías pentecostales contemporáneas 306

CAPÍTULO VII 311
PROBLEMAS COMPARTIDOS CON OTRAS IGLESIAS 311

Lección 19. Problemas humanos frecuentes 311
   § Pastoral en situaciones de crisis: social, cultural, económica, política, religiosa 311
   § El problema de la corrupción 314
   § Aberraciones de la sexualidad: Desviaciones y perversiones 319
   § Rituales nocivos 326
   § Violencia religiosa y abuso de poder 331
   § Adicciones y otros males del siglo XXI 334

BIBLIOGRAFÍA 341
   Fuentes escritas 341
   Fuentes digitales 357

PRIMERA PARTE
TEOLOGÍA PRÁCTICA GENERAL

CAPÍTULO I
INTRODUCCIÓN A UNA TEOLOGÍA PASTORAL

Lección 1. Introducción a la Pastoral y Pastoral Pentecostal

§. La Teología: Naturaleza, sujeto, objeto, fines, funciones, método, estructura y divisiones

1. **Naturaleza** de la teología. Etimológicamente, "teología", es el tratado o estudio acerca de Dios. Es la razón o conocimiento racional, inteligente, sobre Dios. En tal sentido es la "inteligencia de la fe" (*intellectum fidei*). La palabra teología es una palabra compuesta que viene del griego *Theos* = Dios, y *Logos* = palabra, razón, tratado o estudio.

La teología se define como el "*conocimiento fundado* (ciencia que supone una racionalidad y métodos) *sobre Dios* (su esencia y atributos) *y su acción* (presencia, manifestaciones, pactos, obras, propósitos) *en la historia humana* (antigüedad, edad media, edad moderna y contemporánea) *y la manera cómo Él se ha manifestado en Cristo* (el logos, revelación especial) *y a su iglesia* (sujeto) *a través de los siglos* (la revelación histórica y progresiva) *con el propósito de redimirnos* (a nosotros y a nuestro hábitat) *para devolvernos al seno del Padre* (finalidad última).

La palabra teología no se encuentra en la Biblia. Esta palabra se usaba en la antigüedad para describir la obra de algunos poetas y escritores griegos. Para los griegos teología es un "himno religioso dirigido a Dios y bajo inspiración divina"[1]. En tal sentido, Homero sería un teólogo griego.

---

[1] Hortelano, Antonio. *Teología de Bolsillo*. Madrid: Covarrubias; 1991: 7.

La palabra teología es de origen griego y está compuesta por dos palabras, que básicamente significa una relación de, o un discurso de, los dioses o de Dios.[2] Según el historiador Rino Fisichella[3] el término *theologia-theologein* no es de origen cristiano. Los primeros datos que se pueden recuperar, se refieren al mito. Tanto Homero como Hesíodo son llamados *theologoi* por su estilo particular de componer y cantar los mitos. El propio Aristóteles al dividir la filosofía teorética en tres: Matemática, física y teología, la identifica con la metafísica[4]. Metafísica en Aristóteles es todo lo que tiene que ver con lo sobrenatural, por ejemplo: "curación metafísica", "poesía metafísica", así como cualquier esquema de explicación que trascienda las inexactitudes del pensamiento ordinario.

San Agustín recuerda que los primeros en utilizar este término en sentido religioso fueron los estoicos, que la definían como "la razón que explica a los dioses". Solo a través de un proceso progresivo se impone tanto en Oriente como en Occidente el uso cristiano de "Teología"[5].

Es Eusebio de Cesarea (260-340 d.C.) quien usa explícitamente la palabra teología, atribuyendo a Juan, el escritor del cuarto evangelio, como *theologos*, porque en su evangelio había escrito una "eminente doctrina sobre Dios"[6]. Solo a partir de esta noción se hace una "ortodoxia" o correcta doctrina. La teología será la verdadera doctrina, y la falsa doctrina es la que enseñaban los paganos y los herejes. Naturalmente la teología cristiana asumirá una forma propia, pero siempre dependiente de la filosofía griega.

Veamos enseguida las otras nociones relativas al quehacer teológico.

2. El **sujeto** de la teología, es en general la comunidad creyente. En particular cada uno de nosotros *hace* teología, pero siempre *desde*, y como parte de la comunidad eclesial y desde una perspectiva confesional. Si se es pentecostal, la teología asumirá esa perspectiva. El teólogo o la

---

[2] Wright, D. F. "Teología". En: Dir. Ferguson, Sinclair; Wrigth, David & Packer, J.I. *Nuevo Diccionario de Teología*. El Paso, Texas: Casa Bautista de Publicaciones; 1992: 891.
[3] Fisichella, Rino "Teología" En: Dir. Pacomio, Luciano & Mancuso, Vito. *Diccionario Teológico Enciclopédico*. Estella (Navarra): Verbo Divino; 1996: 946.
[4] Weedon, William S. "Metafísica" En: Dir. Runes, Dagoberto. *Diccionario de Filosofía*. México: Grijalbo; 1981: 248.
[5] Fisichella, Rino "teología" citado en Pacomio, Luciano & Mancuso, Vito. Op. Cit: 946.
[6] Ibíd.

teóloga están en función de su comunidad y se deben a su realidad o contexto desde donde reflexiona. No obstante, sea la iglesia como conjunto, el sujeto iglesia por ser la unidad de una diversidad, contempla otros sujetos dentro de ella. Se trata de sujetos emergentes en la teología, entre ellos los laicos, las mujeres, los niños, los que tienen capacidades especiales, los obreros, los refugiados, los migrantes, etc. Todos ellos, no están al margen de la iglesia, son parte de la misma, pero reclaman un estatuto propio para su quehacer teológico y necesitan hacerlo desde la iglesia. Juntos, sacerdotes y laicos, pastores y líderes, en diálogo con la tradición de la iglesia, se hacen cargo de su producción teológica.

3. El **objeto** de la teología por definición y naturaleza de la disciplina, es Dios. La teología es ciencia acerca de Dios y de su revelación a los hombres. Hasta la Edad Media y comienzos de la modernidad (S. XVI), la teología se ocupaba estrictamente de las "realidades celestes", es decir, de temas espirituales que emanaban de la Biblia y de su comprensión. Por aquella época, la teología debía articularse siempre en diálogo con la filosofía. Desde la modernidad y por causa de los procesos de secularización e ilustración, la teología asumió las "realidades terrestres" como parte de su objeto de reflexión. Hoy por hoy la teología reflexiona sobre el mundo, la historia, la economía, la política, la salud, la opresión, la discriminación, las migraciones. Además de la salvación, Dios, el hombre, el pecado, Cristo y su obra, la iglesia y el fin de la historia, de una manera dinámica y en diálogo con las ciencias que lo requieran.

De acuerdo con Karl Rahner, la teología práctica es:

> Aquella ciencia teológica (es decir, sacada de las fuentes de la revelación, magisterialmente normada, que procede según un método, construida sistemáticamente y que utiliza los conocimientos profanos como cualquier otra disciplina teológica) que bajo el análisis científico, precisamente, teológico de la situación concreta (y no contemplada aun adecuadamente en el aspecto jurídico) en-cada-momento [sic] de la Iglesia, desarrolla los principios (y en la medida de lo posible los concreta en imperativos), según los cuales la Igle-

sia en esta determinada situación (es decir, en-cada-momento actual) actualiza su propia enseñanza y así realiza su actividad de salvación[7].

Rahner señala, además, que:

> La teología práctica tiene como su **objeto material** la *autorrealización de la Iglesia en su totalidad* o, como está expresado arriba, «la actualización de su propia esencia». Esto incluye, por un lado, las distintas dimensiones en las cuales *la Iglesia se auto realiza* (por ejemplo: el culto litúrgico, el anuncio de la Palabra, los sacramentos, la catequesis, la vida eclesial del individuo); y, por otro lado, *los diferentes sujetos de esta autorrealización*: ministros ordenados, laicos, comunidad local, grupos eclesiales, Iglesia en general, etc. Por otra parte, la Iglesia, en cuanto que tiene que realizarse aquí y ahora o, dicho de otro modo, la condicionalidad de la realización de la Iglesia a través de *la situación presente*, es el punto de vista **formal** de esta disciplina[8].

4. Los **fines** de la teología son concretos. En una palabra, se diría que el fin de la teología, es responder a las demandas de la humanidad a la luz de las Sagradas Escrituras que son el lugar donde está consignada la voluntad de Dios para los hombres. Esas respuestas son naturalmente de carácter espiritual, pero están orientadas a responder a las realidades terrestres, o necesidades concretas o materiales de los hombres.

> *¿Para qué sirve la teología? para responder a las preguntas y necesidades humanas desde el horizonte de la voluntad de Dios.*

La pregunta que siempre saldrá es la siguiente: *¿Para qué sirve la teología?*

---

[7] Rahner, K. «Pastoraltheologie- ein Überblick», SW 19, 3-29; 6-7, citado por Vigueras, Alex *La teología práctica de Karl Rahner: Una teología pastoral en perspectiva escatológica*. En: Teología y Vida, Vol. LI Santiago de Chile, (2010), 445-476. Disponible en: http://dx.doi.org/10.4067/S0049-34492010000300001.
[8] Ibíd.

Y la respuesta tendrá que ser: para responder a las preguntas y necesidades humanas desde el horizonte de la voluntad de Dios. El Dr. René Padilla, señala dos posibles respuestas a la misma pregunta. Dice:

> A la teología le compete la importante tarea de evaluar lo que se está haciendo, y de evaluarlo a la luz de la Palabra para ver si en efecto está contribuyendo a los objetivos del Reino de Dios y su justicia. Otra razón es que la fe tiene que articularse de tal modo que responda a los nuevos desafíos e interrogantes que surgen de la situación del mundo contemporáneo[9].

5. La teología a su vez cumple varias **funciones**. En primer lugar, una **función instrumental** en la medida que permite al sujeto situarse objetivamente en el proceso del quehacer teológico actual y en el conocimiento del vasto universo conceptual de la enciclopedia teológica. En segundo lugar, la teología cumple la **función de actualización de la tradición cristiana**. En tercer lugar, la teología cumple una **función contextualizadora** del pensamiento evangélico y de *correlación* del pensamiento con la vida y misión de la Iglesia. Y en cuarto lugar, cumple una **función orientadora** de la producción teológica, observando los aspectos fundamentales como fuentes, metodología, variantes y novedad del discurso teológico. La teología contemporánea entra en diálogo con la comunidad universal y por ello debe esforzarse por hablar el idioma que hablan sus interlocutores, no siempre creyentes.

6. ¿Y cuál es el **método** o camino de la teología para construirse ella misma como ciencia que responde a las necesidades humanas?

   Como toda ciencia, la teología parte de la realidad concreta, y tras un análisis de la situación vital (*sitz in leben*), busca en las Sagradas Escrituras elementos para interpretar esa situación y deducir una respuesta que guíe las acciones pastorales consecuentes. Se podría reducir a tres

---

[9] Padilla, C. René "¿Para qué sirve la teología?", *Revista Kairós*. Buenos Aires, Argentina. Disponible en: www.kairos.org.ar/ [Descargado en 26 mayo 2012].

momentos: **Ver, juzgar** y **actuar**[10] en consecuencia, el esquema que resulta es el siguiente:

Primer momento: descripción de la realidad o situación (ver)

- *Consideración de los diferentes aspectos de nuestra compleja realidad / descripción de los hechos tal y como se muestran a la vista* (fenomenología). Se trata aquí de un diagnóstico sentido, de una apreciación sensible de la realidad, tal y como los pobladores de una localidad lo sienten o lo viven.
- *Listado de problemas, necesidades y elección de aquellos que merecen urgente tratamiento*, así como aquellos que requieren una atención a mediano y largo plazo.
- *Análisis de la situación* (estructura y coyuntura) *desde la perspectiva de las ciencias que explican esa realidad* (desde la ciencia específica y desde un enfoque interdisciplinario): Historia, Ciencias Sociales, Derecho, Psicología, Filosofía y Teología. Cada ámbito o aspecto de la realidad implica una descripción pormenorizada y dependiendo de cuál sea la situación, se requerirá una explicación.
- *Según la voz oficial del gobierno local*: prensa oficial, ministerios, T.V., comunicados, leyes, etc. En efecto cada una de las instituciones sociales ofrece una descripción de la realidad. Algunas veces esas descripciones están orientadas o manipuladas por la ideología de quien describe. Por esa razón se debe sospechar siempre de toda interpretación y no creer todo lo que se dice.
- *Resultado global o síntesis del problema*, distinguiendo causas de efectos.

Segundo momento: Interpretación y análisis de la situación a la luz de la fe (juzgar)

- *¿Cómo entender esa situación desde las Sagradas Escrituras?* El texto bíblico leído por la teología bíblica mediante situaciones análogas o principios y valores en juego contenidos en el problema, dará una

---

[10] Este es el esquema de la ciencia en general. Se parte de una descripción de la realidad, se avanza luego al análisis y clasificación, para entonces concluir certeramente, calificar e intervenir. El esquema ha sido fundamentado epistemológicamente por Boff, Clodovis en su libro *Teología de lo Político*. Salamanca: Sígueme, 1980: 78ss [en portugués el título de la obra es más exacto: Teología e Pratica].

luz para interpretar la realidad desde la fe. Como cristianos, la referencia obligada es la Revelación de Dios contenida en las Sagradas Escrituras. Esto es precisamente lo que hace la diferencia, por ejemplo, entre la interpretación *teológica* y la sociológica.

- *Según la voz oficial de la Iglesia:* Declaraciones, documentos históricos, informes, etc. La interpretación de las realidades terrestres está mediada por la tradición amplia de la iglesia y por las tradiciones confesionales a lo largo de los siglos. Como los problemas humanos son universales, hay que cotejar cómo trató la iglesia ese problema en la historia del pensamiento cristiano. Los grandes concilios han respondido a situaciones similares y es deber del intérprete recibir una palabra de la tradición y avanzar desde ahí a nuevas y novedosas respuestas.

- *Según la opinión personal y del grupo* de trabajo pastoral. Aunque el sujeto de la teología siempre es comunitario, el individuo tiene también su propia palabra o su propia manera de ver las cosas. Algunas veces los teólogos van delante de la iglesia en sus interpretaciones, otras veces caminan junto a ella, y otras, muy por detrás.

Juntas estas dos visiones de la realidad o situación, se buscan soluciones pastorales al problema fundamental y a los más particulares, conscientes que lo nuestro es un aporte religioso (pastoral) y que solos como iglesia no se puede asumir la solución a todos los problemas.

Tercer momento: Alternativas de acción pastoral (actuar)

En consecuencia, después del análisis, surgen las preguntas:

¿Qué hacer?

Para plantear varias alternativas, la iglesia es sólo una parte (religiosa) de la respuesta, además de lo cultural, social, económico y político. Es la naturaleza de la respuesta, la que supone un listado de cosas que hay que hacer, porque los problemas son complejos y requieren de acciones conjuntas con otras instituciones del estado o el país.

¿Cómo hacerlo?

Esta pregunta responde a metodología y estrategias. ¿Qué caminos son posibles para la solución del o los problemas? ¿Qué metodología y cuáles estrategias son las mejores para la solución del problema?

¿Quién o quiénes lo harán?

Esta pregunta invita a pensar quiénes serán los responsables del proyecto o programa de trabajo. La iglesia debe comprometerse a solucionar los problemas de la sociedad en lo que atañe a su responsabilidad y función en la sociedad. La iglesia no está llamada a llenar vacíos que el Estado deja. Aquí hay que pensar en una distribución de funciones de acuerdo con la naturaleza y función institucional de la iglesia.

¿Cuándo se hará?

Esta pregunta tiene que ver con la pertinencia y etapas del desarrollo del proyecto. Una distribución en el tiempo (o cronograma) de las actividades programadas.

¿Por qué se hará?

Tiene que ver con el sentido y filosofía de la acción. La praxis es la acción pensada. Lo que la iglesia hace en respuesta a las necesidades humanas tiene que ver con su razón de ser. Su acción es siempre pastoral. Aun cuando sus acciones tengan una connotación política, su razón última es siempre pastoral en el sentido amplio del término.

¿Para qué se hace lo que se hace?

Esta pregunta tiene que ver con la *utilidad práctica* de las acciones pastorales de la iglesia. Muchas veces la iglesia hace cosas que corresponde a otras entidades, pero lo hace por misericordia y con el afán de ayudar a los necesitados. Su finalidad es palear un poco el dolor, para contribuir a mitigar el hambre material o la sed de la gente. Cuando hace esto, su acción se convierte en un testimonio público que de alguna forma contribuye a revelar el amor de Cristo a la gente. Cuando da de comer el pan material no lo hace con fines religiosos y menos como un medio para un fin espiritual. Eso sería utilitarismo.

¿Con qué recursos?

Siempre que la iglesia hace algo, su acción implica movilizar recursos materiales y financieros. En el caso protestante, por no tener una alianza con el Estado como la iglesia católica (en algunos países existe un *concordato* de ayuda mutua entre el Estado Vaticano y el país con su consiguiente desplazamiento de recursos financieros del país a favor de la ICR – Iglesia Católico Romana-), lo hace con recursos propios o bien con la ayuda de la cooperación protestante local o internacional. Hasta aquí una mirada sucinta al método.

Para terminar este apartado se expone la división de la teología:

7. En cuanto a la **división** de la teología, ésta se ha dividido tradicionalmente en cuatro grandes áreas: Teología bíblica, teología histórica, teología dogmática y teología práctica, pero siempre en correlación con otras ciencias.

La teología bíblica incluye el estudio histórico de cada uno de los libros de la biblia, usando las técnicas de la exégesis, la hermenéutica, la geografía y arqueología bíblicas. A la síntesis de los contenidos que emanan del texto bíblico se le llama teología bíblica y tienen que ver con la teología de la época en que los hagiógrafos o escritores bíblicos recibieron y entregaron la revelación de Dios. La teología bíblica es deudora de la *lingüística* aplicada al análisis de los textos hebreo y griego en los que fue escrita la Biblia. Ya sea la exégesis histórico gramatical, histórico-crítica, o bien el análisis semiótico de los textos.

La teología histórica como su nombre lo indica, se encarga de la historia o contexto en que nacieron las escrituras (historia del canon bíblico) la historia de Israel, la historia de la teología y la historia de la iglesia, además de otros aspectos históricos de la vida y obra del pueblo de Dios.

La teología dogmática a diferencia de la teología bíblica se encarga de organizar sistemáticamente los dogmas o doctrinas de la tradición cristiana. Las doctrinas de Dios (teología propia), los ángeles (angelología), el hombre (antropología), el pecado (hamartiología), la persona de cristo (cristología), su obra (soteriología), la iglesia (eclesiología) y las últimas cosas (escatología). Todas se organizan lógicamente desde una de ellas como eje central. La teología evangélica lo ha hecho desde la centralidad de Cristo. La *ética* y *estética* son parte de la dogmática, aunque por su naturaleza (normativa o descriptiva) se las considera por separado, pero en afinidad con las demás áreas de la teología. La teología dogmática surge a partir de la teología bíblica e histórica como una síntesis armónica.

La teología práctica por su naturaleza tiene que ver con los aspectos prácticos de la vida de la iglesia. Incluye la educación cristiana (catequesis), la homilética (predicación), la administración eclesial, la consejería, la misión y el desarrollo de los múltiples ministerios de la iglesia, como se verá más adelante en este libro.

Estas áreas propias de la teología, sin perder su especificidad en contenido y método, se *correlacionan* con una variedad de ciencias no teológicas[11] a fin de describir el fenómeno o penetrar en la esencia de su problemática y explicar sus causas y consecuencias.

§. Definiciones: La Teología Práctica como Teología "Pastoral" o "Ministerial"

El nombre "pastoral" para referirse a la teología práctica ha sido usado mayormente por la iglesia católico-romana. Los evangélicos han preferido teología ministerial o simplemente teología práctica. Según el teólogo y experto pastoralista Casiano Floristán:

> La Teología Pastoral, es la reflexión teológica de la *acción eclesial*, entendida como actualización de la *praxis de Jesús* por la Iglesia, de cara a la implantación del *reino* de Dios en la sociedad, mediante la constitución [construcción] del *pueblo* de Dios en estado de *comunidad* cristiana. Dicho de otro modo, es el esfuerzo reflexivo o teórico que hace la Iglesia a través de sus comunidades, con la ayuda imprescindible de los teólogos, para entender y promover la vida comunitaria cristiana en un mundo más justo y más solidario"[12].

Por definición la teología pastoral en su dimensión *ad intra*, hacia adentro de la iglesia, y *ad extra*, hacia afuera de la iglesia, tiene que ver con las diversas áreas ministeriales o de servicio de la iglesia.

De acuerdo con Xavier León Dufour, las palabras «ministro» y «ministerio», calcadas en el latín de la Vulgata, corresponden al griego *diakonos* y

---

[11] Pannenberg, Wolfhart *Teoría de la ciencia y teología*, Madrid: Libros Europa, 1981.
[12] Floristán, C. `En búsqueda de la teología práctica', en J. Bosch (ed.), *Panorama de la Teología Española*, Estella, 1999, p. 273.

diakonía. Estos dos términos no pertenecen al lenguaje religioso de los Setenta (LXX), que los emplea raras veces en sentido profano (Ester 1:10; 6,1-5).

En la Vulgata latina, *minister* traduce el hebreo *mesaret* (cf. Éxodo 24:13, Josué, servidor de Moisés), que puede designar a los sacerdotes, ministros del culto (Isaías 61:6; Ezequiel 44:11; Joel. 1:9)[13].

§. *De la teología pastoral a la teología práctica contemporánea*

La teología práctica contemporánea ha dejado de ser un capítulo de la teología para pasar a ser el eje fundamental de la teología en su conjunto. Sobre la distinción entre Teología Pastoral y Teología Práctica el pastoralista Pablo Guerrero Rodríguez señala que:

> Todavía existen algunos problemas con el nombre ya que unos defienden el nombre de Teología Pastoral, mientras que otros defienden el nombre de Teología Práctica. Ambas opiniones son respetables y defendibles. Históricamente, el cambio de nombre por el de Teología Práctica buscaba evitar la clericalización del tratado y reconocer el lugar de los laicos. Sin embargo, equiparar Teología Pastoral a Teología Práctica tiene un inconveniente ya que parecería que se priva a los otros tratados de un significado práctico. No pocos, simplemente, identifican los dos nombres y los utilizan como intercambiables. Tampoco faltan quienes opinan que la Teología Pastoral es innecesaria, ya que toda la Teología es pastoral. Para quienes defienden esta postura, la Teología Pastoral no constituiría una disciplina independiente, sino una dimensión presente en toda la Teología. Frente a esta visión, otros muchos defienden la necesidad de una teología inmediatamente práctica ("ciencia teológica en relación a la praxis"), a la vez que,

---

[13] Léon Dufour, Xavier *Vocabulario de Teología Bíblica*. Barcelona: Ed. Herder, 1965: 473-75.

consideran que lo pastoral y lo práctico, son también dimensiones presentes en todas las disciplinas teológicas[14].

El inconveniente de teología pastoral se debe precisamente al adjetivo "pastoral" que se relaciona con la actividad de los pastores. Tal vez sea mejor usar el término "teología ministerial" para distinguirla de la teología práctica en su conjunto. Dicho de otro modo:

> **La teología práctica es el discurso crítico y constructivo sobre la acción cristiana en el mundo.** Su *finalidad* es contribuir al perfeccionamiento de la acción cristiana en la realidad del mundo. Ella no se queda solamente en las actividades pastorales o en las necesidades de la iglesia. **La teología práctica va un poco más allá de las fronteras del mundo interno de la iglesia.** Su función objetiva es *servir al ser humano* independientemente de sus convicciones religiosas, políticas o ideológicas. *La teología práctica es la práctica de la acción cristiana por medio de la iglesia en el mundo y para el mundo*[15].

§. *El giro copernicano de la teología a las realidades terrestres y sus límites*

En la historia de la teología, como se dijo, se solía distinguir entre las realidades terrestres y las realidades celestes, como dos planos diferenciables y demarcados entre la teología y otras ciencias. La teología debía referirse o relevar temas estrictamente espirituales, dejando para las otras ciencias los temas terrenales. El giro copernicano en teología vino como efecto de la modernidad, al asumir al hombre (**antropocentrismo**) como eje de la producción teológica. La teología se haría con y desde la revelación, pero mirada "desde abajo", desde la existencia humana.

---

[14] Guerrero Rodríguez, Pablo. "Teología Pastoral: Idea, Palabra, Acción. La reflexión sobre la acción de la Iglesia" (original: «¿Qué es la teología pastoral?: orígenes y sentido actual». Conferencia pronunciada el 1 de junio de 2012 en el congreso de aniversario de la Revista Sal Terrae ("La Teología pastoral y sus encrucijadas", p. 4) en: https://www.academia.edu/4795574/Teologia_pastoral_idea.

[15] Fraga, I. M. "Teologia Prática e Teologia Pastoral: qual a relação?" en: http://www.webartigos.com/artigos/teologia-pratica-e-teologia-pastoral-qual-a-relacao/55944/ Descargado el 17.03.2015] cursivas mías.

El criterio de verificación ya no sería únicamente la ortodoxia (la correcta doctrina) sino además y sobre todo de la ortopraxis y la ortopathía.

La *ortopráxis* es la acción correcta de la iglesia, a diferencia de otras praxis o de praxis reñidas con la moral que no emanan de la ética cristiana. La *ortopathía* es el sentir y sufrir correctos. En la perspectiva latinoamericana, la experiencia de pobreza, sufrimiento, soledad, exclusión, migración, victimización por la violencia de todo tipo, etc., representan la condición desde donde se busca un sentido espiritual a esas realidades. Por un lado, para superar la angustia (sublimación), y otro, para reformularla como una *orthopatía*, es decir, convirtiendo lo malo del sufrimiento en un sufrimiento redentor o liberador. En opinión de Samuel Solivan, el *orthopathos*[16] es la manera cómo convertimos el sufrimiento en liberación y el conocimiento en práctica.

Es llevar el sacrificio o sufrimiento de Cristo a un ideal de vida cristiana. No basta con **decir** bien las cosas (*ortodoxia*), hay que **obrar** bien o correctamente (*ortopraxis*), y además **sufrir** correctamente las consecuencias de nuestros actos por causa de la fe en Cristo (*ortopathos*).

Una cosa es mirar la tierra y sus habitantes como "desde arriba" (K. Barth) y muy otra es mirarla "desde abajo", desde Cristo, el Dios encarnado (W. Pannenberg, J.L. Segundo). La primera mirada "desde arriba" es más autoritativa y normativa, pero pierde de vista al ser humano concreto y universaliza la Palabra de Dios sin distinguir particularidades. La segunda, "desde abajo", enfrenta los problemas humanos "cara a cara", y elabora respuestas para cada caso en particular, pero puede perder autoridad y relativizar el mensaje divino.

§. Teología Pragmática, Teología de Correlación (Tillich) Teología Práctica convergente (Christian D. Boyd), Teología Pública en AL (Rudolf von Sinner en Brasil) Pragmatic Theology y religión civil en EUA.

Según el antropólogo y teólogo peruano Manuel Marzal,

---

[16] Solivan, Samuel *The Spirit, Pathos and Liberation. Toward an Hispanic Pentecostal Theology*, England: 1998: 61-69.

> La religión -este hecho social que llena de sentido y esperanza muchas encrucijadas de la vida personal y social- fue condenada a muerte o a prisión perpetua en la conciencia privada por los científicos sociales del siglo pasado. Pero hoy la evidencia empírica muestra que la religión no sólo no murió, sino que está presente en los espacios públicos y tiene mil rostros. (...)[17]

Desde que la humanidad tiene uso de razón, la religión no solo ha sido la base o fundamento de la estructura social (Durkheim), sino que ha estado en el centro de la vida pública. La religión es el *alma* de cultura, en tanto que la cultura es la *forma* de la religión (P. Tillich) y por ello muchos de los términos de la vida política tienen una etiología religiosa.

La sociedad moderna ha sido estructurada con elementos propios de la religión y aun la *Res*-publica (del latín res=cosa, la cosa pública) toma elementos de la religión para sus relaciones: autoridad, poder, sacro, comunidad, fraternidad, justicia, igualdad, bien común, etc. En *La Construcción Social de la Realidad* Berger y Luckmann[18] mostraron la presencia de lo sagrado en la vida social, siendo construida sobre el telón de fondo de la vida religiosa.

Hasta antes de la Ilustración, la religión tenía autonomía plena y ejercía una influencia omnímoda en la sociedad. Representado por el Papa, quien tenía una *Plenitudo Potestatis*, la cristiandad era un modelo social influyente que ejercía control social. Gracias a sus procesos emancipatorios, los pueblos y los gobiernos se liberaron de la tutela de la iglesia, dando lugar a un proceso gradual de secularización en el mundo, al menos en Europa moderna. Las ciencias sociales y políticas, aunque emancipadas, heredaron tanto el lenguaje como las actitudes imperialistas y universalistas de la religión occidental y por eso pretenden ahora dictaminar sobre la propia religión, de donde emergió.

La tensión entre religión y política en la lucha por la hegemonía de la razón y el poder para gobernar, no es nueva. Para la Iglesia la razón que debe regir el mundo está anclada a la verdad de la *revelación*, en tanto que,

---

[17] Texto extraído del prólogo escrito por el Padre Manuel Marzal para el libro de Gogin, Gina *Presencia Religiosa en la Radio Limeña*. Lima, Perú: Fondo de Desarrollo Editorial de la Universidad de Lima, 1997.
[18] Berger, Peter y Luckmann, Thomas. *La Construcción Social de la Realidad*. Buenos Aires, Amorrortu, 1968.

para el mundo secular la autonomía del hombre es de por sí *la razón misma* y no necesita de la revelación. A lo sumo la ley de su conciencia (*lex natura*) es la que debe regir su vida y el propio Estado debe estar vigilado por ella.

La reflexión sobre *el uso público de la religión*, se enmarca dentro de los estudios norteamericanos conocidos como la *Public Theology* o *Pragmatic Theology* (PT)[19]. La misión básica de una PT es simple: hacer que una afirmación de origen religioso pueda ser compartida de modo relevante con personas que no comparten la misma fe ni la misma tradición en la que fue originada[20].

La idea es, pues, por un lado, hacer relevantes en la esfera pública afirmaciones que en principio parten de la esfera privada sin que al llevar a cabo este proceso, estas terminen enajenadas[21]. Esto supone, por supuesto, ajustes en el lenguaje y mucha receptividad respecto de las condiciones de una determinada época y, sobre todo, la confianza de que aun cuando ciertas creencias hayan surgido en un contexto particular, estas tengan una fuerza y una validez universales (aspecto comunicacional). Y, por otro lado, participar en la vida pública como comunidad cristiana y como iglesia incidir en la práctica política con derecho propio, sin enajenarse de su esencia religiosa (aspecto político de la pastoral) según Habermas.

Habermas, en su «*Religion in the Public Sphere*»[22] publicado en inglés en el año 2006, empieza por destacar el papel de las Iglesias y de las organizaciones religiosas en el desarrollo de la democracia y de los derechos civiles y hace especial mención del papel de estas organizaciones en Estados Unidos, aunque también menciona el papel de las Iglesias en los totalitarismos y contra los derechos civiles.

---

[19] Tracy, David "The Foundations of Practical Theology", in *Practical Theology*, ed. Don Browning, San Francisco, Harper and Row, 1983.
[20] Martinez, G. *Confronting the Mystery of God*: 170.
[21] Cf. Boff, Clodovis *Teología de lo Político*. Salamanca: Sígueme, 1980: 78ss [en portugués el título de la obra es más exacto: Teologia e Pratica].
[22] Habermas, Jürgen "Religion in the Public Sphere", *European Journal of Philosophy*, 14:1, pp. 1-25; Cf. También: Habermas, Jürgen *Entre naturalismo y religión*, Barcelona, Paidós Ibérica (2006 [2005]).

Habermas subraya de manera muy positiva el papel de las Iglesias en las democracias constitucionales actuales, al prestar una valiosa contribución a la estabilidad y al avance de la cultura política liberal.

Habermas llama la atención además sobre las exigencias que suponen para los ciudadanos las condiciones que imponen los defensores de la idea de la razón pública, ya sea en la versión de Robert Audi[23] o la de John Rawls[24]. Porque si además de que el Estado haya de permanecer neutral para garantizar la libertad religiosa se exige a los ciudadanos que suplementen sus declaraciones públicas acerca de sus convicciones religiosas con declaraciones equivalentes en un lenguaje no religioso accesible para todos. Entonces lo que se está haciendo es plantear que cuando los ciudadanos religiosos actúen como votantes, lo hagan guiados en última instancia por consideraciones laicas. Esto --según Habermas-- equivale a ignorar cuáles son «las realidades de una vida devota, de una existencia basada en las creencias». Y, añade, «el Estado liberal no debe transformar el requisito de la separación institucional entre religión y política en una carga psicológica y mental indebida para aquellos ciudadanos que sigan una fe»[25].

Se exige a los creyentes una capacidad, la de considerar reflexivamente su propia fe y relacionarla con puntos de vista no religiosos, como «una condición institucional de traducción». La traducción ha de ser concebida como una tarea *cooperativa* en la que han de participar los ciudadanos no religiosos, porque de otro modo se estaría creando una situación asimétrica al imponer una carga adicional a los religiosos. Sin esa traducción, los argumentos procedentes de los religiosos no serían tomados en cuenta en la agenda política.

Habermas afirma que el Estado liberal tiene interés en la participación pública y política de las voces religiosas, sin constricciones, porque esos ciudadanos pese a su lenguaje religioso, se entienden a sí mismos como parte de una *civitas* (ciudad) terrena, lo cual les legitima para ser autores de las leyes que han de obedecer, aunque el lenguaje religioso implique

---

[23] Audi, Robert (1989): «The Separation of Church and State and the Obligations of Citizenship», *Philosophy and Public Affaires, vol. 18*, n.º 3, pp. 259-296; ID.: (2000): *Religious Commitment and Secular Reason,*Cambridge Univ. Press.
[24] Rawls, John (1996 [1993]): *El liberalismo político*, trad. cast. de A. Doménech, Barcelona, Crítica. ID.: (2001 [1999]): «Una revisión de la idea de razón pública», en *El derecho de gentes y una revisión de la idea de razón pública*, Barcelona, Paidós.
[25] Habermas, Op. Cit. 2006:9-10.

siempre la necesidad de respetar la «condición de traducción» con fines al diálogo[26].

En la visión americana, la *teología pragmática* se ocupa de varios sub campos relacionados: teología aplicada (como misiones, evangelismo, psicología pastoral o psicología de la religión), crecimiento de la iglesia, administración, homilética, formación espiritual, dirección espiritual, teología espiritual, teología política, teología de la justicia y paz, teología de los derechos humanos, entre otros. Usualmente se identifica esta teología con la idiosincrasia americana, cuya teología es casi siempre pragmática y referida a la religión civil americana. El término *religión civil* es un concepto político utilizado por pensadores como Benjamín Franklin, George Washington y Juan Jacobo Rousseau y recuperado recientemente por el sociólogo estadounidense Robert Neelly Bellah[27], para determinar la parte religiosa de la vida política de una cultura determinada. No obstante, el historiador italiano Emilio Gentile[28] estudiando las raíces y el desarrollo del concepto propone distinguir dos tipos de religiones de los políticos: una religión civil y una religión política.

Paul Tillich en el Tomo I de su *Teología Sistemática*[29] afirmaba que un sistema teológico debería satisfacer dos necesidades fundamentales: la afirmación de la verdad del mensaje cristiano (fundamento) y la interpretación de esta verdad para cada generación (situación personal). El **método de correlación**, en esa perspectiva, es una manera de unir el mensaje y la situación. Se trata de establecer una correlación entre las preguntas implícitas en la situación y las respuestas implícitas en el mensaje. Establece una correlación entre preguntas y respuestas, situación y mensaje, existencia humana y *autorrevelación* divina. Esto es así, porque el mensaje cristiano busca dar respuesta a las cuestiones implícitas en toda situación humana[30].

---

[26] Ibíd.
[27] Bellah, Robert N. (1967). «Civil Religion in America». *Journal of the American Academy of Arts and Sciences* 96 (1): 1–21. Consultado el 10 de abril de 2012.
[28] Gentile, Emilio: *Politics as Religion*. USA: Princeton University Press, 2006
[29] Para el método de la correlación, cf. la amplia introducción de Tillich, Paul en su *Teología Sistemática I*, Salamanca: Sígueme, 1981, 13-96. El problema se retoma en la breve introducción a *Teología Sistemática II*, Salamanca: Sígueme 1981, 18-31.
[30] Sistemática I: Ibíd.

Según Tillich, la situación no hace referencia al estado psicológico o sociológico del destinatario, sino a las formas científicas y artísticas, económicas, políticas y éticas [de los individuos y de los grupos] en que se expresan sus interpretaciones de la existencia[31]. La situación es la situación cultural de los destinatarios del mensaje. La teología kerygmática o evangélica, representada sobre todo por Karl Barth toma en consideración únicamente el mensaje (el kerygma), sin referencia al otro polo, que está representado por todas las diversas formas culturales que expresan la interpretación de la existencia por parte del hombre moderno[32]. De ahí nace el proyecto de Tillich de completar la teología kerygmática con una **teología apologética,** es decir, con una teología que-da-respuestas (answering theology). Responde a las preguntas implícitas en la "situación" con la fuerza del mensaje eterno y con los medios que le proporciona la situación a cuyas preguntas responde[33].

El **método de correlación** sustituye a tres métodos inadecuados: el *método supra naturalista,* que considera el mensaje cristiano como una suma de verdades reveladas de lo alto (es el método de la neo-ortodoxia protestante); el *método naturalista,* que obtiene las respuestas a partir del estado natural del hombre (es el método de la teología humanista); y el *método dualista,* que primero construye una teología natural como una especie de subestructura, para construir sobre esta base una teología sobrenatural a modo de superestructura (es el método de la escolástica católica)[34].

Con el método de la correlación, la teología natural se convierte en el análisis de la existencia y la teología sobrenatural es el complejo de las respuestas dadas a las preguntas implícitas en la existencia[35].

Siguiendo esa reflexión, Christian D. Boyd[36], piensa que se debe hablar más bien de una *teología práctica convergente* al unir la acción pastoral con la *misión* de la Iglesia y aun con otras áreas del quehacer ministerial. *La misión es así el alma de la acción pastoral* o de la teología práctica, porque sin

---

[31] Tillich, Paul *Teología Sistemática* I, 15
[32] Ibíd., 18.
[33] Ibíd., 18.
[34] Ibíd., 40
[35] Gibellini, Rosino *La Teología del siglo XX*. Santander: Editorial SAL TERRAE, 1998: 103.
[36] "Teología Práctica" en: Wikipedia.

ella la práctica teológica queda como pura reflexión sobre la acción religiosa.

Muy otra es la situación de la reciente *Teología Pública*, planteada en América lusitana por Rudolf von Sinner, en Brasil. Según él:

> De modo general se puede decir que la teología pública busca analizar, interpretar y evaluar la presencia de la religión—en este caso de la religión cristiana—en el espacio público. Por tanto, es necesario considerar la especificidad del contexto, en el caso brasilero y de su configuración de espacio público. Al mismo tiempo, se consideraría el texto bíblico en su tradición en el tiempo y en el espacio, o sea, a lo largo de los siglos y alrededor del mundo y las interpretaciones, por ejemplo, confesionales, que se hizo históricamente y que se hace hoy. Como toda teología, la teología pública se encuentra en el círculo hermenéutico entre contextualidad y catolicidad, relevancia e identidad, situación y mensaje, particularidad y universalidad. Responde, por tanto, a los desafíos concretos de la actualidad en diálogo con lo que le es propio: la tradición cristiana.

De acuerdo con el Instituto *Humanitas* de la universidad jesuita de São Leopoldo (Unisinos), donde empezó esta reflexión en América Latina:

> El programa [de una] *Teología Pública* se propone abrir y articular nuevas posibilidades de posicionamiento de la teología en el ámbito académico y socio cultural proponiendo una Teología que participa activamente en los debates que se desdoblan en la esfera pública de la sociedad y de la academia y explicitando la relevancia pública de la teología y de la fe cristiana. En esta perspectiva busca articular la reflexión teológica en diálogo con las ciencias, culturas y religiones, de modo interdisciplinar y *trans* disciplinar, atenta a los desafíos y posibilidades que se presentan en la vida social, política, económica y cultural de la sociedad, así como en la vida eclesial, hoy[37].

---

[37] Disponible en: http://www.ihu.unisinos.br/areas/teologia-publica/58627-programa-teologia-publica. [Descargado el 11 mayo. 2005].

Podrá distinguirse tres tendencias en la Teología Pública:

(1) *El activismo político de los fundamentalistas*

Los fundamentalistas afirman que entrar en diálogo con la esfera pública supone ceder frente a las demandas epistemológicas e ideológicas de una cultura liberal, lo cual no ven de buen modo (esto supondría, según ellos, negar los principios que defienden). Lo que estas personas mantienen es que la moral privada debe volverse pública y que el único fundamento de esa moralidad de la sociedad para la cual rige debe ser la Biblia y la ley natural. Esto, con variantes, aplica para los conservadores católicos del Perú, y para algunos evangélicos que incursionan en política. Un ejemplo patente de esto lo conforma el cardenal Cipriani, el parlamentario Rafael Rey Rey (miembro del Opus Dei), los ex ministros de salud del gobierno toledista Carbone y Solari. En Guatemala se puede incluir al General José Efraín Ríos Montt, al expresidente Jorge Serrano Elías, incluso al pastor Harold Caballeros y su movimiento político.

(2) *El Conservadurismo moderado*

Esta posición, de una u otra manera, se encarna en el célebre *After Virtue* de A. McIntyre y, en otro plano, en la lectura del Reino de Dios del expresidente del Banco Mundial Michael Candesius y en la *Teología Capitalista* de Michael Novack (¿Será Liberadora?). Aquí se enfatiza la relevancia de la tradición y particularmente del cristianismo para la construcción de un orden social y moral. Se opone al discurso liberal-secular por su posición combativa frente a la tradición, pero se enfrenta también al fundamentalismo religioso, tanto en su arista teológica como en la política. Acepta diferentes posturas sobre el involucramiento de la teología en la esfera pública, aunque en el marco de lo dicho. En el Perú, ubicaría aquí [con algunas reservas] a la exministra de la mujer y hasta hace poco la premier, la evangélica Ana Jara, al pastor carismático Humberto Lay (presidente de la comisión de ética del Congreso de la República), a Claudio Sola (un joven activista político promotor de los valores cristianos), al Liberalismo Democrático y aun al abogado adventista Dr. Marco

Huaco, por su reclamo por el respeto al sábado para los hermanos adventistas en Perú. En Guatemala los lectores podrán ubicar en esta tendencia a cristianos moderados activos en la esfera pública.

(3) Teología política co-rrelacionadora

Esta postura se ve en buena parte de los teólogos que asumieron positiva, aunque diversamente, los aportes de *Vaticano II* y aquellos que proponen una línea ecuménica o más universal de la Teología. Entre ellos J. B. Metz, Jürgen Moltmann, Hans Küng y Paul Tillich.

Esta tendencia insiste en una reapropiación positiva de la Ilustración, aunque no por ello acrítica, y una postura positiva respecto del rol público de la teología: se afirma que es posible compartir las creencias particulares con un público no creyente, sin que ello suponga alienarlas respecto de sus verdaderos fines y contextos de origen. Comparten esta postura algunos teólogos de la liberación y muchos teólogos que asumen los estudios críticos de la Biblia. Se podría ubicar a medio camino entre la segunda y esta tercera, al Cardenal Joseph Ratzinger (el ex papa Benedicto XVI) con su Teología Moral o Fundamental, a Karl Rahner y a una gran mayoría de teólogos modernos católicos y protestantes. Con seguridad hay posturas más radicales, pero estas ya bordearían el secularismo o comparten el ateísmo metodológico del filósofo Jürgen Habermas.

Dos obras fundamentales para comprender el rol o uso público de la religión son: Rafael Díaz Salazar, *Democracia Laica y Religión Pública*. Madrid: Taurus (2007) (Mas interpretativo) y Carlos Corral Salvador, *La relación entre la Iglesia y la Comunidad Política*. Madrid: BAC. (2003) (Más oficialista). Ambos son españoles y reflejan el proceso de secularización que viven los europeos, en particular el proceso de laización de España.

En América Latina son interesantes los aportes ya mencionados de UNISINOS (Universidad de vale do Rio dos Sinos, Brasil) que publica *Cuadernos de Teología Pública* (que cuenta con el vol. 103 para noviembre del 2015); el Grupo de Estudios Multidisciplinarios sobre Religión e Incidencia Pública (GEMRIP de Argentina y los sociólogos como Nicolás Panotto y el Dr. Hilario Wyrnaczyck) y algunos blogs como *Hibridaciones* (blogspot) de Rolando Pérez Vela (Perú), discípulo de los teóricos como Jesús Martín Barbero y García Canclini, entre otros.

§. Particularidad de la pastoral pentecostal y diálogo con una teología global: Naturaleza, sujeto, objeto, fines, método, interdisciplinariedad, estructura y áreas de la teología práctica pentecostal.

La *teología pastoral pentecostal* (o teología práctica desde la *pentecostalidad*) se erige a partir de las experiencias pentecostales y de su identidad sociocultural y religiosa. Su especialidad le viene de su genio y figura, de su idiosincrasia, así como de su tratamiento de lugares comunes. Es la respuesta pentecostal a la situación concreta sudamericana, centroamericana y en particular la guatemalteca.

El **sujeto** de la teología práctica pentecostal es la comunidad pentecostal en su complejidad y diversidad. Se podría considerar aquí, para este fin, una *tipología* del pentecostalismo[38] en tres grandes vertientes: clásico o tradicional, neo pentecostal y post pentecostal. Dentro del primero se incluirá la vertiente del *pentecostalismo indígena* o ab-origen (maya, azteca, inca, etc.).

El **objeto** de la teología práctica pentecostal es *la situación presente*, pero especialmente la realidad de los fieles pentecostales y de cuantos hombres y mujeres de buena voluntad llegue a las comunidades pentecostales en busca de una respuesta específica de Dios para algún aspecto de sus vidas.

El **objeto material** de la teología práctica pentecostal es, como dice Rahner, *la autorrealización de la Iglesia en su totalidad*. En nuestro caso sería la manifestación de la *pentecostalidad* universal a través de los pentecostalismos y de otras experiencias no pentecostales de lo pentecostal.

Si el **objeto formal** de la teología práctica pentecostal tiene que ser *la situación presente,* eso significará considerar los problemas específicos (migraciones, problemática étnica, pobreza, opresión demoníaca, enfermedades y dolencias, "desviaciones" y patologías sociales), que convocan a los adherentes en busca de respuestas concretas dentro de los pentecostalismos: sanidades, milagros, transformación de vidas, exorcismos, con-

---

[38] Una taxonomía o tipología más extensa puede encontrarse en mi reciente libro *El Principio Pentecostalidad. La unidad en el Espíritu, Fundamento de la Paz.* Oregón, USA: Kerigma Publicaciones, 2016:156-176.

solación, terapias diversas, etc. Es decir, la oferta simbólica de los pentecostalismos que responde a la demanda específica de los fieles y adherentes del continente.

Los **fines** de la teología práctica pentecostal son los mismos de la teología práctica en general. No puede ser otro en la medida que la teología práctica pentecostal es parte de la teología práctica general.

El **método** de la teología práctica pentecostal en esencia es el mismo de teología práctica en general, con una particularidad. Si bien, parte de la situación presente, se diferencia de otras teologías en la **interpretación** de la realidad. Para los pentecostales la realidad tiene otras *dimensiones* que solo pueden ser percibidas en el ámbito espiritual; requieren no solo de una hermenéutica científica y contextual, sino de una "hermenéutica del espíritu"[39], con discernimiento espiritual. El método por lo tanto cambia, en función de la naturaleza del *objeto material*. La acción pastoral, es, por tanto, una *espiritualidad* y una *mística* que invita a otras lógicas y formas de conocer.

No hay una **estructura** única. Esta se debe a las cambiantes situaciones de la realidad a la que responde, pero en general se orienta por la fe y por el Espíritu Santo que guía sus acciones. Es espontánea y manejable. Obedece a sus imperativos éticos iluminados por la pentecostalidad y es, en definitiva, *pragmática* porque toma de aquí y de allá según la necesidad. Se ha dicho, no sin razón, que la teología pentecostal es una teología mosaica, porque con fragmentos de la doctrina de casi todas las confesiones construye un mosaico de verdad, que vale para un momento determinado y que luego no sirve para otra ocasión.

Su **interdisciplinariedad** no pasa por un diálogo entre la teología y otras ciencias, sino en general entre las ciencias (incluida la teología) y la fe, entre lo natural y lo sobrenatural, entre la realidad presente y el futuro escatológico, entre la visión apocalíptica de la vida y los mesianismos, entre la ciudad de Dios y la ciudad terrena, entre el Reino de Dios y el reino de las tinieblas, entre el poder de Dios y los poderes demoníacos.

Pero, ¿qué relación existe o debe existir entre la *teología práctica pentecostal* y la *teología global*?

---

[39] Cf. Campos, Bernardo. *Hermenéutica do Espíritu*. Oregón, USA: Kerigma Publicaciones 2016.

La respuesta no puede ser otra que un *diálogo dinámico y enriquecedor*. Por especializarse en la lógica del espíritu y la mística, la teología práctica pentecostal aporta conocimientos a la teología científica y la teología práctica general. A la vez que, se nutre de todos los conocimientos que ella provee, la teología práctica pentecostal investiga dimensiones nuevas o no estudiadas por la teología general.

La teología práctica pentecostal se vale de los datos que aportan la teología bíblica, teología histórica y teología dogmática, en correlación con otras ciencias.

La teología práctica pentecostal debe validarse a sí misma como ciencia formal con argumentos propios de las ciencias teológicas.

La teología práctica pentecostal por la naturaleza de sus contenidos debe dialogar con las "ciencias del espíritu" o de la cultura y fundarse en teorías que aludan a realidades metafísicas. En otras palabras, dialogar con ciencias cuyos objetos materiales sean los mismos: experiencias extrasensoriales, experiencias espirituales, realidades no convencionales, zonas experimentales, inteligencias múltiples, entidades no materiales, etc.

Lección 2. La Pastoral en la historia de la salvación

La Pastoral es la acción de la Iglesia para ir haciendo realidad la voluntad del Señor de restaurar la vida plena. Esta restauración implica la reconciliación del hombre con Dios, con todos los seres humanos y éstos con toda la creación.

Este gran proyecto restaurador de Dios se ha visto confrontado con otros proyectos humanos. Algunas veces totalmente adversos, otras coincidentes con él. Sin embargo, siempre ha habido una comunidad de fieles hacia Dios a través de los cuales su proyecto se ha afirmado, ha seguido adelante y se ha planteado como la alternativa final que todos esperan.

Esta es una presentación general de la pastoral en la historia de la Salvación, en la que se destacan aspectos centrales que fundamentan la acción pastoral de los cristianos como *iglesia* y como *pueblo*. En lo que sigue, se ofrece una sucinta base bíblica para la pastoral pentecostal.

§. *El contexto de la Creación*

El propósito de Dios al crear al hombre fue que éste le adore y le sirva y que al multiplicarse forme una comunidad de amor donde se establezcan relaciones de fraternidad y bienestar común. Con este objeto, el hombre es constituido administrador (guardián o mayordomo) de la creación para velar por la tierra, el trabajo, la vivienda, la relación familiar, la alimentación y la salud. Todo esto bajo una estricta relación con el Creador. Al quebrantar la voluntad de Dios, las condiciones de vida se degeneran haciendo que se violenten no sólo la relación con Dios sino las relaciones entre los hombres. Un texto para reflexionar sobre este fundamento es Génesis 1 al 4.

§ *El contexto del Pacto*

Dios ha establecido un Pacto (alianza) con los hombres a fin de restablecer la condición del hombre a su imagen y semejanza. El Pacto establecido con Noé tuvo el propósito de afirmar la vida: Dios se compromete a no destruir al hombre y exige de éste el respeto por la vida (Génesis 9). Más adelante, en el Pacto con Abraham, Dios afirma su propósito de formar un pueblo para *"Bendecir a todas las familias de la tierra"*. (Génesis 12:1-3; 15:18; Éxodo 19). Textos para la reflexión: Génesis 9:1-17; 12:1-3; Éxodo 19:5,6 Génesis 15:18. Esta promesa verá su cumplimiento a lo largo de la historia de la Salvación en David, en Jesús y en la Iglesia cristiana hasta nuestros días.

§ *El contexto de la Ley*

Al establecer su Pacto con Israel, Dios acompaña a su pueblo proveyéndoles leyes de vida que afirman la justicia, la libertad, la fraternidad y la dignidad humana, así como la exigencia de mantener una comunión con él. Esto se resume en la demanda de amar a Dios y al prójimo, como se verá en el N.T. La ley es un instrumento que encarna el llamado de Dios en situaciones concretas y es, por eso, indispensable para responder a él, pero lleva en sí el peligro de ser considerada como un absoluto que termina contrariando el espíritu que la debe animar (Mateo 23:1-4). Jesús no vino para abrogar la Ley, sino para cumplirla. Al cumplirla él, nosotros que estamos escondidos en él, la podemos cumplir también. Lo esencial de la Ley ha quedado registrado en la Ley de Cristo y los Diez mandamientos, como estatuto perpetuo. *Textos para la reflexión:* Éxodo 20:1-17; Deuteronomio 30:15-19; Levítico 19:9-18, 33-37; Deuteronomio 24:5-21; Jeremías 6:16.

§ *Los Profetas*

Los Profetas, como mensajeros de Dios, cumplen un rol pastoral importante: Ellos tomando como base la Ley, exhortan al pueblo a restablecer la santidad y las relaciones entre los hombres. Interpretando su situación (realidad) y la Ley del Señor (ej. Isaías 5), denuncian toda forma de pecado y anuncian la esperanza de vida contenida en el Pacto establecido por Dios. Esta esperanza tenía que traducirse en la vida cotidiana como amar el bien; establecer la justicia y el derecho; y hacer misericordia con el desvalido (Miqueas 6:8; Amós 5:14-15,24). Implicaba, también, el establecimiento de un nuevo orden de *vida plena* que tendría lugar con la llegada del Mesías y su Reino de justicia y de paz (Isaías 9:1-6; 11).

§ *Jesús y el Reino*

Jesús es el Mesías prometido, anunciado por los profetas. Desde el comienzo de su ministerio él afirmó que el Reino de los cielos se había acercado a los hombres (Marcos 1:1-15). Este Reino marcó toda su acción pastoral que se sintetiza en tres aspectos: enseñar, predicar y sanar (Mateo 4:23). Su compromiso por el proyecto del Reino prometido en el Antiguo Testamento (Éxodo 19:4-5), se traduce en "*Servir y dar su vida en rescate por muchos*" (Marcos 10:45).

Este reino que significa un nuevo orden de vida presente y futuro hace necesario la formación de hombres nuevos (discípulos de Jesucristo) que vivan aquí según las leyes del Reino (Marcos 10:28-31; Mateo 6:33), y en la esperanza de su realización plena (Mateo 26:26-29; Juan.14:1-3). Entre tanto se realice plenamente, Jesús exige de sus discípulos dar señales de ese Reino según el código ético expresado en el Sermón del Monte (Mateo 5-7) y en las Parábolas del reino (Mateo 13).

§ La Iglesia

La Iglesia tiene la misión de ser testigo de Jesucristo y de su Reino (Hechos 1:8; Colosenses 1:9-14; 1Pedro 2:9-10) comenzando desde Jerusalén, pasando por Judea, Samaria y hasta lo último de la Tierra. Esta vocación de la Iglesia, debe ser expresada permanentemente en la vivencia dinámica de la misión que se expresa en adoración (liturgia), comunión (Koinonía), proclamación (kerigma), servicio (diakonía) y educación (didajé o catequesis). Esto constituye la evangelización en un sentido amplio y no sólo como proclamación verbal del evangelio (Mateo 28:16-20; Hechos 2:4, 42-47; 4:32-35; 5:41-42).

Lección 3: Las necesidades humanas y la acción pastoral

Dios está presente en la historia, realizando con los seres humanos una salvación integral que apunta a la restauración plena de la vida. Esto quiere decir que, Dios tiene interés en que el ser humano se realice plenamente y que se satisfagan sus necesidades y aspiraciones concretas. Hay todo un conjunto de acciones y acontecimientos de Dios con los hombres que han ido afirmando este gran proyecto salvífico. Como se puede apreciar en los profetas, en Jesús y en la Iglesia.

§ Los profetas y las necesidades humanas

Los profetas eran hombres del pueblo que sufrían y gozaban como todos, con la particularidad de haberles dado Dios la vocación para ser sus mensajeros. Ellos estaban conscientes que la voluntad de Dios era que los seres humanos vivan en santidad (Isaías 1:16-18); en paz con justicia (Amós 5:15,24; Miqueas 4:3,4); y en fraternidad (Jeremías 7:3-7; 2:3,13) y que, por esto mismo, estaba en contra de toda corrupción, opresión, miseria y todo sufrimiento y dolor. Dios los levantó para que exhortasen al pueblo a no apartarse del proyecto de vida que Dios proponía.

Los profetas conocían bien su realidad o contexto histórico y las necesidades específicas de su pueblo. En sus mensajes se descubren las siguientes constataciones: 1) Detectan *males y necesidades físicas* como el hambre y las enfermedades producto de la miseria causada por el pecado; 2) Detectan *males y necesidades sociales* como la explotación, la violencia e injusticia indiscriminada, haciendo aumentar el ya alto índice de viudas y huérfanos por causas sociales, y 3) Detectan *males y necesidades ético-espirituales* como la idolatría deshumanizante, la ausencia de valores fundamentales (justicia, verdad, solidaridad, amor, etc.) que dignifiquen la vida humana; 4) Al detectar estas necesidades, el rol pastoral de los profetas se concretiza en tres acciones permanentes: 1) **Interpretar** la situación a la luz de la ley; 2) Denunciarlas y **enjuiciarlas** en nombre de Yahveh señalando a los responsables sean estos gobernantes, sacerdotes, profetas, jueces, líderes o el pueblo en general; 3) **Señalar el camino** de conversión tanto personal como social, un cambio global, así como las acciones que restablezcan la comunión con Dios y el orden social. *Textos para la reflexión:* Miqueas 2:1-11; 3:1-12; 6:5-8; Isaías 5:8-23 10:1-2; Amós .2:6-16; 4:1-3; 5:10-15; Habacuc 2:7-17.

§ *Jesús y las necesidades humanas*

Jesús al encarnarse asume toda nuestra condición humana (Filipenses 2:5-7). Define su misión como **servir y dar su vida** para salvación de los seres humanos (Marcos10:45).

Su *encarnación*, muestra su plena identificación con los pobres y los humildes. Despliega a favor de ellos grandes esfuerzos por atender a sus múltiples necesidades espirituales, físicas y materiales. La verdad y validez de toda acción pastoral se mide por su identificación con la gente y sus necesidades.

En Mateo 4:23-24 y 9:35-36, encontramos a Jesús desarrollando tres acciones inseparables en su ministerio: *Enseñando*, fundamentalmente, una nueva manera de vivir en comunión con Dios y con los hombres (Mateo 22:31-34; 5:1-11). *Predicando*, las buenas nuevas del Reino como un nuevo orden de vida presente y como esperanza futura y definitiva que consumará el gran propósito de Dios y; y *Sanando*, toda clase de enfermos, atormentados de espíritus (problemas psicológicos) y endemoniados.

Ejemplos como la alimentación, con los propósitos de servir y dar su vida. La entrega de su vida en la cruz tiene un gran valor para la humanidad. Cubre de entre todas las necesidades humanas una que es vital: La reconciliación con Dios.

La muerte de Cristo influye directamente en el comportamiento ético del ser humano que es base de 1) Toda relación con Dios (Romanos 5:1-6); 2) consigo mismo (2 Corintios 5:17); 3) con el prójimo, puesto que se forma una nueva familia o un nuevo pueblo (Efesios 2:11-22); y 4) con la creación, la cual aguarda la manifestación gloriosa de los hijos de Dios (Romanos 8:19-22; Colosenses 1:20; Apocalipsis 21:1; Isaías 11:6-9).

La muerte de Cristo con acción pastoral es la muestra más grande del servicio que nos desafía a servir y estar dispuestos a dar la vida por los hermanos (Juan 3:16; 1 Juan 3:16).

Asimismo, *la Resurrección de Cristo* alimenta y garantiza la esperanza de que la vida plena triunfará sobre la muerte. No hay acción pastoral cristiana, que, al atender las necesidades humanas, esté libre de sufrimiento. Servir es padecer por causa del Reino de Dios (Mateo 5:11). La Resurrección alienta nuestro quehacer pastoral porque de la identificación y servicio sufriente por las necesidades del prójimo y del pueblo irá surgiendo la **Vida** (Juan 12:24-26). Si Cristo no resucitó vana sería la predicación, la fe y la esperanza de vida que profesamos (1 Corintios 15:14-19). En definitiva; vana sería toda acción pastoral. *Textos para la reflexión:* Lucas 4:18-19; Mateo 4:24, 5:1-11; Lucas 9:25-37; Marcos 10:17-22; 8:1-10; Mateo 25:31-46.

§ *La Iglesia y las necesidades humanas*

Jesús ha dado el ejemplo: Atender integralmente al hombre como ser individual y social. Prometió a sus discípulos que ellos harían obras mayores que él (Juan 14:13) en el avance de su Reino. Por ellos los comisiona a evangelizar a toda criatura (Mateo 16:16; Mateo 28:19, 20) no sólo con palabras (proclamación) sino también con hechos de amor (servicio). El objetivo es provocar la conversión (Lucas 24:45-48; Mateo 5:3-8) y forjar nuevas situaciones de vida bajo las consignas de trabajar por la paz, tener hambre y sed de justicia y de ser misericordiosos. Por causa de Cristo, el sufrimiento sería parte del compromiso; como los profetas y él lo experimentaron (Mateo 5:11-12).

Es así como encontramos en los Hechos y en las Epístolas sentidas preocupaciones de la Iglesia y de los apóstoles por atender diversas necesidades espirituales, físicas y sociales. Pablo incluye en cada Epístola orientaciones sobre el compromiso de los cristianos en la sociedad como compromiso resultante de la reflexión teológica o doctrinal. Estas instrucciones son los primeros esfuerzos por señalar una presencia cristiana concreta en la sociedad frente a situaciones y necesidades diversas. Véase por ejemplo Santiago 5:1-16. Hoy el trabajo pastoral se enfrenta a una problemática más compleja. El desafío es seguir encontrando respuestas concretas a nuevas situaciones. *Textos para la reflexión*: Hechos 2:42-47; 4:32-36; 6:1-7; Colosenses 3:18; 4:6; Santiago 1:27; 2:1-18; 5:1-6; 1Juan 3:14-18; 4:18-21.

Pastoral Pentecostal 50

CAPÍTULO II
LAS RAMAS AFINES A LA TEOLOGÍA PASTORAL

Lección 4. Correlación con las ciencias teológicas

La teología práctica se correlaciona de manera natural con otras ramas de la teología y con otras ciencias no teológicas. Observe primero las ciencias teológicas.

§ Administración eclesiástica

La administración eclesiástica o pastoral es un sub campo de la teología práctica. Según Alberto Abels[40], la *Administración Pastoral* presenta las maneras cómo proveer cuidado pastoral a una congregación local, usando las habilidades de liderazgo y administración para manejar la organización y las finanzas organizacionales sin reproche y desarrollar una mayordomía fiel. Debe ser capaz de ayudar a tomar decisiones en grupo, el desarrollo de equipos, reclutamiento de voluntarios e intervención de problemas para que el conflicto sea un paso positivo en el crecimiento de la iglesia. Más enseña cómo ofrecer cuidado pastoral apropiado para individuos y familias en tiempos de conflicto, crisis, celebración y duelo de una forma profesional y ética.

Pero la administración tiene que ver con otras áreas de misión, como la *diaconía* que debe administrar proyectos de ayuda social y acción social. La administración involucra muchas tareas interrelacionadas que incluyen descubrir, comunicar, clarificar, e implementar la misión de Cristo y

---

[40] Véase Seminario Reina Valera On line en: http://www.seminarioabierto.com/admin00.htm.

su iglesia en el mundo. En su mejor definición, administración eclesiástica, es el trabajo glorioso de administrar la misión de Cristo en el mundo a través de Su iglesia.

§ *Teología bíblica en la teología pastoral*

Si bien, la teología pastoral tiene que ver con la asunción de temas estrictamente prácticos, su fundamento debe ser bíblico y teológico. El teólogo puede y debe ayudarse de las ciencias sociales para realizar el análisis de la realidad, pero tiene que integrar estos conocimientos en una síntesis teológica propia.

El *análisis de la situación* presente al que recurre la teología práctica, no debe entenderse como una ciencia auxiliar que prepara la reflexión propiamente teológica, sino como su momento interno, pues tal reflexión debe clarificar teológicamente la vida presente. Esa síntesis, supone una relectura bíblica alumbrada por la pregunta que emerge de la realidad presente. Eso invita naturalmente a una *sociología bíblica* como puente entre la antigua realidad histórica de la iglesia y la presente realidad, de la iglesia y del mundo.

§ *Teología histórica y teología pastoral (escatología y pastoral)* – según Karl Rahner

El desarrollo de la teología práctica se inscribe, como cualquier otra ciencia, en la historia concreta de la iglesia a lo largo de los siglos. Como disciplina, la teología práctica ha vivido un desarrollo histórico que no se puede pasar por alto. De distintas maneras, las diversas tradiciones confesionales de la iglesia han venido dando respuestas a los problemas universales de los seres humanos. Por ello hay una tradición y una historia que no se debería obviar. Es como una base de datos de la respuesta de la iglesia a los desafíos de la hora presente en distintas épocas. Pero hay también un *telos*, un futuro como proyecto de lo que debe ser la teología práctica.

La teología práctica tiene una *dimensión escatológica*, pues la iglesia avanza en el mundo como una agente del reino de Dios en la tierra. Si la teología pastoral es *auto realización* de la iglesia en la historia, como dice Karl Rahner, entonces apunta hacia el fin de esta era cuando ella se realice plenamente como pueblo de Dios de cara a la *Parousía* o Segunda Venida de Cristo.

La ética, es por lo tanto, el *eje* sobre el cual giran las propuestas de *acción pastoral de la iglesia* en su servicio a los hombres. En la construcción proactiva de la moral —que es la puesta en acción de los principios éticos— el horizonte del *Reino de Dios* (gobierno de Dios en el Mundo) juega un papel determinante.

La ética que es siempre ética global, sin adjetivos, se convierte así en una *ética escatológica*, una ética que más que normativa es **significativa**, pues a la luz del proyecto del Reino la ética "cristiana" (o mejor, la ética vivida por los cristianos) asume *imperativos* diferentes, tales como el ideal de nuevos cielos y nueva tierra, la búsqueda de una nueva humanidad, así como la implantación y cultivo de la verdad, el amor, la justicia y la paz mundial. Es decir, la apertura al Reinado de justicia y paz de Jesús, la libertad de los seres humanos, la transformación del mundo, el establecimiento de la Ciudad de Dios aquí en la Tierra.

Ha sido Paul Tillich (igual que Pannenberg) quien ha mostrado la profunda relación que existe entre escatología e historia[41] y entre Reino y tiempo. Una de las ideas directrices de Paul Tillich hace referencia a su proyecto de investigación que consistió en elaborar una *filosofía de la historia* basada en el kairós (καιρός). Tillich ha sido consecuente en construir una filosofía de la historia cuyos cimientos se erigen sobre los presupuestos de la fe cristiana, particularmente, en la *concepción escatológica* de la historia. Este matiz escatológico queda configurado al emplear la noción del καιρός. Lo singular de este proyecto de investigación es que, en su primera formulación, tal y como aparece en *La Era Protestante*[42], servía a los objetivos del movimiento que sus críticos calificaron de socialismo religioso. En cambio, ya en su *Teología Sistemática*[43], su concepción del καιρός encierra unas motivaciones estrictamente teológicas. También, sobre esta última anotación, se puede corroborar el cambio de mentalidad de Tillich al destacar las *implicaciones políticas* en su formulación teórica.

---

[41] Pannenberg, Wolfhart. *La revelación como historia*. Salamanca: Sígueme, 1977
[42] Tillich, Paul *La Era protestante*. Bs. As: Paidós, 1965: 245-246.
[43] Tillich, Paul. *Teología Sistemática*. 3 Vols. Salamanca: Sígueme, 1984.

Paul Tillich concebía el kairós (καιρός) primariamente, como un evento histórico que causaría unas reformas políticas y sociales. No obstante, la expectativa de un καιρός con esos alcances sucumbió con la llegada de Hitler al poder. La cuestión política quedó postergada en la Teología Sistemática. Sin embargo, no quedó del todo ausente, ya que empleó el símbolo del 'reino de Dios' (el cual posee unas claras connotaciones políticas), al presuponer el poder de Dios sobre el universo entero. Por tanto, lo relativo a la política queda, de alguna manera, sublimado o espiritualizado al formular el sentido de la historia desde la perspectiva escatológica. En su volumen III de la *Teología Sistemática* Tillich ha escrito con mayor autoridad sobre las limitaciones de los imperios del mundo frente al reinado de Dios[44].

§ *Teología dogmática (eclesiología y otros dogmas)*

En relación con la Teología Práctica ¿qué lugar ocupa la Teología dogmática o sistemática? La antigua tradición teológica creía que la dogmática debía cumplir una función normativa y que la teología práctica debía ser la *aplicación práctica* de las doctrinas universales. Ahora se sabe que no es así. Si bien lo esencial del dogma debe permanecer, éste debe ser constantemente reformulado a partir de la situación presente y más aún desde la confesionalidad de los sujetos del quehacer teológico.

La dogmática se construye a partir de la práctica pastoral, en diálogo con la amplia tradición de la iglesia y la historia de la teología. En ese sentido resulta interesante la obra de Duffield, Guy P. y Van Cleave sobre los *Fundamentos de Teología Pentecostal*[45] que releva temas propios de los pentecostales. En la misma dirección, las obras de M. Pearl Mann[46], L.Sperry.

---

[44] Una formulación de sus consecuencias para la transformación de la cultura puede verse en Tillich, Paul. *Teología Sistemática III*: La Vida y El Espíritu. La Historia y El Reino de Dios, Salamanca: Sígueme, 1984: 216.
[45] Duffield, Guy P. y Van Cleave, Nathaniel M. *Fundamentos de teología Pentecostal*. USA: LIFE Pacific College, 2da edición, 2002.
[46] Pearlman, Myer *Teología Bíblica y Sistemática*. USA: Editorial Vida, Vigésima primera impresión, 1990.

Chafer[47], Charles Hodge[48], aunque reformado[49] como Luis Berkhof[50], han tenido una gran influencia sobre la educación y la teología pentecostales. Más recientemente, en Centroamérica, Teologías como la de Raúl Zaldivar[51] y Juan Jacobo Tancara en Bolivia[52] han trabajado desde la experiencia latinoamericana. Igual crédito merece las publicaciones de la *Red Latinoamericana de Estudios Pentecostales* (RELEP) cuyos autores y autoras describen, interpretan y critican la historia, identidad y teología de los movimientos pentecostales desde la realidad latinoamericana, caribeña hispano-lusitana.

§ *Misionología y pastoral*

¿Cuál es la relación entre misionología y pastoral? El sentido último de la pastoral es el cumplimiento de la misión de Dios. La misión, en función de la humanidad como su objetivo, se convierte en un servicio. Las diversas áreas de misión hacen de la pastoral un servicio diversificado y enfocado en la tarea *ad intra* de la iglesia. En un artículo sobre el método de correlación, Juan Manuel Torres Serrano, dice:

> La actuación de la Iglesia es lo que ella hace para continuar la misión y la obra salvífica del Hijo: enseñar, ser testigo, hacer discípulos y bautizar. Este actuar se designa con cuatro palabras: martyria (testimonio y anuncio de la Palabra a través de la evangelización y la catequesis); leitourgia (culto dado a Dios en la alabanza, en la acción de gracias, y la celebración de los dones del

---

[47] Sperry Chafer, Lewis *Teología Sistemática* Tomos 1 y 2. España: Publicaciones Españolas, 1986.
[48] Hodge, Charles. Systematic Theology, II Vols. London and Edinburgh: Published By Thomas Nelson and Sons. New York: Charles Scribner and Co. 1982. En español *Teología Sistemática* II Vols. TERRASSA, (Barcelona) España: Editorial CLIE, 1991.
[49] Una breve reseña de la vida de Ch. Hodge en: http://www.clie.es/noticias/autor/charles-hodge/.
[50] Berkhof, Luis *Teología Sistemática*, Grand Rapids, USA: T.E.L.L., 1970.
[51] Zaldivar, Raúl *Teología Sistemática: Desde una Perspectiva Latinoamericana*. Barcelona, España: Ed. CLIE, 2006
[52] Tancara, Juan Jacobo *Teología Pentecostal. Propuesta desde comunidades pentecostales de la ciudad de El Alto.* La Paz: ISEAT & Palabra comprometida ediciones, 2005.

amor divino a los seres humanos); diakonía (el servicio de los pobres y el servicio de la paz y de la justicia); koinonía (la asamblea-reunión de la comunidad cristiana en la unidad como signo profético de la recapitulación de la humanidad entera en Cristo) [53].

§ *Ética (personal, social, política) y pastoral*

Ya se ha visto en el acápite "Teología histórica y teología pastoral" cómo la acción pastoral está gobernada por la ética escatológica. La Teología Práctica debe ser capaz de construir una ética personal, social y política como parte de su actividad teórica.

Como se sabe, la *ética* es una de las ramas más importantes de la filosofía y reflexiona en torno a la moral humana. Busca transformar nuestro comportamiento para lograr una vida mejor y por esa causa estudia la conducta moral de las personas en la vida social.

La ética tiene que ver con el modo ideal en que debe conducirse el hombre. Estudia el crecimiento del ser humano (varón y mujer) como persona. Es decir, el modo según el cual lo personal se manifiesta en la vida natural. No hay ética al margen de la antropología. El objetivo de la ética es mostrar, cual es el contenido de una vida realmente humana tanto en lo individual como en lo social. No puede ser coactiva, ya que no impone castigos legales. Sus normas no son leyes, sino *principios*. La persona moral es la que vive en concordancia con las costumbres de su sociedad y cuyo único castigo de la no observancia de dichas costumbres es la separación de la sociedad. Quien no acata las normas morales de una sociedad se auto margina o el grupo lo rechaza porque lesiona la comprensión generalizada de lo que es bueno o es malo en la sociedad.

La Moral es el conjunto de normas que una sociedad se encarga de trasmitir de generación en generación. La Ética, en cambio, es el conjunto de normas que el sujeto (individual o social) ha esclarecido y adoptado en su propia mentalidad. En los dos casos se trata de normas, de percepciones, que llamamos el "Deber ser" o los *imperativos categóricos*.

---

[53] Torres Serrano, Juan Manuel. *El método de correlación en la teología práctica: fundamentos, objetivos, intereses y límites.* Theol. Xave. v.61 n.171 Bogotá ene. /jun. 2011 [descargado el 31 de enero de 2012].

La ética surge como tal en la *interioridad* de una persona, como resultado de su propia reflexión y su propia elección. La moral en cambio está ahí como conjunto de normas que nacieron en el seno de una *sociedad* y ejerce una influencia muy poderosa en la conducta de cada uno de sus integrantes.

En la medida que la ética expone y fundamenta los *principios* universales de la moralidad de los actos humanos, llega a ser una ciencia. Como a la ética le concierne proporcionar las razones por las que ciertas conductas son buenas y por lo tanto dignas de realizarse, también debe argumentar en contra de conductas malas. La ética no es una ciencia especulativa, sino una ciencia práctica, en cuanto refiere a los actos humanos.

Por esa razón la Teología Práctica es en cierto modo una moral que comporta una reflexión ética, basada en la Teología Bíblica en correlación con la realidad presente y la histórica. Supone una *ética situacional* (en el mejor sentido) por cuanto las personas morales deben poder decidir éticamente en cada situación particular inspirándose en lo que creen que es bueno para todos. Se habla así de *responsabilidades éticas*, por cuanto vivimos en sociedad. Toda decisión ética debe ser una ética de la responsabilidad.

La *conciencia moral* en las decisiones éticas tiene un lugar de suma importancia. La conciencia (gr. *syneidesis*) es como la voz interior del ser humano que opera como un consejero que previene que se dañe su naturaleza. Es el conocimiento que guía nuestros actos y calcula las consecuencias de nuestras decisiones. Es un conocimiento adquirido culturalmente que se organiza en la forma de principios bajo una *escala de valores* para gobernar nuestra conducta. El apóstol San Pablo en su carta a los Filipenses 4: 8-9 muestra una diversidad de valores, cuando dice:

> *Por lo demás, hermanos, todo lo que es verdadero, todo lo honesto, todo lo justo, todo lo puro, todo lo amable, todo lo que es de buen nombre; si hay virtud alguna, si algo digno de alabanza, en esto pensad. Lo que aprendisteis y recibisteis y oísteis y visteis en mí, esto haced; y el Dios de paz estará con vosotros.*

La *conciencia moral* es la capacidad que nos permite descubrir los valores morales para inclinarnos por aquellos que creemos que son más positivos para nuestro bien y crecimiento como personas en la sociedad.

De acuerdo con Rogelio Nonini, del Seminario Reina-Valera[54], ética pastoral o ministerial, es el conjunto de normas escriturales que rigen los ministros cristianos tanto en la esfera de las motivaciones como en la de sus acciones y que determinan su conducta en relación con Dios, la sociedad, su familia, su iglesia, la denominación a la que pertenece y las instituciones cristianas. En esta definición, *ministro* es todo cristiano que para servir desarrolla un ministerio de liderazgo dentro de la iglesia, en su denominación, o está dirigiendo un ministerio o entidad de servicio.

§ Las decisiones éticas y sus enfoques

A la hora de tomar decisiones éticas, se suele distinguir al menos dos grandes enfoques: los racionales y los no racionales. Veamos primero los No-racionales.

Enfoques no-racionales

Estos enfoques brotan espontáneamente de las personas muchas veces sin racionalizarlo. Entre ellos se considera la obediencia, la imitación, el sentimiento o deseo, la intuición y el hábito.

• *La obediencia*

Es una manera común de tomar decisiones éticas, especialmente por los niños y los que trabajan en estructuras autoritarias cuyas decisiones son débiles o dependen de personas a quienes consideran mayores o de mayor autoridad (por ejemplo, los militares, la policía, algunas organizaciones religiosas cerradas, y muchas ocupaciones subalternas). La moralidad consiste aquí en seguir las reglas o instrucciones de las autoridades, se esté en acuerdo o desacuerdo con ellas. Sumisión obediente es la consigna. En las comunidades cerradas como en las clases militares se obedece *"sin dudas ni murmuraciones"* porque la responsabilidad de las

---

[54] http://www.seminarioabierto.com/formacion32.htm.

acciones descansa en el líder de más alto nivel de donde vienen las órdenes casi como un mandato divino.

• *La imitación*

Es similar a la obediencia, porque subordina la opinión de alguien sobre lo que es correcto o equivocado a la del líder que se convierte en modelo o referencia. Esta es, quizás, la manera más común en que los aspirantes a pastores aprenden ética. Los líderes más antiguos con los modelos y la observación y la asimilación de los valores proyectados constituyen el modo de aprendizaje moral. Se actúa por imitación, ya que el modelo, es el ideal a seguir.

• *El sentimiento o el deseo*

Es un enfoque subjetivo en la toma de decisiones y el comportamiento morales. Lo que es correcto es lo que uno *siente* como correcto o lo que satisface nuestro deseo. Lo que es equivocado es lo que uno siente como equivocado o lo que frustra nuestro deseo. La medida de la moralidad está en cada persona y, por supuesto, puede variar mucho de una persona a otra, incluso en el mismo individuo a través del tiempo. Funciona como una inteligencia emocional y es altamente variable.

• *La intuición*

Es la percepción *inmediata* (sin mediaciones racionales) de la manera correcta de actuar en una situación. Es similar al deseo, ya que es totalmente subjetiva. Sin embargo, es diferente por su ubicación en la *mente* en lugar de la voluntad. Hasta tal punto, se acerca más a las maneras racionales de la toma de decisiones que, a la obediencia, la imitación, el sentimiento y el deseo. No obstante, no es sistemática ni reflexiva, sino que dirige las decisiones morales con un simple instante de discernimiento, una corazonada de que lo que se va a hacer es lo correcto. Al igual que el sentimiento y el deseo, la intuición puede variar mucho de una persona a otra, incluso en el mismo individuo a través del tiempo. En el pentecostalismo se evidencia en el ministerio profético que es por lo general intuitivo.

• *El hábito*

Es un método muy eficaz en la toma de decisiones, ya que no es necesario repetir un proceso para lograr una decisión cada vez que surge un problema moral similar a otro que ya ha sido solucionado con anterioridad. Existen hábitos malos (por ejemplo, mentir) y buenos (decir la verdad); por otra parte, las situaciones que parecen similares pueden necesitar decisiones muy distintas.

Por lo tanto, por muy útil que sea un hábito, no se puede confiar en él totalmente. Muchas decisiones éticas se fundamentan en la tradición o la costumbre.

Enfoques racionales

Igual que el estudio de la moralidad, la ética reconoce la frecuencia de estos enfoques no racionales en la toma de decisiones y el comportamiento, aunque ella se ocupa principalmente de los enfoques racionales. Cuatro de estos enfoques racionales son la deontología, el *consecuencialismo*, el *principialismo* y la ética de las virtudes.

• *La deontología*

La deontología implica una búsqueda de reglas bien fundadas que pueden servir como base para tomar decisiones morales. Un ejemplo de regla en la vida de la iglesia es: "tratar a todos por igual". Su fundamento puede ser religioso (creemos que todas las criaturas humanas son iguales ante Dios) o no religioso (por ejemplo, los seres humanos comparten todos los mismos derechos).

Una vez que se establecen las reglas, tienen que ser aplicadas en situaciones específicas y aquí es donde, con frecuencia, surge el desacuerdo sobre lo que exige la regla (por ejemplo, si podemos aceptar el divorcio o si se debe o no matar a otro ser humano permitiendo el aborto o la pena de muerte). La regla es pasible de interpretación y por eso mismo es racional.

- *El consecuencialismo*

Basa la toma de decisiones éticas en un análisis de las *conscuencias* o resultados *probables* de las distintas opciones y acciones. La acción correcta es la que produce los mejores resultados. Por supuesto que puede existir desacuerdo sobre lo que se considera un buen resultado.

Una de las formas más conocidas del *consecuencialismo*, específicamente es el *utilitarismo*. Usa el criterio de la "utilidad" como medida y la define como "el mayor bien para la mayor cantidad de personas". Invoca la *ejemplaridad* en su toma de decisiones para evitar convertir en norma la decisión tomada. Por lo general, los defensores del consecuencialismo no utilizan demasiado los *principios* porque son muy difíciles de identificar. Lo que en su opinión interesa realmente en la toma de decisiones morales, son los resultados o lo que quedará como imagen al final de todo. Sin embargo, el hecho de dejar de lado los principios permite que el consecuencialismo esté abierto a ser catalogado como que "el fin justifica los medios". Dado el caso, los consecuencialistas preferirían que los derechos humanos individuales puedan ser sacrificados para lograr un objetivo social. En las iglesias se sanciona drásticamente a los infractores para que el resto aprenda y no vuelvan a repetir el pecado.

- *El principialismo*

Como su nombre lo indica, utiliza principios éticos como base para tomar decisiones morales. Aplica estos principios a casos o situaciones particulares para determinar qué es lo correcto, tomando en cuenta las reglas y las consecuencias. El principialismo ha influido mucho en debates éticos recientes, en especial en América. Se han identificado cuatro principios en particular como los más importantes para la toma de decisión en la práctica pastoral: *el respeto por la autonomía, la beneficencia, la no maleficencia (evitar la maldad) y la justicia*. Los principios sí tienen un papel importante en la toma de decisiones racionales. Sin embargo, la elección de estos cuatro principios, en especial la prioridad que tiene el respeto por la autonomía sobre los otros, es una reflexión de la cultura liberal occidental y no es necesariamente universal. Por otra parte, estos cuatro principios entran en conflicto en situaciones particulares y es necesario ciertos criterios o procesos para solucionarlos.

- *La ética de las virtudes*

Se centra menos en la toma de decisiones y más en el *carácter* de los que las toman, como se refleja en su conducta. Una virtud es un tipo de *excelencia moral*. Una virtud que es especialmente importante para el pastor es la compasión o misericordia guiado por el amor de Dios. Otras incluyen la honestidad, la prudencia y la dedicación.

El pueblo espera que el pastor o líder que posee estas virtudes tome buenas decisiones y las implemente de buena manera. No obstante, incluso las personas virtuosas a menudo no están seguras cómo actuar en situaciones particulares y pueden tomar decisiones equivocadas. Aquí la guía del Espíritu Santo es determinante.

Salvedad

Ahora bien, ninguno de estos cuatro enfoques u otros que se han propuesto, ha logrado una aprobación universal. Las personas tienen preferencias distintas por un enfoque racional en la toma de decisiones éticas y también en sus preferencias por un enfoque no-racional. Esto se puede explicar en parte por el hecho de que cada enfoque tiene sus aspectos fuertes y débiles.

Tal vez una combinación de los cuatros enfoques que incluyan las mejores características de cada uno sea la mejor manera de tomar decisiones éticas. Por lo demás, siempre están La Biblia y la Guía del Espíritu Santo.

En el trabajo pastoral es importante considerar seriamente las **reglas** y los **principios** para identificar los más importantes en la situación o caso que se examina y para implementarlos en la mayor medida posible. De este modo se examinaría las posibles consecuencias de decisiones alternativas y se determinaría qué consecuencias serían preferibles.

Por último, intentaría asegurar que la conducta de la persona que toma la decisión, tanto para llegar a esa decisión como para implementarla, sea admirable o virtuosa.

§ *Las decisiones éticas y sus etapas*

En el proceso de tomar decisiones éticas en favor o en contra de una acción, por lo regular se atraviesan las siguientes seis etapas:

1. *Determinación de si el problema examinado es realmente un problema ético.* Hay problemas que tienen otro carácter, y ameritan otra solución.

2. *Consulta de fuentes autorizadas* como: a) nuestro código de ética (La Biblia) b) las políticas institucionales (la Denominación) y c) personas de experiencia para ver cómo ellos resuelven generalmente estos problemas.

3. *Consideración de soluciones alternativas* en vista de los principios y valores que sustentan y sus posibles consecuencias.

4. *Conversación sobre la solución propuesta con las personas que afectará.* Finalmente ellos cuentan porque puede estar en juego su honor o la vida misma.

5. *Toma de decisiones y su aplicación con sensibilidad* a las otras personas afectadas (terceros implicados): la familia, los parientes, los amigos, el barrio, etc.

6. *Evaluación de nuestras decisiones y preparación para actuar de otra manera* en el futuro (ser capaces de rectificar con hidalguía, cuando nos equivocamos).

Lección 5. Correlación con ciencias afines no-teológicas

§ Antropología y Sociología

En su trabajo sobre *antropología teológica* Maurizo Flick y Zolatn Alszeghy señalan que:

> El término «antropología» puede servir para significar una doctrina cualquiera sobre el hombre, sobre su naturaleza, sobre su situación en el mundo, etc.; en este sentido se puede hablar de antropología física, cultural, etnológica. Durante algún tiempo, el uso de esta palabra ha estado casi exclusivamente limitado al «estudio de los caracteres físico morfológicos del hombre, en sus variaciones individuales, raciales y sexuales». Sin embargo, después de Kant, ha ido prevaleciendo poco a poco un uso más general de este término, que atañe a toda la filosofía en su perspectiva ante la pregunta: «¿qué es el hombre?». Ya Rosini había intuido, que esta misma pregunta constituía también el horizonte de la teología. Con este empleo del término guarda relación la expresión que hemos utilizado, «antropología teológica», entendida como un intento reflejo del hombre por alcanzar la comprensión de sí mismo, a través de la revelación[55].

Las ciencias sociales en general son el instrumento por excelencia para la teología práctica. En su articulación teórica, la antropología y la sociología permiten a la Teología Práctica un conocimiento científico del hombre como persona en relación con su cultura, su hábitat y con su organización social. La sociología le permitirá entender, por ejemplo, los conflictos sociales en su justo contexto social y como fruto de las relaciones de poder.

---

[55] Flick, Maurizo y Alszeghy, Zolatn. "Antropología Teológica" en http://es.scribd.com/doc/154668423/Flick-Mauricio-Antropologia-Teologica-Doc#scribd.

Hay que reconocer que cada disciplina es el producto de investigaciones históricas de larga data y que cada teoría responde a determinadas pre compresiones alcances y limitaciones de sus autores. El filósofo Ernst Casirer[56], reconoce que con relación a la teoría del hombre debemos admitir una base bastante ancha:

> La vida política no es la forma única de una existencia humana en común. En la historia del género humano el Estado, en su forma actual, es un producto tardío del proceso de civilización. Mucho antes de que el hombre haya descubierto esta forma de organización social ha realizado otros ensayos para ordenar sus sentimientos, deseos y pensamientos. Semejantes organizaciones y sistematizaciones se hallan contenidas en el lenguaje, en el mito, en la religión y en el arte. Hay que admitir esta base más ancha si queremos desarrollar una teoría del hombre.

Una antropología teológica tiene como núcleo la persona de Jesucristo, el Hombre por excelencia. Las preguntas que deben guiar su articulación, según el teólogo Patricio Merino, son las siguientes ¿Cómo pensamos al ser humano, la historia, el cosmos, la libertad, la razón, la conciencia, la corporeidad? ¿Desde dónde? Merino responde que lo hacemos desde la revelación en Cristo:

> ...la revelación de Dios no ha querido darse independientemente del acto con el que la libertad del hombre la reconoce y la hace propia. Así, por ejemplo, Balthasar a diferencia de Barth, parte de la forma concreta de Cristo en el reconocimiento de su singularidad en la cual se revela el misterio de la libertad de la misión del Hijo que puede ser expresada mediante: 1) Aquel que es enviado es el Hijo eterno del Padre 2) precisamente a causa de lo absoluto de su relación *intra trinitaria* puede ser libremente enviado y al mismo tiempo acaecer en la historia como acontecimiento singularmente decisivo para la verdad de ésta, sin perder por ello su insuperable gratuidad" (...) "...La relación entre verdad e historia

---

[56] Cassirer, Ernest. *Antropología filosófica*, México: FCE, 1987:59.

alcanza su fundamento en el acontecimiento de la revelación. Jesucristo es la verdad y el camino y a Jesús se le conoce siguiéndolo. Se trata de una verdad relacional, que permite también comprender la unidad entre absoluto e historicidad. Jesús, a causa de su singular humanidad de Hijo eterno de Dios, se ha presentado como el único salvador: centro del cosmos y de la historia (cf. Himnos cristológicos). La historia de Jesús es la realización de Dios que se revela y en cuanto Dios que se revela puede ser conocido. Dios mismo realiza la condición de su desbordante cognoscibilidad en su excentricidad[57].

Ahora bien, la pregunta fundamental es ¿qué relación existe entre las ciencias del hombre y la Teología Práctica? Para responderla, se tomará un caso que es un lugar común en la práctica pentecostal. Me refiero por ejemplo a los *casos de posesión demoníaca*. A partir de allí veremos cómo relacionar las diversas ciencias con la teología práctica. Antes de eso es necesario ver la relación entre psicología y pastoral.

§ *Psicología y pastoral*

La psicología es la ciencia que trata la conducta y los procesos mentales de los individuos, cuyo campo de estudio abarca todos los aspectos de la experiencia humana. La psicología que estudia los comportamientos humanos, frente a un caso de posesión demoníaca buscará primero determinar si se trata en su lugar de un delirio o una enfermedad mental, antes de decidir si se trata efectivamente de un caso de posesión demoníaca. Me refiero a los conocimientos de la psicología pastoral usados por un pastor, o bien por un profesional abierto y con mentalidad amplia, que acepte la terapia pastoral. Naturalmente cada uno desde su campo diagnosticará al paciente. Si alguien no cree que haya posesiones demoníacas, será muy difícil que se convenza de su realidad.

---

[57] Merino, Patricio. *Apuntes de Antropología Teológica. Visión trinitaria y sistemática.* Manuscrito. Chile, 2012.

La psicología por su especialidad buscará explicar las motivaciones o las causas de tales "manifestaciones" corporales, porque generalmente mediante el cuerpo se expresa los sucesos de la mente.

Por medio de sus diversos enfoques, la psicología explora conceptos como la percepción, la atención, la motivación, la emoción, el funcionamiento del cerebro, la inteligencia, el pensamiento, la personalidad, las relaciones personales, la conciencia y la inconsciencia.

La psicología emplea métodos empíricos cuantitativos de investigación para analizar el comportamiento. También se pueden encontrar, especialmente en el ámbito clínico o de consultoría, otro tipo de métodos cualitativos y mixtos. Mientras que el conocimiento psicológico es empleado frecuentemente en la evaluación o tratamiento de las psicopatologías, en las últimas décadas los psicólogos también están siendo empleados en los departamentos de recursos humanos de las organizaciones, en áreas relacionadas con el desarrollo infantil y del envejecimiento, los deportes, los medios de comunicación, el mundo del derecho y las ciencias forenses. Aunque la mayor parte de los psicólogos están involucrados profesionalmente en actividades terapéuticas (clínica, consultoría, educación), una parte también se dedica a la investigación desde las universidades sobre un amplio rango de temas relacionados con el comportamiento y el pensamiento humanos[58].

§ *Consejería / pastoral counseling*

La consejería es sobre todo una relación entre un terapeuta o consejero y un paciente. Es por decirlo así una relación dinámica y con propósito que requiere para funcionar de la aceptación y comprensión entre ambos. La confianza es el factor más importante. La relación con el consejero llega a ser un modelo de otras relaciones que la persona tiene.

---

[58] "Piscología" en: http://es.wikipedia.org/wiki/Psicología.

> *La consejería cristiana se basa en principios y valores bíblicos donde el consejero funciona como modelo de Cristo, pero sostenido sobre la gracia de Dios.*

El consejero experimenta la gracia de Dios en el contexto de la relación con el paciente. El Espíritu Santo participa activamente y no es meramente un recurso. Todo el tiempo actúa sobre la relación consejero-aconsejado. Antes, durante y después de la consejería la oración se convierte tanto en una "herramienta" y un "método", pues ofrece ánimo, afirmación, valor y esperanza de solución a los problemas.

El proceso de la consejería sigue generalmente 4 pasos básicos tendientes a la solución de un problema, a saber: 1) Aclaración del problema mediante el diálogo u otras formas de diagnóstico, 2) Exploración de posibilidades y opciones para solucionar problemas, de preferencia no-directivo, 3) Ayuda o consejo para decidir cuál opción se va a tomar; y 4) Estímulo y ánimo para que el aconsejado actúe en su favor.

Está demás decir que en la consejería pastoral el consejero debe mostrar calor humano, cuidado, respeto. Autenticidad – ser abierto(a), sincero(a) y mostrar empatía. Las habilidades interpersonales son importantes. El consejero en lo posible a la hora de aconsejar debe estar libre de conflictos serios, inseguridades significantes y problemas personales. Debe conocerse a sí mismo. Estar alerta a sus propios sentimientos y pensamientos y debe tener conocimiento mínimo de algunas técnicas terapéuticas.

§ *Psicología de la religión*

La psicología en general es útil para el tratamiento de la salud mental de las personas, pero particularmente la psicología de la religión permite conocer una serie de procesos de la experiencia religiosa.

La Psicología de la Religión es aquella rama de la Psicología aplicada y de la Ciencia de la Religión que trata las cuestiones psicológicas vinculadas a la práctica religiosa. Estudia las creencias, actividades y experiencias religiosas desde el punto de vista psicológico. Se ocupa además del origen y naturaleza del sentimiento religioso y del origen de la religión como tal. Algunos consideran a la religión como una proyección patológica del ser humano que necesita curación.

Los psicólogos de la religión se interesan por la relación que existe entre la personalidad y el desarrollo de la actitud y el comportamiento religiosos. También estudia las manifestaciones que adopta la religiosidad popular, así como las nuevas formas de religiosidad que han surgido en Occidente. Puede ayudar a comprender lo religioso en el hombre.

> *La Teología práctica se yergue sobre la base de las ciencias de la religión: historia de la religión, fenomenología de la religión, antropología de la religión, sociología de la religión, psicología y filosofía de la religión.*

De modo que este campo del saber es imprescindible. Mucho bien harían los seminarios o centros de formación teológica en incluir en sus programas académicos materias propias de las Ciencias de la Religión.

§ *Psiquiatría de la religión y de la secta / tratamiento de patologías religiosas*

La psiquiatría de la religión y de la secta es el campo más especializado de la psicología para el tratamiento de las patologías religiosas. Se considera como patologías a una serie de desviaciones doctrinales o de prácticas incorrectas dentro la vida religiosa.

Entre ellas los legalismos, fanatismos, fundamentalismos, ascetismos, hedonismos, sensualismos, materialismos, espiritualismos, maniqueísmos, regresionismos, ritualismos y ceremonialismos, alucinaciones y delirios en general, fantasías religiosas nocivas, divisionismo, chismes, murmuraciones, mentiras, etc.

Sobre esto volveremos más adelante en la lección 18, Capítulo VI de este libro.

§ Trabajo social

Según la Federación Internacional de Trabajadores Sociales[59] y la Asociación Internacional de Escuelas de Trabajo Social (IASSW)[60] se define El Trabajo Social como la profesión que promueve el cambio social, la resolución de problemas en las relaciones humanas y el fortalecimiento y la liberación del pueblo, para incrementar el bienestar.

Mediante la utilización de teorías sobre comportamiento humano y los sistemas sociales, el trabajo social interviene en los puntos en los que las personas interactúan con su entorno. Los principios de los Derechos Humanos y la Justicia Social como son vividos en la comunidad son fundamentales para el Trabajo Social.

Como es de suponer, si la Teología Práctica busca orientar o reorientar conductas sociales como promover transformaciones sociales, necesitará incluir el trabajo social en su quehacer. Lo asumirá como su metodología en un momento de su labor misionera, sobre todo en el tercer momento del proceso de ver, juzgar y actuar, pero desde una perspectiva pastoral. De acuerdo con la Escuela Nacional de Trabajo Social de la Universidad Nacional Autónoma de México (UNAM):

> Trabajo Social es una disciplina y profesión que diagnostica situaciones problema y organiza los recursos técnicos, financieros y humanos provenientes de las instituciones nacionales e internacionales, públicas y privadas destinados a la atención de la problemática social; analiza y evalúa políticas sociales; moviliza los recursos con que cuenta la población en sus comunidades y familias; parte de los niveles de organización de la sociedad civil y construye con individuos y sujetos sociales estrategias que sincronizan esfuerzos para el ejercicio pleno de los derechos sociales. De esta manera, conoce e interpreta las necesidades, carencias y demandas de los sujetos sociales a fin de desarrollar políticas y programas de

---

[59] Federación Internacional de Trabajadores Sociales. Definición de Trabajo Social. Aprobado por la Asamblea de la FITS, Montreal, Canadá, en Julio de 2000 citado por http://es.wikipedia.org/wiki/Trabajo_social.
[60] Congreso internacional de Trabajadores Sociales, Santiago de Cuba.24-29/IX/2001 citado en http://es.wikipedia.org/wiki/Trabajo_social.

carácter social, y organiza y capacita a la población para su participación social en la búsqueda de opciones para resolver los problemas detectados y mejorar su nivel y condiciones de vida[61].

El trabajo social en sus distintas expresiones se dirige a las múltiples y complejas relaciones entre las personas y sus ambientes. Su misión es facilitar que todas las personas desarrollen plenamente sus potencialidades, enriquezcan sus vidas y prevengan las *disfunciones.*[62] Por ello, los y las profesionales en trabajo social, se convierten en agentes de cambio en la sociedad y en la vida de las personas, familias y comunidades para las que trabajan. El Trabajo Social es un sistema integrado y dinámico de valores, teoría y práctica interrelacionados[63]. Para completar la idea, debe quedar claro que lo que para unos es disfuncionalidad negativa, porque atenta contra intereses particulares, para otros esa misma "disfuncionalidad" puede ser un modo de protesta frente a violaciones de derechos y por lo tanto debe ser interpretada como un grito de angustia de criaturas encadenadas que anhelan su libertad.

§ *Pedagogía*

Como se sabe la pedagogía (del griego παιδιον (paidion -niño) y γωγος (gogos -conducir) es la ciencia que tiene como objeto de estudio la educación. Originalmente la conducción de los niños en el proceso de su desarrollo.

El objeto de estudio de la pedagogía es «la educación», tomada ésta en el sentido general, según han atribuido diversas legislaciones internacionales, como lo referido en documentos de la Organización de las Naciones Unidas para la Educación la Ciencia y la Cultura (UNESCO), la Organización de Estados Iberoamericanos para la Educación, la Ciencia y la

---

[61] "Trabajo Social" en Wikipedia: https://es.wikipedia.org/wiki/Trabajo_social.
[62] Disfuncionalidad es un hecho o fenómeno que produce consecuencias contrarias al interés y buen funcionamiento de un determinado sistema social. Una disfuncionalidad puede ser el inicio o la base para un cambio social.
[63] "Trabajo Social" en Wikipedia: https://es.wikipedia.org/wiki/Trabajo_social.

Cultura (OEI) y los propios de cada país (como las leyes generales o nacionales sobre educación)[64].

Si un área de la Teología Práctica es la educación, se debe considerar con seriedad sus diversas ramas, entre ellas la didáctica.

La pedagogía estudia a la educación como fenómeno complejo y *multi* referencial, lo que indica que existen conocimientos provenientes de otras ciencias y disciplinas que le pueden ayudar a comprender lo que es la educación; ejemplos de ello son la historia, la sociología, la psicología y la política, entre otras. En este contexto, la educación tiene como *propósito* incorporar a los sujetos a una sociedad determinada que posee pautas culturales propias y características; es decir, la educación es una acción que lleva implícita la intencionalidad del mejoramiento social progresivo que permita que el ser humano desarrolle todas sus potencialidades.

La pedagogía es una ciencia multidisciplinaria, que pertenece al campo de las ciencias sociales y humanidades, tiene por *objeto* analizar y comprender el fenómeno de la educación, intrínseco a la especie humana, basado en procesos sistemáticos de aprendizaje, conocimiento, desarrollo de capacidades y habilidades, que facilitan la toma de decisiones.

Orienta las acciones educativas y de formación, basada en pilares como: principios, métodos, prácticas, técnicas, aportaciones y posturas de pensamiento, presentes en los procesos de enseñanza-aprendizaje.

§ *Música y artes dramáticas*

> *La música en la vida de la iglesia ocupa un lugar de importancia, especialmente en el desarrollo de la espiritualidad.*

De hecho, ha ganado un status importante, tanto que muchos hablan de un ministerio de adoración y alabanza.

La música (del griego: μουσική [τέχνη] - mousikē [téchnē], "el arte de las musas") es, según la definición tradicional del término, el arte de organizar sensible y lógicamente una combinación coherente de

---

[64] Sobre "Pedagogía" en: http://pedagogia.mx/concepto/

sonidos y silencios utilizando los principios fundamentales de la melodía, la armonía y el ritmo, mediante la intervención de complejos procesos psico-anímicos[65].

El **concepto de música** ha ido evolucionando desde su origen en la Antigua Grecia, en que se reunía sin distinción a la poesía, la música y la danza como arte unitario. Desde hace varias décadas se ha vuelto más compleja la definición de qué es y qué no es la música, ya que destacados compositores, en el marco de diversas experiencias artísticas fronterizas, han realizado obras que, si bien podrían considerarse musicales, expanden los límites de la definición de este arte. La música, como toda manifestación artística, es un producto cultural. El fin de este arte es suscitar una *experiencia estética* en el oyente, y expresar sentimientos, emociones, circunstancias, pensamientos o ideas. La música es un estímulo que afecta el campo perceptivo del individuo; así, el flujo sonoro puede cumplir con variadas funciones (entretenimiento, comunicación, ambientación, y en nuestro caso, la adoración y la alabanza a Dios)[66].

Las *artes dramáticas*, como el teatro, están presentes en las prácticas religiosas, a través de los ritos y aún de las posesiones demoníacas. Según los expertos, hay una especie de *teatralización* en los actos de posesión demoníaca[67]. Los ritos pueden definirse como la dramatización del cuerpo de creencias. Las prácticas sacramentales son en efecto una dramatización de lo sagrado. Según Metraux:

> En las capas populares y hasta en ciertos medios de la burguesía haitiana, la existencia de los *loa* y sus incorporaciones son artículos de fe. El poseído comparte esa fe. En el estado de tensión en el que se encuentra después de haber sufrido o simulado una crisis nerviosa, apenas distingue su yo del personaje que representa. *Se improvisa actor*. La facilidad con que entra en la piel de su personaje le prueba aún más que él es el personaje mismo. Asume su papel de buena fe, atribuyéndolo a la voluntad de un espíritu que, de manera misteriosa sea insinuado en él. En pocas palabras parecería que el simple hecho de creerse poseído bastase para provocar

---

[65] Cf. "Música" en: http://es.wikipedia.org/wiki/Música.
[66] Ibíd.
[67] Giobellina Brumana, Fernando *El Cuerpo Sagrado: Acerca de los análisis de los fenómenos de posesión demoníaca*. Separatas de la Revista Española de Investigación Sociológicas N° 34 (abril-junio 1986): 161-193.

en el sujeto el comportamiento de los poseídos, sin que realmente haya intención de engaño. (...) El "olvido" de los poseídos no es siempre una grosera mistificación. Admitir que uno recuerda lo que ha dicho o hecho como dios es reconocer que uno ha estado realmente poseído ya que es imposible haber sido al mismo tiempo uno mismo y una loa. Más vale convencerse de que se ha olvidado todo que confesar que uno se ha burlado de la asistencia y de la divinidad. Aquel que se encuentra en trance está obligado a llevar el juego hasta el final[68].

§ *Retórica*

La retórica[69] es la disciplina transversal a distintos campos de conocimiento (ciencia de la literatura, ciencia política, publicidad, periodismo, ciencias de la educación, ciencias sociales, derecho, etc.) que se ocupa de estudiar y de sistematizar procedimientos y técnicas de utilización del lenguaje, puestos al servicio de una finalidad persuasiva o estética, añadida a su finalidad comunicativa. Históricamente, la retórica tiene su origen en la Grecia clásica, donde se entendía, en palabras de los tratadistas clásicos, como el *ars bene dicendi*, esto es, la técnica de expresarse de manera adecuada (o arte del buen decir) para lograr la persuasión del destinatario (etimológicamente, la palabra es un helenismo que proviene del griego «rhetorikè» (ῥητορική) «téchne» (τέχνη).

Gracias a las nuevas tecnologías audiovisuales se puede hablar hoy de una retórica de la imagen, ya que mediante una imagen o vídeo podemos hablar sobre algo utilizando figuras retóricas (metáfora, metonimia, prosopopeya, personificación, etc.).

La retórica se configura como un sistema de procesos y recursos que actúan en distintos niveles en la construcción de un *discurso*. Tales elementos están estrechamente relacionados entre sí y todos ellos repercuten en los distintos ámbitos discursivos. La retórica es así la base para la

---

[68] Cf. las observaciones de Metraux en las posesiones haitianas del voudu. en Metraux, A. *Le Voudou haitien*. Paris: Gallimard, 1958: 124, citado por Brumana, Op. Cit.: 185.
[69] Cf. El muy bien detallado artículo sobre "Retórica" en la Wikipedia: http://es.wikipedia.org/wiki/Retórica.

homilética, la predicación y la educación cristiana. Veamos un poquito su estructura:

La elaboración del *discurso* verbal y su exposición ante un auditorio son aspectos que exigen la atención a cinco dimensiones que se complementan entre sí: En cuanto a estructura lingüística, el discurso está conformado por la *inventio*, la *dispositio* y la *elocutio*. En cuanto a actividad oral, el discurso está configurado por la *memoria* y la *actio*. Observemos rápidamente cada uno de ellos.

Inventio (o invenio). La finalidad de esta fase es establecer los contenidos del discurso. El término *inventio* procede del latín *invenire* que a su vez procede del griego εὕρεσις (euresis) que significa «hallazgo», pues de lo que se trata es que el orador seleccione, halle, en un repertorio prefijado de temas aquellos que son los más adecuados a su exposición. Se trata, mentalmente hablando, de invenire («hallar») en la memoria, llena de *topoio loci* («tópicos» o «lugares» comunes) las ideas propias o heredadas de la sociedad en general, susceptibles de ser utilizadas en el discurso.

Dispositio. Este término latino es una traducción del concepto de la retórica griega conocido como τάξις (taxis) que quiere decir «disposición». La finalidad de esta parte de la preparación discursiva es la organización de los elementos de la inventio en un todo estructurado. Son relevantes a este respecto el número de partes del discurso y su orden de aparición. En cuanto a las partes, los discursos pueden presentar una estructura bipartita (en la que las dos partes mantienen una tensión recíproca dentro del conjunto) o tripartita (en la que se supone un desarrollo lineal con principio, medio y fin).

La estructuración tripartita, la más frecuente, consta de un *exordium* o parte inicial que tiene por objeto captar la atención (el interés o favor) del oyente (*captatio benevolentiae*) e indicar a este la estructuración del discurso; una parte media con *narratio* (exposición del asunto y tesis del orador al respecto) y *argumentatio* (con las razones que sustentan dicha tesis); y, finalmente, una *peroratio* o recapitulación de lo dicho con apelaciones al auditorio.

Elocutio. La *elocutio* afecta al modo de expresar verbalmente de manera adecuada los materiales de la *inventio* ordenados por la *dispositio*. En la actualidad, la *elocutio* es lo que se denomina estilo. La *elocutio* se manifiesta a través de dos aspectos: las cualidades y los registros. Las cualidades elocutivas son tres: *puritas, perspicuitas y ornatus* (pureza, perspicuidad y ornato).

La *puritas* es la corrección gramatical en la expresión lingüística, que busca, sobre todo, evitar el barbarismo o palabra incorrecta y el solecismo o construcción sintáctica errónea.

La *perspicuitas* es el grado de comprensibilidad del discurso, que se opone a la obscuritas. El *ornatus* tiene por objeto embellecer el discurso con el uso de las distintas figuras literarias. Se trata del principal constituyente del *ornatus* pues en torno a él giran todos los elementos de la configuración estilística. Consta de dos lementos básicos: la elección de palabras (tropos y figuras) y su combinación (*compositio*).

Como dijimos en cuanto a actividad oral, el discurso está configurado también por la *memoria* y la *actio*. Veamos:

Memoria. La memorización del discurso elaborado depende de dos tipos de memoria según los tratadistas clásicos: la memoria *naturalis* (la innata) y la memoria artificiosa, que implica una serie de procedimientos mnemotécnicos para facilitar el recuerdo.

Actio. También llamada **pronuntiatio**, se ocupa de la declamación del discurso, prestando atención a la modulación de la voz y de los gestos, que debe estar en consonancia con el contenido del mismo.

Aplicado a la predicación y la enseñanza estos aspectos retóricos son sumamente útiles.

§ *Otras ciencias instrumentales*

Podemos pensar por ejemplo en la politología, las ciencias económicas y administrativas, incluso la lógica, las estadísticas y aún las matemáticas. En fin, todo conocimiento que se requiera debe ser invocado y asumido con seriedad y respeto por cada disciplina.

Cada disciplina tiene su historia, su introducción, sus contenidos frecuentes o tópicos comunes, sus métodos y técnicas procedimentales, sus diccionarios, sus enciclopedias, sus sistemáticas y sus bibliografías.

El teólogo o la teóloga debe ser capaz de valerse de todas las ciencias, respetando sus particularidades y métodos al usarlos en su quehacer profesional. Debe ser capaz de reconocer las teorías que cada una maneja y con ellas poder interpretar la realidad profesionalmente. Debe poder establecer diálogos con todas las ciencias.

> *El teólogo o la teóloga debe ser capaz de valerse de todas las ciencias, respetando sus particularidades y métodos al usarlos en su quehacer profesional.*

Debe procurar la inter disciplinariedad con una mentalidad científica, y ser capaz de aceptar las críticas que provengan de las canteras de las ciencias. En ese sentido debe estar preparado para dar razón de su fe ante quien lo solicite.

Pastoral Pentecostal 78

CAPÍTULO III
DISTINCIÓN DE PLANOS EN LA ACCIÓN PASTORAL

> *Pastoral de Reino es la iglesia entera presente en el mundo actuando y anunciando la llegada del Reino para transformar la sociedad*

Por fines estrictamente pedagógicos distinguiremos dos planos en la Teología pastoral. Una pastoral (*ad intra*) hacia adentro de la iglesia que para el caso llamaremos "*Pastoral eclesial*" y una pastoral (*ad extra*) hacia afuera, hacia el mundo, al que denominaremos "*Pastoral de Reino*". Se habla de Pastoral de Reino porque es la iglesia entera presente en el mundo (junto con otros agentes del Reino) actuando y anunciando la llegada del Reino para transformar la sociedad. Esta distinción de planos es sólo teórica y provisional, porque en la práctica la iglesia hace ambas cosas simultáneamente. Veamos cada una de ellas.

Lección 6. La acción pastoral hacia adentro (pastoral eclesial)

§ *Pastoral congregacional o de conjunto*

Es la tarea pastoral clásica o lo que ha hecho ella históricamente. Según ésta, la iglesia debe cumplir tareas permanentes. Las tareas permanentes de la Iglesia son las expresiones concretas de la Misión de la Iglesia y se puede sintetizar en tres: *Comunicar el Evangelio*, que abarca la predicación, el evangelismo, la educación cristiana y la educación popular desde la fe. *Ser comunidad creyente*, es decir, la Iglesia como comunidad que adora a Dios, como familia de santos y como forjadora de la fraternidad; y *Servir*, creativa y espontáneamente como señal del compromiso por la causa del Reino de Dios. Veamos cada una de ellas.

Iglesia como agente comunicador del Evangelio

La iglesia tiene como tarea permanente la comunicación del Evangelio a través de varios canales. Uno de ellos es la *predicación* (Marcos.16:15; Mateo.24:14; Hechos 13:32), que cumple una *función proclamadora* que actualiza permanentemente el mensaje redentor de Dios a los hombres. Otro vehículo, es el *evangelismo*, entendido como los múltiples esfuerzos por la extensión y afirmación del Reino de Dios en personas y comunidades sin distinción de raza, ni de lengua, ni de cultura. Otro medio importantísimo en la comunicación del Evangelio es la *educación cristiana* o *catequesis* que cumple un rol formativo; busca hacer discípulos conscientes de "todo el consejo de Dios" (Hechos 20:27) y de su compromiso con el Reino, el cual tiene una presencia histórica que se expresa en las situaciones que responden a las necesidades de los hombres, ya sea individuales o sociales. La Educación Cristiana contribuye a que los cristianos tomen conciencia de que el Reino se manifiesta en medio de sus vidas y que deben colaborar concretamente con él (Marcos 1:14,15; Mateo 21:31,32; 6:33). *Textos para la reflexión:* Romanos 10:14-17; 1 Corintios 1:8, 9,16; Mateo 28:19,20; Hechos 20:25-27; Nehemías 8:8,9.

Ser la comunidad de los santos

Otra tarea permanente de la Iglesia es ser comunidad que busca el acercamiento de los hombres a Dios, la fraternidad y unidad de los cristianos, y la integración de las comunidades en la cual está insertada la congregación.

La comunión de la Iglesia está expresada en el culto que ella ofrece a Dios. Este culto o liturgia es por un lado la adoración a Dios expresada en alabanza, himnos, oraciones y frutos de labios que confiesen su nombre (Hechos 13:15; 1Pedro 2:5). Por otro lado, es también la consagración y la vida entera, del comportamiento cotidiano como culto lógico y agradable a Dios (Romanos 12:1; véase también Mateo 6:1-18, 7: 21). La Iglesia está llamada a ser una comunidad que adora y consagra su vida plena a Dios.

La comunión del creyente con Dios halla su veracidad en la comunión con los hermanos. No se puede amar a Dios sin amar al prójimo (1Juan 1:7; 4:8-20). La Iglesia está llamada a ser comunidad donde la fraternidad se hace realidad gracias al don del amor (Juan 13:34-38). Por eso, la Iglesia debe fortalecer y guardar la unidad de los cristianos.

Finalmente, como la Iglesia proclama la reconciliación entre los hombres, está exigida a ser una comunidad integradora en medio de la sociedad. Debe así contribuir a la relación de los diversos grupos dentro de cada sociedad y entre los pueblos, a fin de que se construyan sobre las bases de la justicia y el bienestar colectivo, sin privilegios ni privilegiados, ya que éste es un valor del Reino de Dios. *Textos para la reflexión:* Efesios 4:3-6; 1Juan 1:7; 2:9-11; Hechos 2:42-47; 6:3; Juan 17:15-21; 13:34s.

Comunidad que sirve al mundo

> *El servicio como tarea permanente de la Iglesia no es otra cosa que la evangelización concretada en acciones y obras de amor.*

Es la praxis de la fe (Juan 5:36). La fe sin obras es muerta (Santiago 2:14). Este servicio puede asumir diversas formas. Puede darse a través de la asistencia social, espontánea u organizada. También a través de diversos proyectos de desarrollo que uno o más creyentes asumen como contribución a la economía y progreso colectivo de su pueblo o región. Otra forma más consciente y comprometida, es la participación vecinal u organizaciones populares en pro de la defensa de los derechos y reivindicaciones del pueblo. En algunas ocasiones esta participación alcanzará distintos niveles y opciones políticas. *Textos para la reflexión:* Marcos 10:17-25; Santiago 2:14; 5:1-6; Mateo 25:31-46.

§ *Pastoral etárea*

El trabajo pastoral de la iglesia, para atender mejor a sus miembros, puede dividirse por edades o etapas de desarrollo humano. Como hemos visto antes, los psicólogos de la religión se interesan por la relación que existe entre la personalidad y el desarrollo de la actitud y el comportamiento religiosos. En tal sentido valdrá la pena considerar la psicología del desarrollo humano.

La *psicología evolutiva* o del desarrollo humano, tiene como finalidad el estudio psicológico de las diferentes etapas de crecimiento y desarrollo del ser humano. Busca comprender la manera en que las personas perciben, entienden y actúan en el mundo y cómo todo eso va cambiando de acuerdo a la edad (ya sea por maduración o por aprendizaje). Se le conoce también con el nombre de «psicología del ciclo vital», ya que estudia los cambios psicológicos a lo largo de toda la vida de las personas. Ese sería, por tanto, el objeto de estudio de la psicología del desarrollo.

La *psicología del desarrollo* está interesada en explicar los cambios que tienen lugar en las personas con el paso del tiempo, es decir, con la edad. Dentro de esta área el foco de atención puede centrarse en el desarrollo físico, intelectual o cognitivo, emocional, sexual, social, religioso y moral.

Siguiendo a Erik Erikson[70], esos cambios que se dan en las personas a lo largo de la vida pueden ser explicados a través de unos factores que se encuentran enfrentados por parejas: la continuidad versus discontinuidad, la herencia versus el ambiente y la normatividad versus la ideografía. También el contexto en el que se desarrollan los sujetos, nos permiten comprender mejor su evolución, así es necesario destacar el contexto histórico, el socio-económico, el cultural e incluso el étnico, por citar los más importantes. Finalmente, el desarrollo debe ser entendido como un proceso continuo, global y dotado de una gran flexibilidad.

A lo largo del último siglo han sido varias las corrientes y los modelos teóricos que han aportado sus descubrimientos e investigaciones para explicar el fenómeno del cambio. En general, cada uno de estos modelos tiene sus propias explicaciones, a veces contradictorias a las que se presentan desde otras teorías. Esa diversidad de paradigmas explicativos enriquece la comprensión del fenómeno del desarrollo. Entre los más significativos de estos modelos es necesario citar el psicoanálisis, la psicología genética de Jean Piaget, el modelo sociocultural de Lev Vygotski, las teorías del aprendizaje, el modelo del procesamiento de la información y más recientemente, el modelo ecológico y el etológico. Aplicado a las

---

[70] Erikson, Erik. *Identidad, Juventud y Crisis*. Bs. As. Argentina. Ed. Paidós, 1968: 65 Cf. además: http://es.wikipedia.org/wiki/Psicología.

edades de los fieles, se puede distinguir las siguientes líneas de acción pastoral eclesial:

Pastoral de la niñez, de la pubertad, de la adolescencia

Al preguntarse sobre la responsabilidad de las iglesias en relación con los niños, el teólogo Harold Segura, resumiendo las conclusiones de dos consultas sobre "Niñez, Adolescencia e Iglesia"[71], señala:

> Las iglesias están llamadas a cumplir una tarea profética en cuanto a la defensa y promoción de los derechos de los niños y las niñas. En América Latina y El Caribe ésta es una labor impostergable. También les compete una labor pedagógica que incluya a los más pequeños como sujetos activos y protagonistas centrales del actuar de Dios en la Historia. En medio de una creciente e inhumana exclusión de los más débiles, el Señor nos convoca a vivir con radicalidad los principios de la inclusión, la solidaridad y el respeto. Esta labor pedagógica incluye, también, un cambio de modelo, en el que se les permita a los niños y a las niñas decirnos su verdad de parte del Señor y mostrarnos el camino del Reino (Mt. 18:5). También les incumbe una responsabilidad kerygmática, entendida ésta como el anuncio —con vida, obras y palabras— de "todo el propósito de Dios" (Hechos 20:27) y la proclamación, a los niños y las niñas, de las buenas noticias de redención, perdón y reconciliación en Cristo (Marcos 1:15). Si tuviéramos que resumir, diríamos que la misión de la Iglesia es proclamar las buenas nuevas del Reino, ser una comunidad paradigmática que encarne los valores de ese Reino y, colaborar con Dios para que sus propósitos de plenitud de vida para todos los niños y las niñas se hagan realidad, aquí y ahora (Juan 10:10).

---

[71] Segura, Harold. *Las Niñas y los niños en los Propósitos de Dios. Aportes para un marco bíblico teológico sobre la Niñez.* Movimiento Cristiano "Juntos por la Niñez". Costa Rica, 2004: 8 Cf. También: Brewster, Dan, *Niñez, Iglesia y Misión.* Lima-Perú: Compassion International, 2011; Brewster, Dan *Los niños & la infancia en la Biblia.* Libro de trabajo | Edición revisada con Prólogo de Roy B. Zuck. Lima, Perú: Praise Inversiones S.A.C, 2012; Ver especialmente Pinedo, Enrique (ed), *Niñez, Adolescencia y Misión Integral. Nuevos desafíos a la educación teológica en América Latina y El Caribe.* Bs.As: Ediciones Kairós, 2012.

Lo mismo se puede decir de los púberes y adolescentes, considerados por la gran mayoría de educadores como la edad difícil. Durante la adolescencia cambia la apariencia de los jóvenes, debido a los eventos hormonales de la pubertad; el cuerpo se transforma en el de un adulto. También cambia su pensamiento y se vuelven muchos más competentes para pensar abstracta e hipotéticamente, sus sentimientos cambian casi del todo y se enfrentan a la tarea más importante que es: Lograr la identidad, incluida la identidad sexual que perdura en la edad adulta.

La Adolescencia comienza alrededor de los 11-12 años hasta los 16 años aproximadamente; ni el comienzo ni el fin están marcados con claridad, se considera que la adolescencia comienza con la pubertad, proceso que conduce a la madurez sexual o a la fertilidad. Algunas personas siempre pertenecen en la adolescencia sin importar su edad cronológica.

Como se ve, esta etapa de la vida es decisiva para la formación de la identidad. En la teoría de Erikson, él adolescente busca dar sentido coherente al yo, incluido el papel que él o la adolescente desempeña en la sociedad. Los adolescentes forman su identidad no solo tomando como modelo a otras personas, como lo hacen niños más jóvenes, sino también deben determinar y organizar sus capacidades, necesidades, intereses y deseos para expresarlos luego en un contexto social. Los adolescentes pueden mostrar alguna confusión regresando a la niñez para evitar resolver conflictos comprometiéndose a seguir cursos de acción no muy bien definidos. La identidad se forma a medida que los jóvenes resuelven tres aspectos importantes: La elección de una ocupación, La adopción de valores en qué creer y por qué vivir y el desarrollo de una identidad sexual satisfactoria[72].

Erik Erikson ha sido el creador de nuevos aportes y visiones tal como el ciclo de la vida, la identidad y sus crisis, los cuales han facilitado la comprensión de la evolución de la psicología humana en su relación con la sociedad y la cultura; este enfoque de las múltiples influencias supera el reduccionismo de las tesis clásicas del psicoanálisis freudiano. Cuestiona las concepciones de Sigmund Freud de las personas, como esencialmente determinadas por lo biológico y con marcas fijas en el inconsciente, sin llegar a rechazar los supuestos básicos de Freud. Según él, en el desarrollo

---

[72] Cf. La teoría de Erickson en: http://www.geocities.com/ResearchTriangle/Thinktank /4492/noticias/erikson.htm

psicosocial desde un punto de vista evolutivo, se conjugan simultáneamente 1) las fuerzas biológicas con 2) las psicológicas y 3) sociales en un proceso que está ubicado tanto en el núcleo del individuo como en la comunidad donde participa y también en las sociedades que le sirven de referencia. Provee un insuperable aporte a la comprensión de las etapas infantiles del desarrollo, a los aspectos psicosociales involucrados en esa relatividad que define la identidad individual y social.

La pubertad y adolescencia es una etapa ideal para las vocaciones y entre ellas la vocación ministerial. Una pastoral de la adolescencia debe poder infundir valores cristianos de servicio al mundo.

En cuanto al desarrollo moral durante la adolescencia, la teoría de Lawrence Kohlberg[73] es interesante. Kohlberg describe tres niveles de razonamiento moral, lo cuales se dividen en:

> *Nivel 1: Moral pre—convencional* (4 a 10 años): Las personas obedecen reglas para no recibir castigos o para recibir recompensa.
>
> *Nivel 2: Moral convencional* (10 a 13 años): Convencional, quiere decir, son acuerdos que me dan los mayores. Están preocupados por ser "buenos", agradar a los demás y mantener el orden social. Muchas personas no alcanzan este nivel, ni siquiera en la edad adulta.
>
> *Nivel 3: Moral pos—convencional* (adolescencia – adultez): Las personas siguen manteniendo principios morales y emiten sus propios juicios basados en el bien, la imparcialidad y la justicia. En general, las personas no alcanzan este nivel de razonamiento moral por lo menos hasta la adolescencia temprana o bien en la adultez temprana.

Esto debe guiar nuestras acciones a la hora de trabajar con los adolescentes.

---

[73] Portillo Fernández, Carlos La teoría de Lawrence Kohlberg, en: http://ficus.pntic. mec. es/ ~cprf0002/nos_hace/desarrol3.html [descargado 09.04.15].

* *Pastoral juvenil.*

La pastoral juvenil puede ser definida como el cuidado integral de los miembros en la etapa de desarrollo conocida como juventud. La pastoral juvenil es integral, es decir, debe atender las diferentes áreas de necesidad que tienen los jóvenes. Estás, no deben limitarse a las espirituales, sino que son de toda índole (físicas, emocionales, intelectuales, sociales, vocacionales, etc.).

Desde el punto de vista de la fe, la pastoral juvenil no ve al joven como un espíritu aislado de su cuerpo y su realidad, sino que se acerca tomando en cuenta su realidad, su contexto, sus necesidades físicas, emocionales, sociales y espirituales; y en actitud de acompañamiento le edifica, motiva e inspira a imitar a Cristo como modelo, a la Palabra como norma de fe y conducta y a la evangelización como estilo de vida.

De acuerdo con el website *paralideres.org*, la pastoral juvenil gira en torno a cinco ejes principales: Las personas, los procesos de crecimiento integral, los programas, las estructuras y el producto. Es una manera de verla desde la administración.

Esta pastoral juvenil puede darse a tres niveles, según propone el Presbítero *José Luis Sulvurán* para la comunidad de Coyuca, México:

- *Nivel masivo.*

Llegar a la gran masa juvenil, es decir, a todos los jóvenes mediante festivales, concursos de cantos, de poesía, encuentros juveniles, peregrinaciones, torneos deportivos, veladas, etc.

- *Nivel de incorporación esporádica.*

Son jóvenes que no están con frecuencia en la Iglesia. No son estables, pero que sí asisten al llamado de la Iglesia.

- *Nivel del grupo base.*

Son jóvenes que con frecuencia se reúnen en la Iglesia. Son grupos estables. Todo el esfuerzo de pastoral juvenil está en esto: formar grupos base donde haya amistad, comunión y participación; donde la fe es el centro de la vida[74].

Las personas

El sujeto de la pastoral son los jóvenes mismos, auto realizándose como iglesia. El referente es el joven actual en su búsqueda de independencia, de sentido de identidad, de destino y de pertenencia. Un joven que está creciendo y desarrollándose para convertirse en un futuro adulto; lleno de necesidades pero que al mismo tiempo tiene grandes talentos que pueden ser un recurso para la iglesia y la sociedad. Muchachos y muchachas que están creciendo dentro de su propio contexto muy particular.

Por otra parte, está ese líder que se convierte en un pastor de cada uno de esos muchachos siendo su maestro, modelo, mentor y nodriza; inspirándoles y motivándoles a alcanzar la madurez cristiana.

Los procesos de crecimiento integral

Un crecimiento integral en el conocimiento, la vivencia y la conducta cristiana. Un joven creyente que conoce su fe, vive y experimenta una continua comunión con Dios y se comporta conforme a la Palabra de Dios la cual está arraigada en su corazón.

Los programas

Concebidos como un medio para que nuestros jóvenes lleguen a la madurez cristiana, que ayudan a su crecimiento en cada uno de los procesos antes citados.

---

[74] Sulvurán, José Luis. *¿Qué es una Pastoral Juvenil? Pastoral Juvenil de Coyuca* (México) en: http://impactojuveniljuncos.jimdo.com/qu%C3%A9-es-una-pastoral-juvenil/.

Las estructuras

Una estructura flexible que funcione de acuerdo a los dones que el Señor ha dado a cada uno, cumpliendo con la propia función dentro del equipo, ayudándose y edificándose mutuamente.

El producto

Este también es nuestro propósito, el hecho de que el joven llegue a la madurez cristiana; que viva y piense como Jesús. Nuestro producto son jóvenes conformados a la medida de la estatura de la plenitud de Cristo (Efesios 4:1-3).

* Pastoral del adulto

Otra es la pastoral del adulto. Si se ha llegado a ser adulto estando en Cristo, entonces se espera en la vida del creyente, también una *madurez en la fe*. Esta etapa de la vida, es oportuna para pensar en la misión. De otro modo, debemos invitar a la conversión y a un seguimiento a Cristo.

Si bien la mayoría de las decisiones de fe se dan en la pubertad y juventud[75], es en la etapa de la vida adulta donde se espera una relación más comprometida y más seria con la iglesia y su trabajo pastoral. Por lo general los adultos han experimentado las alegrías y desafíos de la vida y por eso tienen la capacidad de cuestionar la verdad y el significado de la vida. La formación cristiana de los adultos es esencial para que la Iglesia lleve a cabo la comisión dada a los apóstoles por Cristo. La pastoral de adultos fomenta este discipulado proporcionando una presentación completa y sistemática y la exploración y práctica de los elementos fundamentales de la fe cristiana, es decir, una iniciación completa a un estilo de vida en madurez.

---

[75] Estudios científicos estadísticos demuestran que la inmensa mayoría de conversiones se da en la adolescencia. Así lo demuestra Argyle, Michael *Conducta Religiosa*. (biblioteca de Ciencia e Historia de las Religiones) Buenos Aires: Editorial Paidós, 1966: 84-91.

Parece particularmente interesante la propuesta de la *Conferencia de Obispos Católicos de Estados Unidos* con relación a la catequesis de adultos. Los obispos proponen tres objetivos principales:

> *1) La pastoral del adulto busca adquirir en ellos una actitud de conversión permanente al Señor.* Esta actitud considera la vida cristiana como una transformación gradual en Cristo, en la que el cristiano lleva la mente de Cristo, confía en el amor del Padre, acepta la dirección del Espíritu en la búsqueda y la obediencia a la voluntad de Dios, y busca la santidad de la vida dentro de la Iglesia y el mundo. Fomenta una espiritualidad en la que la fe en Jesús se profundiza continuamente a través de la participación en el culto, el servicio social y la justicia, y la vida de oración de la Iglesia.
>
> *2) De otra parte ayuda a tomar una decisión consciente y firme de vivir el don y la elección de la fe a través de la pertenencia a la comunidad cristiana.* Fomenta la participación activa de los adultos en la Iglesia, que se realiza en las familias, las pequeñas comunidades basadas en la fe, denominaciones o redes y la comunión entre los santos. Ayuda a los adultos a desarrollar un sentido más profundo de su cooperación en el poder del Espíritu Santo para la misión de la Iglesia en el mundo.
>
> *3) La pastoral de adultos ayuda a ser más dispuestos y capaces de realizar su discipulado en el mundo.* Permite a los discípulos adultos a aceptar su lugar que le corresponde en la misión de la Iglesia para evangelizar, para oír el clamor por la justicia, para promover la unidad entre los cristianos y para dar testimonio de la salvación ganada por Jesucristo, para todos[76].

Estas sugerencias consideran, naturalmente, un crecimiento de los creyentes en la fe cristiana desde la infancia. Aunque son conscientes que

---

[76] United States Conference of Catholics Bishops *Catequesis de adultos* en http://www.usccb.org/beliefs-and-teachings/who-we-teach/young-adults (© 2015 Conferencia de Obispos Católicos de Estados Unidos) [Descargado 09.04.15].

muchos de sus fieles son cristianos nominales, esperan que puedan llegar a la fe de Cristo en la madurez de su edad.

Creemos que esos tres objetivos pueden alcanzarse en las iglesias evangélicas, en la medida que existen ya segundas y terceras generaciones de hijos de creyentes "nacidos en la fe" y miembros *formales* de la iglesia.

* Pastoral de la tercera edad o del adulto mayor

La *pastoral del adulto mayor* (de la "tercera edad", o de la "edad de oro") promueve el reconocimiento de su dignidad como personas, hijos e hijas de Dios y sus derechos como tales, a través de la generación de espacios para el desarrollo personal y la espiritualidad, la construcción de una imagen social positiva de la vejez y el envejecimiento, el fortalecimiento de su activa participación social como protagonistas de su desarrollo y la valoración de su aporte a la Iglesia, la Familia y la Sociedad.

La pastoral del adulto mayor, busca el fortalecimiento de la identidad cristiana y el sentido de pertenencia eclesial, en cuya acción se hacen vida los valores del evangelio, sin desmedro de su vinculación con otros actores sociales. Promueve espacios de coordinación e intercambio solidario a nivel comunitario y genera espacios de reflexión en torno a la vejez y el envejecimiento, para contribuir a la construcción de una cultura de respeto y valoración, justicia y solidaridad para todas las edades.

La pastoral del adulto mayor, además de sensibilizar sobre imagen social positiva de la vejez y el envejecimiento, promueve espacios e instalación de capacidades para la participación social, conciencia de derechos y deberes, ciudadanía e incidencia pública. De esta manera mejora la calidad de vida del adulto mayor, mediante la educación para la salud integral (física, psicológica, social) con la participación organizada de voluntarios y miembros en forma individual o grupal.

En el ámbito espiritual descubre carismas y potencialidades como mayores para contribuir a la construcción del Reino, ser portadores de la Buena Nueva y a la vez sujetos de Evangelización (discípulos y misioneros).

En el plano cultural, estructura una escala de valores de acuerdo a la etapa de la vida que viven para que ésta tenga sentido positivo y darle un significado trascendente. De esta manera conoce los factores positivos y negativos que intervienen en el desarrollo de la Pastoral de adultos mayores y detecta necesidades planteando alternativas de solución a los problemas.

Es obvio que una pastoral del adulto mayor debe ser conducida en lo posible por otro adulto mayor; alguien que tenga experiencia ministerial y que pueda conducirlos con paciencia y esperanza.

§ *Pastoral de transición o rites de passage: nacimiento, pubertad, matrimonio y defunción*

Rito de paso es un concepto que designa un conjunto específico de actividades que simbolizan y marcan la transición de un estado a otro en la vida de una persona. La denominación fue acuñada por el antropólogo francés Arnold van Gennep en 1909. Van Gennep señala que en su desarrollo social un individuo debe llevar a cabo numerosas transiciones entre la juventud y la edad adulta, entre la soltería y el matrimonio, entre no pertenecer y pertenecer a un grupo en particular, entre viajar y retornar[77].

En las sociedades no industrializadas, tales transiciones son un constituyente esencial de la vida social, pues representan un peligro potencial, y no se llevan a cabo de forma individual, sino que se celebran de forma ritual y comunitaria. Uno de los ritos de paso más característicos es la iniciación, pero están además los ritos de nacimiento, ritos matrimoniales y ritos funerales.

En muchas sociedades, el paso de la condición infantil a la adulta se establece mediante un rito de paso, la iniciación. Por ejemplo, en cierta sociedad el niño es raptado y devorado metafóricamente por un monstruo: muere, así, en cuanto niño, y ha de afrontar una serie de desafíos que ponen a prueba su idoneidad, en especial su valor. En el curso de la iniciación adquiere un conocimiento especializado, vale decir esotérico o mistérico. Tras superar la prueba, se reintegra a la comunidad como

---

[77] Van Gennep, Arnold. *Los ritos de paso*. España, Taurus, 1986 (Original en francés. Les rites de passage, 1909). Cf. También rites de passage en la *Enciclopedia Británica*: http://global.britannica.com/EBchecked/topic/504562/rite-of-passage.

adulto, con un nombre nuevo y algún tipo de marca (cicatriz, mutilación ritual, etc.) que permite que los demás iniciados lo reconozcan como un igual. El iniciado tiene derecho a fundar una familia y participar en las instituciones. Quienes no superan la iniciación se convierten, en cambio, en marginados.

En las comunidades eclesiales el más frecuente rito es el observado en la pubertad. Estos han sido frecuentemente llamados "ritos de pubertad", pero como Van Gennep argumentó hace mucho tiempo, este nombre es inapropiado. La pubertad entre las mujeres se define a menudo como el tiempo de la aparición de la menstruación (el flujo menstrual), pero no hay tal punto claramente identificable en la maduración sexual de los varones. Por otra parte, la edad en que se observan los ritos para alcanzar la madurez varía enormemente de una sociedad a otra, yendo mucho más allá de los límites normales de años a la que se alcanza la madurez sexual. En las iglesias, como en la sociedad, es común celebrar los 15 años de la niña y los 18 del joven, para pasar a su etapa de adulto. No celebrar estos ritos puede conducir a inadaptaciones o marginalizaciones de los nuevos miembros de la sociedad.

La pastoral de *rites de passage*, busca acompañar a los miembros de la sociedad en la definición de su identidad social[78]. La religión cumple así una función social de soporte cuando crea un ambiente apropiado para cada rito de paso, de una etapa a otra en la vida.

La conversión obra también como un rito de paso de una condición socio religiosa (de pecado) a otra distinta (de santificación). La ordenación o consagración al ministerio mediante la imposición de manos de un presbiterio, o el derramamiento de aceite como símbolo de "unción" ministerial, opera también como un rito de paso, de la vida religiosa común a la vida ministerial.

Los ritos fúnebres son de suma importancia para la gente, pues permite mediante el luto terminar una relación familiar o de amistad. Lo ritos funerarios varían de cultura en cultura y a través de los siglos son muchas

---

[78] Turner, Víctor W. *El proceso ritual. Estructura y antiestructura.* España, Taurus, 1988 (Original en inglés The Ritual Process. Structure and Anti-Structure, 1969). En las sociedades modernas, el ritual iniciático pervive como parte del protocolo de las sectas, sociedades secretas y otro tipo de organizaciones como la masonería.

las formas que ha tomado. Lo esencial, sin embargo, es la despedida definitiva de aquellas personas que nos han acompañado en vida. Según la creencia, estos ritos aluden a procesos de camino al "más allá" o al "otro mundo". El Dr. Gilberto Abels, del Seminario Reina Valera, recomienda hablar con confianza de la esperanza bienaventurada y no con conocimiento absoluto. Recomienda que el pastor recuerde:

1) Las circunstancias de la ocasión muchas veces sugieran el tema del discurso. Aparte de ellas, las siguientes pueden servir; 2) La abundancia del poder en el evangelio para prepararnos para la muerte por su gracia que vivifica, justifica y santifica. 3) La bienaventuranza del creyente más allá de la muerte en la presencia de Cristo y la belleza y pureza del lugar sagrado donde mora. 4) La resurrección gloriosa de los muertos en Cristo que es el cumplimento de la redención. 5) La certeza de la esperanza del creyente, basada en las promesas de un Dios inmutable en contraste con la incertidumbre de las esperanzas mundanas. 6) También se puede anunciar grandes verdades y encontrar fuentes de consolación por el desarrollo informal de algunas porciones de las Escrituras. Por ejemplo: La compasión y ternura de Dios que se ve en el hecho de que él no encuentra gozo en afligir a los suyos, 7) El resultado sublime y bendecido que Dios quiere tener a través de la aflicción. 8) Lo pasajero que son las tristezas terrenales en comparación con los gozos celestiales.

De continuos temas que pueden servir en consolar a los afligidos surgen mientras llevamos a cabo nuestro ministerio. Nos conviene anotarlos y guardarlos. Cuando nos toca conducir el servicio fúnebre de un inconverso a veces es difícil elegir un tema. En semejante ocasión el pastor tiene que ser un "hijo de consolación" y, a su vez, predicar honestamente el evangelio. Él no puede decir nada que daría los afligidos, razón para pensar que su ser querido perdido está en los cielos. Tenemos que quedarnos fieles a nuestro juicio y conocimiento de lo que la Biblia dice sobre los requisitos para la salvación. No podemos violar la verdad bíblica que dice que la salvación es por aceptar personalmente a Cristo como su Salvador y que se manifiesta por su manera de vivir. A su vez, el pastor debe tomar en cuenta que en tal momento es su deber consolar a los afligidos. Por eso, no le conviene hablar de lo horrendo que es cuando los inconversos caen en manos del Dios vivo (Hebreos 10:31). Tal vez la manera mejor de consolar a los afligidos en semejantes ocasiones sería por hablar de temas como los siguientes: 1) La brevedad e incertidumbre de la vida. 2) El plan de la salvación. 3) La habilidad y disponibilidad de Cristo a salvar 4) La rectitud y ternura de la providencia de Dios. 5) El refugio que los afligidos encuentran en la compasión y la salvación de Cristo[79].

Luego señala que, en su experiencia, es aconsejable visitar a la familia antes del velatorio para expresar su simpatía y tener más conocimiento sobre el difunto y planificar el velatorio. En esta ocasión el pastor sirve como consejero y amigo. Al planificar el velatorio debemos conformarnos con las costumbres del vecindario en tanto que son posibles. En tanto que él pastor tiene influencia, puede animarles a hacerlo de una forma simple, no costosa. Extravagancia y pompa en funerales es un mal que el ministro debe tratar de frenar. A menudo aumenta la aflicción de la familia por dejarlas con deudas y resentimientos (...) También es importante visitar la familia poco después del velatorio para administrar más consolación. Muchas veces esta es una buena oportunidad para el pastor hablar de la necesidad de tomar una decisión en cuanto a su relación para con Dios desde que sus corazones son tiernos[80].

§ *Pastoral de Matrimonios: Unión, separación, divorcio y recasamiento*

El matrimonio es un área importante en la vida de la gente. Constituye uno de los ritos de paso, de la soltería a la vida de casados. Se espera que el matrimonio sea para toda la vida, pero lamentablemente no siempre es así. Muchas parejas se separan o se divorcian. Algunas se quedan así pero otras se vuelven a casar, aun en contra de las opiniones encontradas de las iglesias que, por lo general, manejan ideas bien conservadoras al respecto.

---

[79] Abels, Gilberto "Velatorios", en: http://www.seminarioabierto.com/ [Descargado el 12.12.14].
[80] Ibíd.

Sobre el tema de la separación, divorcio y re casamiento hay, en efecto, opiniones muy diversas y contrapuestas. Unos piensan que a lo sumo una pareja de esposos pueden separarse (si es por un tiempo, luego perdonarse y continuar juntos) y de hacerlo debe quedarse sin volverse a casar hasta que el otro cónyuge muera. Otros creen, en base a su interpretación de la Biblia sobre el matrimonio, que es posible divorciarse. Aquí también las opiniones se dividen entre los que creen que los divorciados pueden volverse a casar y los que creen que no.

El matrimonio es un pacto que un hombre y una mujer hacen frente a Dios. Dios está representado por el sacerdote o el pastor quien da la bendición. La Biblia es clara cuando dice: *"Lo que Dios unió, no lo separe el hombre"* (Lucas 16:18). La pregunta legítima es si a todos los matrimonios verdaderamente Dios los ha unido. Porque hay uniones que el hombre une, o por la fuerza o por razones culturales. Las legislaciones de muchos países contemplan la disolución automática de vínculos matrimoniales cuando han sido obligados. El matrimonio se declara nulo.

En la medida que es un pacto entre hombres y mujeres, también puede disolverse, si entre ambos hay mutuo disenso. En este caso, las causales de divorcio deben ser legítimas o que ellas pongan en riesgo la vida de uno de los cónyuges o de los hijos. Muchos de los matrimonios comienzan bien, pero luego con el paso del tiempo, terminan como una "atracción fatal". La violencia se apodera de ellos y ponen en peligro la integridad de la vida, no solo de la pareja sino también de los familiares y parientes.

En mi opinión personal, el pastor debe hacer todo lo humanamente posible para que los vínculos matrimoniales se conserven para toda la vida. Cuando estos están en riesgo, hacer todo para que se restablezcan las relaciones y ellos perduren como una unidad. No debe ser muy ligero para aconsejar separación o divorcio por causales que no ameritan. Cada caso es diferente, cada matrimonio, es un mundo, y no se pueden aplicar reglas generales para todos.

Conviene estudiar la legislación judía reflejada en los textos bíblicos en el contexto de la cultura hebrea, para luego actualizar el mensaje bíblico sobre el divorcio. Hay que entender que la legislación judía tendía a defender el derecho de los varones —que podían tener las mujeres que querían, de acuerdo a sus posibilidades económicas--- y no así el de las mujeres. Cuando se habla de "carta de divorcio" sólo se refiere a los varones quienes podían repudiar a alguna de sus mujeres, pero una mujer no podía repudiar a un hombre. Incluso tan es así que, según esa legislación, el que se casaba con la repudiada, adulteraba.

La ley mosaica permitía la poligamia entre el pueblo hebreo. Las esposas tenían cierta protección contra abusos y había varios reglamentos en atención a esos matrimonios. Había entre los israelitas una tendencia muy marcada hacia la monogamia. Sin duda la razón principal para esto era que la costumbre de tener más de una esposa era muy costosa para la mayoría del pueblo...Por centurias ha sido posible para un marido en tierras árabes divorciarse de su esposa, solamente por la palabra hablada. La esposa así divorciada tiene derecho a todos sus vestidos y el marido no puede quitarle nada de lo que ella lleve puesta sobre su persona. Por esta razón, las monedas, su cofia, sus anillos y collares vienen a ser una riqueza importante en la hora de gran necesidad de la divorciada. Esta es una razón por la que hay tanto interés en el adorno personal de la novia en los países orientales. Estas costumbres de divorcio sin duda prevalecían en las tierras gentílicas en tiempos del Antiguo Testamento. Fue por esta razón que la ley de Moisés limitaba el poder del marido para divorciarse de su esposa, pues debía darle una Acta de Divorcio escrita (Deuteronomio 24:1).

La costumbre judía del divorcio es superior a la arábica. Es importante recordar que el pecado de adulterio no tenía nada que ver con el asunto del divorcio bajo la ley judía. Ese pecado castigado con la muerte (Levítico 20:10; Deuteronomio 22:22), a pedradas. Si un esposo encontraba algo indecente en su esposa, podía darle una carta escrita de divorcio, lo que hacía posible que se casara con otro hombre (Deuteronomio 24:2). Un hombre culpado de infidelidad era considerado como un criminal sólo cuando había invadido los derechos de otro hombre. A una mujer no se le permitía divorciarse de su marido. El profeta Malaquías enseña que Dios aborrece el divorcio y condena severamente a un hombre cualquiera que obró traicioneramente con la mujer de su pacto (Malaquías 2:14.16). Tal fue la actitud del pueblo hebreo en el asunto del divorcio. El Señor Jesús quitó todas las causas del divorcio bajo la ley, e hizo de la *infidelidad* la única causa para el divorcio bajo la dispensación cristiana (Mateo 5:31, 32)[81].

El principio es simple. En lo posible se debe evitar el divorcio y sólo se debe dar cuando está en riesgo la vida y la felicidad de los cónyuges. Todos tienen derecho a la felicidad y a rehacer su vida. La iglesia no debe invadir la vida privada de los fieles. Ella sólo debe orientar lo mejor que pueda, pero la decisión final es de la pareja.

§ *Pastoral y equidad de género*

El tema de equidad de los géneros masculino y femenino, recientemente ha cobrado singular importancia y debe prestársele especial atención. Se busca la equidad entre ambos géneros e igualdad de derechos para ambos géneros.

De acuerdo con *Proceso Kairós Perú*, institución evangélica dedicada al estudio de género en Lima, Perú:

> Los términos varón y hembra, desde el punto de vista científico, se refieren a la diferencia establecida, desde el punto de vista biológico, por los caracteres anatómicos y funcionales propios de cada uno. A este conjunto de diferencias se les denomina sexo. Sexo se basa en diferencias, biológicas, físicas y anatómicas que distinguen lo que es un macho y una hembra. Género es un concepto que se basa en la existencia de diferencias socio culturales entre varones y mujeres, que varían en cada sociedad y conocemos como género masculino y género femenino. Las características que provienen de condicionantes culturales e influyen en la manera de relacionarse entre varones y mujeres o entre mujeres y mujeres y entre varones y varones se refieren al género. Durante mucho tiempo se han confundido los aspectos biológicos que se derivan de la diferencia sexual con las formas de comportamiento

---

[81] Wight, Fred H. *Usos y Costumbres de las Tierras Bíblicas*, Editorial Portavoz, 1961: 132-133.

que cada sociedad considera adecuadas para los varones y para las mujeres, que constituyen los géneros masculino y femenino[82].

Las diferencias entre varones y mujeres se convierten en desigualdades que han estado presentes a lo largo de la historia y han originado la situación de subordinación de la mujer respecto al varón. Esta subordinación está presente en todos los ámbitos de la vida social, económica, política, religiosa y cultural. Las palabras sexo y género, más que dos simples conceptos se han convertido, en la actualidad, en un aporte para entender el *ordenamiento* del sistema de relaciones entre mujeres y varones. La Escritura nos muestra que, al ser los dos hechos por el mismo Creador, son iguales y al mismo tiempo diferentes (Génesis 2:22,23).

Nos muestra también la profunda identificación que el varón siente hacia la mujer, es por eso que le da su mismo nombre, destacando así la importancia de la unidad de la pareja, la íntima afinidad entre ambos y la igualdad esencial de sus derechos.

En sus estudios de género, Catalina Santos de Proceso Kairós Perú, hace una diferencia entre género e *identidad* de género. Señala:

> Con *identidad de género* nos referimos a una realidad mucho más compleja que se construye socialmente. La identidad supone tres aspectos: roles, espacios sociales y atributos o valores, y cualidades que se atribuyen a cada uno de los géneros.[83]

Según ese concepto, mis genitales pueden ser masculinos, pero yo elijo ser femenino o al revés. Cada persona elige ser lo que quiere ser; cada quien construye su identidad de género en una interacción que combina, rol, espacio social y valores. De ser posible esta elección, se daría durante la adolescencia.

---

[82] Kairós Perú, Proceso. *Identidad de Género*. Lima, Perú: PROCESO KAIRÓS, 2005: 5.
[83] Ibíd.: 6

Los *roles*, son las diversas tareas o papeles que un individuo realiza en un grupo o sociedad. Conocido también como división social del trabajo, división de trabajo por género, división sexual del trabajo. Estas hacen referencia a los distintos tipos de trabajo que realizan varones y mujeres y al valor diferenciado que se le asigna a cada uno de ellos. Es decir, son conductas y actividades que *asumen* hombres y mujeres por el hecho de su género. Estos roles son asignados socialmente. Tradicionalmente se ha ubicado al varón en el *rol productivo* (trabajar para sostener a la familia) y a la mujer en el *rol reproductivo* (cuidado y crianza de la familia) y en el *rol de gestión política*, al varón en cargos públicos y a la mujer en actividades que refuerzan su rol reproductivo.

Los *espacios sociales*, son los ámbitos o lugares en los que mujeres y varones realizan sus actividades. La identidad supone la ubicación en espacios determinados para varones y para mujeres. Tradicionalmente se ha dividido entre el espacio *público* y el espacio *privado*, asignando al varón al espacio público (la calle, la economía, la política, la toma de decisiones) y a la mujer el espacio privado (la casa, el hogar).

Los *atributos o valores* son cualidades que se atribuyen tanto a varones como a mujeres. Según la visión tradicional, los varones son fuertes, racionales, activos y las mujeres débiles y emotivas[84].

Sin embargo, hay otro entendimiento de la problemática de género. Hay quienes lo ven como un peligro para la humanidad, o una aberración respecto de la división natural de los sexos. La queja es que la perspectiva de género se ha convertido en un concepto totalizante. Ya no es un término más en la lista de la jerga del feminismo, sino un nuevo modo de ver al ser humano, una nueva perspectiva desde la cual se elaboran los conceptos de hombre y mujer, sus respectivas vocaciones en la familia y la sociedad y la relación entre ambos. De este modo los conceptos de sexualidad, matrimonio, vida y familia también se ven radicalmente redimensionados.

El argumento es que la *perspectiva de género* niega que, biológicamente hablando, los seres humanos se distingan simplemente en dos sexos: masculino y femenino, y afirma que son más las combinaciones que resultan

---

[84] Ibíd.:7-8

de las áreas fisiológicas del "sexo biológico", es decir, de los órganos sexuales internos y externos. Para la perspectiva de género no existe el hombre `natural' o la mujer `natural'. No hay conjuntos de características o de conductas exclusivas de un sexo, ni siquiera en la vida psíquica. Por eso, hablan de un "*continuum*" de inter-sexos, cuyo punto medio es el hermafroditismo. De ahí que considere la heterosexualidad y la procreación, no como la sexualidad natural, sino como una "construcción social" *biologizada*[85].

Las teorías feministas, sean psicoanalíticas, postmodernas, liberales o críticas coinciden en el supuesto de que la constitución de diferencias de género es un proceso histórico y social y en que el género no es un hecho natural. Aún más, se cuestiona la oposición misma entre sexo y género. La diferencia sexual no es un hecho meramente anatómico, pues la construcción y la interpretación de la diferencia anatómica es ella misma un proceso histórico y social. Que el macho y la hembra de la especie humana difieren en su anatomía es un hecho, pero también es siempre un hecho construido socialmente, según señalan. La identidad sexual es un aspecto de la identidad de género. El sexo y el género no se relacionan entre sí como lo hacen la naturaleza y la cultura, pues la sexualidad misma es una diferencia construida culturalmente.

Otras posturas mucho más radicales tienden, incluso, a desprenderse de todo cuanto impide la libertad de los géneros, incluso de Dios mismo. La revista "N.O.W." (Por sus siglas en inglés: National Organization of Woman) y que en español sería: Organización Nacional de Mujeres, pero que forma el acróstico en inglés "Now" que significa: "Ahora"; publicó la siguiente declaración feminista radical:

---

[85] Una discusión bien informada sobre género, puede verse en Bustos R., Olga, "La formación del género: el impacto de la socialización a través de la educación", *Antología de la sexualidad humana. I*, Consejo Nacional de Población, México, 1994: 267-298; Cartaya, Vanessa *La problemática del género en la política social: el caso de América Latina y el Caribe*. Guadalajara, Jalisco.1994; Cazés, Daniel "La dimensión social del género. Posibilidades de vida para hombres y mujeres en el patriarcado", *Antología de la sexualidad humana I*, Consejo Nacional de Población, México, 1994: 335-388; Chejter, Silvia *Violencia de género y políticas públicas*. COVAC, México. 1994; CONAPO, *Antología de la sexualidad humana*. Tres tomos. Consejo Nacional de Población, México, 1994.

Ahora (NOW) es el tiempo de tomar el control de nuestras vidas, ahora (NOW) es el tiempo de crear libertad reproductiva para todas las mujeres, las culturas, las edades y orientación sexual, ahora es tiempo de rechazar a las marionetas de la burocracia que quiere degradar, controlar, matar y violar nuestros cuerpos; ahora (NOW) es el tiempo de dejar caer la bota en el crecido patriarcado; ahora (NOW) es el tiempo de pelear. No a Dios, no al amo, no a las leyes[86].

Se trata, como se ve, de una reacción hepática por las terribles condiciones en que sobre todo el género femenino ha sufrido vejámenes y abusos por parte de una sociedad patriarcal, andrógina y machista. Frente a una posición como esta, de reclamo profundo, debemos tener una actitud ética correcta y adoptar acciones pastorales que empiecen por oír el reclamo y atender las necesidades de las minorías. Antes de reaccionar con el hígado, hagámoslo con el corazón y miremos con los ojos de Dios hasta qué punto tienen razón. Examinemos todo y retengamos lo bueno. Oigamos el clamor de estas almas quebrantadas que piden a gritos ser escuchadas.

§ *Pastoral de la mujer*

> *Una pastoral de la mujer se propone reivindicar el lugar de la mujer en el ministerio sagrado y en los cargos públicos de la sociedad.*

Es aquella pastoral que trabaja específicamente con mujeres. Partiendo de la condición de postergación de las mujeres en la iglesia y la sociedad, una pastoral de la mujer se propone reivindicar el lugar de la mujer en el ministerio sagrado y en los cargos públicos de la sociedad. Busca potenciar sus capacidades como mujeres.

Considera además la perspectiva femenina de lectura de la Biblia o lectura *con*

---

[86] Valles, Daniel."De-Género" en http://www.oocities.org/elmeollodelasunto/art/grldegenero.htm

ojos de mujer[87]. Incluye el amplio debate, en la teología católica, protestante y ortodoxa, sobre el ministerio de la mujer y sobre el lugar de la mujer en la historia de la salvación.

A pesar de haber posiciones encontradas acerca del ministerio de la mujer, en la práctica existen cada vez más iglesias que van aceptando su ministerio. De hecho, desde la antigüedad Dios ha levantado muchas mujeres con ministerios reconocidos, aun a pesar del machismo existente. Contra toda condena, Dios ha respaldado sus ministerios y ha dado pie a controversias por esta causa.

Hay posiciones encontradas acerca del ministerio de la mujer. Las que aceptan su ministerio al mismo nivel que el del varón y las que rechazan el ministerio de la mujer señalando que no existe base bíblica que lo sustente. Estas hipótesis están siendo discutidas ampliamente por círculos de estudio bíblico especializados. Una teología de la mujer debe exponer ampliamente ambas posturas: la posición que niega como la que afirma la legitimidad del ministerio de la mujer según la Biblia.

La pregunta que debe motivar esta búsqueda es, doble. Por un lado: ¿Qué se puede aprender del trato de Jesús a las mujeres? Y en consecuencia, ¿Cuál es el mensaje implícito en tal actitud de Jesús? Por otro lado, ¿Existe base bíblica suficiente para sostener el ministerio de la mujer hoy?

En realidad, hay suficiente base bíblica, pero por razones históricas y de desconocimiento de la tradición de interpretación, el cristianismo relegó a las mujeres a un segundo plano, sin darse cuenta que su interpretación de la Biblia estuvo más orientada por la influencia de la filosofía griega.

Por otra parte, el hecho de que Jesús escogiera mujeres, las acogiera, las amara, curara y las tratara con respeto y dignidad, hace que se descubran como personas humanas y con valor ante los ojos de Dios. Esta toma de

---

[87] Considere los siguientes textos clásicos: Conti, Cristina *Hermenéutica Feminista. Alternativas* (1998). Managua: Editorial Lascasiana, 2000; Cardoso Pereira, Nancy, "Pautas para una hermenéutica feminista de la liberación", *RIBLA 25* (1996); Schüssler Fiorenza, E. *Pero ella dijo. Prácticas feministas de la interpretación bíblica.* Madrid, Trotta, 1996; Radford Ruether, Rosemary *Mujer Nueva, Tierra nueva. La liberación del hombre y la mujer en un mundo renovado.* Buenos Aires, La Aurora, 1977; Katharine Doob Sakenfeld: "Usos feministas de los materiales bíblicos", en Russell, Letty M. ed.: *Interpretación feminista de la Biblia.* Bilbao: Desclée de Brouwer, 1995; Porcile, Teresa *La mujer, espacio de salvación: misión de la mujer en la Iglesia, una perspectiva antropológica.* Montevideo: Trilce, 1991.

conciencia hace emerger potencialidades todavía adormecidas para mostrarse con valor a otras personas y volverse activos y participantes en la sociedad, como seres adultos y responsables. Esta preferencia de Jesús por las mujeres es una revelación de Dios Padre que no puede soportar ver a ninguno de sus hijos e hijas sufriendo. Por medio de su modo de relacionarse en igualdad con todos los seres humanos, hombres, mujeres, niños, viejos, Jesús demuestra lo que significa «traer vida en abundancia, o en plenitud» (Juan 10:10).

En el Nuevo Testamento se ve a un Jesús que escoge, acoge, ama, cura y trata con respeto y dignidad a mujeres y otros marginados por la sociedad. Para él son personas con valor ante los ojos de Dios. En consecuencia, aquellas personas que fueron objeto de su encuentro con Jesús, se pusieron de pie, adquirieron valor y se volvieron personas significativas en la comunidad de discípulos.

Como ya se dijo, esta preferencia de Jesús es una revelación de Dios Padre que no puede soportar ver a ninguno de sus hijos e hijas sufriendo. Por medio de su modo de relacionarse en igualdad con todos los seres humanos, hombres, mujeres, niños, viejos, Jesús nos demostró que la vida en abundancia y plenitud solo es posible tras un encuentro con él.

Del estudio de los varios pasajes de los evangelios y las epístolas de Pablo queda claro que hubo mujeres apóstoles, reconocidas y aceptadas por la comunidad cristiana primitiva, pero que, después con la institucionalización de la iglesia y la interpretación judía, mucho de estos pasajes referidos a las mujeres, fueron distorsionados.

Ellas jugaron roles diferentes, cada una de acuerdo a su llamado y también a sus aptitudes como mujeres que amaron y siguieron a Jesús; mujeres que pudieron reconocer en Jesús, como los demás discípulos, al Mesías revelado. De ese modo, uno entiende que ellas participaron igual que Pedro, de la misma revelación del Padre. En consecuencia, a ese llamado, fueron profetizas, apóstoles, líderes seguidoras de Jesús y sobre todo fieles hasta la muerte, como se las ve al pie de la cruz en los evangelios. Pero también receptoras de la revelación, en el momento de la resurrección.

Quiera Dios ayudar a nuestras hermanas en la fe a encontrase ellas misma en Jesús y que, leyendo la Escritura con ojos nuevos, puedan animarse en su seguimiento de Cristo, hasta que él vuelva por segunda vez.

§ *Pastoral de la familia ministerial*

Es el acompañamiento pastoral a los pastores de la iglesia o a la familia ministerial. Hablamos de la "familia ministerial", porque usualmente, aunque uno sea el pastor nombrado su cónyuge, es considerado también como parte del mismo ministerio, incluido los hijos, si los hay.

Por lo general son los pastores los que atienden al rebaño y los que pastorean. Son ellos los que, sin escatimar tiempo y dedicación a sus quehaceres personales, se desviven por suplir necesidades ajenas, a fin de salvaguardar la salud integral de la iglesia. Sin embargo, es lícito preguntar ¿Quién pastorea a los pastores? ¿Quién vela por ellos cuando están en necesidad o cuando envejecen? Si un pastor o pastora es miembro de una Denominación o una red de ministerios bien organizados, se espera que el obispo, superintendente o presidente nacional de la Denominación encargue a algunas autoridades inmediatas a que supervisen a los pastores miembros de la organización. Pero esta supervisión, ¿incluye el acompañamiento espiritual al Pastor? Algunas veces sí, pero muchas veces no es así. Los pastores se sienten como abandonados por sus "coberturas" institucionales y tienden a asociarse con otros pastores en la forma de confraternidades pastorales o bien en redes eclesiásticas o círculo de amigos.

En ese sentido es bueno que los pastores tengan discípulos cercanos, un círculo íntimo, a quien pueda formar para suplirlo en el futuro y a quien pueda confiar sus necesidades personales. Esto lo aprendemos de Jesús quien llamó a Pedro, Juan y Jacobo. Con ellos anduvo día y noche y los comprometió mucho más que al resto de los doce.

Es aconsejable que los obispos y presidentes eclesiásticos acompañen de cerca a los ministros bajo su cobertura, los visiten de vez en cuando, almuercen o cenen con ellos, para verificar si están en la visión denominacional y para conocer sus necesidades familiares.

Si la iglesia trabaja con células, el pastor principal debe cuidar de los líderes de células y de las familias de estos.

Las familias ministeriales requieren también de apoyo, en línea de fortalecer las relaciones entre cónyuges, entre estos y sus hijos. Un mal testimonio de un hijo o una mala relación matrimonial de la pareja ministerial, puede dañar un ministerio.

Lección 7. La acción pastoral hacia afuera (Pastoral de Reino)

> *La responsabilidad pastoral no se queda en el ámbito de la atención a la iglesia. Su alcance llega a la sociedad más amplia y con ella debe hacer interlocución en función de su misión redentora.*

Esta acción de la iglesia, la responsabilidad del mundo como parte de su acción pastoral, se ha descrito en el ámbito católico como Pastoral Social, Pastoral Política o Pastoral de Consolación en situaciones de crisis sociales.

El *sujeto de la pastoral social* ya no es el feligrés como creyente, miembro de la iglesia, sino la comunidad entera de hombres y mujeres que demandan una atención personalizada. Entre ellos los migrantes (cualquiera sea su creencia, condición social o identidad religiosa), los refugiados políticos, las minorías sociales de quienes se ha vulnerado sus derechos, los que han sido violentados por el Estado o las Fuerzas armadas, los marginalizados o desposeídos, los excluidos del sistema económico internacional, los que son objeto de trata de personas y todos aquellos que aun no siendo miembros de alguna iglesia, requieren de una atención de las diversas instituciones sociales, entre ellas, la iglesia.

§ *Pastoral Social (de la presencia a la incidencia social) saber estar ausente*

Se puede decir que la pastoral social de la Iglesia es la acción por la cual la Iglesia se hace presente en la sociedad, en sus personas y en sus estructuras, para animar, ayudar a orientar y promover la liberación integral del hombre a la luz del Evangelio (Pièrre Bigó). En otras palabras, es la acción de la Iglesia para el advenimiento del Reino de Dios en el mundo. Para ello no le basta al hombre todos los medios humanos a su alcance, será necesario también la ayuda de la gracia divina y del Espíritu Santo. Pero también, es razonable, la acción por la cual la iglesia sabe estar ausente allí donde su presencia podría comprometer su fidelidad a Dios y a su evangelio. Por ejemplo, en regímenes claramente dictatoriales y opresores, la iglesia no puede estar presente santificando o justificando acciones de los opresores.

> *La pastoral social de la Iglesia es la acción por la cual la Iglesia se hace presente en la sociedad, en sus personas y en sus estructuras, para animar, ayudar a orientar y promover la liberación integral del hombre, a la luz del Evangelio*
> *(Pièrre Bigó).*

Por la pastoral social la iglesia avanza de una presencia en la sociedad a una de incidencia pública, es decir, de una presencia pasiva a una presencia activa o proactiva en la sociedad.

Entiéndase por "acción social" las actividades de los grupos humanos realizadas en función de terceros. Estas acciones pueden ser pasadas, presentes y futuras, es decir, que están sujetos a una historia y a proyecciones en el tiempo. Las otras personas (o terceros) pueden ser individuos o colectividades no necesariamente conocidos, aunque si tenidos en cuenta como "comunidad circundante" en función de la cual se actúa, con la finalidad de influir sobre ellos.

La acción social, como observa Weber, no es tal solo por ser externa, o por tener una continuidad, pues la costumbre en si misma o la tradición no se consideran propiamente "acción social", sino que es tal por su "significación" para los demás. Esto quiere decir que para que sea considerada acción social debe ser portadora de un "sentido" para la comunidad humana con la que se mantiene una "relación" social. Hay por lo menos cuatro sentidos por las que una actividad se constituye en acción social, según Weber:

> Primero, que sea *racional con arreglo a fines*, es decir, que esté determinada por expectativas en el comportamiento tanto de objetos del mundo exterior, como de terceras personas y utilizando esas expectativas como "medios" y "condiciones" para el logro de "fines" propios racionalmente sopesados y perseguidos. Esto implica naturalmente un proyecto de vida y una planificación científicamente organizada o simplemente espontanea.
>
> Segundo que sea *racional con arreglo a valores*, es decir, que sea condicionada por la exigencia de un valor ético, estético, religioso,

consecuente consigo mismo y no con fines utilitarios. Tal es el caso, por ejemplo, de una acción solidaria con algún necesitado, por el simple hecho del amor al prójimo sin esperar recompensa alguna sino únicamente la satisfacción personal de haber ayudado.

Tercero *que sea afectiva, especialmente emotiva, es decir determinada por afectos y estados sentimentales actuales.* Un mínimo de pasión se requiere para que una acción social sea reconocida como tal, muchas veces movida por ideales o principios morales, sueños, aspiraciones y deseos.

Y, en cuarto lugar, que *sea Tradicional, es decir, determinada por una costumbre arraigada*, a fin de asegurar su continuidad y hacer de ella un acto con significado permanente, que provoque la imitación y el seguimiento. Weber es claro al respecto. El piensa que la simple acción de costumbre, esto es inconsciente, no debería llamarse propiamente acción social, pues para que lo sea debería estar motivada por su planeamiento y no simplemente efectuada por estímulos habituales de la vida cotidiana. Debería poder distinguirse entre las tradiciones cotidianas y la Tradición de una comunidad religiosa, que se mantiene como tal precisamente por ser reflexionada y actualizada en su sentido tras un proceso de interpretación colectiva, como condición de institucionalizada del grupo que la evoca[88].

Las iglesias cristianas suelen distinguir entre su *acción social*, generalmente con arreglo a valores fundamentados en la Tradición Evangélica y la acción social de un organismo social no religioso, como lo puede ser un club, un colectivo humano, una comunidad social secularizada, un partido político, etc.

La acción social cristiana se define y se diferencia de cualquier otra acción humana porque en ella está contenida el ideal de vida proyectado sobre el modelo de Jesús, arquetipo del Hombre Nuevo y sobre el ideal del Reino de Dios, signada por las Escrituras en términos de "Nuevos Cielos y Nueva Tierra". Se habla de un estado ideal, un orden (cosmos) nuevo, al que se aspira llegar por el camino del sacrificio de la cruz, es decir regulado

---

[88] Weber, Max. *Economía y Sociedad: Esbozo de sociología comprensiva*. México: FCE, (1922) 2012: 18-43.

por el "principio del servicio" y no por el "principio del poder" o "del placer" como disfrute aquí y ahora del sumo bien. Esta es la razón porque muchas veces la acción social de la iglesia es reconocida como "Servicio" Social.

Mediante la pastoral social, la iglesia, como cualquier otra institución social, desde sus valores y especialidad, procura influir en la sociedad. La idea de "*influencia*" social está asociada frecuentemente a la idea de "poder", "presión social", "dominación" o "prestigio". Según Ivan Vallier[89] la influencia debería equipararse a la capacidad de una unidad (ya sea un individuo, un grupo, una asociación o un Estado) para generar compromisos ---lealtades, recursos, apoyo de conducta, etc.--- suficientes como para permitir al agente de influencia imponer a la estructura una dirección por él elegida y cambiar así una situación. Los compromisos logrados pueden ser de corta duración o prolongados, permaneciendo latentes durante ciertos períodos y siendo susceptibles de activación bajo ciertas circunstancias.

Las influencias pueden lograrse por medio de esfuerzos intencionales (influencia alcanzada) o acumularse como un subproducto del status, el carisma u otras formas de diferenciación social. La influencia no es un fenómeno unitario. Hay diversas formas de influencia, clasificables según el modelo de relación ---interpersonal, intergrupal, inter organizacional--- y según el contenido --influencia ideológica, influencia del status, estilos de conducta (modales, habla, manejo de las emociones), etcétera.

Esta categoría es importante porque está a la base de la acción social como una posibilidad de medición de sus efectos en la esfera pública. Así uno puede preguntarse con rigor científico por el grado, modo o forma de influencia de una acción social de la iglesia, o bien por el contenido de la influencia y por las condiciones que la afectan positiva o negativamente.

Las iglesias y las comunidades religiosas en general "influyen" sobre la conducta de los individuos y también sobre las organizaciones sociales afectándolas permanentemente o por períodos transicionales. Se podrá eventualmente discernir entre una influencia ideológica, con carga política y una influencia religiosa, con carga ideológica. Se podría llamar a esta

---

[89] Vallier, Ivan. *Catolicismo, Control Social y Modernización en América Latina*. Argentina: Amorrortu editores, 1970: 23-25.

acción o efecto, incidencia social, aunque el término está asociado mayormente con las campañas médicas.

Para cerrar este apartado, se debe mencionar la acción contraria, conocida como *"huelga social"*. La "huelga social" es una categoría acuñada por Henri Desroche[90], de acuerdo con una sociología funcionalista, según la cual la religión puede ejercer, según el estadio por el que atraviese una sociedad, una *función integradora* o legitimadora del orden social, o bien *contestataria* (reformista), o acaso *"protestataria"* (transformadora y revolucionaria).

La función protestataria, ejercida especialmente en periodos de desestructuración social o de anomia, distingue tres grados según Desroche:

> a) la *huelga religiosa* que se puede acompañar de una huelga social;
>
> b) la *coexistencia* que puede ser no pacífica, como las cruzadas o pacífica como cierta forma de ecumenismo; y
>
> c) la *rebeldía* que llega a ser social y que depende de una protesta religiosa radical como se da en los movimientos mesiánicos que incluso llegan a alzarse en armas, en persecución de un sueño de justicia.[91]

La huelga social sería así un estado de inacción por parte del grupo, con arreglo a una protesta en razón de su juicio sobre la sociedad para quien no ve posibilidades de arreglo, solución, o a quien quiere acusar inconscientemente por su no aceptación de las funciones tradicionalmente establecidas.

La huelga social es lo opuesto a la acción social, aunque no necesariamente a la participación social, pues hoy se acepta que una manera de participar en la sociedad es mediante la huelga.

Estar sin hacer, ser y no estar, hablar callando, intervenir sin actuar, o protestar simbólicamente.

---

[90] Desroche, Henri. *Sociología y Religión*. Barcelona: Península, 1972: 55-58.
[91] Ibíd:58

§ Pastoral Política: Teología pública / Partidos confesionales

Mediante diversas formas de participación social, la iglesia realiza una acción pastoral con efectos sobre la sociedad política.

En efecto, la comunidad religiosa juega en la sociedad el papel de un actor social y desde esa identidad *participa* en su organización, interviene en los proyectos civiles, políticos o económicos. Tras la división social del trabajo, con la entrada de la modernidad, a las comunidades religiosas se les ha asignado un papel estrictamente religioso de participación en la construcción de la ciudadanía. Si la comunidad religiosa, por razones que no es el caso mencionar aquí, posee bienes materiales, la sociedad espera que los comparta o administre en favor de los más necesitados. Esta es una práctica aceptada por la costumbre y ha llegado a constituir una tradición para la iglesia. Es el caso de la "comunidad de bienes" como ideal supremo de "común-unidad" (sic) Mucho dependerá del tamaño y legitimidad de la comunidad religiosa para que ejerza un determinado grado de "influencia" en la sociedad.

La sociedad ha concedido que las comunidades religiosas sean portadoras de bienes más bien simbólicos de salvación, entendiendo por salvación la posibilidad de quedar libres de cualquier atadura, espiritual, psicológica o somática. Los hombres por lo general interpretan sus represiones morales y sus tabúes (aprehendidos socialmente y de forma inconsciente mediante patrones de conducta asimilados durante su primera y segunda socialización) como "vacíos", "desórdenes" o "desequilibrios" consigo mismos y con la naturaleza o el cosmos, a los que identifican como un estado de "pecado" y por lo tanto pasible de "liberación". Ahora bien, se espera que la iglesia o comunidad religiosa legítimamente aceptada influya sobre sus vidas en orden de liberarlos de esa condición. Si la comunidad religiosa legítimamente establecida no cumple su rol, es decir, no participa desde su función asignada por el grupo social, entonces se acude a las comunidades religiosas alternativas.

La participación social es entonces el libre ejercicio de acción social en relación con la comunidad de la que se es parte, en la que está de por medio un determinado "pacto social" tácito que acepta la actividad de la comunidad religiosa como siendo determinada por la función establecida de acuerdo con la tradición.

Muchas iglesias han incursionado en las últimas décadas en América latina y El Caribe en la vida política de los Estados. En una primera etapa, la participación en la política ha sido a través de personajes o individuos miembros de iglesias evangélicas. Algunas veces a título personal y otras comprometiendo (sin permiso o aval) a sus denominaciones religiosas o hablando en nombre de ellas. Incluso han negociado con partidos políticos con sus números los votos en favor o en contra de algún proyecto de acción política. Esto se llama *clientelismo* político-religioso.

Hoy por hoy, algunas iglesias o denominaciones han ido más allá, formando partidos confesionales. Son muchos ya los casos en que las iglesias pentecostales en América Latina se involucran cada vez en acciones sociales y políticas. Gestores de una nueva participación social, los pentecostales cuyos miembros pertenecen a las capas sociales bajas, campesinos, proletarios urbanos y nuevas generaciones de estudiantes y profesionales, van influyendo relativamente en diversos sectores de la sociedad civil. La participación de hombres y mujeres pentecostales de esta línea, se verifica entre las *organizaciones barriales* o vecinales, (organización por cuadras, sectores, zonas) *organizaciones funcionales* (comedores, comités de salud, clubes de madres), *organizaciones gremiales* (asociaciones de artesanos, pequeños productores, microempresarios) *organizaciones culturales* (canto, folklore, clubes provinciales, etc.) y más recientemente en *organizaciones políticas* a través de organizaciones partidarias establecidas o bien creando partidos confesionales propios.

Al preguntar por las principales formas de hacer política que los evangélicos han desarrollado históricamente en América Latina, conviene hacer una primera especificación sobre el sentido de la idea de "hacer política": El quehacer político es más amplio que el juego electoral o la acción propia de gobernar una comunidad o un país. Hacer política es propiamente una atribución de todos los ciudadanos que, a través de su presencia y participación en los diferentes niveles de la sociedad, van construyendo un modelo de país y de sociedad. En este sentido amplio de la tarea política, las Iglesias Evangélicas nunca han sido ajenas de las realidades políticas. A lo largo de su historia y como consecuencia de haber crecido en varios países latinoamericanos como minorías religiosas, tuvieron que hacer frente a la oposición y persecución de la Iglesia Católico Romana (ICR) con poder hegemónico y las vinculaciones con lo político estuvieron caracterizadas por el cuestionamiento a las dimensiones temporales del poder político (en contraste con el eterno Reino de Dios), al mismo tiempo que por la búsqueda clientelista de los beneficios que podía encontrar en el Estado.

El quehacer político se puede agrupar en dos grandes bloques[92]:

Por un lado, tenemos la experiencia de participación en la política partidaria, que involucra el objetivo final de arribar a alguna forma de representación pública. Esta forma de participación política ha sido la más publicitada y la que más énfasis ha tenido en los últimos años en nuestros países, como consecuencia de la experiencia de los evangélicos participando en las elecciones nacionales. Sin embargo, este itinerario político tiene su propia historia y en cada país ha seguido un rumbo diferente, pero con tendencias más o menos homogéneas: adquirir un poder similar al del catolicismo romano.

La segunda expresión de la participación política de los evangélicos en su sentido amplio, es la experiencia de los hermanos en los sectores rurales y urbano-marginales, como participantes de las organizaciones de base, organizaciones de supervivencia o autoridades comunales, campesinos de diverso origen, que constituyen una forma de participación política más silenciosa y menos examinada, pero que quizás tiene una significación aún mayor que la anterior.

Conforme el Evangelio ha ido echando raíces en los países de América Latina, a la vez que, la situación socio-económica se ha visto cada vez más afectada por el impacto de la crisis económica mundial, los evangélicos, mayormente ubicados en los sectores más empobrecidos de nuestra población, han participado de movimientos de cambio social y búsqueda de ciudadanía que caracteriza a la gran mayoría de países desde los años 50 tras la industrialización. Esta otra experiencia política de los evangélicos fraguados en el calor de la pobreza y la violencia política de parte de algunos Estados y diversos grupos subversivos, ha comenzado a ser rescatada

---

[92] Campos, Bernardo - Amat y León, Oscar. *Poder para Reinar: Modos y Motivaciones de Participación Política de los Evangélicos durante el primer gobierno del Ing. Alberto Fujimori"*. Lima, Perú: 1997: 9; Cf. También: Campos, Bernardo. *Campo Religioso y Campo Político: una aproximación al campo religioso protestante a partir de teoría de los campos de Bourdieu.* Lima, Perú: EPOS, 2000; Gutiérrez Sánchez, Tomás – Campos, Bernardo y Oshige Shiga, Fernando. *Evangélicos, Política y Sociedad (EPOS) Informe de Epos-Perú a la Consulta sobre Evangélicos y Política organizado por CEHILA protestante.* Bs.As. 1998 (policopiado).

por investigadores sociales y organizaciones evangélicas para su estudio y profundización.

Vale la pena evaluar el impacto de esta forma de presencia pública en cada uno de nuestros países.

§ Pastoral de consolación

Han sido muchas las acciones de la iglesia latinoamericana, representada en instituciones como el Consejo Latinoamericano de Iglesias (CLAI) en las que se la ha visto solidarizarse con grandes sectores de la población en situaciones de catástrofes nacionales. El ejemplo tipo de catástrofe es el del **Terremoto**. En particular Guatemala ha sufrido varios (conocido el de 1917-18) y el trágico de 1976 en donde la solidaridad ha sido necesaria. En casos como ese, la iglesia se ha movilizado y ha desarrollado una *pastoral de consolación*[93], que no solo moviliza ayuda humanitaria material, sino que también debe incluir cuidados de tipo psicológico y espiritual. Según informes históricos, el terremoto de 1976 fue devastador para la ciudad de Guatemala.

Según se lee en la Página del Almanaque *Escuela para Todos* (1977)[94], el 4 de febrero de 1976, a las 3:03 de la madrugada aproximadamente fue sacudida por un fuerte terremoto que afectó a todo el país. Zonas como la No. 3, quedaron totalmente destruidas, los hospitales estaban destruidos, se acabó el combustible y mucha gente murió. El terremoto fue de 7.5 en la escala de Richter y causó más daños y más muertos en la periferia que en el centro, debido a las precarias construcciones de adobe que existían en ese entonces.

La zona más afectada cubría alrededor de 30.000 km², con una población de 2,5 millones de personas. Cerca de 23.000 personas fallecieron y 77.000

---

[93] Véase Inhauser, Marcos R. y Maldonado, Jorge. Et. al, *Consolación y Vida. Hacia una pastoral de Consolación*. Quito, Ecuador: CLAI, 1988, especialmente la Segunda Parte (pp. 79-109) *Herramientas para intervenir en una crisis* en los que trata casos de damnificados, torturados, mutilados, enlutados, desempleados, exilados y desplazados temas todos estos que casi nunca tratan los manuales de pastoral.
[94] Escuela Para Todos (1977). «Terremoto en Guatemala». Página del *Almanaque Escuela para Todos*. en: http://www.almanaqueept.org/index.php/libros/finish/13-1977/2261-terremoto-en-guatemala [Consultado el 5 de noviembre de 2014].

resultaron gravemente heridas. Aproximadamente 258.000 casas fueron destruidas, dejando a cerca de 1,2 millones de personas sin hogar. 40 % de la infraestructura hospitalaria nacional fue destruida, mientras que otros centros de salud también sufrieron daños sustanciales[95].

Aparecieron grietas en el suelo en muchos lugares del país y algunas llegaron a medir hasta un metro de ancho; también lo alto de algunos cerros se agrietó y luego se desmoronaron, soterrando pueblos enteros y carreteras.

A medida que se recuperaban los cuerpos la magnitud del desastre quedaba al descubierto; las autoridades organizaron la excavación de tumbas colectivas, la cantidad de muertos era tan grande que no tuvieron alternativa. Muchos puentes, torres de alta tensión, postes de luz y de teléfonos y carreteras colapsaron o se destruyeron. Los rieles de las líneas de los ferrocarriles se retorcieron como culebras. Varios departamentos del país fueron afectados por el sismo: Chimaltenango, Chiquimula, El Petén, Guatemala, Izabal y Sacatepéquez al igual que muchos pueblos y ciudades; las instalaciones portuarias de Puerto Barrios, cabecera del departamento de Izabal, quedaron destruidas. La Ciudad de Guatemala y sus alrededores sufrieron los peores daños, a pesar de estar lejos del epicentro del temblor; la periferia de la ciudad quedó más destruida que el centro debido a que las casas estaban hechas de adobe, el Palacio Nacional y la vecina Casa Presidencial no sufrieron mayores daños. Los templos católicos de la Catedral Metropolitana, la Iglesia la Recolección y la Ermita del Carmen en el cerro del mismo nombre sufrieron daños considerables. La Ciudad de Guatemala era un caos, miles de personas estaban sepultadas entre los escombros, muchas muertas o heridas de gravedad. En San Juan Sacatepéquez, la municipalidad se derrumbó parcialmente.

En una situación como esa, imposible que no se movilicen las iglesias y hasta donde tengo memoria, el Consejo Mundial de Iglesias y se hizo presente con un Proyecto de Reconstrucción para ayudar a muchas personas. La ayuda de la Alianza Evangélica de Guatemala (AEG) tampoco se hizo esperar. La iglesia evangélica se puso de pie ante una catástrofe como esta.

---

[95] Olcese, Orlando; Moreno, Ramón; Ibarra, Francisco (1977). *«The Guatemala Earthquake Disaster of 1976: A Review of its Effects and of the contribution of the United Nations family»* (pdf) (en inglés). UNDP, Guatemala.

El misionero Clifton L. Holland, lo relata así:

> La respuesta de las denominaciones protestantes y servicios de agencias nacionales e internacionales a los sobrevivientes del terremoto, fue rápida y significativa, tanto en términos de asistencia de emergencia como en desarrollo de las comunidades a largo plazo. Esto causó que se diera un alto crecimiento en la asistencia y en membresías a las iglesias evangélicas. La nueva preocupación social entre los protestantes a raíz del terremoto de 1976, tuvo un impacto positivo en la sociedad en general, porque los evangélicos y sus vecinos tuvieron que lidiar con la situación de emergencia y con los esfuerzos de reconstrucción como parte de la misma comunidad local. Los esfuerzos de desarrollo y de alivio por parte de los evangélicos a nivel local e internacional, fueron dados a todos los necesitados y no solo a las necesidades de las congregaciones locales protestantes y sus seguidores. Por lo tanto, la población guatemalteca en general, estuvo positivamente impresionada por las expresiones de amistad y la compasión de los evangélicos a través de la ayuda y los esfuerzos de desarrollo a nivel local, nacional e internacional, posteriormente al terremoto. Esto quedó reflejado entre 1976 y 1980 a través de los informes de grandes cantidades de pastores y trabajadores que brindaron desarrollo y alivio, así como por parte de oficiales de las denominaciones. Esta situación produjo un clima favorable para el crecimiento de la iglesia evangélica después de 1976, especialmente en las áreas más golpeadas por el terremoto[96].

Lamentablemente este buen impacto se vio entenebrecido por los 18 meses de gobierno del Gral. Evangélico Ríos Montt.

> Durante cerca de 18 meses, Guatemala fue gobernada por este dictador militar protestante, quien daba órdenes al ejército para matar brutalmente a miembros del movimiento de la guerrilla del país y a sus simpatizantes, quienes eran mayormente mayas que vivían en pueblos rurales en la cordillera central. Ríos Montt fue fuertemente criticado por el público en general, especialmente por

---

[96] Holland, Clifton L. *Enciclopedia de Grupos Religiosos en Las Américas y la Península Ibérica: Religión en Guatemala*, Costa Rica: PROLADES, 210: 27 [Revisado 17.04 de 2014].

la Iglesia Católica, a raíz de su estilo de liderazgo moralista (mientras fue presidente, predicaba en la radio acerca de las virtudes morales y los buenos ciudadanos), su extraña personalidad (raro, quijotesco), su religión (protestante y pentecostal) y sus actos genocidas contra la población civil. Durante su gobierno, Guatemala experimentó la época más brutal y sangrienta de toda la guerra civil que empezó en 1960 con una revuelta de oficiales militares jóvenes reformistas[97].

Gracias a Dios, existen otras formas de presencia social en la sociedad guatemalteca. El mismo crecimiento acelerado del protestantismo es un signo de los cambios culturales en Guatemala, si se considera la cantidad de vidas transformadas por el evangelio de Jesucristo. Aunque muchos observadores no evangélicos, especialmente sociólogos, han observado el poco impacto social del evangelismo, con todo queda por ver a largo plazo cómo las conversiones finalmente contribuirán a una Guatemala más desarrollada, con menos violencia y con mayor incidencia en favor de los menos favorecidos.

La actividad ministerial de los pastores Cash y Sonia Luna abarca la organización de las cruzadas de sanidad y milagros Noches de Gloria. Dichas cruzadas, desde 1994, han bendecido a millones de personas en diferentes ciudades de Norte, Centro y Sudamérica.

Carlos Enrique Luna Lam, nacido el 4 de marzo de 1962, Guatemala, mejor conocido como Cash Luna y su esposa Sonia Luna, han contribuido a una evangelización masiva de muchos guatemaltecos. Las actividades de la iglesia también incluyen la atención a más de 2,800 niños en *Iglekids*; la organización de congresos internacionales como "Ensancha" y "Hechos"; además de varios seminarios como "Mujer, eres excepcional" y "Emprende"; sumado a la formación constante a pastores y líderes de otras congregaciones y países que desean tomar la visión a través del Centro Internacional de Estudios Ministeriales CIEM[98].

Sin duda, una contribución cultural que hay que reconocer superando mezquindades.

---

[97] Ibíd.: 29.
[98] http://www.cashluna.org/index.cfm/page/conocenos/show/199/Casa-de-Dios.

§ Acción Pastoral como cumplimiento de los Derechos Humanos

Todo trabajo pastoral tiene su correlato y su base en la jurisprudencia de cada país, no solo que está limitado por ella, sino que también está facultada por ella. La Constitución política de cada país democrático es la Carta Magna y en ella se basa los respectivos códigos civiles y penales. Al lado de estas, está la Declaración Universal de los Derechos Humanos aprobada por la Organización de las Naciones Unidas (ONU) en 1948.

> *Los derechos humanos son aquellas condiciones instrumentales que le permiten a los seres humanos su realización como personas.*

En consecuencia, subsume aquellas libertades, facultades, instituciones o reivindicaciones relativas a bienes primarios o básicos que incluyen a toda persona, por el simple hecho de su condición humana, para la garantía de una vida digna, sin distinción alguna de raza, color, sexo, idioma, religión, opinión política o de cualquier otra índole, origen nacional o social, posición económica, nacimiento o cualquier otra condición[99].

Según un informe bien fundamentado[100], para autores *naturalistas* (*ius*naturalismo) los derechos humanos son independientes o no dependen exclusivamente del ordenamiento jurídico vigente, por lo que son considerados fuente del Derecho; sin embargo desde el *positivismo jurídico*, (*ius*positivismo) la realidad es que solamente los países que suscriben los Pactos Internacionales de Derechos Humanos o Pacto Internacional de Derechos Civiles y Políticos (PIDCP) y el Pacto Internacional de Derechos Económicos, Sociales y Culturales (PIDESC) y sus Protocolos -Carta Internacional de Derechos Humanos- están obligados jurídicamente a su cumplimiento[101].

---

[99] Según el artículo 2 de la Declaración Universal de Derechos Humanos de la ONU – 1948.
[100] http://es.wikipedia.org/wiki/Derechos_humanos.
[101] *Carta Internacional de Derechos Humanos, Convenciones y pactos*, ONU – Oficina del Alto Comisionado de las Naciones Unidas para los derechos humanos.

Así, por ejemplo, en relación con *la pena de muerte*, contraria a la Declaración Universal de los Derechos Humanos, el Segundo Protocolo Facultativo del Pacto Internacional de Derechos Civiles y Políticos, destinado a abolir la pena de muerte no ha sido firmado por países como China, Irán, Estados Unidos, Vietnam, Japón, India y Guatemala[102].

En honor a la verdad, la categoría conceptual de derechos humanos puede considerarse derivada de la divinidad, observable en la naturaleza (*ius*naturalismo), asequible a través de la razón (*ius*racionalismo), determinada por los contextos en las muchas maneras que es posible entender la Historia (*ius*realismo), una síntesis de ideas de éstas u otras posiciones ideológicas y filosóficas (dualismo jurídico) o un mero concepto inexistente y sin validez.

Desde un concepto amplio de justicia, ya sea que se base en el iusnaturalismo o en el *ius*positivismo, la iglesia está llamada a defender los derechos humanos porque los seres humanos están hechos a imagen y semejanza de Dos. La filosofía estoica, difundida en la sociedad grecorromana, concibió la idea de *cosmopolitismo*, a la que el cristianismo dio un sentido más espiritual para afirmar la igualdad de los hombres en su condición de ciudadanos del Reino de Dios y su dignidad; no obstante, para los teólogos cristianos medievales la igualdad teológica era compatible con la desigualdad social: las personas nacían con un estatus social que, de acuerdo con los designios divinos, era el más adecuado para su salvación.

El cristianismo, derivado de la religión judía, heredó de ella, entre otras, la tradición del **mišpat** (mishpat), un concepto jurídico de rica amplitud semántica. Indica las decisiones judiciales y el juicio legal justo; en relación con el Derecho, aquél que se manifiesta en la defensa de los pobres y oprimidos y que se vincula a su vez con los bienes mesiánicos que se esperan[103].

Dado que, hasta la modernidad, el término derecho se atribuía principalmente a "lo justo" como orden objetivo, en el pensamiento cristiano antiguo o medieval no existió una referencia explícita a los derechos humanos; pero sí un reconocimiento de exigencias de justicia que descendían

---

[102] *Segundo Protocolo Facultativo del Pacto Internacional de Derechos Civiles y Políticos, destinado a abolir la pena de muerte,* ohchr.org en: http://www2.ohchr.org/spanish/law/ccpr-death.htm [descargado el 05.09.14].
[103] Von Balthasar, Hans Urs. *Antiguo Testamento* (Gloria 6). Editorial Encuentro, (1997): 149 y 150.

de esta tradición judía. Por ejemplo, el Nuevo Testamento contiene enseñanzas contra la injusticia, el homicidio, el robo, la calumnia o el egoísmo en el uso de los bienes. En la Epístola de Santiago, el apóstol denunció a los empleadores que no pagan a sus empleados sus justos salarios (Santiago 5:4). El cristianismo fue gradualmente inyectando su doctrina en el derecho romano, mejorando la situación de los esclavos, de los hijos y de las mujeres, cuyo estatus en la filosofía cristiana era mucho más alto que en la grecorromana[104]. En el plano económico, condenó la usura y la explotación, estableciendo las bases de la doctrina del justo precio.

Tales ideas fueron desarrolladas por los Padres de la Iglesia, proclamando un sentido social y limitado de la propiedad y de la ley. Pero fue Tomás de Aquino quien asentó las bases del orden jurídico medieval, retomando ideas de Aristóteles y Agustín de Hipona y afirmando que además del *derecho positivo* determinado y establecido por los hombres, existe un *derecho natural*, propio de la criatura racional, que ningún hombre ni ningún gobierno puede desconocer[105].

La doctrina cristiana postulaba la existencia de dos reinos, el temporal y el espiritual, siguiendo la distinción hecha por Jesús de Nazaret («Dad al Cesar lo que es del César y a Dios lo que es de Dios»). Ante el problema de la conciliación de los intereses individuales y los sociales, Tomás de Aquino afirmó en su *Summa Theologiae* que, si existía un conflicto entre lo social y lo individual en el seno del mundo material, debía prevalecer *el bien común*. Pero, por el contrario, si el conflicto afectaba a la esfera íntima del ser humano y a su salvación, en ese caso prevalecería *el bien del hombre* frente al de la sociedad. En este ámbito, de existir un conflicto patente entre el Derecho positivo y el Derecho natural, del pensamiento tomista se desprende la existencia de un *derecho de resistencia* contra el arbitrio de los gobernantes[106].

Tesis principales sobre Derechos Humanos

Las ***tesis iusnaturalistas*** afirman la existencia del Derecho natural. Aunque en cada época se ha entendido este concepto de manera diferente,

---

[104] Stark, Rodney *The Rise of Christianity: A Sociologist Reconsiders*. Princeton University Press. 1996: 95.
[105] http://es.wikipedia.org/wiki/Derechos_humanos.
[106] Luño, Pérez - Enrique, Antonio *Los derechos fundamentales*. Madrid: Tecnos, 1986: 30.

todas estas doctrinas coinciden en afirmar la existencia de una juricidad previa y fundamentadora del Derecho positivo: la positivación, por lo tanto, se limitaría a declarar derechos ya existentes o inherentes a la persona humana[107].

Las **tesis positivistas** se oponen frontalmente a las iusnaturalistas, ya que consideran que el único conjunto de normas que tiene carácter jurídico es el Derecho positivo[108]. Afirman, por tanto, que la positivización tiene carácter constitutivo, al negar la juricidad del Derecho natural o incluso su existencia. Para muchos positivistas, los derechos humanos son ideas morales, pero sin valor jurídico por sí mismas. Para que tengan dicho valor, deben incorporarse al ordenamiento jurídico: las leyes son la formulación jurídica de la voluntad soberana del pueblo y obligan a su cumplimiento. No es necesario ni procedente acudir a otro sustento que el legal.

Las **tesis realistas** pueden definirse como aquellas para las que la "positivación" es un requisito más, junto con otros, que influye en la efectividad de los derechos humanos. Engloba un conjunto de posiciones doctrinales muy diverso y heterogéneo, que afirman que es la práctica de las personas los que dotan de significación a los derechos humanos. Critican la concepción ideal que de éstos tiene el iusnaturalismo, así como la puramente formal del *ius*positivismo, afirmando que ambas corrientes son excesivamente abstractas y no tienen en cuenta las condiciones económicas y sociales de las que depende el efectivo disfrute de los derechos. Con carácter general, las tesis realistas insisten en alguno de los siguientes ámbitos: en el plano político, en las condiciones de democracia política y económica necesarias para el disfrute real de los derechos humanos; en el jurídico, en los mecanismos de garantía y protección; y en el sociológico, en la conciencia colectiva sobre derechos humanos.

En verdad, los derechos humanos tienen una creciente fuerza jurídica, en tanto que se integran en las constituciones y, en general, en el ordenamiento jurídico de los Estados. También, en el ámbito de la comunidad internacional, por su reconocimiento en numerosos tratados internacionales –tanto de carácter general como sectorial; universal y regional– y

---

[107] Estas tesis han sido tomadas de: http://ley.exam-10.com/pravo/869/index.html?page=4

[108] Marcone, Julieta. Hobbes: entre el iusnaturalismo y el iuspositivismo. Andamios [online]. 2005, vol.1, n.2 [citado 2016-03-09], pp. 123-148. Disponible en: http://www.scielo.org.mx/scielo.php?script=sciarttext&pid=S1870-00632005000000 06&lng=es&nrm=iso>. ISSN 1870-0063.

por la creación de órganos jurisdiccionales, cuasi jurisdiccionales o de otro tipo para su defensa, promoción y garantía.

Cinco generaciones de derechos

Es común clasificar los Derechos Humanos en tres generaciones de derechos[109]. La división de los derechos humanos en tres generaciones fue concebida por primera vez por Karel Vašák en 1979. Cada una se asocia a uno de los grandes valores proclamados en la Revolución francesa: libertad, igualdad, fraternidad.

Los derechos de primera generación son los derechos civiles y políticos, vinculados con el principio de libertad. Generalmente se consideran derechos de defensa o negativos, que exigen de los poderes públicos su inhibición y no injerencia en la esfera privada.

Por su parte, los *derechos de segunda generación* son los derechos económicos, sociales y culturales, que están vinculados con el principio de igualdad. Exigen para su realización efectiva de la intervención de los poderes públicos, a través de prestaciones y servicios públicos.

La *tercera generación de derechos*, surgida en la doctrina en los años 1980, se vincula con la solidaridad. Los unifica su incidencia en la vida de todos, a escala universal, por lo que precisan para su realización una serie de esfuerzos y cooperaciones en un nivel planetario. Normalmente se incluyen en ella derechos heterogéneos como el derecho a la paz, a la calidad de vida o las garantías frente a la manipulación genética

Algunos juristas afirman que *está surgiendo una cuarta y quinta generación de derechos*. Este es el caso del famoso latinoamericanista Helio Gallardo, quien defiende la existencia de *cinco generaciones de derechos humanos*, que identifica con las reivindicaciones de diferentes grupos sociales. Serían los derechos civiles y políticos, reclamados por la burguesía; los económicos, sociales y culturales, propios de los movimientos obreros y antiesclavistas; los derechos de los pueblos y sectores diferentes, incluyendo las luchas de descolonización y feministas; los ambientales, que define como derechos las generaciones futuras; y los relativos al control del

---

[109] http://www.heliocruz.pe/2011/12/derechos-humanos-primera-segunda.html

cuerpo y la organización genética de uno mismo, enfrentados a la mercantilización del interior de la vida[110].

§ *Pastoral con refugiados*

De acuerdo con lo dicho anteriormente, la defensa de los Refugiados pertenece a la tercera o cuarta generación de derechos.

Los refugiados son un grupo de personas que se reconocen como *migrantes forzados*, pues en sus países son perseguidos por sus creencias, razas o por conflictos armados o desastres naturales. Esta definición fue sentada en 1951 en la Convención sobre el Estatuto de refugiados de las Naciones Unidas. Actualmente el concepto se ha ampliado haciendo referencia a las personas que se van de sus lugares de orígenes porque las tierras de esos países no les aseguran la subsistencia.

La protección de estas personas ocurrió por primera vez en el marco de la Sociedad de Naciones, en la década de 1920 con la creación de órganos destinados a brindar apoyo a los refugiados rusos y alemanes. En 1947 se creó la *Organización Internacional de los Refugiados* (OIR) y su tarea era registrar a los refugiados, repatriarlos o reasentarlos. En 1949 se creó la *Oficina del Alto Comisionado de las Naciones Unidas para los refugiados* (ACNUR)[111] que funciona hasta el día de hoy.

La protección internacional de los refugiados se basa esencialmente en asegurar la admisión en el país de refugio, el otorgamiento del refugio, el respeto de los derechos humanos y el principio de "no-devolución" que es el derecho de las personas que solicitan refugio a no ser obligadas a regresar a su país. ACNUR posee tres maneras de solucionar el problema de los refugiados: la repatriación voluntaria, es decir que regresan a su país pero siguen siendo acompañados por ACNUR, o son reasentados en un tercer país que no es el que lo refugio ni del cual provenía, o se realiza una integración local.

La diferencia entre los refugiados y los *desplazados internos* están en que los primeros han atravesado una frontera internacionalmente reconocida,

---

[110] http://www.heliogallardo-americalatina.info/index.php?option=com_content&view=article&id=97&catid=11&Itemid=106

[111] http://www.acnur.org/t3/

mientras que los segundos permanecen dentro de sus países, aunque dejaron sus lugares de residencia habitual.

Las cifras siguientes nos darán una idea de la magnitud de esta tarea. A finales de 2011, el número de personas desplazadas forzosamente en todo el mundo se situaba en 42,5 millones, de ellos 35,4 millones bajo el mandato del ACNUR. Esta cifra se compone de 26,4 millones de desplazados internos (15,4 millones asistidos o protegidos por el ACNUR), 895.000 solicitantes de asilo y 15,2 millones de refugiados: 10,4 millones bajo el mandato de ACNUR y 4,8 millones bajo la responsabilidad de la UNRWA (refugiados palestinos). Desde el año 2003 donde se ha generado un incremento en el número de personas bajo el amparo del ACNUR ha sido en Latinoamérica y el Caribe, debido sobre todo a la continua crisis de desplazados internos en Colombia, en cuyo país el número de desplazados internos supera el 1,2 millón de personas (2004), además de refugiarse en países como Venezuela, Ecuador, Costa Rica y Chile[112].

Hay que recordar que en los planes de Dios estaba las **ciudades de refugio** (Deuteronomio 19:1-10) que salvaguardaban el derecho de los refugiados, dándonos así una luz sobre el alcance de la misericordia divina y el derecho que asiste a todas las personas. Al respecto W. Vine señala:

> El Antiguo Testamento reconoce la distinción entre asesinato premeditado y homicidio involuntario. Con el fin de proteger los **derechos del homicida, que mata sin premeditación**, la ley establecía tres ciudades de refugio (Números 35; Deuteronomio 19; Josué 20–21), a ambos lados del Jordán, en las que un homicida podía asilarse, «a donde pueda huir el homicida que accidentalmente hiera de muerte a alguno» (Números 35.11). Esta provisión permitía que un homicida tuviera acceso al sistema jurídico porque podría «matarlo» un vengador de sangre si permanecía en su propia comunidad (Números 35.21). El acusado debía juzgarse (Números 35.12 RVA) y si se encontraba culpable de homicidio no premeditado, lo obligaban a permanecer en la ciudad de refugio hasta que falleciera el sumo sacerdote (Números 35.28). Este requisito de imponer el exilio aun en casos de homicidio accidental enfatiza la severidad con que se trataban casos de «asesinato». El culpable de homicidio se entregaba al vengador de la sangre

---

[112] http://www.acnur.org/t3/recursos/estadisticas/ [Consultado el 23 de septiembre de 2012].

que mantenía el derecho de ejecutar al homicida si este abandonaba el territorio de la ciudad de refugio antes de la muerte del sumo sacerdote. Por otro lado, si el homicida era claramente culpable de asesinato premeditado (véanse ejemplos en Números 35.16–21), el vengador de la sangre podría ejecutar al asesino sin juicio previo. Es así como el Antiguo Testamento subraya los principios de la inviolabilidad de la vida y de la retribución; únicamente en las ciudades de refugio se suspendía el principio de retribución[113].

El Antiguo Testamento menciona la Cueva de Adulam y varias otras ciudades de refugio. Adulam probablemente Tel-es-seikh-Madhkur, quedaba a medio camino entre Laquis y Jerusalén. Josué la conquistó y cedió a Judá (Josué 12:15; 15:20, 35). Roboam la fortificó (2 Crónicas 11:7) y Nehemías la reedificó (11:30). En las cuevas de Adulam se escondieron los 400 guerreros de David y toda su parentela (1 Samuel 22:1; 2 Samuel 23:13s). Es-seih-Madhkur no se presta a esto, pero sí las muchas cuevas de Khirbet'Id el-Ma.

Beser (fuerte) es el nombre de otra ciudad del Antiguo Testamento. Se trata de una ciudad de refugio situada en los llanos al este del Jordán, asignada a la tribu de Rubén (Deuteronomio 4:43; Josué 20:8). Se designó como lugar de residencia para los hijos de Merari de la tribu de Leví (Josué 21:36; 1 Crónicas 6:63–78)

La ciudad de *Moab* (Jeremías 48:24), cuya identificación es incierta, puede ser la ciudad de Buzrah, 95 km al sur de Damasco, aunque otros la identifican con Bezer, ciudad de refugio (Deuteronomio 4:43).

Cedes es otra ciudad de refugio. Quedaba en la tierra de Neftalí (Josué 12:22; 19:37; 21:32; 1 Crónicas 6:76). De este lugar era Barac y allí este reunió a su ejército para guerrear con Sísara (Jueces 4:6, 10). Los asirios, bajo Tiglat-pileser, tomaron la ciudad y llevaron cautivos a los habitantes (2 Reyes 15:29). Cedes fue el escenario de la batalla entre Jonatán macabeo y Demetrio (1 Macabeos 11:63). Quedaba a unos 7 km al norte del lago de Merom.

---

[113] Cf. "Matar" en Vine, W.E., *Diccionario Expositivo de Palabras del Antiguo y del Nuevo Testamento Exhaustivo*, (Nashville: Editorial Caribe) 2000, c1999.

En el Nuevo Testamento, *Cesarea* aparece primeramente como la ciudad donde predicó y residió Felipe (Hechos 8:40; 21:8); después como refugio de Pablo mientras huía camino a Tarso (Hechos 9:30), y donde Pedro convirtió al centurión Cornelio (Hechos 10).

El pueblo de Dios que defiende la causa del inocente y de la víctima, debe verse envuelto en apoyar una tarea como la que llamamos pastoral de refugiados. Recordemos que fue Rahab la que brindó refugio a los espías de Josué en Jericó, cumpliendo así una labor importante en la historia de salvación.

§ *Pastoral con migrantes*

El éxodo es el mayor ejemplo para los hijos de Dios de lo que significa ser un migrante. Desde que tenemos memoria los pueblos del mundo han vivido migraciones de todo tipo y casi se ha convertido en una forma de vivir en el planeta.

La migración es el desplazamiento de la población (humana o animal) que se produce desde un lugar de origen a otro destino y lleva consigo un cambio de la residencia habitual en el caso de las personas o del hábitat en el caso de las especies animales migratorias.

Las migraciones de seres humanos, que es lo que nos interesa aquí, se estudian tanto por la *demografía* como por la *geografía de la población*. La migración humana presenta dos enfoques: el de la **emigración**, desde el punto de vista del lugar o país de donde sale la población; y el de la **inmigración**, desde el punto de vista del lugar o país a donde llegan los "migrantes".

André Jacques en su libro *The Stranger within your Gates* (El extranjero dentro de tus puertas) publicado por World Council of Churches, WCC[114], señala que hay por lo menos siete mitos acerca de la migración. Vale la pena considerarlos.

---

[114] http://www.kairos.org.ar/articuloderevistaiym.php?ID=1304.

Mito 1: *La migración es asunto de elección individual. Los emigrantes dejan las zonas rurales pobres en búsqueda de las "luces brillantes" de las grandes ciudades, esperando encontrar mejores oportunidades de trabajo.*

Aunque la migración es básicamente una elección voluntaria, debe ser considerada en el contexto más amplio de los factores socioeconómicos internacionales que causan la migración.

Los acercamientos macro-históricos señalan que ésta es tanto el efecto como el agente de desigualdades estructurales entre áreas ricas que controlan el capital y áreas pobres de un capitalismo dependiente.

Mito 2: *La solución de la migración es la inversión directa en los países pobres y dependientes, con el fin de estimular la producción local e incrementar las ganancias, lo cual a su vez creará oportunidades de empleo.*

En primer lugar, las corporaciones internacionales no entregan sus ganancias a los países dependientes, sino que las guardan para sí mismas.

En segundo lugar, las firmas extranjeras frecuentemente reciben enormes exenciones de impuestos cuando ingresan en países dependientes y se trasladan a otro lugar cuando dichas exenciones terminan.

La fuerza laboral que movilizan casi siempre está constituida por mujeres sin mayor capacitación que nunca antes han trabajado como empleadas.

Mito 3: *La transferencia de dinero por los emigrantes a sus respectivos países aumenta los ingresos nacionales de los países proveedores de fuerza laboral y facilita el desarrollo local y nacional.*

Aunque a corto plazo las transferencias de dinero hechas por los parientes que emigran sirven para cubrir necesidades de subsistencia y consumo, a largo plazo la migración frecuentemente conduce a una mayor dependencia. El dinero que se envía al hogar se usa casi siempre para comprar objetos de consumo, para construir casas y para adquirir pequeños negocios. Muy rara vez se lo usa en el desarrollo de la región, en educación o en emprendimientos orientados a la producción.

Mito 4: *La migración reduce la población y el consecuente problema de desempleo en las sociedades donde sobreabunda la mano de obra.*

Aunque la migración reduce la población, también significa una pérdida de la gente más capaz y mejor preparada de la sociedad. La investigación ha demostrado que los obreros menos capacitados o desempleados que se quedan en su país no llenan los vacíos que dejan los obreros especializados, que son generalmente los primeros en emigrar. En algunos países, la emigración de trabajadores de la salud (médicos y enfermeras) ha creado crisis en el cuidado de la salud y ha requerido que se importe personal médico, lo cual puede haber tenido un efecto negativo en la balanza de pagos de dichos países.

Mito 5: *La migración quita pan y empleos de los trabajadores en las sociedades receptoras e impone una carga a sus programas de bienestar social.*

En efecto, los países receptores se benefician con la migración porque los trabajadores que reciben han sido entrenados a nivel profesional. Además, los inmigrantes frecuentemente trabajan por salarios más bajos en trabajos que los nacionales del país receptor rechazan y en sectores de empleo que tendrían dificultades para continuar sin la estructura de salarios bajos que los inmigrantes aceptan.

Mito 6: *Las mujeres son recipientes pasivos en el proceso migratorio. O siguen a los obreros varones a su destino, o se quedan en casa y reciben el dinero que ellos les envían.*

Las mujeres han estado a la vanguardia del movimiento migratorio en los años recientes, en respuesta a las necesidades que los países que controlan el capital tienen de mano de obra para el servicio doméstico y para el exigente trabajo requerido en la industria textil y en la electrónica. Estas funciones también las han convertido en un factor importante en la formación y desarrollo de sindicatos.

Mito 7: *Tanto los emigrantes como los refugiados pueden adaptarse fácilmente a su nuevo hábitat.*

La inseguridad y el aislamiento del exilio, en efecto, hacen violencia al sentido de identidad del emigrante. Esto es más grave en el caso de las mujeres, los transmisores tradicionales de la herencia cultural.

El fenómeno migratorio se relaciona muy íntimamente con el fenómeno religioso en materia de identidad. Las corrientes migratorias en todo el mundo no transforman solamente la auto comprensión de las sociedades receptoras que, en algunos casos, han tenido que tomar conciencia de su composición pluricultural y pluri religiosa debido a conflictos violentos. Sus efectos se hacen sentir también en la auto comprensión de las comunidades religiosas.

Las razones son muchas, pero aquí podemos resaltar el hecho de que muchos hacen por primera vez en su historia la experiencia de una situación de diáspora como estado permanente. En la diáspora las religiones cumplen funciones nuevas, tales como la de sustitución de la tierra natal. Lo cual puede llevar consigo una acentuación de la perspectiva individual y comunitaria en detrimento de dimensiones clásicas como la dogmática y la *orthopraxis*. No es extraño, por tanto, que se deriven de ahí fricciones y conflictos en el seno de esas comunidades religiosas.

Las corrientes migratorias ofrecen también la oportunidad de otra experiencia de la pluralidad de las religiones, tanto para las minorías religiosas como para las religiones tradicionalmente dominantes, que reaccionan en parte con una suerte de proteccionismo de corte fundamentalista, pero también con una apertura ecuménica. Por otro lado, tampoco se puede olvidar que la migración forma parte de la historia individual de las personas que tienen que encarar una transformación de su horizonte mental y de sus universos religiosos. Esto puede llevar a una crisis, a una renovación o a la aceptación voluntaria de otro mundo de creencias.

Los procesos aquí esbozados no carecen de consecuencias para la función de las religiones en la sociedad. Y es posible incluso que nuevos conceptos y estructuras repercutan a su vez en los países de origen de esas comunidades religiosas.

§ *Pastoral contra la trata de personas*

La *Convención de las Naciones Unidas contra la Delincuencia Organizada Transnacional* define la trata de personas como:

> La captación, el transporte, el traslado, la acogida o la recepción de personas, recurriendo a la amenaza o al uso de la fuerza u otras formas de coacción, al rapto, al fraude, al engaño, al abuso de poder o de una situación de vulnerabilidad o a la concesión o recepción de pagos o beneficios para obtener el consentimiento de una

persona que tenga autoridad sobre otra, con fines de explotación. Esa explotación incluirá, como mínimo, la explotación de la prostitución ajena u otras formas de explotación sexual, los trabajos o servicios forzados, la esclavitud o las prácticas análogas a la esclavitud, la servidumbre o la extracción de órganos[115].

La trata de personas, o comercio de personas, es el comercio ilegal de personas con propósitos de esclavitud reproductiva, explotación sexual, trabajos forzados, extracción de órganos, o cualquier forma moderna de esclavitud. Es un delito internacional de lesa humanidad que viola los derechos humanos. También se lo denomina la esclavitud del siglo XXI. Es una violación a los derechos humanos que atenta contra la libertad y la dignidad de las víctimas, consagrados en la Carta Magna. Esto envuelve la capitulación y el transporte ilegal de humanos.

El Protocolo de las Naciones Unidas para Prevenir, Reprimir y Sancionar la trata de personas, especialmente mujeres y niños (más conocido como *Protocolo contra la trata de personas*) fue adoptado en Palermo, Italia, en el año 2000 y es un acuerdo internacional adjunto a la Convención de las Naciones Unidas contra la Delincuencia Organizada Transnacional. El Protocolo contra la trata de personas es uno de los tres protocolos aplicados para complementar la Convención[116].

Hasta ahora lo que se ha ganado en jurisprudencia, es que ningún Estado firmante del *Protocolo de las Naciones Unidas para Prevenir, Reprimir y Sancionar la Trata de Personas, Especialmente Mujeres y Niños* puede judicializar a una persona que haya sido víctima de trata de personas, por cualquier delito que haya cometido, en relación con su experiencia como víctima de este delito. Es responsabilidad del Estado proteger la privacidad y la identidad de las víctimas de la trata de personas, en particular, entre otras cosas, previendo la confidencialidad de las actuaciones judiciales relativas a dicha trata. Cada Estado firmante del Protocolo considerará la posibilidad de aplicar medidas destinadas a prever la recuperación física, psicológica y social de las víctimas de la trata de personas.

---

[115] *Convención de las Naciones Unidas contra la Delincuencia Organizada Transnacional*, Anexo II, Sección I, Artículo 3: 44–45.
[116] «Convention on Transnational Organized Crime». Unodc.org en: http://www.unodc.org/unodc/en/treaties/CTOC/index.html [Consultado el 11-07-2014].

La clave para erradicar este mal es la unión y la cooperación mundial porque aún con la existencia de leyes e identidades que ayudan a las víctimas las secuelas que deja la trata de personas, no se borran con el tiempo. Las experiencias traumáticas a las que son sometidos niños y mujeres inocentes trascienden el tiempo y atentan contra su salud, pero más que nada contra su dignidad como seres humanos.

Precisamente aquí es donde se requiere de la intervención de las iglesias, especialmente de aquellas que dependen de organizaciones internacionales, no tanto de iglesias locales. Se requiere también la intervención de ONGDs en coordinación con entidades especializadas, porque estamos hablando del "crimen organizado" y no basta la buena voluntad.

La mayoría de las veces la trata de personas está relacionada con la delincuencia organizada que normalmente viene acompañado por armas y drogas. Los expertos señalan que la trata de personas es el segundo negocio ilícito más lucrativo luego de las drogas. El crimen organizado, la inmigración y la trata de personas son temas que, aunque muy diferentes están directamente relacionado debido a que en ocasiones son las situaciones económicas las que obligan a las víctimas a inmigrar y luego de llegar al sitio estas son sometidas a abusos y malos tratos.

Hace falta una preparación o capacitación especializada para la intervención pastoral en esta área.

Se requiere de un asesoramiento jurídico, además de conocimiento político, psicológico o médico en general, para la restauración psico-pastoral de las víctimas.

Frente a un tema como este, que supone una organización delincuencial y demoníaca, un espíritu de muerte, con mamón detrás, no creo que se deba menospreciaría la intercesión o la oración ferviente, incluso la guerra espiritual, contra este flagelo de la humanidad. Es como un *anticristo* que condensa maldad para llevar a la raza humana --imagen y semejanza de Dios-- a niveles infrahumanos. Frente a una fuerza como esa, las acciones pastorales puntuales, sin un enfrentamiento real contra las fuerzas demoníacas, se convierten en paliativos, pero no contribuyen a erradicar frontalmente el mal.

§ Pastoral para drogodependientes

La drogodependencia, también llamada drogadicción o farmacodependencia, es un problema de salud causado por el frecuente uso de sustancias adictivas llamadas drogas o estupefacientes. Fue definido inicialmente por la OMS (Organización Mundial de la Salud) en 1964 como el "estado de intoxicación periódica o crónica producida por el consumo repetido de una droga natural o sintética y caracterizado por: 1) deseo dominante para continuar tomando la droga y obtenerla por cualquier medio; 2) tendencia a incrementar la dosis; 3) dependencia física y, generalmente, psicológica, con síndrome de abstinencia por retirada de droga; 4) efectos nocivos para el individuo y para la sociedad", catalogándola en 1969 como una enfermedad[117].

De acuerdo con la *Pastoral Nacional sobre drogodependencia de Argentina*[118], una pastoral con drogodependientes, en lugar de criminalizar al drogodependiente, hay que escucharlo y recibirlo para acompañarlo en un camino que le permita tener una vida digna, vivida en libertad y en plenitud. Trabajando juntos, poniendo el esfuerzo en acciones concretas, podremos avanzar significativamente en la 'reducción de los daños' que provoca la droga.

Las diversas confesiones religiosas, el Estado y la sociedad civil deben trabajar juntos, apoyando a las familias que son la principal barrera contra la droga. El camino de la criminalización del adicto empieza mucho antes. Se inicia cuando la contención es insuficiente en los espacios comunitarios o en el ámbito de la educación formal y no formal, cuando son escasas las oportunidades de inclusión social y no se ofrecen propuestas que den un verdadero sentido de la vida a los jóvenes más pobres, cuando se les dificulta en lo cotidiano el acceso a la salud y a la justicia.

Lamentablemente muy poco ayuda cuando los medios de comunicación nos imponen una mirada estigmatizante de los jóvenes: pobres, adictos, delincuentes y peligrosos. Todo esto es parte del camino de la criminalización del adicto. Por eso todos somos parte, ningún actor o sector podría

---

[117] «Conceptos fundamentales en drogodependencias» en: http://media.axon.es/pdf/ 71675.pdf [Consultado el 14 de octubre de 2014].
[118] http://www.reddevida.org/index.php/archivo/27-la-comision-nacional-de-pastoral-de-drogadependencia-ante-los-obispos. [Consultado el 17-02-2014].

decir que no está en este camino. Desde la Pastoral sobre drogodependencia de la Iglesia Católica Argentina[119] sus obispos sostuvieron que en el centro del problema no está en las sustancias, sino el ser humano, la persona que se droga.

Una opción de ayuda son los Centros de Rehabilitación cristianos y seculares. Por lo que se sabe, alguno de esos centros emplea la violencia en el trato a sus pacientes y algunas veces son objeto de noticia en los medios por esa causa. Gracias a Dios existen Centros de Rehabilitación con una buena dosis de espiritualidad que logran la liberación de drogadictos mediante sanidad interior y liberación espiritual. Existen otros tres grandes tratamientos diferentes además de los centros de rehabilitación: Ambulatorios: Estos tratamientos son para adolescentes y adultos debiendo concurrir pocas veces a la semana dividiéndose en: Grupo terapéutico, Grupo Multifamiliar y Grupo de proyecto de fin de semana; Centros de día: Los pacientes son divididos en grupos teniendo que ir al centro en la semana. Allí reciben un apoyo terapéutico, realizando diferentes actividades, desde talleres hasta charlas; y Grupos autoayuda: Son los casos que no pueden o no quieren ingresar en los otros grupos. Van pocas veces por semana y generalmente son dirigidos por operadores que fueron adictos, bajo el control de los especialistas del centro.

Desde nuestro punto de vista pastoral pentecostal, la conversión a Cristo y la sanidad espiritual de los adictos, es un camino seguro y firme para vencer el flagelo. No basta una sanidad física, se requiere de un milagro creativo de Dios, pues una parte del cerebro de los drogadictos se daña y requiere regeneración.

Por lo general, las causas que inducen a una persona a la necesidad constante de consumo de una droga tienen raíces en diferentes planos de su vida (personales, familiares, sociales, laborales u otros). Es habitual que una persona con adicción presente, en etapas de tratamiento de rehabilitación, aspectos psico-somáticos que puedan estar asociados y considerarse como los causantes, aspectos que suelen tomarse como una consecuencia reactiva de la adicción. A problemas sociales, soluciones sociales de conjunto.

Sea cual sea la dependencia de un adicto, sea cual sea el tipo de sustancia que consume, existen *terapias de desintoxicación* eficientes (efectivas y eficaces). Éstas deben ser acompañadas por supervisión médica y tratamiento,

---

[119] Ibíd.

buscando resolver, además, los mencionados puntos profundos; aquellos factores críticos que motivarán el consumo y su dependencia. En la mayoría de las ocasiones, el daño que genera la sustancia en sí, no es un impedimento para controlar la raíz del problema crónico en este trastorno, sino una grave consecuencia de tal situación.

Hoy por hoy se acepta como **adicción** cualquier actividad que el individuo sea incapaz de controlar, que lo lleve a conductas compulsivas y perjudique su calidad de vida, como lo pueden ser la adicción al *sexo*, al *juego* (ludopatía), a la *pornografía*, a la *televisión*, a las nuevas *tecnologías* (tecnofilia) y a las *comidas* rápidas. En este mismo plano, se encuentra el alcoholismo, la drogodependencia, la adicción a la comida (comedores compulsivos) y el *tabaquismo*, que conducen a un estado psicofisiológico, caracterizado por la modificación del comportamiento, a causa de un impulso irreprimible por consumir una droga o sustancia. No obstante, esta es la definición puramente bioquímica[120].

Las adicciones son una conducta impulsiva e irresistible a ejecutar algo irracional o contrario a la voluntad de quien lo ejecuta. Es un padecimiento o síndrome, que presenta un cuadro muy exuberante de signos y síntomas característicos dependiendo de la sustancia adictiva. Existen adicciones tanto a sustancias químicas, vegetales, así como a actividades y hasta a ciertas relaciones interpersonales[121].

Además de los tradicionales grupos disponibles para la rehabilitación y programas autoayuda, hay una variada gama de *enfoques preventivos y terapéuticos* para combatir la adicción. Por ejemplo, una opción de tratamiento común para la adicción a los opiáceos es de mantenimiento con **metadona**. Este proceso consiste en la administración de la droga, un opiáceo potente con algún potencial para el abuso, como una copa en un entorno clínico supervisado. De esta manera, los niveles de opiáceos cerebrales aumentan lentamente sin producir el alta, sino que permanecen en el sistema de tiempo suficiente para disuadir a los adictos de la inyección de la heroína.

---

[120] Cf. Rich, Phil Adicciones. en: http://www.mind-surf.net/drogas/adicciones.htm. [Consultado el 22 de Julio 2011].
[121] Vocci, F. J.; J. Acri; Elkashef, A. (2005). *Un desarrollo de medicamentos para los trastornos adictivos: El estado de la ciencia.* American Journal of Psychiatry (162): 1431-1440.

Una nueva investigación indica que incluso puede ser posible desarrollar anticuerpos que combaten el efecto de un medicamento específico en el cerebro, haciendo los efectos placenteros nulos. Recientemente, se han desarrollado vacunas contra la cocaína, la heroína, la metanfetamina y la nicotina. Estos avances ya están siendo probados en ensayos clínicos en humanos y muestran promesas serias como medida preventiva y de recuperación para adictos o aquellos propensos a la adicción[122].

Por otra parte, otro método de tratamiento para la adicción que se está estudiando es la estimulación cerebral profunda. Un procedimiento serio, la Estimulación Cerebral Profunda (ECP) se dirige a varias regiones del cerebro incluyendo el núcleo accumbens, el núcleo subtalámico, el cuerpo estriado dorsal y la corteza prefrontal medial entre otros[123].

Por esa razón, sabiendo eso, podemos orar directamente para que Dios, mediante un *milagro creativo*, opere en esas áreas específicas del cerebro y para que cree en los adictos y drogodependientes una facultad de dominio propio por el poder del Espíritu Santo.

§ *Otros campos de la acción pastoral*

Los ministros encontrarán en la vida un espectro bastante grande de campos en los que se requiere una acción o atención pastoral. En la imposibilidad de tocar todos en este librito, lo que nos toca es recomendar un procedimiento útil.

Primero antes de afrontar un nuevo campo de acción pastoral infórmese o documéntese lo más ampliamente posible. Averigüe su origen, causas, efectos, tratamientos, casos típicos, testimonios de pacientes, y logro científico. Estudie todo lo relativo al tema y temas afines o correlacionados.

En segundo lugar, busque información de cómo se viene tratando el asunto en el área pastoral de diversas confesiones religiosas. Hay temas

---

[122] Cerny, EH; Cerny, T. (2009). "Las vacunas contra la nicotina" *Vacunas Humanas (5)*: 200-205.
[123] Carroll, FL; SER Blouch; Pidaparthi, RR (2011). "Síntesis de haptenos mercapto-metanfetamina y su uso para la obtención de una mejor densidad de epítopo en metanfetamina vacunas conjugadas". *Diario de Química Médica (54)*: 5221-5228.

en los que la ICR (Iglesia Católico Romana) ha avanzado mucho, especialmente en la *Pastoral social* y hay otros temas donde los protestantes hemos ganado un nivel de experticia. Por esa razón, es altamente recomendable consultar a los especialistas en el campo. Luego pida a Dios su dirección e investigue en las Sagradas Escrituras si hay elementos que permitan una comprensión teológica del tema, para derivar de ambos conocimientos (el científico y el teológico-pastoral) pautas para una pastoral sobre la cuestión tratada.

SEGUNDA PARTE
TEOLOGÍA PRÁCTICA ESPECIAL

Pastoral Pentecostal 138

CAPÍTULO IV
LA REALIDAD DE GUATEMALA Y EL PROYECTO DE UNA TEOLOGÍA PRÁCTICA

Lección 8. La realidad presente: América Latina, Guatemala y el Mundo

§ *Guatemala, América Latina y la Economía mundial*

Esta sección está basada en el informe de *análisis de coyuntura* del Consejo Monetario Centroamericano[124]. Por su rigurosidad usamos *in extenso* los resultados.

La situación económica mundial

En primer lugar, la economía mundial vuelve a mostrar señales de desaceleración. Luego de varios trimestres de comportamiento prometedor, la actividad económica volvió a mostrar señales de desaceleración en las principales economías desarrolladas durante el segundo trimestre de 2014. En esta oportunidad, la excepción a la regla vuelve a ser la economía de los EE.UU. pero, contrario al trimestre anterior, destacándose por mostrar el crecimiento interanual más alto (aunque aún moderado) de las economías desarrolladas.

La desaceleración de la economía de la eurozona es consecuencia principalmente de las dificultades que enfrenta Alemania, la cual ha sufrido incluso de contracciones en el producto por dos trimestres consecutivos.

---

[124] Informe elaborado con información disponible al 20 de octubre, 2014 según: http://www.secmca.org/INFORMES/06%20Coyuntura/Historico/2014/Coyuntura3Trim2014.pdf El objetivo no es un análisis exhaustivo de la economía, sino dar un ejemplo de diagnóstico para el desarrollo del trabajo pastoral.

Más dramático aún es el caso de Japón, que presentó una leve disminución en el volumen de producción del segundo trimestre en relación con el observado un año antes, lo cual se atribuye en parte al efecto que tuvo sobre la demanda la reforma impositiva recientemente implementada (ver gráfico 1.1).

En las economías emergentes también continúan manteniéndose tasas de crecimiento por debajo de las observadas en los primeros años después de la crisis y con una tendencia que sigue sin mostrar señales de un repunte sostenido en el corto plazo. Más aún, Brasil y Rusia continúan sin revertir la desaceleración (incluso contracción) que muestran sus economías (ver gráfico 1.2).

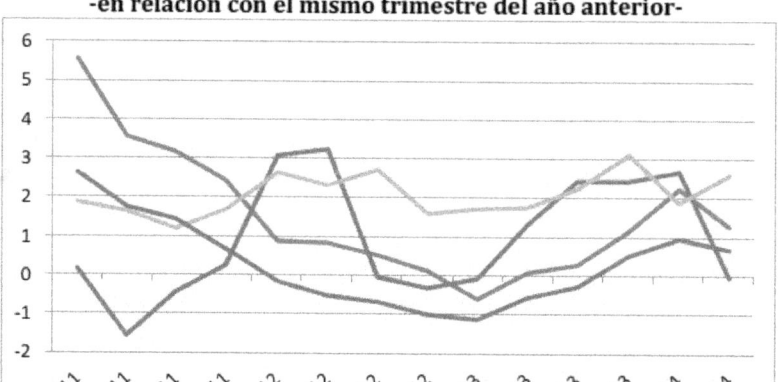

Gráfico 1.1
Economías Desarrolladas: Crecimiento del PIB Trimestral
-en relación con el mismo trimestre del año anterior-

El caso de Brasil es particularmente llamativo, pues registró dos trimestres consecutivos de crecimiento negativo, ocasionados en gran parte por una crisis en el sector industrial, atribuida a los efectos de los feriados concedidos con ocasión de la celebración de la Copa Mundial de fútbol y al impacto de la desaceleración de la economía de Argentina, uno de sus principales socios comerciales.

Gráfico 1.2
Economías Emergentes: Crecimiento del PIB Trimestral
-en relación con el mismo trimestre del año anterior-

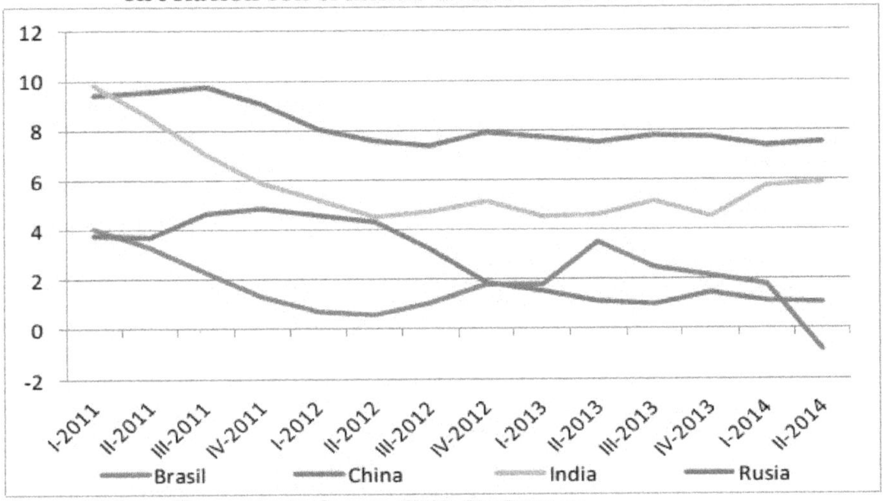

Fuente: Elaboración propia con base en OECD. StatExtracts

En el caso de las economías desarrolladas, las tasas de desempleo continúan mostrando una tendencia a la baja, más intensa en el caso de los EE.UU. y más moderada en el caso de las economías europeas de Japón.

Inflación

En cuanto a inflación se refiere, durante el primer cuatrimestre de 2014 se manifestaron algunas presiones al alza en el nivel general de precios en EE.UU. y Japón. No obstante, ese impulso inflacionario se moderó a partir del mes de mayo. En el caso de las economías de la Eurozona, se mantiene la tendencia a la disminución en el ritmo de inflación interanual. Lo contrario ocurre en las economías emergentes donde se han mantenido niveles más estables de inflación a lo largo de 2014, más bien con alguna tendencia al alza en Brasil y Rusia, aunque más moderada en el caso del primero (ver gráfico 1.4).

**Gráfico 1.4
Economías Seleccionadas: Tasa de Inflación Interanual**

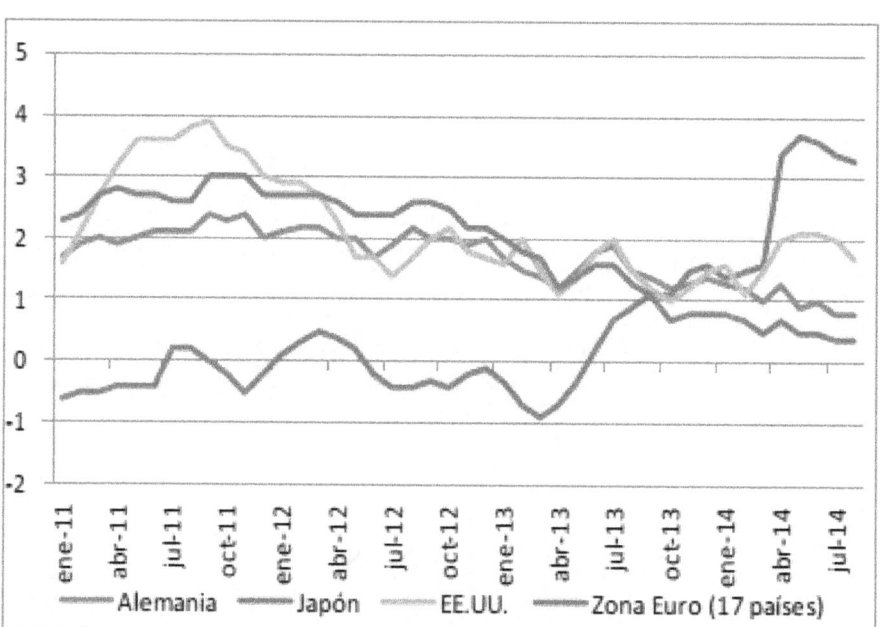

Fuente: Elaboración propia con base en OECD. StatExtracts

El precio del petróleo amerita una mención especial. Al cierre de este informe, el precio promedio (considerando Brent, WTI y Dubai Fateh) se cotizó por debajo de los $95 por barril y continuaba con su tendencia a la baja.

La economía Centroamericana

La actividad económica de la región no ha mostrado señales que permitan esperar una aceleración significativa en lo que va de 2014. Hacia el cierre del año se espera que la tasa de crecimiento del PIB (Producto Interno Bruto) sea de 4,2% como promedio regional. Para 2015 se proyecta un crecimiento alrededor 3,9%.

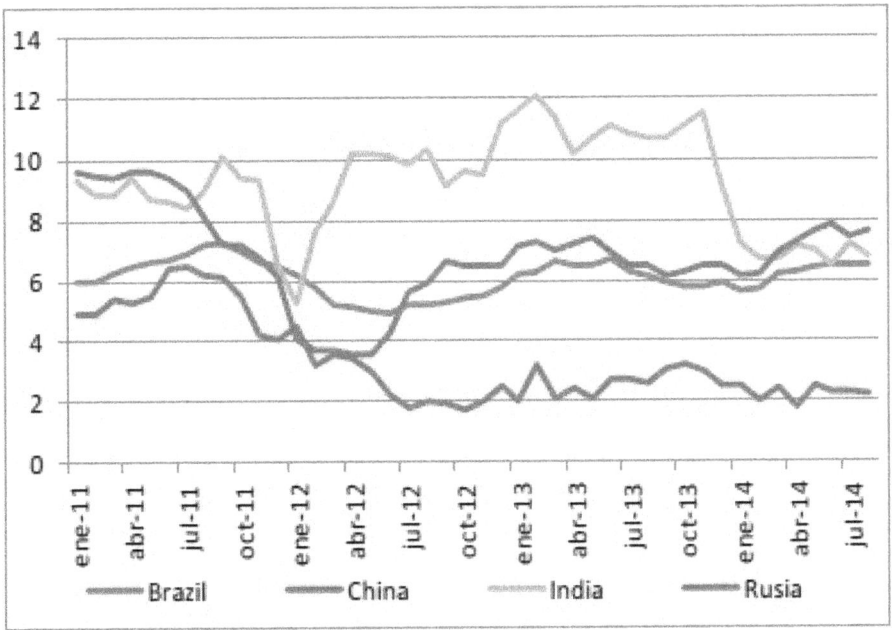

Se mantiene el importante aporte de las actividades asociadas a los servicios, por encima de sectores como la agricultura, la manufactura y el comercio (con excepción de Costa Rica y El Salvador). En Nicaragua destaca también el aporte de la industria manufacturera, situación que contrasta con la de Costa Rica, donde dicho sector más bien sufrió una leve contracción. No obstante, este último país muestra el mayor crecimiento de la región en la actividad del transporte, mientras que Honduras lo hace en el área de servicios financieros y seguros (ver gráfico 2.1.2).

También se ha mencionado el hecho de que la región se ha visto afectada por diferentes factores que han de haber influido en mayor o menor medida sobre sus niveles de productividad (el costo de la energía eléctrica en Costa Rica, la situación de seguridad ciudadana en los países del Triángulo Norte y las elevadas tasas de interés activas reales, entre otros). Adicionalmente, a futuro, sus perspectivas de crecimiento podrían verse afectadas por una mayor incidencia de condiciones climáticas adversas.

Gráfico 2.1.2
Contribución de las ramas de actividad a la variación interanual del IMAE
-en tendencia-ciclo a julio, 2014-

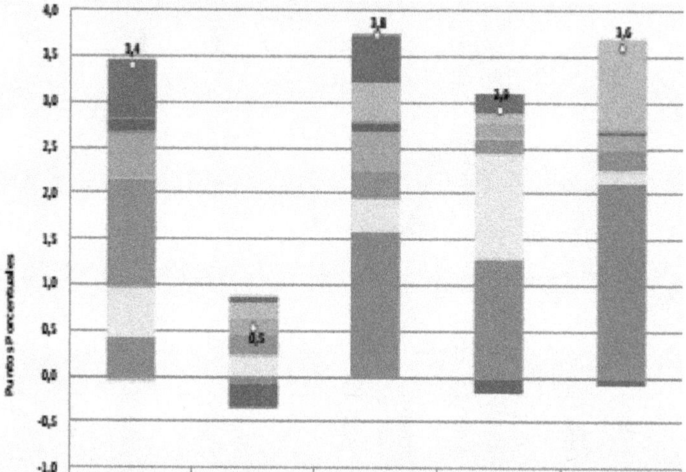

	Costa Rica	El Salvador	Guatemala (MARZO)	Honduras	Nicaragua
Agricultura, Silvicultura, Pesca y Ganadería	0,7	0,1	0,5	0,2	-0,1
Industria Manufacturera	-0,1	0,2	0,4	0,1	1,0
Construcción	0,1	-0,3	0,1	-0,2	0,1
Comercio	0,5	0,2	0,5	0,2	0,2
Transporte	1,2	0,2	0,3	0,2	0,2
Servicios Financieros y Seguros	0,5	0,2	0,4	1,1	0,1
Resto de Ramas	0,4	-0,1	1,6	1,3	2,1
Variación interanual del IMAE Tendencia Ciclo	3,4	0,5	3,8	2,9	3,6

Fuente: SECMCA: Reporte Mensual de Actividad Económica. Julio, 2014.

Inflación en la región

La variación interanual promedio del Índice de Precios al Consumidor (IPC) en la región, en septiembre de 2014, fue de 4.3% (5.2% en septiembre de 2013), que en general se ubica dentro o por debajo de las metas previstas por los bancos centrales para 2014 (entre 3% y 7% como promedio regional). Alcanzar y consolidar una tasa de inflación baja y estable debe continuar siendo el objetivo principal de los bancos centrales, para afianzar los logros alcanzados en la última década y todos los países logren tasas de inflación al menos similares a la inflación internacional relevante para cada uno de ellos.

Las tasas de inflación observadas en la región en los últimos años son bajas en relación con sus niveles históricos. Esto es resultado tanto de factores exógenos favorables como de una conducción prudente de la política monetaria. Sin embargo, a lo largo de los tres trimestres transcurridos de 2014, la tendencia del ritmo promedio inflacionario ha sido en mayor medida hacia la aceleración. Luego de alcanzar el nivel interanual más bajo del año en febrero (3,6%) dicha variable se ubicó en un nivel de 4.3% a septiembre, 2014 (ver gráfico 2.2.1). No obstante, dicho promedio en casi un punto porcentual más bajo que el observado durante el mismo período del año anterior.

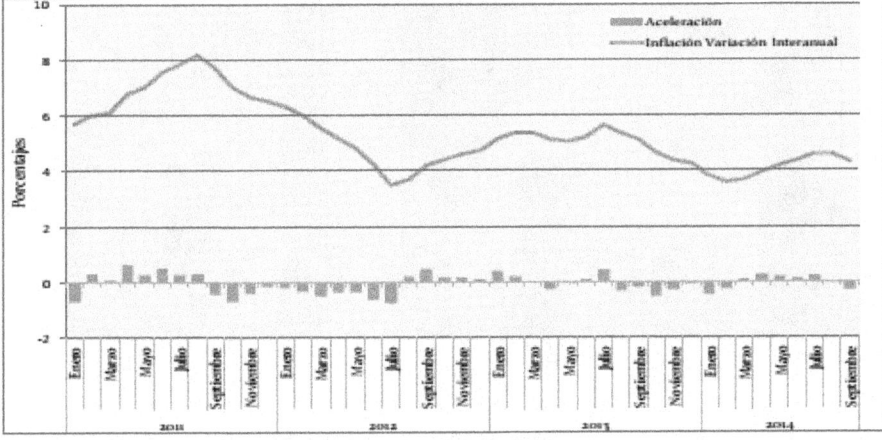

Gráfico 2.2.1
CARD: Variación Interanual del IPC
-serie original y aceleración-

Fuente: SECMCA: Reporte Mensual de Inflación Regional. Julio, 2014.

Si bien los niveles de inflación en la región continúan ubicándose dentro de los rangos meta definidos por la mayoría de los países, en los últimos meses se nota algún repunte (con excepción de Guatemala y Honduras). En El Salvador, Guatemala y Nicaragua, el sector de alimentos es el que más han aportado a la variación acumulada en el IPC a septiembre como resultado, principalmente, de los efectos del fenómeno climatológico El Niño (ver gráfico 2.2.3).

En los demás países de la región son el resto de sectores (excluidos los alimentos, el transporte y la vivienda) los que marcan el ritmo del ajuste de los precios observado a lo largo del año.

Hacia el futuro, es de esperar que con la evolución favorable que se observa en el precio de los principales "commodities" (en particular el caso del petróleo) exista una menor presión inflacionaria durante el último trimestre del año, lo que contribuiría al logro de la meta de inflación en la mayoría de los países (con la excepción, tal vez, de Costa Rica). Sin embargo, es conveniente considerar este choque favorable como estrictamente transitorio, dada la coyuntura macroeconómica internacional. Además, la presencia de brechas negativas del producto ha facilitado mantener niveles de inflación bajos. En la medida en que esta brecha se cierre los bancos centrales enfrentarán el reto de implementar una política monetaria más restrictiva que podría afectar el crecimiento.

Gráfico 2.2.3
Contribución de los Grupos a la Inflación Interanual
-a setiembre, 2014-

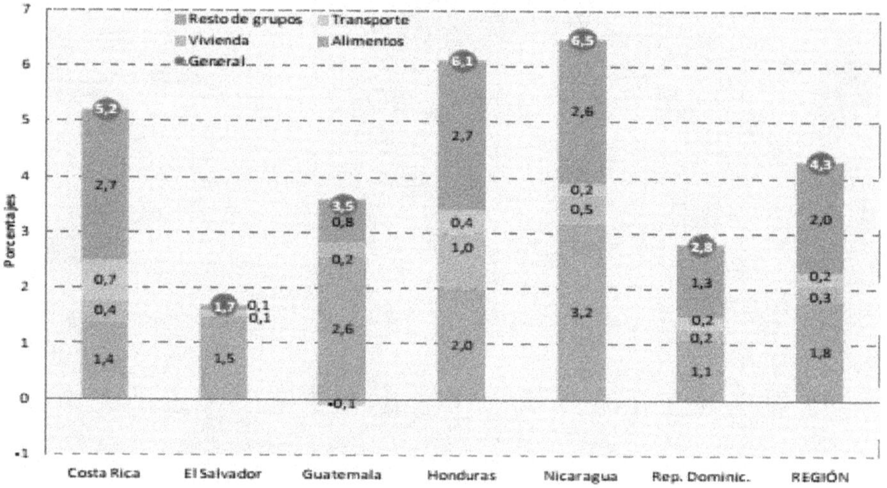

Fuente: SECMCA: Reporte Mensual de Inflación Regional. Setiembre, 2014.

§ *Situación de Guatemala y la coyuntura mundial*

De acuerdo a un informe etnológico del Instituto Lingüístico de Verano (Wycliffe Bible Translators), en 2005, la población de Guatemala era 55 por ciento amerindia, 44 por ciento mestiza y alrededor de uno por ciento de otras razas. En Guatemala se habla 24 lenguas vivas (sin incluir las que hablan los grupos de inmigrantes) entre 23 grupos etnolingüísticos, siendo el español la lengua dominante (cerca del 44 por ciento), seguido de las principales lenguas mayas como Quiché, Mam, Cakchiquel y Kekchí. El español es la principal lengua comercial porque la mayor parte de las lenguas amerindias son lingüísticamente distintas, lo cual obstaculiza la comunicación con personas fuera de su propio grupo étnico.

Se estima que hay 100.000 caribeños negros (afroamerindios quienes hablan garífuna) en Centro América, pero solo cerca de 16.700 viven en Guatemala, predominantemente en la costa caribe en Livingston y Puerto Barrios. Otros componentes de la población guatemalteca incluyen a los afroamericanos antillanos (quienes hablan inglés o inglés criollo) en la costa Caribe, medio-orientales (principalmente libaneses y judíos), europeos (principalmente alemanes) y norteamericanos, chinos y coreanos[125].

§ Globalización o mundialización y la iglesia universal

América Latina ha incorporado cincuenta millones de habitantes a la clase media en la última década. Han salido de la pobreza cerca de 100 millones de habitantes, aunque aún un 60% de la región se ubica en la clase baja[126], la región ha vivido en su conjunto el periodo más próspero (especialmente 2003-2008) en democracia en toda su historia. El proceso de secularización que podría haber sucedido con el aumento de la riqueza no ha sucedido como en otras partes del mundo.

América Latina sigue siendo una región donde la religión es predominante para la inmensa mayoría de la población de cada país con la excepción de Uruguay.

Lo que se observa es una migración de religiones más que un proceso de secularización, un fenómeno contra intuitivo al compararlo con el desarrollo de otras sociedades como las europeas.

Al comparar América Latina con Asia, África, Europa vemos un desarrollo distinto en la evolución valórica, que está confirmado por el estudio Mundial de Valores[127]. Los datos aquí presentados muestran importantes transformaciones de las creencias religiosas en al menos cuatro países de la región que dejan de ser países mayoritariamente católicos para pasar a

---

[125] Holland, Clifton L. *Enciclopedia de Grupos Religiosos en Las Américas y la Península Ibérica: Religión en Guatemala*, Costa Rica: PROLADES, 210: 4 [Revisado 17.04 de 2014].
[126] *Latinobarómetro* 2013.
[127] www.wvs.net.

ser países con dos confesiones religiosas: *católicos* y *evangélicos*. Vemos también cómo dos países Chile y Uruguay, se secularizan, mientras en las mayorías de los otros doce países, el catolicismo, o es mayoritario o dominante.

El análisis pormenorizado de la evolución del catolicismo en la región, muestra que los escándalos y problemas que ha tenido la Iglesia católica en los últimos cinco años, no han desmantelado para nada el catolicismo que parece ser más resistente que de lo que se piensa.

El análisis del impacto de la edad y educación dos factores que nos permiten visualizar la evolución futura nos entregan un resultado inequívoco respecto al aumento de los evangélicos o la disminución de los católicos. Puede que la desaceleración de fertilidad que trae consigo el desarrollo envejezca la población al punto de favorecer al catolicismo a la vez que la mayor educación disminuyendo/anulando el impacto de la juventud o viceversa.

> Es interesante ver el perfil de edad de las dos religiones más importantes de la región. Hay más católicos a medida que aumenta la edad, entre los jóvenes hay un 61% de católicos, mientras entre los mayores de 60 años hay un 74%. En los evangélicos se produce el fenómeno inverso, entre los jóvenes hay un 19% de feligreses, y entre los mayores de 60 años un 14%. A menor edad mayor cantidad de evangélicos. Lo mismo sucede con los que no tienen religión/ ateos/ agnósticos, aumenta de 6% entre los mayores de 60 años a 14% entre los jóvenes[128].

Estamos entonces frente a un proceso evolutivo donde además de los cambios bruscos en algunos países se está produciendo un cambio intergeneracional, donde disminuyen los católicos al tiempo que aumentan los evangélicos. Estos datos no prueban causalidad alguna, pero muestran la situación al punto de figurar como una hipótesis.

---

[128] *Corporación Latinobarómetro*. Banco de Datos en Línea 16 de Abril de 2014: / Santiago de Chile en: www.latinobarómetro.org.

Las religiones en América Latina son un libro abierto, contradiciendo una parte importante de lo establecido en el desarrollo de otras sociedades, como es el fenómeno de migración de religión en vez de secularización.

Si miramos la práctica religiosa en el tiempo, veremos que ésta tampoco evoluciona en un solo sentido. No se encuentra una relación lineal entre cambios en las creencias religiosas y el grado de práctica.

§ La Religión en Guatemala: Visión global

El Dr. Clifton L. Holland[129], Director del Programa Latinoamericano de Estudios Socio religiosos, PROLADES, observa que en Guatemala, el cristianismo se mantiene fuerte y vital para la vida de la sociedad guatemalteca, pero su composición ha cambiado durante generaciones de disturbios sociales y políticos. Históricamente, la religión dominante ha sido la Católica Romana. En 1980, 84.2 por ciento de la población se reportó como Católica Romana; 13.8 % era protestante (la mayoría se identificaba como evangélica); y cerca de 02 % se identificó con "otros grupos religiosos" (incluyendo las religiones mayas tradicionales) o "sin afiliación religiosa". Sin embargo, para 1990, la población católica había caído a 60.4 % (un descenso de 24 puntos porcentuales), mientras que la población protestante aumentó a 26.4 % (un aumento de 12.6 puntos porcentuales); 2.1 % eran seguidores de "otras religiones", y 11.1 % "no tenían afiliación religiosa" (Encuesta de CID-Gallup, junio de 1990[130]).

Sorpresivamente, una serie de encuestas de opinión pública reveló poco cambio en la afiliación religiosa entre 1990 y 2001. Sin embargo, entre 2001 y 2006, el tamaño de la población protestante aumentó de alrededor de 25 % a casi 31 % en 2006, mientras que la población católica se mantuvo relativamente constante en 55 – 57 %. Los afiliados a otras religiones también se mantuvieron estables entre 2 y 3 %, mientras que el porcentaje de los que no tenían afiliación religiosa bajó a cerca de 10 %.

---

[129] Holland, Clifton L. *Enciclopedia de Grupos Religiosos en Las Américas y la Península Ibérica: Religión en Guatemala*, Costa Rica: PROLADES, 210: 4 [Revisado 17.04 de 2014].

[130] Citado por Holland en *Enciclopedia de Grupos Religiosos en Las Américas y la Península Ibérica: 5*

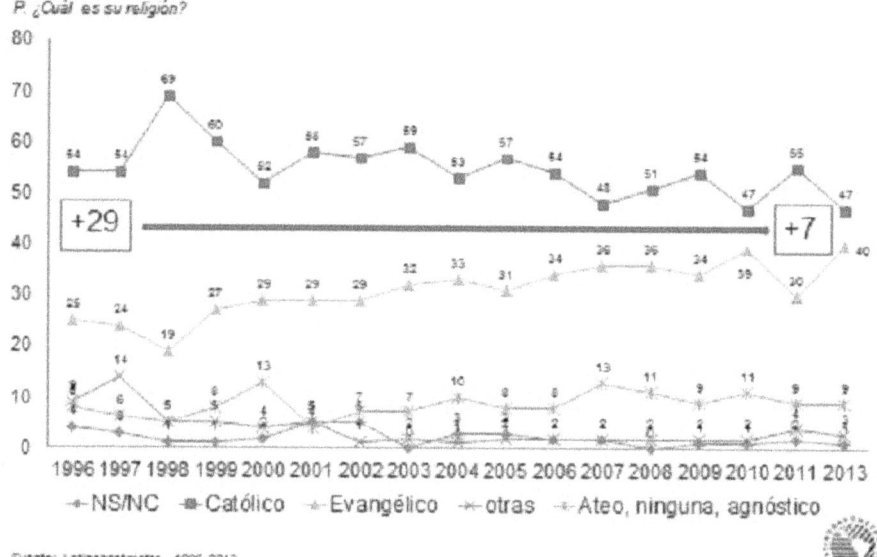

Una característica en la mayor parte de las ciudades, pueblos y villas en Guatemala es la presencia de una iglesia católica situada en una plaza o parque central. La Catedral Metropolitana en la ciudad de Guatemala es una señal visible de la presencia histórica de la iglesia católica en la vida de la nación.

La población mestiza de Guatemala tiene fuertes lazos con el catolicismo romano tradicional trasladado a América por los españoles misioneros, quienes traían consigo de su casa ibérica la espiritualidad pre-cristiana celta y el catolicismo romano medieval. Como consecuencia, la religiosidad generalizada de los ladinos de Guatemala manifestada en el "catolicismo popular" (sincretismo), contiene elementos europeos y amerindios.

El caso de Guatemala es particularmente interesante porque, según en *Latinobarómetro* anteriormente citado[131], en 1996 ya tenía un 25% de evangélicos que crecen 15 puntos hasta 2013 para llegar al 40%. Los católicos

---

[131] *Corporación Latinobarómetro*. Banco de Datos en Línea 16 de Abril de 2014: / Santiago de Chile en: www.latinobarómetro.org.

por su parte disminuyen poco en comparación a los países vecinos, sólo 10 puntos porcentuales, menos que el promedio de la región (13%).

Esta evolución particular de Guatemala, que tiene en un inicio menos católicos que el resto de los países de la sub región y disminuye menos, pero a la vez aumentan proporcionalmente más los evangélicos, hace que dejen de ser un país mayoritariamente católico con 29 puntos porcentuales de ventaja a tener sólo 7 puntos de ventaja sobre los evangélicos.

La pérdida del catolicismo se ve en el hecho de que lejos de disminuir lo que sucede es que crecen los otros.

§ *Postmodernidad y pentecostalismos*

De acuerdo con Daniel Míguez[132], antropólogo de la Universidad Nacional del Centro de la Provincia de Buenos Aires, en las últimas décadas se ha producido en América Latina una profunda transformación del campo religioso en diversos países. Una serie importante de autores han estudiado estos procesos de transformación. Los marcos teóricos utilizados para ello han sido diversos. Sin embargo, una cantidad significativa de estudios ha abordado las transformaciones de los campos religiosos latinoamericanos, particularmente del crecimiento del pentecostalismo, desde la óptica de la modernización. La mayoría de estos autores ha asociado la modernidad con la industrialización, la urbanización y la democratización.

Estas interpretaciones han generado una gran cantidad de debates sin llegar aún a una conclusión satisfactoria. La imposibilidad de resolver debates radica, según argumenta Míguez, en una conceptualización incompleta de la modernidad. Como solución al problema, intenta entonces proponer una teoría alternativa de la modernización; tomando para ello los postulados que Giddens ha efectuado en relación a las relaciones interpersona-

---

[132] Míguez, Daniel. *Modernidad, posmodernidad y la transformación de los sectores medios y bajos en América Latina.* REVISTA CIENCIAS SOCIALES 10 / 2000: 56-68 http://www.revistacienciasociales.cl/archivos/revista10/pdf/rcs10_4.pdf (consultado el 18.11.2015) Cf. En esta línea el reciente trabajo de Farias Barrozo, Victor Breno *Modernidade Religiosa. Memoria, Transmissão e emoção no pensamento de Danièle Hervoiu Léger.* Brasil: Fonte Editorial, 2014.

les en la modernidad radicalizada. A partir de este elemento Míguez muestra cómo el campo religioso latinoamericano ha mutado en el sentido de transvasar a las relaciones con seres sagrados las nuevas concepciones de las relaciones interpersonales en la modernidad tardía. En este sentido se muestra cómo tanto las conversiones al pentecostalismo entre las clases populares, como la adopción de la 'New Age' (Nueva Era) por las clases medias implica la incorporación de este nuevo modelo de relación.

La hipótesis de Daniel Míguez es que los desplazamientos en el ámbito de las relaciones interpersonales se manifiestan en la manera en que las personas intentan establecer relaciones con lo trascendente. Por esta razón tanto en las clases bajas y medias se manifiesta una tendencia a buscar religiones que permitan establecer relaciones directas (no institucionalmente mediadas) con los seres trascendentes, y donde la experiencia emocional es fundamental. En este sentido habría una línea de continuidad entre la opción de las clases bajas por el pentecostalismo y la de las clases medias por la Nueva Era; ya que la última solo demuestra una profundización de rasgos propios de la modernidad en general[133].

Por su parte Nicolás Panotto[134], en un artículo para la Fraternidad Teológica Latinoamericana (FTL) para el Instituto Bíblico Río de la Plata (IBRP) de noviembre del 2009, señala que el pentecostalismo es en sí mismo una crítica a los modelos modernos de iglesia en cuatro aspectos: 1) Su estilo de vida religiosa *deconstruye* absolutos; y por eso mismo contribuye a 2) Flexibilizar la institución eclesial; 3) Produce una revisión de la espiritualidad lo que da lugar a, 4) un replanteamiento de su lugar social.

No obstante, Panotto no pasa por alto los aspectos negativos de la posmodernidad: 1) Hiper individualismo 2) Una cultura hedonista; y 3) Saturación y banalización de la realidad. Estos aspectos se pueden observar en la teología y prácticas pentecostales.

Los pentecostalismos son, en efecto, un fenómeno posmoderno o están influidos por la postmodernidad. Esto se evidencia en la importancia que le dan a la experiencia, la corporalidad y la imagen, según Panotto, así como en su revalorización del sujeto.

---

[133] Ibíd.: 59.
[134] http://www.slideboom.com/presentations/122057/Modernidades-posmodernidad-y-pentecostalismos.

Es posible concluir con Míguez y Panotto que los pentecostalismos postmodernos se han convertido en consecuencia en nuevos espacios de socialización en el que convergen diversos escenarios posibles de humanización, pero también de despersonalización, de concientización, pero también de alienación, de nuevas formas de articulación del sujeto social y al mismo tiempo de banalización de la realidad social.

Lección 9. Presencia y acción de los pentecostalismos en la historia de Guatemala

Como observa el sacerdote jesuita Renato Poblete, S.J., Presidente-Director del Centro de Investigaciones Socioculturales (CISOC) Bellarmino y Capellán del Hogar de Cristo, en Chile, el impacto del pentecostalismo en la vida pública ha sido notable. Desde los años '80, la comunidad pentecostal de rápida expansión ha adquirido un rol cada vez más importante, por ejemplo, en Guatemala que ha tenido dos presidentes de orientación carismática-pentecostal. Brasil ha sido testigo de la formación de asamblea partidaria cuyos adherentes son en gran parte pentecostales e incluye casi 10% de los parlamentarios del país.

En Chile los pentecostales tienen su propia celebración del *Te Deum* para las fiestas patrias al que asiste el Presidente de la República, mientras que en Nicaragua fundaron un partido político con sus candidatos presidenciales y ganaron asientos en el Congreso.

El Presidente Luiz (Lula) da Silva "pololeó" abiertamente con los pentecostales y otros evangélicos en las elecciones de octubre de 2002. En octubre de 2006 el Partido de los Trabajadores de Lula hizo un pacto con el Partido Republicano de Brasil que fue organizado en 2005 con la ayuda de una de las iglesias pentecostales más grandes del país[135].

---

[135] Poblete, Renato *El desafío del pentecostalismo* en: http://pentecostalidad.com/index.php/2015/07/19/ el-desafio-del-pentecostalismo/ (consultado el 18.11.2015).

§ Los Pentecostalismos en Guatemala

La Misión Pentecostal (en inglés *The Pentecostal Mission,* TPM), una organización independiente de santidad fundada en 1901 por el Rev. J. O. McClurkan con sede en Nashville, Tennessee fue una de las que se asentó tempranamente en Guatemala[136].

El movimiento pentecostal tuvo su origen en Guatemala en el ministerio del Reverendo Amos Bradley y su señora, quienes sirvieron en Guatemala afiliado a la Iglesia de Santidad Pentecostal (*Pentecostal Holiness Church,* PHC, organizada en 1911 en Carolina del Norte). Los Bradley fueron los primeros misioneros de esa denominación en Centro América durante 1913-1918, mientras servían en Guatemala y El Salvador.

Anteriormente, los Bradley fueron misioneros independientes de la tradición de santidad en Guatemala entre 1909 y 1912.

En octubre de 1934, el Sr. Furman y su esposa se unieron a la Iglesia de Dios (Cleveland, Tennessee), invitados por J. H. Ingram del Consejo de Misiones Mundiales de la Iglesia de Dios y regresó a Guatemala como los primeros misioneros de esa denominación. Furman procedió a visitar las congregaciones de la *Primitive Methodist Church* (Primitiva Iglesia Metodista - PMC, por sus siglas en inglés), y animó a los líderes a unirse a él dentro de la Iglesia de Dios, lo cual resultó en que 14 iglesias PMC cambiaran su afiliación a la Iglesia de Dios. La fundación de la iglesia de Dios del Evangelio Completo quedó registrada en 1932, el año cuando los compañeros guatemaltecos de Furman experimentaron el bautismo del Espíritu Santo. En la primavera de 1935, Furman reportó 16 iglesias organizadas con 672 miembros. En 1944, el Sr. Pullin y su esposa abandonaron la *Primitive Methodist Church* y se convirtieron en misioneros de la Iglesia de Dios en Guatemala. Para 1980, esta denominación pentecostal había crecido en 664 iglesias y 234 misiones con 34.451 miembros.

Los pastores y misioneros de las Asambleas de Dios en El Salvador empezaron a trabajar en el Departamento de Jutiapa, Guatemala, en 1927, como una extensión de su ministerio en El Salvador. En 1932 y 1933, el

---

[136] Una semblanza breve sobre los inicios de la Iglesia de Dios EC en Guatemala puede verse en http://www.prolades.com/historiografia/2-Guatemala/idec_historia_2007.pdf> y en: http://www.voltajenitro.com/idec-toto/?info=guatemala.

misionero Ralph Williams, superintendente del trabajo en El Salvador, hizo varios viajes a Guatemala para animar a la hermandad acerca de las congregaciones que ya habían sido fundadas. Sin embargo, no fue hasta 1937-1938 que Ralph Williams y John Franklin tuvieron éxito en la organización de las primeras seis iglesias en Guatemala, realizando la conferencia de la organización en Atescatempa, Jutiapa, del 31 de diciembre de 1937 al 2 de enero de 1938. El Sr. John Franklin se convirtió en el primer misionero de Guatemala de las Asambleas de Dios, empezando en 1937. Para 1940, 20 iglesias habían sido organizadas y el trabajo había empezado en 36 pueblos adicionales. La Asamblea de Dios Central se estableció en La Ciudad de Guatemala durante 1939-1940 por el pastor José Ibarra de México. A él le ayudaba el joven José María Muñoz, quien más tarde abandonó las Asambleas de Dios y fundó su propia denominación, Iglesias Evangélicas Príncipe de Paz.

Después de una campaña de curación realizada por T.L. Osborn en la ciudad de Guatemala en 1953, el trabajo empezó a crecer más rápidamente en la capital y en la cordillera central y para 1980 se habían establecido iglesias por todo el país. En 1960, había 95 iglesias y 3.300 miembros; en 1970, 315 iglesias y 11.000 miembros; y en 1980, 748 congregaciones con 35.909 miembros. En 1990, Luisa Jeter de Walker reportó 385 iglesias, 2.329 puntos de evangelización, 1.630 pastores ordenados, 2.379 pastores laicos, ocho institutos de Biblia y 224.751 seguidores (1990:117). La membresía total bautizada se estimó en 127.500 en 1990.

Durante los años 1960 y 1970, grupos protestantes iniciaron un ministerio en Guatemala: Iglesia de Dios la Nueva Jerusalén (1960); Asamblea de Iglesias Cristianas (1962); Iglesia Episcopal (1962); Iglesia Evangélica del Espíritu Santo del Santuario del Monte Sión (1962); Iglesia Pentecostal Puerta al Cielo (1963); Alianza Cristiana y Misionera (1963); Iglesia Evangélica Menonita (1964); Iglesia Pentecostal de Dios de América (1965); Consejo Menonita Oriental de Misiones y Caridades (1968); Iglesias Evangélicas Monte Bashán (1968); Iglesia Evangélica Voz de Dios (1968); Iglesia de Fuentes de Agua Viva (1972); Iglesia Pentecostal de Dios de Nueva York (1972); Misión Evangélica Betania (1972); Iglesia Cristiana Verbo (1976); Centro de Fe, Esperanza y Amor (1978); Fraternidad Cristiana (1979); e Iglesia Jesucristo es el Señor (1980).

Un caso diferente es el de la Cruzada Misionera Continental (Webb City, Missouri) empezó su trabajo en La Ciudad de Guatemala en 1947 bajo el liderazgo del Rev. Norman Parish, padre y su esposa Líela, como una misión bautista independiente. El trabajo de esta misión se organizó bajo el nombre de Iglesia Evangélica El Calvario. En 1978, el Rev. Norman Parish, padre, era el Director General de la misión.

En 1963-1964, esta denominación experimentó el resurgimiento pentecostal que empezó durante un retiro espiritual de adultos y jóvenes, el cual fue el precursor del Movimiento de Renovación Carismática en Guatemala. Para 1965, se habían establecido por todo el país 30 iglesias y 35 puntos de evangelización con entre 3.000 y 4.000 seguidores. En 1980, el superintendente Abraham Castillo reportó 91 iglesias y 57 misiones con 6.450 miembros

§ *El compañerismo de Juan 17:21*

Uno de los puentes más ecuménicos entre católicos y protestantes durante los años 1970 y 1980, fue el Compañerismo de Juan 17:21 (John 17:21 Fellowship), la cual estaba asociada con David du Plessis en los EUA y Europa. Sin embargo, el Compañerismo de Juan 17:21 fue establecida por los pastores carismáticos estadounidenses Robert Thomas, Paul Northrup y Bill Finke (todos antiguos misioneros en América Latina), junto con líderes locales, en la Ciudad de Guatemala después de la destrucción causada por el terremoto de 1976, lo cual resultó en operaciones masivas de desarrollo y alivio, brindadas por organizaciones de servicios internacionales y locales.

La rama latinoamericana del Compañerismo de Juan 17:21 era coordinada por Robert Thomas (pastor en Los Altos, California), quien trabajó de cerca con el Fraile Alfonso Navarro y los Misioneros del Espíritu Santo en la Ciudad de México.

§ *La acción pastoral y misionera de los pentecostales*

No cabe duda que cada una de las iglesias y entre ellas los pentecostales, han trabajado desde una perspectiva misionera, pues es la impronta pentecostal. Sea una acción pastoral, sea una obra evangelizadora, de adoración, de compañerismo o Koinonía o sea una obra educativa, para el pentecostalismo es hacer misión.

Lección 10. Perfil de una Teología Práctica Pentecostal: Experiencia y desafíos

§ *El desafío de una Teología Práctica Pentecostal*

La teología práctica pentecostal ha sido una teología intuitiva y al mismo tiempo prestada de otras tradiciones denominacionales, incluso del catolicismo, lo que no es un problema necesariamente. Por el contrario, ha sido un beneficio recibido. Sin embargo, creo que ha llegado el tiempo de articular una teología práctica que vaya más allá de manuales de culto y consejería. Una teología que, como señala Rahner, sea la base de toda la articulación teológica.

Partiendo de su experiencia social y su propia experiencia religiosa, el pentecostalismo debería poder hacer teología latinoamericana en perspectiva pentecostal. Una teología que dé respuesta a las distintas problemáticas de la realidad social, desde una nueva lectura de las Sagradas Escrituras, en el marco de una hermenéutica del Espíritu.

Se trataría de una construcción colectiva, pues es la comunidad entera la que, como sujeto teologal, reflexiona sobre las realidades y elabora una respuesta que coloca en la sociedad el mensaje de Dios oportuno, pertinente y esperanzador.

§ *El perfil de una Teología Práctica Pentecostal*

La labor artesana de una teología práctica pentecostal, debería poder bosquejar el proceso de construcción de la identidad pentecostal y al mismo tiempo sondear los elementos que sirvan como prolegómeno para la construcción comunitaria de una Teología Pentecostal Hispano Lusitana, a partir de "Lo Pentecostal" como Movimiento social y relacionado a su identidad. En pocas palabras imaginar los linderos de la identidad pentecostal de camino a la constitución del sujeto pentecostal productor de teología. Con ese fin, propongo seguir el camino de las tres mediaciones propuestas por Clodovis Boff[137].

Primero, la Mediación socio analítica en la que se debería vislumbrar *grosso modo* la realidad del Continente en el marco de la mundialización. Reflexionar sobre los problemas de mayor urgencia y que merecen un abordaje socio económico, político, cultural y religioso. Esto supone una lectura de la realidad con el auxilio de las ciencias sociales, pero con el objetivo claro de transformar el mundo.

Segundo, la mediación hermenéutica, recogería nuestra interpretación bíblico-teológica de lo que entendemos son las bases gnoseológicas de la identidad pentecostal como siendo una expresión pneumática (historización) de la identidad cristiana, o una actualización histórica del sentido fundacional del Pentecostés.

Veríamos allí cómo las comunidades pentecostales siendo parte del tejido social más amplio, agregan un sentido nuevo a su ser-en-el-mundo y cómo desde la religión[138] construyen un sentido nuevo de ciudadanía en esta tierra, inspirados en la utopía de una ciudadanía celestial[139] en la visión más concreta del Reino de Dios hoy y aquí. Este segundo momento procura el sentido y la significación fundados socialmente desde el pentecostalismo como forma de expresar su "mismidad" en relación opuesta a sus semejantes, siempre de cara al proyecto del Reino de Dios y de regreso al Padre.

Tercero, siguiendo la dialéctica Teoría-Praxis o mediación practico-política, en relación con el contexto social contemporáneo, elaborar sugerencias de acción pastoral con propuestas y proyectos alternativos tendientes a lograr cambios sociales profundos o de largo alcance. Naturalmente, "no con espada ni con ejército, sino con el Espíritu de Dios".

---

[137] Boff, Clodovis. *Teología de lo Político. Sus mediaciones*. Salamanca: Sígueme.1980.
[138] Rodrigues Brandão, Carlos. *Os deuses do povo. Um estudo sobre a religião popular*. São Paulo: Brasiliense, 1980.
[139] Gouvea Mendonça, Antonio. "Evolução historica e configuração atual do protestantismo no Brasil", en, G. Mendonça, A. -Velasques Filho, Próroco. *Introdução ao Protestantismo no Brasil*. Sao Paulo, Brasil: Edições Loyola, 1990: 11-59. Cf. También Wynarczyk, Hilario *Ciudadanos de dos mundos. El Movimiento evangélico en la vida pública argentina 1980-2001*. Bs. As.: UNSAM Edita.2009.

CAPÍTULO V
CAMPOS RECURRENTES DE LA PASTORAL PENTECOSTAL (I PARTE)

Lección 11. Pastoral integral de la salud

§ Ministración de la salud física

De acuerdo con la *Organización Mundial de la Salud* (OMS), la salud es el estado de completo bienestar bio-psíquico-social y son sus prerrequisitos: la paz, la educación, la vivienda, la alimentación, la renta, un ecosistema estable, la justicia social y la equidad. La enfermedad, según la OMS no se da por oposición a la falta de salud. La enfermedad es un problema integral y dinámico, donde el enfermo se presenta como un complejo indisoluble bio-psicosocial. También se conoce como Patología: —del griego, (πάθος, pathos) sufrimiento o daño y (λογία, logía) estudio. Es la parte de la medicina encargada del estudio de las enfermedades en su más amplio sentido, es decir, como procesos o estados anormales de causas conocidas o desconocidas. La patología es la ciencia que estudia la naturaleza de la enfermedad y sus causas, procesos, evolución y consecuencias.

> *La salud es el estado de completo bienestar bio-psíquico-social y son sus prerrequisitos: la paz, la educación, la vivienda, la alimentación, la renta, un ecosistema estable, la justicia social y la equidad (OMS)*

La sanidad es el resultado de una obra restauradora de la salud por medios naturales, médicos o espirituales. Un tema recurrente de los pentecostales es la recuperación de la salud física, emocional o psicológica en el poder del Espíritu Santo. Para actuar en favor de la salud, el pentecostalismo analiza y da razones de las causas de las enfermedades.

En la concepción pentecostal, las enfermedades pueden tener también diferentes orígenes y razones, a saber:

1. *Enfermedades causadas por el hombre* (hechicería, o "daño) *con ayuda del Demonio*.
2. *Enfermedades permitidas por Dios* ("pruebas de Dios") *para el crecimiento espiritual del creyente*. Caso típico aquí es el de Job de la Biblia por la que se probó su fidelidad a Dios.
3. *Enfermedades permitidas por Dios* pero reservadas para la manifestación de su gloria de Dios entre los hombres. Es el caso del ciego de nacimiento a quien sanó milagrosamente Jesús, pues de él dijo: *"este no pecó ni sus padres, sino que nació así para que la gloria de Dios se manifieste"* oportunamente),
4. *Enfermedades por causa del pecado o "desobediencia" de los padres a la ley de Dios*. Existe la idea que las consecuencias del pecado se transmiten y por consiguientes los hijos lo heredan, aun hasta la cuarta generación. Estas son consideradas por algunos pentecostales como "maldiciones" y según ellos merecerán un tratamiento diferente a los de un dolor de cabeza, de estómago.
5. *Enfermedades por causa del pecado que son un "castigo de Dios" para escarmiento de los hijos de Dios*. Así son explicadas sobre todo las enfermedades que conducen irreversiblemente a la muerte (cáncer, tuberculosis mal curada, diabetes) y las muertes súbitas, los accidentes terribles, o enfermedades moralmente censuradas (como enfermedades venéreas y SIDA)
6. *Enfermedades por causas naturales*, es decir, por la avanzada edad o envejecimiento.
7. *Enfermedades por causas espirituales* como la locura o demencia por exceso de ayunos sin una previa consagración o por una mala motivación. También por buscar dones espirituales con fines puramente materialistas o egoístas: Caso de Simón el mago, tristemente célebre por el uso de su nombre para la llamada "simonía"
8. *Enfermedades por tomar la santa cena (eucaristía) en pecado*. Muchas enfermedades se atribuyen a esta actitud, interpretando las palabras de San Pablo: "por esta causa muchos duermen", aludiendo a aquellos que "comen el pan o beben la copa del Señor indignamente", y

9. *Enfermedades como instrumentos de conversión.* Enfermedades utilizadas por Dios como medios para llevar a las personas hasta el límite de la vida a fin de que a "acepten a Cristo", es decir, se conviertan al evangelio.

De acuerdo como sea el diagnostico, o el discernimiento de lo que causó la enfermedad, el creyente pentecostal buscará el remedio para la enfermedad. La recuperación de la salud física se puede dar, dependiendo de la fe o la comprensión y aceptación sencilla del poder de Dios, de dos maneras. Si el enfermo o el orante no tienen la suficiente fe para recibir sanidad (ministros de sanidad), se envía a los enfermos al médico, pero se les acompaña en oración. En otros casos, el enfermo, asume un riesgo de fe, al buscar la sanidad de manera milagrosa por medios espirituales.

Se han dado casos donde se ha buscado la recuperación de la salud por medios espirituales (con ayuno y oración), hasta el tiempo (breve o largo) que el enfermo reciba su sanidad. Incluso se han dado casos de muerte de enfermos, por la negligencia de no visitar un médico o por falta de fe.

Si la enfermedad ha sido causada por un hechicero, o por otras causas espirituales, entonces no sólo se ora por el enfermo imponiéndole las manos, como enseña la Biblia, sino que se reprende a los demonios y se entabla una guerra espiritual para vencer a las entidades demoníacas que causaron la enfermedad.

Si se trata de traumas adquiridos durante la infancia, lo que procede es una obra de sanidad interior, buscando —por el espíritu— regresar hasta el momento en la historia personal en el que se originó el trauma. Una vez hallado el punto de origen, se vuelve al presente y se administra sanidad interior. Se le pide al paciente o víctima que perdone al ofensor, para que el que ha sufrido una vejación pueda ser restaurado. En algunos casos, la operación de sanidad interior asume el perfil de una hipnosis, al menos en su estructura, para luego sacar al paciente de su postración.

En resumidas cuentas, la enfermedad es un medio para varias cosas. Para demostrar el poder o la gloria de Dios; para atraer a los inconversos a Cristo; para castigar a los hijos que se portan mal.

Pero cualquiera sea los resultados, sane el enfermo o no, los ministros siempre tienen una explicación que es favorable a sus creencias. En otras palabras, el hombre religioso o espiritual —y este es el caso de los pentecostales-- siempre tiene una explicación que satisfaga las exigencias de su fe. Si el enfermo sana, entonces ha sido Dios quien en su misericordia lo ha hecho. Si no sana, entonces el hombre o las raíces de maldad humana, son los que se interponen. ¡No ha sido la voluntad de Dios! No obstante, por lo general los hombres o mujeres de fe, nunca preguntan si es o no la voluntad de Dios que un enfermo sane. Simplemente obran en fe, con mentalidad de ganadores.

De acuerdo con la comprensión del origen de la enfermedad, el pentecostal busca una operación de sanidad física, mental o psicológica o espiritual, según sea el origen. Los cristianos creemos que puede lograrse una salud integral y que ella es fruto de la obra de salvación en Cristo. Cualquier cristiano, por más nuevo que sea en la fe, si cree, puede ser usado por Dios para operar en los dones de sanidades.

El pentecostalismo no comparte la idea cesacionista según la cual los dones, entre ellos, los dones de sanidades, cesaron en el primer siglo de la era cristiana. Los pentecostales creen en la continuidad de los carismas y que éstos solo cesarán cuando Cristo vuelva por segunda vez.

Según la Comisión Médica Cristiana, "la salud integral es un estado dinámico de bienestar del individuo y de la sociedad: un bienestar físico, mental, espiritual, económico, político y social; un estado de armonía con los demás, con el medio ambiente físico y con Dios". También en esa búsqueda de comprensión de la salud integral, el CINEP (Centro de Investigación y Educación Popular), de Colombia, señala que,

> Al reconocer que la mayoría de las enfermedades son manifestación concreta de las condiciones de vida, es obvio plantear que el mejoramiento de la salud es más un problema social que un problema médico; por lo tanto, es necesario incrementar las acciones preventivas a nivel socioeconómico, político y cultural, de forma que incidan en las condiciones de vida[140].

§ *Ministración de la salud emocional*

Queda muy claro que, en el programa mesiánico de Jesús, señalado por

---

[140] Marshall, Teresa *De prácticas y caminos, Salud Popular en América Latina*, CEAAL, 1989.

Isaías 61 y Lucas 4, una de las tareas indiscutibles de la misión es "sanar a los quebrantados de corazón". La salud emocional del cuerpo de Cristo es sumamente importante. No basta con sanar enfermedades físicas y dejar de lado el aspecto emocional, tanto del enfermo cuanto de los familiares que lo rodean.

Se le ha criticado a los pentecostales el ser emocionalistas, aduciendo que la emoción sin su correlato bíblico "objetivo" es mala. Todos sabemos que se trata de una crítica proveniente del racionalismo que campeó los 3 últimos siglos y que tuvo un influjo muy fuerte en la teología alemana.

§ Ministración de la salud mental

Un alarmante artículo publicado por la revista evangélica protestante digital[141], de España, llamaba la atención el año 2013 sobre la alarmante cantidad de suicidios (especialmente en México) debido a un mal diagnóstico entre los evangélicos, quienes, basado en una serie de mitos, atribuyen todas las enfermedades mentales al Demonio. Muchos evangélicos son reticentes a buscar apoyo profesional porque piensan que una ayuda psicológica o psiquiátrica es un mal testimonio, pues muestra una falta de fe o un desorden en la vida social del creyente.

Según el mencionado artículo sólo en México por lo menos una quinta parte de la población padece, en el curso de su vida, de algún trastorno mental. La Secretaría de Salud del país americano, reportaba que cuatro millones de adultos presentan depresión, medio millón padece esquizofrenia, un millón de personas tienen epilepsia y la demencia la padece el diez por ciento de los mayores de 65 años. Además, en una tendencia creciente de estos padecimientos, en los próximos diez años la demanda de servicios de salud mental en México constituirá una de las principales presiones para el sistema de salud[142].

---

[141] Arnáiz, Nuria G. "*Sanar la enfermedad mental no sólo una cuestión de fe*", Editado por: Protestante Digital 2013 http://protestantedigital.com/sociedad/29582/Sanar_la_enfermedad_mental_no_solo_una_cuestion_de_fe.
[142] Secretaria de Salud. Programa de Acción: Salud Mental, citado por Arnáiz, Nuria G. en *op. cit.*

El índice de suicidios se está convirtiendo en otro de los problemas de salud pública crecientes del país. De acuerdo a las cifras presentadas por diversos informes, en 1970, el índice para el grupo entre 15 y 24 años fue de 1.9 por 100.000 habitantes, en 1997 llegó al 5.9%, un incremento del 212%. En el año de 2007, se registraron 4,380 muertes por esta causa (4.15 por 100,000 habitantes) y en el 2010, ocurrieron un total de 5,012 suicidios. Con base en estas cifras, el suicidio se encuentra entre las 5 principales causas de muerte entre personas de hasta 34 años y en la tercera, en la población comprendida entre los 15 y 24 años[143].

Basados en la interpretación doctrinal teológica, en donde se deposita el poder y responsabilidad en el creyente a través sólo de su fe (la cual queda "cuestionada" cuando busca alternativas fuera de ella) aquellas personas con trastornos derivados de desórdenes biológicos y psicológicos quedan sin ayuda oportuna. La Dra. Corral –citada en ese artículo-- agrega que, "en el caso de la depresión, por ejemplo, las causas pueden ser desde dificultades en la circunstancia de vida hasta deficiencias de sustancias fisiológicas (depresión endógena). En muchas ocasiones, el creyente, por temor a ser juzgado como falto de fe, oculta su padecimiento a su comunidad y se pone en riesgo de un desenlace mortal"[144].

"Padecimientos como esquizofrenia o bipolaridad, antes de ser diagnosticados psiquiátricamente, muchas veces son clasificados como *posesiones* y el afectado es sujeto a lo que se conoce como liberación, cuando debería ser primero evaluado y diagnosticado por un profesional de la salud", comenta la psicóloga Corral[145].

Respondiendo al mito que estos tipos de padecimientos tienen un origen demoníaco, la socióloga Sally Isáis, directora de MILAMEX y misionera de la Misión Latinoamericana (LAM), asegura que, frente a ese hecho, "es

---

[143] Mora, Medina Ma. Elena y Villatoro, Jorge. *La epidemiología de la salud mental en México*. International Association for Suicide Prevention (IASP). World Suicide Prevention, Suicide Prevention the Globe: Strengthening Factors and Instilling Hope, en: http://iasp.info/wspd/pdf/2012_wspd_brochure.pdf, julio de 2012.
[144] Ibíd.
[145] ibíd.

importante orar, ir al médico y discernir si el problema es físico, neurofisiológico, genético, emocional o espiritual. En la mayoría de los casos la línea causal es multifactorial, luego entonces, su resolución implicará un trabajo interdisciplinario, incluyendo la parte médica, psicológica, psiquiátrica y pastoral"[146].

Para nuestra información el Manual Diagnóstico y Estadístico de los Trastornos Mentales (en inglés *Diagnostic and Statistical Manual of Mental Disorders*, DSM-V[147]) de la Asociación Psiquiátrica de los Estados Unidos (American Psychiatric Association, APA) contiene una clasificación de los trastornos mentales y proporciona descripciones claras de las categorías diagnósticas, con el fin de que los clínicos y los investigadores de las ciencias de la salud puedan diagnosticar, estudiar e intercambiar información y tratar los distintos trastornos mentales.

Según DSM-V, los delirios son "ideas y creencias o conjunto de ideas que cumplen las siguientes características: son falsas, imposibles de rebatir usando la lógica y que aparecen de forma patológica (a diferencia de las creencias ancestrales o las religiosas que se establecen influidas por la cultura o la tradición social)".

Los indicadores de Delirio son los siguientes: 1) El paciente expresa una idea o una creencia con una persistencia o fuerza inusual; 2) Esa idea parece ejercer una influencia excesiva y su vida se altera habitualmente hasta extremos inexplicables; 3) A pesar de su convicción profunda, habitualmente hay un cierto secretismo o sospecha cuando el paciente es preguntado sobre el tema; 4) El individuo tiende a estar sin humor e hipersensible, especialmente respecto a su creencia; 5) Tiene un carácter de centralidad: independientemente de lo improbable que sean las cosas que le ocurren, el paciente lo acepta sin casi cuestionárselo; 6) Si se intenta contradecir su creencia es probable que levante una fuerte reacción emocional, a menudo con irritabilidad y hostilidad; 7) La creencia es, cuando menos, improbable; 8) La idea delirante ocupa una gran parte del tiempo del paciente y abruma otros elementos de su psique; 9) El delirio, si se exterioriza, a menudo conduce a comportamientos anormales y fuera de lugar, aunque quizás comprensibles conocidas las creencias delirantes.

---

[146] Ibíd.
[147] Cf. "Delirios" en DSM-V, *Diagnostic and Statistical Manual of Mental Disorders. Fifth Edition*, DSM-5tm Washington, DC- London, England: American Psychiatric Publishing, 2013: 591, 596-602.

Hay varios tipos de Delirio: (1) *Tipo erotomaníaco* (ver erotomanía): delirio de que otra persona, normalmente de un estatus superior, está enamorado del individuo (2) *Tipo de grandiosidad*: delirio de que el individuo tiene un talento extraordinario, poder, conocimiento, o una relación especial con una deidad o una persona famosa (3) *Tipo celotípico*: delirio de que el compañero sexual del individuo le está siendo infiel (4) *Tipo persecutorio*: delirio de que la persona (o alguien cercano) está siendo tratado con mala intención: espiado, envenenado, perseguido, etc. (5) *Tipo somático*: delirio de que la persona tiene algún defecto físico o alguna enfermedad, olores fuertes, parásitos, etc. (6) También se puede dar un diagnóstico del '*tipo mixto*' o del '*tipo no especificado*' si el delirio no pertenece a ninguna de estas categorías. Tal vez en este último caben los delirios religiosos como el mesianismo de algunos líderes y algunas de las patologías religiosas como veremos más adelante.

§ *Ministración de la salud espiritual: sanidad interior y liberación de endemoniados*

La realidad de la salud en América Latina

MAP Internacional, organización cristiana que trabaja desde 1978 en el área de la salud integral en América Latina, convocó a un taller en Siguatepeque, Honduras (5 al 7 de octubre de 1990), con el tema: "Salud Integral e Iglesia en Centroamérica"[148]. De los aportes de 25 personas de varias denominaciones, relacionadas con proyectos de salud, surgen varias pistas que permiten entender mejor el concepto de salud integral. El informe del taller enumera algunos componentes que deberían ser considerados por los proyectos de salud integral:

1. La salud debe ser el centro. Un programa que tiene la salud como enfoque principal debe buscar resolver los factores fundamentales que afectan al

---

[148] Salud integral e iglesia en América Latina EQUIPO REGIONAL MAP INTERNACIONAL, descargado el (10 julio 2014) de: http://www.kairos.org.ar/index.php?option=com_content&view=article&id=1194&catid=90%3Aarticulos-de-la-revista-iglesia-y-mision&Itemid=156.

problema (incluido lo biomédico, inmediato), sin olvidar que existen factores indirectos que afectan, tanto o más que los primeros, la salud.

2. Dimensión curativa. Frente a cualquier problema de salud es preciso resolver la necesidad inmediata del problema, casi siempre relacionada con lo biomédico.

3. Dimensión preventiva. La prevención de la "enfermedad" va más allá de la eliminación de los riesgos causales. Consiste también en promover la calidad de vida y promocionar hábitos y conocimientos individuales y comunitarios que promueven una vida sana.

4. Objetivos claros de corto, mediano y largo plazo. El proyecto debe considerar primero las necesidades y acciones inmediatas y luego prever y planificar las acciones a mediano y largo plazo, para lograr dar un seguimiento más realista al proyecto de salud integral.

5. Dimensión espiritual. En forma directa, en los programas de salud integral, la dimensión espiritual está relacionada con la vivencia y proclamación de valores de dignificación de la vida, que adquieren una dimensión trascendental en la relación con Dios y con el prójimo. Indirectamente, la necesidad de involucrar a la comunidad eclesial en los problemas concretos de salud como agente de servicio, provoca una apertura al diálogo y al compromiso solidario de la iglesia con los demás.

6. Análisis de causas y consecuencias. La reflexión del porqué de los problemas de salud invita a tomar acciones concretas, integradas al proyecto de salud integral.

7. Dimensión socio cultural. Motiva la reflexión y toma de acciones sobre las actitudes y comportamientos culturales, positivos y negativos, que afectan a la salud.

8. Dimensión socio-poética. La salud integral reconoce que los problemas de salud no están limitados a lo familiar o local, sino también a lo regional, nacional e internacional. Acciones como la divulgación y la denuncia pública de esas injusticias deben ser parte de un proceso organizado más amplio, junto con otros movimientos, en pro de la salud integral.

9. Dimensión socio-histórica. Uno de los aportes más importantes de la educación popular en América Latina ha sido la necesidad de la recuperación y el nuevo descubrimiento de la historia. ¿Cómo está enfocada la dimensión socio-histórica en un proyecto de salud integral?

10. Salud como fin en sí, no como medio para alcanzar otros objetivos. La salud integral es buena en sí misma. Como cristianos creemos que el estado de salud integral es un reflejo de nuestro Creador. Algunas veces, los programas de salud son utilizados como medios para el proselitismo y no como una acción solidaria para con todos.

11. Compromiso con valores. Un programa de salud integral debe guardar coherencia con los valores y estilo de vida de los agentes externos que acompañan el proceso. La revisión y el análisis, a la luz del Evangelio, de las motivaciones del compromiso, de actitudes, de comportamientos y presuposiciones, etc., deben ser una tarea constante.

El informe añade otros factores que deben considerarse: la *realidad* (local, zonal, nacional, internacional); las *culturas* de los grupos humanos en los cuales se trabaja o se implementa el proyecto; la *participación*, en la toma de decisiones y el ejercicio del poder (¿la comunidad, los agentes externos, los que financian el proyecto?); la *dimensión educativa* y la *capacitación*; las *formas propias de organización* que permitirán la dimensión educativa internalización y apropiación de la responsabilidad del proyecto.

Me he permitido citar *in extenso* los resultados de esa consulta internacional, porque lo considero equilibrado.

Sobre sanidad divina y liberación de endemoniados.

Variadas son las actitudes de las iglesias frente a las realidades espirituales, especialmente aquellas que son conocidas por la apreciación religiosa como "casos de posesión demoníaca" a los que la ciencia médica moderna cataloga por lo general como enfermedades mentales. Sin duda, ante tales experiencias no se tiene una, sino muchas "explicaciones".

Los métodos aplicados a la recuperación de la salud de tales personas, obedecen a diversas interpretaciones sobre las causas que lo originaron. Según sea la disciplina que cultiven o la cosmovisión de la que participen, es decir, esto es según la forma peculiar de ver el mundo y de entender la realidad, será su diagnóstico. Si se le atribuyen a la realidad del mal, causas espirituales, vale decir demoníacas, es natural que el método para la recuperación de la salud o estado de equilibrio del "enfermo" sea a través de mecanismos espirituales como la confrontación o la expulsión de esos demonios.

En la experiencia conocida como "guerra espiritual" se refleja tanto una cosmovisión religiosa de la vida como una teoría implícita sobre la interpretación, conocimiento o manipulación de esas "realidades sobrenaturales" conocidas como demoníacas. Por lo general se ha dicho que su aceptación o su rechazo, obedecen a un desencuentro de cosmovisiones, ya sea entre la cosmovisión bíblica y la del hombre moderno, o entre las diferentes y muy complejas cosmovisiones que coexisten en una civilización como la nuestra. La cosmovisión es el concepto personal o colectivo de la realidad que tiene una persona o un grupo de personas. Entre los cristianos está ampliamente aceptado que hay una realidad percibida de dos maneras: La realidad tal y como Dios la ha creado y la ve, y la realidad como la perciben, los humanos como seres finitos e imperfectos.

Charles Kraft dice que los seres humanos "vemos el mundo (tanto físico como en sus otros aspectos) como se nos ha enseñado a verlo. El asumir que nuestra forma de ver el mundo es correcta forma parte de nuestra cosmovisión (…) Los que pertenecen a las naciones occidentales suponen que su percepción de la realidad equivale a la realidad absoluta misma. Ese es el problema de cosmovisión"[149].

El tema de la salud espiritual en el pentecostalismo va de la mano con el de la misión, entendido esta última como la predicación del *evangelio completo*: salvación, sanidad y liberación de endemoniados.

En el movimiento de la Calle Azusa salvación y sanidad van de la mano. Así lo manifiesta el Historiador Cecil M. Robeck de las Asambleas de Dios de los EE.UU.

> El profundo compromiso de la Misión con la sanidad divina también concordaba con la enseñanza del Movimiento de Santidad. Hallaba sus raíces en la enseñanza de Santidad que decía que la Expiación proveía una doble curación (salvación/sanidad para el alma y el cuerpo) para la doble maldición (muerte del cuerpo y del alma). Vocabulario como "pentecostal", "evangelio completo", y "lleno del Espíritu", tan prevalente en La Fe Apostólica, fue usado por primera vez por el Movimiento de la Santidad. Uno puede encontrar algunos de los mismos términos en los anuncios que

---

[149] Kraft, Charles. *Christianity with Power: Your World View and Your Experience With the Supernatural* Vine Books, Ann Arbor, MI, 1989, pp. 23–24.

hacían publicidad a la Escuela Bíblica de Dios a la que Seymour había asistido[150].

Si hay algún calificativo para la experiencia con Jesús entre los pentecostales es el de la *experiencia de filiación* que he descrito más ampliamente en otro libro[151]. Según la visión descrita allí, Jesucristo es en el pentecostalismo: "el *hermano* que camina junto a mí", el que vivió en la pobreza, el que intercede por nosotros, el que ha padecido como nosotros, pero ahora es poderoso y glorioso redentor. Representado en Jesús, radica un *sentimiento de filiación*, de familiaridad, de con genialidad, que se expresa en la vida personal en un sentimiento de libertad "de toda atadura". El pentecostal canta: *"Dios es mi Padre, Cristo es mi hermano, el Espíritu Santo es mi guía: Soy nueva criatura, no tengo atadura, yo soy de la familia celestial"*.

De ese modo expresa su nueva identidad (religiosa) como proyectándola al "mundo de arriba" (*Hanaq Pacha*, en quechua) o, mejor, como vista "desde arriba", pues así la legitima, ya que, en esta sociedad latinoamericana de clase y etnia, el pobre, que es también pentecostal, es el ausente de la historia y el que muchas veces abandona a Dios porque no lo puede sufrir.

Será bueno destacar el papel de "mediador" que los pentecostales reconocen en Jesús, pues, lo expresan según Pablo y Lucas: "*Hay un solo Dios y un solo mediador entre Dios y los hombres, Jesucristo hombre*" (1 Tim 2.5) y "*en ningún otro hay salvación; porque no hay otro nombre bajo el cielo, dado a los hombres, en que podamos ser salvos*" (Hechos 4.12).

Esa visión paulina y lucana de Jesús fue el "caballito de batalla" del pentecostalismo latinoamericano en su oposición al pretendido culto a los santos del catolicismo popular y al clericalismo que interpone un sistema de control en la producción de lo sagrado. Pero más allá de ese hecho histórico, está el otro, el de la plena identificación con Jesús, como una forma de significar su acceso directo a Dios en el que ya no sea necesario la intermediación del sacerdote católico y en el que, además, se recupere en la

---

[150] Robeck, Jr., Cecil M. *Calle Azusa: 100 años después*. En: http://es.calameo.com/read/00025451143c9081333ac.
[151] Véase mi libro Campos, Bernardo. *Experiencia del Espíritu. Claves para una interpretación del pentecostalismo*. Quito, Ecuador: Ediciones CLAI, 2002.

del *sacerdote popular* la posición del desplazado especialista religioso del sistema religioso anterior.

Quizá convenga recordar que en el inconsciente colectivo del pueblo latinoamericano permanece, sedimentado, el recuerdo que los "indios" identificaron (en el mismo orden de realidades sagradas) a la Virgen María y a Jesucristo como "huacas cristianas"[152]. Me parece que en la oposición pentecostal a la reverencia a los santos hay que ver no tanto un problema (teológico) de idolatría, cuanto uno (cultural) de identidad que habla más bien de la necesidad de ser un productor directo de su mundo religioso.

Por otra parte, en la vida presente, en esta historia, Jesús el Mediador, no es vivido fundamentalmente como el "mesías". Su función mesiánica (no su título) está como proyectada hasta el estado milenial futuro. Jesús el mesías, en la visión de los pentecostalismos, es el "mesías que retorna", aquel ha de venir. Jesús, es sobre todo, sanador, amigo, maestro, hermano, Señor, salvador, etc, pero en el sentido que subraya más la filiación que la función.

No es que los pentecostales crean que hay una oposición entre la función mediadora y la función real (regia) de Jesús. Es más bien una cuestión de énfasis que hay que interpretar. En todo caso, esa mesianidad habría que designarla del énfasis pentecostal en la sanidad del cuerpo, los milagros, como señales del Reino por venir; como una necesaria "confirmación" divina (mediante señales extra ordinarias) que deben acompañar a la misión, según como lo lee en la Biblia (Mr 16.20; Heb 2.34).

Se trataría, entonces, de una acción simbólica colectiva en la que la recuperación de la salud anticipa el estado futuro de la Santa ciudad en la que "*el árbol de la vida es para la sanidad de las naciones*" (Ap 22) y que coincide, por lo demás, con la misma idea bastante difundida en América del Sur entre

---

[152] Un texto catequético de 1585 (Tercero Catecismo y exposición de la doctrina cristiana por sermones del III Concilio Limense) decía: "Más me diréis, padre, ¿cómo nos decís que no adoremos ídolos, ni guacas? ¿pues los christianos no adoran las imágenes que están pintadas, y hechas de palo de metal, y las besan, y se hincan de rodillas delante de ellas? ¿estas no son guacas también como las nuestras? Hijos míos, muy diferente cosa es lo que hacen los christianos, y lo que haceis vosotros...". Citado según Marzal, Manuel. *La Transformación Religiosa Peruana*. Lima, Perú: PUCP Fondo Editorial, 1983: 203 (subrayado nuestro).

los pueblos agricultores, según relata Mircea Eliade[153]. "*Jesús el mediador, es mi hermano Mayor que me sana como símbolo de mi purificación que asegura mi entrada en la ciudad celeste en la cual tengo acceso directo al árbol de la vida, eternamente*". Así podría resumirse el sentido de la imagen de Jesús, el sanador, entre los pentecostales latinoamericanos.

Siguiendo una fórmula introducida por los misioneros pentecostales norteamericanos y caribeños, los pentecostales sostienen que Jesucristo "*Salva, sana, bautiza y viene otra vez*". No es este el lugar para explicarla, pero debo decir que se trata de una estructura tetrádica o cuádruple que sintetiza, si se quiere, los ejes fundamentales de la teología pentecostal[154]. La estructura tetrádica es la más contemporánea, pero la más antigua era pentádica, pues la idea del Bautismo en el Espíritu Santo aún no había asimilado a la de la santificación. Esa fórmula correspondía a la tradición wesleyana y rezaba así:

"Cristo (1) Justifica por la fe, (2) Santifica, (3) Bautiza, (4) Sana y (5) Viene otra vez"

Es una fórmula cristológica en la que quedan conectadas soteriología, antropología, eclesiología y escatología y que indica, al mismo tiempo, una procesión y un programa que es posible por la acción permanente y *permeadora* del Espíritu Santo

---

[153] Mircea Eliade ha señalado la relación que existe entre las plantas y los mitos de origen así como la relación que existe entre la cruz y el árbol de la vida. Cf. Eliade, Mircea *Tratado de Historia de las Religiones: Morfología y dialéctica de lo Sagrado*. Madrid: Cristiandad, 1980:328ss, y Eliade, Mircea *Historia de las Creencias y de las Ideas religiosas*. 2 Vols. Madrid: Cristiandad, 1979: I:53ss y II: 388ss.

[154] Un estudio detallado de la asimilación de la doctrina de la santificación a la del Bautismo en el Espíritu Santo, puede verse en Dayton, Donald W. *Theological Roots of pentecostalism*. vide. Chap. IV. Grand Rapids, Francis Asbury Press of Zondervan Publishing House, 1987:87113. (Hay traducción castellana). Dayton, Donald *Raíces Teológicas del Pentecostalismo*. Buenos Aires (Ed. Nueva Creación)-Grand Rapids y William B. Eerdmans Publishing Company, 1991.

```
            / Salva (soteriología)................de este  \
           / Sana  (antropología)...................en este \  |
CRISTO                                                              MUNDO (PECADO)
           \ Bautiza con poder (eclesiología) contra el /
           \ Viene otra vez (escatología)...por este    /
```

Por ser así, Dios manifestado en Cristo y presente por su Espíritu, salva al pecador de los poderes de este mundo malo, lo restaura en su vida física como signo de una liberación del mal (en la cosmovisión pentecostal, estar enfermo es signo de estar en pecado, aunque no en todos los casos), luego este debe buscar ser santificado o bautizado por el Santo Espíritu, recibir poder para la evangelización y mantenerse fiel hasta que Jesucristo vuelva para instaurar mil años de paz.

Para los pentecostales el ministerio de liberación es importante por, al menos, nueve razones, según menciona el Dr. Eugenio Ramírez[155]:

- Reconoce la autoridad y veracidad de la Palabra de Dios (Mateo 8:16-17).
- Evoca la caída de Satanás y su reino (Lucas 10:17-18).
- Enfatiza el establecimiento del Reino de Dios en la tierra (Mateo 12:22,28).
- Ayuda al cumplimiento de la Gran Comisión (Mateo 16:15).
- Demuestra el poder del Nombre de Jesús (Marcos 16:17).
- Da continuidad al ministerio de Jesucristo (Hechos 1:1; Juan 14:12).
- Aplica los beneficios de la obra de Cristo en la cruz (Gálatas 1:4; Colosenses 2:15).
- Restaura el cristianismo del primer siglo a la iglesia de hoy (Hechos 3:21).
- Activa la unción del Espíritu Santo y sus dones (Hechos 10:38).

---

[155] Ramírez, Eugenio. *Verdades y Mentiras sobre la Guerra Espiritual*. Chile: Ediciones Vida Nueva, 2009:54ss.

Lección 12. Pastoral de los avivamientos

§ Identidad y búsqueda y de los avivamientos

Para este apartado, nos concentraremos en dos aspectos medulares de la discusión. El problema de las definiciones y el marco teórico para la formulación de una pastoral de los avivamientos. No solo hay que buscar los avivamientos, sino muy especialmente saber administrarlos.

Avivamiento

El término avivar, hace referencia a que una cosa sea más viva o más animada, generalmente aumentando su intensidad: por ejemplo, avivar el fuego con viento fuerte y la condición no es la frialdad; avivar el ingenio con la investigación; avivar el recuerdo con nuevas experiencias; avivar la marcha mirando hacia delante, el provenir de un mundo nuevo o mirando al invisible; avivar los colores, superando el dualismo del blanco y negro. Avivar es también hacer que una discusión sea más acalorada o intensa, como cuando se dice: las últimas noticias han avivado la controversia. Y hoy, la realidad de América Latina alimenta el deseo profundo de un avivamiento por el soplo amoroso del Espíritu de Dios.

La palabra avivamiento, viene del inglés revival y es un término que describe un proceso de despertar religioso en un determinado lugar. Según el teólogo Henry Blackaby, es por eso mismo, una acción iniciada por Dios en la que los creyentes oran, se arrepienten de sus pecados, y vuelven a una relación santa, llena del Espíritu, obediente y amorosa con Dios[156].

Por eso mismo hay que evitar utilizar el término "avivamiento" para referirse a una reunión evangelística o una serie de reuniones de ese tipo. Aunque elementos tales como las conversiones en masa de no creyentes y la percepción de efectos beneficiosos en el clima moral de una cultura determinada puedan estar involucrados, los avivamientos son vistos por muchos cristianos como la restauración de las iglesias en sí a una relación vital y ferviente con Dios, después de un período de decadencia.

---

[156] Blackaby, Henry. *Fresh Encounter*. B&H Publishing: Nashville, 2009. pp. 15.

> *Cuando se dan los avivamientos, se producen transformaciones profundas cuyos efectos se pueden y deben percibir en la vida humana global.*

No obstante, creemos que el avivamiento va más allá de un mero cambio de clima moral y el período de decadencia no puede ser la condición necesaria para un avivamiento. Un avivamiento verdadero es el soplo del Espíritu sobre pequeñas brazas encendidas, fruto de remanentes de oración, incendiando un bosque tan grande que nunca hombre alguno, institución o fuerza extrahumana, podrá apagar por siglos. Cuando se dan los avivamientos se producen transformaciones profundas cuyos efectos se pueden y deben percibir en la vida humana global.

Reforma

Formalmente reforma puede referirse, en general, a una propuesta, un proyecto o la efectiva realización de una innovación o mejora en cualquier ámbito de la vida. En este sentido la Reforma Católica es el nombre que se da a la revolución religiosa que se desarrolló en el ámbito del catolicismo en Europa del siglo XVI a favor de la misma iglesia católica. Sus promotores proclamaron la "vuelta al cristianismo primitivo", la libre lectura e interpretación de la Biblia, la no obediencia al Papado, la crítica al comportamiento que gran parte del Clero tenía para la época (Simonía e indulgencias) y, finalmente, el cambio de dogmas o creencias por la fe que se seguían en aquel Siglo. En tal sentido, la reforma protestante yo la veo como el fruto de movimientos de espiritualidad como el anabaptista, los alumbrados y los círculos de oración de los reformadores radicales quienes, a diferencia de Lutero y Calvino, apelaban a la dirección del Espíritu con la clara intención de lograr reformas sociales más allá de los linderos de la Iglesia[157].

Restauración

Restauración, en cambio, alude a la reparación de algo, como podría ser una obra de arte o un objeto antiguo que está dañado o deteriorado[158]. Es

---

[157] En mi libro *De la Reforma Protestante a la Pentecostalidad de la Iglesia*. Quito, Ecuador: Ediciones CLAI, 1977, me he referido ampliamente a esta diferenciación.
[158] *Diccionario Manual de la Lengua Española Vox*. © 2007 Larousse Editorial, S.L.

la acción de volver a poner una cosa en el estado que antes tenía. El restablecimiento en un país del régimen político que existía y que había sido sustituido por otro. Así por ejemplo se habla de "restauración de la democracia después de un régimen de facto". El Dr. Denis Arana, del Perú, habla por ejemplo de la "Restauración Apostólica" para referirse a la recuperación de los carismas ministeriales olvidados por las iglesias evangélicas, el profético y el apostólico[159]. Es la oración de Daniel el profeta que dice:

Y ahora, Dios nuestro, escucha la oración de tu siervo y sus súplicas y haz resplandecer tu rostro sobre tu santuario desolado, por amor de ti mismo, oh Señor. Inclina tu oído, Dios mío y escucha. Abre tus ojos y mira nuestras desolaciones y la ciudad sobre la cual se invoca tu nombre; pues no es por nuestros propios méritos que presentamos nuestras súplicas delante de ti, sino por tu gran compasión Daniel 9:17-18.

Y precisamente hay todo un período de la historia de Israel conocido como el período de la restauración que implicó la restauración completa de la religión israelita, la reconstrucción del Templo y la búsqueda permanente del arca perdida, así como la promesa de la reconstrucción futura del tabernáculo de David.

En otro libro y en diálogo con el Dr. Denis, he preferido nombrar esta experiencia como *"instauración"* en lugar de restauración de lo apostólico profético, porque esos carismas nunca murieron, sino que iglesias de misión anti pentecostales las rechazaron. Los pentecostales siempre los consideramos vigentes, de modo que no restauramos nada, sino que los avivamos ahora de un modo diferente.

Renovación

Renovación es otro término que podría ser útil a la hora de describir un avivamiento como el que ocurrió en la Iglesia Católica por los años 60. La Renovación Carismática Católica o Movimiento Carismático Católico es un movimiento espiritual presente usualmente (pero no solamente) bajo la estructura de un movimiento apostólico o movimiento organizado, que proviene históricamente del movimiento neo pentecostal protestante, en el marco del clima de apertura del Concilio Vaticano II. Al menos así fue

---

[159] Arana, Denis Heidel. *La Restauración Apostólica. La jugada Final*. Lima, Perú: Ministerios Comunidad Apostólica Templo Sion CATSION, 2005: pasim.

acogido en el catolicismo por ser una experiencia original y esencialmente católica[160].

Las experiencias pentecostales llegaron primero a las Iglesias protestantes históricas (como la anglicana o luterana). La expresión renovación carismática proviene del ministro luterano Harold Bredesen quien, en 1962, comenzó a emplear el término «carismático» para describir lo que estaba pasando en las Iglesias protestantes históricas, las más tradicionales. Confrontado con el término «neopentecostal», habló de una «renovación carismática» en las Iglesias históricas, según informa el Padre Peter Hocken[161] con quien tuve el privilegio de compartir un congreso en Brighton Inglaterra hace algunos años. Fue una fiesta del Espíritu en la que danzamos juntos pastores protestantes, laicos católicos, religiosos y religiosas, sacerdotes y monjas de hábito. Todos estábamos motivados por un espíritu de unidad que sólo el Espíritu de Dios puede lograr. Un verdadero Ecumenismo del Espíritu[162].

En ese sentido, sería más preciso hablar de «renovación carismática» en la Iglesia católica, anglicana, luterana, etc. Tal es el nombre, por ejemplo, de la renovación carismática de los católicos alemanes: *Charismatische Erneuerung in der Katholischen Kirche* [163].

Aunque inspirado en la experiencia del pentecostalismo, el movimiento carismático católico no busca romper con la tradición, dogmas y estructuras organizativas del catolicismo, sino que, al contrario, intenta contribuir a revitalizarlos. Por ello, si el carismatismo es dinámico e innovador en su concepción de la práctica religiosa, es, por otra parte, conservador en el plano dogmático por mantenerse dentro de la estructura católica.

---

[160] O'Connor, Edward Dennis. *The pentecostal movement in the Catholic Church*. (7a. edición). Notre Dame, Indiana: Ave Maria Press, 1974.
[161] Hocken, Peter. *Streams of Renewal: The Origins and Early Development of the Charismatic Movement in Great Britain* (Exeter; Paternoster, 1986): 184.
[162] Cf. Orellana, Luis y Campos, Bernardo (editores) *Ecumenismo del Espíritu: Pentecostalismo, Unidad y Misión*. Foro Pentecostal Latinoamericano-Foro Cristiano Mundial. Lima-Perú: 2012.
[163] Véase: http://www.erneuerung.de/.

Pentecostalidad

> *La Pentecostalidad es una notae o característica de toda iglesia cristiana.*

Otro término que creo puede ser útil para describir un avivamiento más allá de los confesionalismos, es el de *pentecostalidad*. Se trata de un nombre genérico que yo acuñé en 1997 con valor inclusivo que refiere, a la experiencia universal de los cristianos con el Espíritu Santo, a partir de la analogía o en extensión de la experiencia cristiana de Pentecostés, cuando se formó la iglesia del Nuevo Testamento. En ese sentido la Pentecostalidad es una *notae* o característica de toda iglesia cristiana.

El pentecostalismo moderno es un movimiento histórico nacido a principios del siglo XX y compuesto en la actualidad por muchas iglesias, instituciones y énfasis teológicos, pero con una espiritualidad más o menos en común que se identifica voluntariamente con la iglesia del siglo I. Caracterizado por una multiplicidad de manifestaciones carismáticas (lenguas, sanidades, milagros, expulsión de demonios, unciones, caídas, así como una proclamación compulsiva y a veces proselitista del evangelio, etc.), el pentecostalismo más que una iglesia es esencialmente un movimiento del espíritu pero que en el tiempo toma forma congregacional de iglesias, asume formas históricas en congregaciones religiosas bajo el nombre genérico de pentecostalismo, neo-pentecostalismo o lo que yo recientemente he llamado Post pentecostalismo.

> *La Pentecostalidad, valga decirlo, no es exclusiva de los pentecostales, sino y ante todo, una identidad del cristianismo universal*

La Pentecostalidad es inherente a toda iglesia fundada en Jesucristo. Sin ella, sin el Espíritu Santo la iglesia no sería iglesia. Es, para decirlo en términos de la eclesiología, una de las *notae* de la iglesia. Para mí son 5 las notas que caracterizan al cristianismo mundial del siglo XXI: Santidad, unidad, catolicidad[164], apostolicidad y pentecostalidad.

De la misma manera como el movimiento wesleyano fue identificado con el metodismo, la Pentecostalidad lamentablemente se ha identificado con los pentecostalismos, pero se trata en

---

[164] Catolicidad en el sentido de universalidad.

realidad de un movimiento del Espíritu Santo supra confesional y universal. Nadie debe tener la exclusividad. En los Estados Unidos se han identificado principalmente dos olas de avivamientos llamadas Despertares. El primer Gran Despertar ocurrió en la década de 1740 y el segundo de 1800 a 1835[165].

A partir de la investigación de Neil Anderson en su libro *"Ríos de Avivamiento*[166]*"*, señalaremos siete grandes avivamientos en la historia moderna, desde 1700.

1. Primer Gran Avivamiento (1729-1742)

Este se llegó a conocer en 1727 en Alemania y fue la raíz del Avivamiento en Gran Bretaña, así como en E.U; hacía énfasis en predicar el evangelio. En esta época Dios usó a hombres como John Wesley, George Whitefield, Thedore Frelinghuysen, Johanathan Edwards, John Knox, este Avivamiento influyó por casi 5 décadas, los historiadores creen que es el Avivamiento que salvó a Inglaterra de vivir lo que le ocurrió a Francia en la Revolución Francesa.

Aspectos teológicos fundamentales: Predicación del evangelio y pasión por las almas.

2. Segundo Gran Avivamiento (1750- 1791)

Este se extendió por todo el mundo. Empezó en Inglaterra a finales de 1791 y se extendió a Europa. Comenzó con la unción evangelizadora al aire libre en E.U. Ocurrían milagros extraordinarios en todas las reuniones, el poder de Dios era evidente y la gente venía a Jesús por los milagros y el impacto causado a sus corazones.

Aspectos teológicos fundamentales: evangelización al aire libre, milagros extraordinarios, conversiones masivas.

3. Tercer Gran Avivamiento comienzos del siglo XIX (1800)

Fue un Avivamiento poderoso en el derramamiento del Espíritu Santo, en los años 1830 y 1840 en E.U y Europa; Dios se manifestó con gran poder

---

[165] McClymond, Michael. *Embodying the Spirit*. Johns Hopkins University Press: Baltimore, 2004: 2.
[166] Anderson, Neil T. y Towns, Elmer L. *Ríos de Avivamiento*, Editorial Unilit. 1998.

y gloria. El poder de Dios cayó sobre esa generación, pero principalmente avivó a la nueva generación.

Aspectos teológicos fundamentales: Demostraciones de Poder y Gloria de Dios.

4. Cuarto Gran Avivamiento (1850-1900)

En este mover de Dios, se puede ver a grandes hombres de Dios llenos del Espíritu Santo, con manifestaciones poderosas de milagros. Dios usó a siervos como: Jeremiah Canphier, John Alexander Dowie, Evan Roberts, Esteban Jeffrey, María Woodworth Etter.

Aspectos teológicos fundamentales: Llenura del Espíritu Santo y milagros

5. Quinto Gran Avivamiento, Comienzos del siglo XX (1900)

Avivamiento mundial del Espíritu Santo, en Australia y Nueva Zelanda (1902) Gales (1904) Corea (1905) Manchuria (1906) "Avivamiento evangélico más extendido de todos los tiempos" grandes hombres de Dios impactaron al mundo a través de sus ministerios, entre ellos: el Avivamiento de sanidad de Kansas con Charles Fox Parham, y de la Calle de Azusa con William Seymour, otros de poderosa convocatoria como Aime Semple McPherson y Kathryn Kuhlman.

Aspectos teológicos fundamentales: sanidades, superación de la discriminación racial, impacto social del evangelio.

6. Sexto Gran Avivamiento (1950- 1990)

Avivamiento de evangelismo misionero hacia África, Asia y América Latina. Este Avivamiento en los 70' sacudió a la Iglesia en el mundo. Billy Graham fue en este tiempo un hombre influyente.

Aspectos teológicos fundamentales: Misiones mundiales, Campañas masivas de evangelización, Predicación de la palabra a las autoridades políticas.

7. Avivamientos en nuestros días, hacia el 2016

Dios se está moviendo en el mundo con poder y gloria como en la Iglesia de Asambleas de Dios de Browsville y en Pensacola Florida, Estados Unidos, con el pastor John Kilpatrick. Esta última ha sido considerada como una de las iglesias más avivadas del mundo en estos momentos, donde la presencia de Dios es tan fuerte, que 4 millones de personas de todo el mundo ha venido para estar en ese lugar.

En otros lugares del mundo como, Australia, Toronto, Guatemala, Argentina, por citar algunos países, Dios se está moviendo poderosamente. De la misma manera el Espíritu Santo se está moviendo en México y Perú, pero aún tiene mucho más. Apenas está naciendo el Avivamiento y lo que viene será más poderoso.

Dios está usando a grandes líderes y hombres de Dios para llevar el Avivamiento a todo el mundo, entre los más conocidos podemos citar a: Wes Campbell, Alberto Mottesi, David Yonggi Cho, Luis Palau, Carlos Anacondia, Claudio Freidzon, Morris Cerulo, Dante Gebel, John Kilpatrick, Ralph Mahoney, Cindy Jacobs, Victor y Cris Richrads, Neil Anderson, Josué Irión, John Bevere, Benny Hinn, Cash Luna, Joe Rosa, Larry Hill, Sergio Scataglini, entre muchos otros. Mención aparte merece el ministerio de Reinhar Bonnke en el África con conversiones millonarias y extraordinarias manifestaciones del poder de Dios.

Aspectos teológicos fundamentales: Manifestaciones extraordinarias, conversiones multitudinarias y millonarias, uso de todos los medios de comunicación, impacto social del evangelio, conversión de hombres y mujeres públicos.

Por otra parte, frente al movimiento neo apostólico y profético también llamado por Peter Wagner "nueva reforma apostólica" estaríamos ante un nuevo despertar que podría desembocar en el más grande crecimiento de la Iglesia de toda la historia, a juzgar por las cifras de conversiones que superaron todas las estadísticas anteriores. Pese a que el nuevo movimiento debe corregir algunos deslices[167], es sin embargo la nueva cresta de la ola que viene causando un gran impacto al menos dentro de la cristiandad mundial. Este movimiento se propone hacer de todas las naciones, discípulos de Cristo a medida que se aproxima la hora final. Si el actual mover apostólico se para firme para enviar efectivamente hombres y mujeres a las naciones, se convertirá sin duda en uno de los factores avivamentistas más influyentes del presente siglo.

---

[167] Nos referimos especialmente al *preterismo radical* para quien la segunda venida de Cristo ya se efectuó a fines del siglo.

Cabe señalar, para no confundir, que *avivamiento* es también el nombre también de una congregación neo-pentecostal ubicada en Bogotá Colombia, siendo una de las iglesias más numerosas de América Latina. Se trata del Centro Mundial de Avivamiento[168], un ministerio de los pastores Ricardo y Ma. Patricia Rodríguez.

Como se puede apreciar, en cierto sentido restaurar, despertar, avivar, suponen momentos especiales que traen reformas, cambios profundos o transformaciones que van más allá de los cálculos humanos.

Se trata de un **impacto de Dios** sobre la vida de los creyentes que buscan su rostro y que se abre como una onda expansiva envolviendo y arrastrando situaciones diversas, áreas o ámbitos en lo religioso, cultural, social, económico, incluso político. Es precisamente la onda expansiva, los efectos sociales más amplios ligados con lo sagrado en su plena manifestación y manifestaciones (hierofanías[169] y teofanías[170]) lo que se reconoce como avivamiento. Por esa razón, un avivamiento se reconoce sólo en su estado expansivo y no en su estado germinativo o de gestación. No hay un lugar físico único ni necesariamente una línea histórica de continuidad perfectamente perceptible de los orígenes de los avivamientos. Por la historia sabemos que son como pequeñas llamas de fuego que se juntan en el tiempo y en el espacio global y que hacen que, una vez propagado, no sea posible apagar ese fuego hasta por siglos.

El impacto del avivamiento wesleyano del siglo XVIII se puede sentir aun hoy a través de diversos movimientos de espiritualidad. Históricamente, el metodismo se originó en la Gran Bretaña del siglo XVIII y gracias a la vigorosa actividad misionera que desplegó se extendió rápidamente por los dominios del Imperio Británico, los Estados Unidos de América y más allá. El pentecostalismo es una continuidad centenaria y teológica de ese movimiento. Y como sabemos, del siglo XVIII al XXI han pasado cuatro siglos de impacto o irradiación de la onda avivamentista y aun vivimos sus efectos.

---

[168] www.avivamiento.com.
[169] Manifestaciones extraordinarias de lo sagrado: milagros, portentos y señales.
[170] Presencia perceptible de Dios en la experiencia religiosa: Visitación de Dios en el Espíritu, visiones, voces audibles de Dios, sensación "visible" de fuego o unción vista por creyentes como llamas de fuego, así como portentos extraordinarios de diversa índole: curaciones milagrosas, trasplantes de órganos, implantes, escarchas doradas, resurrección literal de muertos, etc.

Originalmente convocó especialmente a trabajadores, granjeros pobres y esclavos. Con una teología es claramente arminiana, puso énfasis en el hecho de que la salvación es para todo aquel que la acepte y se puede perder por infidelidad a Jesucristo. Su liturgia es muy sencilla y se clasifica, según la tradición anglicana, como propia de la Iglesia baja. En 2006 se calculaban 75 millones de miembros en todo el mundo y los pentecostales que son una variante del wesleyanismo suman ahora aproximadamente unos 600 millones en el mundo[171].

Hacia 1909 el movimiento pentecostal hace su arribo a América Latina, expandiéndose con creciente fuerza, especialmente en los países del Caribe, el norte y sur de Sudamérica como Chile y Brasil. El pentecostalismo ha crecido dividiéndose, por lo que es posible hallar infinidad de pequeñas Iglesias y denominaciones aparentemente desconectadas entre sí, pero siguiendo principios similares. Sólo en el Perú, con la llegada del Rev. Rodolfo González en 1981, el Movimiento Misionero Mundial se expande por todas las regiones, utilizando 96 radioemisoras y 42 canales de televisión propias, por lo que la sociedad peruana está pasando por una gran transformación social y económica.

Ahora bien, como uno de los resultados del avivamiento del espíritu son las conversiones masivas, muchos han identificado los avivamientos con las campañas evangelísticas y no es así. Las campañas deben ser vistas como los mecanismos tecnológicos por los cuales se convocan a las multitudes. Pero estas solo vendrán en masa, como ocurre con las campañas de Reinhard Bonnke en el África y en otros continentes por donde él va, o para decirlo mejor, por donde va el Espíritu Santo. Literalmente millones de personas se congregan para escuchar la palabra de Dios y literalmente millones se convierten a Dios. ¿Cuál es entonces la diferencia entre una campaña de un evangelista que no llega a llenar un estadio y la de otro que los revienta? A mi juicio el "avivamiento" que no es obra de un hombre santo, ni la de un inteligente brillante. Es una obra portentosa del Dios libre y Soberano.

---

[171] Los pentecostales en el mundo son cerca de 600 millones de creyentes, número que ha llevado a David Martin, catedrático de sociología en la *London School of Economics* y uno de los mejores conocedores del «pentecostalismo», a reconocerlo como «da tercera gran fuerza del cristianismo». Para la cifra: http://noticias-lavoz.blogspot.com/ 2009/02/600-millones-de-pentecostales-en-el.html.

Avivamiento y crecimiento de la Iglesia

No cabe duda que, desde Pentecostés, matriz de todos los avivamientos, una visitación del Espíritu produce arrepentimientos y conversiones masivas. La conversión de 3,000 y 5,000 en pocos días, para una ciudad pequeña como Jerusalén del siglo I, son conversiones millonarias comparadas con la población mundial actual.

Con el tiempo han surgido Iglesias de carácter nacional, totalmente desconectadas de las Iglesias pentecostales de Estados Unidos, e incluso existen Iglesias "híbridas", que integran elementos religiosos tomados del cristianismo protestante, católico e incluso de otras religiones no cristianas. Un ejemplo de ello es el la denominada "Iglesia de la Oración Fuerte al Espíritu Santo", Pare de sufrir (Iglesia Universal del Reino de Dios), nacida en Brasil. Aunque la mayoría de los pentecostales rechazan a estas Iglesias híbridas, por vincular a sus pastores con enriquecimiento a base de promesas de sanidades, hay que reconocer en estas iglesias post pentecostales, la voluntad de identificarse con el acontecimiento universal de Pentecostés.

Dado que el pentecostalismo es un movimiento, este ha impregnado distintas Iglesias cristianas, tanto de tradición protestante, como católica. En el catolicismo el pentecostalismo se conoce como Renovación Carismática, contando con un creciente número de seguidores, especialmente en América Latina. Suelo decir que es una pentecostalidad que atraviesa todas las denominaciones históricas y supera todo *confesionalismo*, para avivar al cuerpo de Cristo uno, santo, católico, apostólico y pentecostal de modo que este pueda cumplir la razón de su existencia en el mundo: adorar a Dios y manifestar o hacer visible su Reino con consecuencias profundas en la historia de los seres humanos.

§ *Administración responsable de avivamientos*

Pero ¿Son todos los avivamientos responsablemente administrados o son capaces --sin quererlo-- de causar problemas en las congregaciones? Una vez llegado el avivamiento es tarea de los líderes de las iglesias administrarlos responsablemente. En primer lugar y lo más importante es no resistirse u oponerse a él. En gran parte la historia de las pentecostalizaciones de iglesias protestantes históricas, con una clara herencia reformada, es también la historia de la falta de discernimiento, o frialdad espiritual de algunos de sus líderes. Cuando el Espíritu de Dios llegó, muchos líderes terminaron sin comprender el mover del Espíritu y en consecuencia expulsaron a quienes lo recibieron de buena fe. Fruto de esa incomprensión y falta de discernimiento, son las ahora iglesias cristianas carismáticas de raíces bautistas, metodistas, anglicanas, wesleyanas, presbiterianas, reformadas, etc.

En segundo lugar, hay que avivar el fuego del Espíritu en lugar de apagarlo. Los incendiarios de ayer, terminan siendo los bomberos de hoy. No solo no lo buscan, sino que se oponen a él.

La falta de discernimiento o frialdad espiritual, produce divisiones o distanciamientos innecesarios entre los creyentes. El pueblo de Dios se divide entre las minorías espirituales y el resto de los no muy espirituales; entre los hermanos de ayuno y oración y los ilustrados; los que cultivan la doctrina y la teología y los que cultivan los ejercicios espirituales. Por ejemplo, muchas de las denominaciones santificacionistas como la Alianza Cristiana y Misionera, La Iglesia Pentecostal del Nazareno, La Iglesia de los Peregrinos, los metodistas, entre otros, hijos del avivamiento Pentecostal Norteamericano, se diferenciaron voluntariamente de los movimientos pentecostales por considerarlos –erróneamente, claro— como movimientos desviados o heréticos.

Hoy después de más de 100 años estas iglesias están buscando sumergirse nuevamente en un avivamiento como del que emergieron.

§ *Prevención y resolución de conflictos de división por avivamientos*

La pastoral pentecostal debe ser capaz de prever divisiones y ayudar a solucionar conflictos o divisiones por causa de los avivamientos.

Lo primero que deben evitar los pentecostales es no promover la salida de sus iglesias o denominaciones de aquellos que están buscando un avivamiento.

> *La pastoral pentecostal debe ser capaz de prever divisiones y ayudar a solucionar conflictos o divisiones por causa de los avivamientos*

En América Latina se oye una queja constante de pastores católicos y protestantes de perder feligreses porque pastores pentecostales o carismáticos se los llevan a sus iglesias. Si bien el atractivo carismático, especialmente el profético, convoca multitudes, los pastores pentecostales deberían hacer todo lo humanamente posible por no incorporar miembros de otras iglesias. Esa es la primera responsabilidad.

La segunda responsabilidad corresponde a los líderes de las iglesias no pentecostales, porque deberían abrirse en la libertad del Espíritu a las manifestaciones extraordinarias de Dios en el tiempo presente. Finalmente, hay que reconocer que los miembros de las iglesias son libres de asistir a las iglesias que consideren son de ayuda a su crecimiento espiritual. Ningún pastor es dueño de las "ovejas", solo somos administradores de la gracia de Dios y cuidadores del rebaño.

> *Si no se produce un impacto en la sociedad, debemos sospechar que estamos frente a algún movimiento espiritual que no necesariamente debe identificarse con el avivamiento del Espíritu. Avivamiento y reforma social van de la mano*

Todo avivamiento, provoca rupturas o resquebrajamientos por causa del pecado, especialmente el de la soberbia. Mucho depende de la humildad y disposición con que recibamos el avivamiento. Todo avivamiento debe producir cambios o transformaciones, tanto a nivel personal como cultural y social. Desde que empezamos a buscarlo, debemos prepararnos mentalmente para una renovación de las estructuras eclesiásticas y un impacto poderoso en la sociedad.

Así ha sucedido con la mayoría de los grandes avivamientos en la historia y con el de la Calle Azusa, donde no faltó tampoco el desacuerdo, como refriere Cecil M. Robeck:

La velocidad a la cual la Misión de la Calle Azusa creció en 1906, el hecho de que muchas iglesias estaban cerrando o habían sido grandemente dañadas cuando su gente se fue para unirse al avivamiento, la cobertura que el avivamiento recibió en la prensa local, y las preguntas que las personas en las iglesias históricas seguramente debieron haber hecho a sus pastores como resultado de las noticias, forzaron a la Federación de Iglesias de Los Ángeles a tomar acción (…) Smale, pastor de la Primera Iglesia del Nuevo Testamento en Los Ángeles, en abril de 1906 tuvo que ir a la Misión de la Calle Azusa para encontrar a su congregación. No era bautizado en el Espíritu Santo acorde con la enseñanza de la Calle Azusa, no obstante, por muchos meses él permitió que los miembros de la Primera Iglesia del Nuevo Testamento que habían entrado de lleno en el avivamiento hablaran en lenguas, profetizaran, expulsaran demonios, oraran por los enfermos, y fueran derribados por el Espíritu. Aunque Smale no estaba de acuerdo con Seymour en lo que respecta a doctrina, aceptaba la mayoría de las prácticas de la Calle Azusa. Sin embargo, el apoyo que le dio al avivamiento llegó repentinamente a un punto final cuando Lillian Keyes, una jovencita de su congregación, de 16 años de edad e hija de su amigo y apoyo de toda la vida, Henry S. Keyes, habló en su contra. Ella profetizó que Smale estaba contristando el Espíritu al no dar al Espíritu suficiente libertad en sus cultos. La profecía se convirtió en un punto de contención. Smale sugirió al Dr. Keyes y a su esposa que su hija estaba fuera de orden y que pudiera necesitar ayuda psicológica o médica puesto que no era el Espíritu Santo quien hablaba. En realidad, él implicó que aún podría ser otro espíritu quien hablaba a través de ella. El Dr. Keyes estaba encolerizado. Cuando Lillian intentó hablar en el Espíritu en un culto subsiguiente, Smale la detuvo. Eso fue el colmo para el señor Keyes. Él abandonó la Primera Iglesia del Nuevo Testamento, y con la ayuda de uno de los auxiliares de Smale, Elmer K. Fisher, comenzó lo que se convertiría en la segunda mayor congregación pentecostal en Los Ángeles, la Misión del Aposento Alto. Smale respondió condenando todo el movimiento, sugiriendo que Los Ángeles estaba viendo antes sus propios ojos lo que el apóstol

Pablo condenó en 1 Corintios 12-14. Para noviembre de 1906, Smale estaba escribiendo contra el avivamiento[172].

Si no se produce un impacto en la sociedad, debemos sospechar que estamos frente a algún movimiento espiritual que no necesariamente debe identificarse con el avivamiento del Espíritu. Avivamiento y reforma social van de la mano. Alfonso Ropero señala con toda razón:

> No hay duda alguna que un despertar religioso de dimensiones nacionales equivale a la regeneración político-social de un país, con repercusiones económicas en el mismo. Es lo que ocurrió en la Inglaterra del siglo XVIII con el avivamiento de Goerge Whitefield y los hermanos John y Charles Wesley[173].

Lección 13. Pastoral de Reino y de los cambios en las estructuras eclesiales

§ Cambios en la mentalidad y en la estructura de la iglesia como producto de avivamientos o de crisis de institucionalidad.

> *La ausencia de un avivamiento trae como consecuencia una crisis de institucionalidad y de autoridad.*

Cuando nada extraordinario ocurre en la iglesia, se produce un cansancio o agotamiento de las expectativas de los miembros. Se cae en la rutina y el evangelio pierde su riqueza y su poder. La ausencia de un avivamiento trae como consecuencia una crisis de institucionalidad y de autoridad. Esto se refleja en la falta de proyecto o visión pastoral. La vida evangélica se diluye en actividades sin sentido y se cae en el activismo, ceremonialismo o ritualismo. Sin una

---

[172] Robeck, Jr., Cecil M. *Calle Azusa: 100 años después*. En: http://es.calameo.com/read/00025451143c9081333ac.
[173] Ropero, Alfonso – Hughes, Phipllip E. *Teología Bíblica del Avivamiento. Avívanos de nuevo*. Barcelona: Ed. CLIE, 1999:109.

vida activa en el Espíritu, la iglesia institucional se burocratiza al punto de perder sensibilidad por las cosas espirituales y por las necesidades de los miembros. Los cultos caen en el formalismo y se parapetan en la Tradición. Se vuelven repetitivos.

Es común ver en iglesias que no buscan vivir en la dinámica del espíritu afirmarse en el desarrollo de la vida docente o en la acción social. Tal vez para disimular la frialdad, se busca un crecimiento cualitativo de los miembros. Educar y hacer obra social es parte del ministerio, pero sin dejar la búsqueda del Espíritu. Nada reemplaza una vida ardiente en el Espíritu. Es necesario un equilibrio entre el crecimiento cualitativo y cuantitativo. El cuantitativo es directamente proporcional a una predicación con denuedo en el poder del Espíritu Santo. Si bien no son lo mismo, avivamiento y evangelización, el resultado de todo avivamiento se expresa por lo general en una compulsiva obra evangelística con conversiones masivas, arrepentimiento de pecados y renovación social.

§ *Transformación de estructuras eclesiales en función de una nueva visión de Reino*

Myles Munroe, quizá el teólogo mejor informado sobre la Teología del Reino, ha dicho con mucha verdad:

> Durante más de 2,000 años, el verdadero concepto de reino se ha perdido, particularmente desde el advenimiento de los gobiernos modernos construidos sobre nuevos conceptos de liderazgo, por ejemplo, la democracia, el socialismo, el comunismo y las dictaduras. La mayoría de la gente en el mundo occidental conoce muy poco acerca del reino y del concepto de realeza y monarquía. Esto se torna aún más complejo todavía mediante la idea de que el designio de los reinos es el de elevar una familia por encima de todas las familias y subyugar y oprimir a los ciudadanos[174].

---

[174] Munroe, Myles. *Redescubriendo el Reino. La antigua esperanza para nuestro mundo del siglo XXI*. USA: Paperback by Destiny Image Pubs. Apr 20, 2006: 57.

En mi libro *Visión de Reino*[175] he señalado que en nuestros días hay una recuperación del ideal del Reino tanto en la teología como en la espiritualidad. Tres décadas atrás, el centro de la reflexión teológica y de la misión, giraba en torno a la eclesiología. El interés de las iglesias giraba en torno a su crecimiento explosivo y la consecuencia inmediata era la construcción de mega-iglesias para albergar a la cantidad impresionante de nuevos convertidos a Cristo. Una visión centrípeta (hacia adentro) de la misión alimentaba los proyectos misioneros y la reflexión teológica.

Hoy por hoy esta visión está cambiando y tanto en la teología como en la espiritualidad, la visión se centra en el Reino de dios como lugar teológico. Las consecuencias de este giro copernicano en la religión son impactantes. Si el Reino de Dios es lo central en el quehacer de la iglesia, entonces no interesa tanto engordar iglesias, sino cumplir la misión y salir a las naciones a convertirlas en discípulas de Jesús. Se trata entonces de una visión centrífuga (hacia afuera) de la iglesia. De lo que se trata en consecuencia es de vivir el Reino de Dios, buscar primero el Reino de Dios y su justicia. Seguir el modelo de Jesús para quien la predicación central siempre fue la llegada del Reino de Dios a la Tierra[176].

Ignacio Ellacuría ha sido quien ya desde 1984 señaló la necesidad de Conversión de la Iglesia al Reino de Dios para anunciarlo y realizarlo en la historia. Ellacuría lo planteó así:

> La Iglesia es algo esencial en la fe cristiana. No es lo más esencial, como algunos quieren hacernos ver, cometiendo con ello un grave error teológico; pero sin la Iglesia, con su misterio inseparable de la historia, la fe no es todo lo que debiera ser. Una y otra vez hay que volver a recuperar la Iglesia de sus lacras históricas para que

---

[175] Campos, Bernardo. *Visión de Reino: Apóstoles y Profetas en la historia del cristianismo. Apreciación Fenomenológica de un Movimiento de Restauración y Reforma*. Lima, Perú: Bassel Publishers, 2009: Se puede encontrar el libro en formato PDF en: http://www.academia.edu/12214871/Vision_de_Reino.

[176] Schnackenburg, Rudolf. *Reino y Reinado de Dios. Estudio Bíblico-Teológico*. Madrid: Eds. FAX, 1965. Cf. especialmente la segunda parte El Reino de Dios en la predicación de Jesús, 65-100; Jeremías, Joachin *Teología del Nuevo Testamento I. La Predicación de Jesús*. Salamanca: Sígueme, 1974, especialmente cap 3: 97-148.

realmente se ponga al servicio del Reino de Dios que predicó Jesús. Por eso el tema clásico «Iglesia y Reino de Dios» es un tema central para la auto comprensión de la Iglesia y de su misión, así como para su transformación permanente. No es, pues, un tema puramente académico. Porque si el Reino de Dios no puede concebirse adecuadamente al margen de la Iglesia que ayuda a realizarlo, mucho menos puede concebirse la Iglesia cristiana al margen del Reino de Dios. Podrá ser difícil encontrar el equilibrio adecuado entre las cosas del Reino y las cosas de la iglesia, pero ese equilibrio no podrá encontrarse si, ante todo, no se da prioridad al Reino sobre la Iglesia, negando toda fácil identificación y si, derivadamente, no se pone al Reino en relación con la Iglesia, una vez que se ha puesto a ésta en relación con aquél[177].

La centralidad del Reino de Dios es a todas luces otro factor determinante en la teología contemporánea. A mi juicio es lo que la definirá en el futuro la arquitectura de toda la teología, especialmente porque convoca una palabra centrada en la escatología y su relación con los acontecimientos mundiales como cumplimento de las profecías mesiánicas. En muchas predicaciones se habla de Dios en su condición de Soberano o Rey. El Reino de Dios es para las nuevas generaciones de creyentes el ejercicio del poder divino y de su providencia sobre los hombres, como la realización de su plan de salvación. Esta idea del Reino de Dios como salvación hay que tenerla siempre en cuenta, pues pertenece a las líneas esenciales del concepto. En la nueva comprensión se trata de una salvación que empieza y termina aquí en la tierra como fin último del hombre. Procedemos de la Tierra y nuestro destino es la Tierra, y no el cielo[178].

Si bien la eclesiología cristológica del "cuerpo de Cristo" ("*corpus christi*") fue el eje en la articulación de la teología contemporánea pentecostal anterior, creo que lo que definirá a la teología del futuro será algo así como una "eclesiología regia" es decir una eclesiología a la luz del Reino de Dios. Esa nueva visión ya está teniendo repercusiones en la ética pública de la iglesia. La ética social es una parte de la disciplina que tiene como sujeto

---

[177] Ellacuría, Ignacio *Conversión de la Iglesia al Reino de Dios Para anunciarlo y realizarlo en la historia.* Santander: Ed. Sal Terrae, 1984: 7.
[178] Munroe, Myles. *Redescubriendo el Reino. La antigua esperanza para nuestro mundo del siglo XXI.* USA: Paperback by Destiny Image Pubs. Apr 20, 2006: 111.

y objeto a una sociedad organizada para actuar sobre ella, conservándola o transformándola. Es la acción y testimonio de la iglesia en la sociedad actual a la luz de sus conceptos teológicos y sus imperativos categóricos. En nuestro caso, la pregunta básica que mueve esta búsqueda podría resumirse en los siguientes términos: ¿Qué es lo que impulsa (motiva, mueve, moviliza, o frena) a los teólogos contemporáneos a actuar de la manera en que actúan en los diferentes escenarios públicos o ámbitos de la realidad, tales como el socio cultural, económico, político, religioso, etc.? Y su corolario necesario es: ¿Qué conjunto de principios regulan la conducta de los líderes y adherentes en relación con los procesos sociales, de modo que sus prácticas adquieran para ellos mismos un sentido y una lógica coherente consigo misma y que resulte en la expresión de su "ser-en-el-mundo", su identidad social, su praxis (acción pensada), y finalmente, su ética social? Varias vertientes de respuesta son posibles.

Ética del reino

Tal como se nos presenta a la vista, encontramos que los líderes y adherentes de este tiempo que guían sus acciones por lo que llamaremos provisionalmente un "**ideal de reino**", expresan su vida religiosa como la búsqueda permanente de una "plenitud de vida" como testimonio del Reinado de Dios sobre la tierra. Se trataría orgánicamente de una "**ética del reino**" que se expresaría en términos de una **ética política** por su carácter de "empoderamiento" de los que se sienten y quieren vivir como reyes. Al mismo tiempo una **ética universal** por su alcance planetario: "y reinará sobre la casa de Jacob para siempre, y su reino no tendrá fin" (Lucas 1:33). Si bien se refiere al reinado del Mesías, los creyentes entienden que ese reinado será compartido por ellos en la misma dimensión universal.

En su aspecto espiritual esta ética tiene un talante ministerial. Se trataría así de una "*ética de la impartición*" que busca en todo tiempo impartir los *carismata* a fin de alcanzar el ideal de la estatura de la plenitud de vida en Cristo. Se reviste además de un talante profético que denominaría "*ética de la unción davídica*" en la medida que procura adorar a Dios en todas las formas posibles. Tanto que raya en el escándalo, el ridículo o la ingenuidad, como David frente al Arca en la presencia de Mical.

Ética del enviado

Esta conciencia y esta *pulsión* permanente del "*ser enviado*" se convertirá en el (motor) movilizador fundamental de su comportamiento en su vida cotidiana. Orientará las acciones colectivas de los líderes y adherentes a esta concepción en relación con la sociedad circundante, sea la sociedad civil o política, el ámbito de lo privado o ámbito de lo público. Embebidos de ese *ideal del reino*, en la noble ilusión de hacerlo realidad *ya ahora*, los líderes y adherentes de esta cosmovisión desarrollarán sin quererlo una ética personal, una ética social, una ética política, una ética ecológica, etc. Todas en función de un modelo social idílico, movilizado por la nostalgia del "Paraíso Perdido", la "iglesia primitiva" que hay que restaurar, el "Reino de Dios" que ya "hoy y aquí" hay que gozar.

El imaginario y la imaginación profética

El **imaginario** de los postores de esta teología es alimentado por las visiones proféticas de un mundo mejor, fruto de la justicia y la paz. No es de extrañar por ello, que sea la "imaginación profética" vétero testamentaria la que haya alimentado la visión nada apocalíptica y más bien mesiánica de que la "Tierra Nueva y Cielos Nuevos" solo serán posibles cuando la iglesia toda acepte el modelo de Reino y se deje llevar por el caudal del Río de Dios.

Esta nueva visión de Reino ha sido promotora de cambios en las estructuras eclesiásticas al interior de los pentecostalismos. Algunos de ellos, convertidos a esta nueva visión, han asumido nuevas formas de organización celular y han migrado de una organización y dirección "pastoral" (modelo clásico) a un modelo "apostólico" de organización y dirección.

La **transición** del modelo pastoral al modelo apostólico ha dejado también sus huellas y ha producido sus primeros frutos. Salidos, pues, del círculo de hierro de las estructuras denominacionales que los oprimían, no es de extrañar que una laxitud le haya seguido al proceso inmediato de liberación, una sensación de libertad sin límites y por eso mismo un relajamiento de la membresía y una pérdida de filiación y de organizaciones eclesiásticas.

Esta podría expresarse de una parte como siendo producido por un "Espíritu liberador"[179] o el "ejercicio de la libertad regia" y, de otra, manifestarse en formas litúrgicas creativas, con exclusión de normas fijas. Este cambio los ha llevado a criticar duramente a la organización denominacional como religiosidad "opresora".

La ética personal

Con relación a los *temas controversiales* [como el aborto, el control de la natalidad, la homosexualidad, el adulterio, el incesto, el divorcio, etc.], las iglesias emergentes mantienen todavía la misma comprensión que tenía en la tradición pastoral de la que emergió, con algún grado de apertura[180]. Aunque su crítica a los *rudimentos del evangelio* (no comas, no gustes, no hagas esto o aquello) se haya apartado del estilo pentecostal tradicional, todavía contempla sanciones para los que cometen faltas graves.

> "El énfasis disciplinario en la visión apostólica de reino apuesta por la restauración del que haya caído en falta, más que su aniquilación como sucede hasta hoy en la mayoría de iglesias evangélicas y pentecostales, pero dependerá de la gravedad de la

---

[179] Es importante al respecto el aporte de Villafañe, Eldin *El Espíritu Liberador. Hacia una ética social pentecostal hispanoamericana*. Bs.As-Grand Rapids: Nueva Creación, 1996 y muy especialmente la insistencia de Gamaliel Lugo sobre la "santidad comprometida" (Carmelo Álvarez) como correctivo: "Ética Social Pentecostal: Santidad Comprometida" en Álvarez, Carmelo (editor), *Pentecostalismo y Liberación*. San José Costa Rica, 1992:101-122. También su artículo "Nuevo Orden Mundial, Globalización, y Deuda Externa" en Lugo, Gamaliel (editor), *Jubileo La Fiesta del Espíritu. Identidad y Misión del Pentecostalismo Latinoamericano*. Maracaibo Venezuela-Quito, Ecuador: CLAI, 1999: 33-61. Cf. la misma línea de reflexión de Álvarez, Carmelo *Santidad y Compromiso. El riesgo de vivir el evangelio*. México: CUPSA, 1985.

[180] Entrevista al apóstol Herminio Zelada (mayo 2008) uno de los pioneros en la promoción de la Red IMPACTPERU. Desde sus inicios trabajó junto con el apóstol Samuel Arboleda.

falta y de bondad del apóstol que le da cobertura"[181].

En materia de ética personal, se esperaría que teniendo las "llaves del reino" para atar y desatar, los nuevos apóstoles pudieran autorizar la anulación de matrimonios religiosos, en casos excepcionales, como lo hace el Papa, bajo la misma prerrogativa apostólica. Pero al parecer prevalece todavía el influjo de una ética tradicional.

§ *Eclesiogénesis: la Iglesia Celular (hacia una ecclesiologiae regnum)*

Una de las características más sobresalientes en el siglo XX y XXI es el paso de la iglesia institucional clásica a las iglesias carismáticas o iglesias celulares. Se trata de una *"eclesiogénesis"* (nacimiento de una nueva iglesia) pues de entre el pueblo de Dios está naciendo una iglesia renovada, pujante, siempre reformada. Es el cumplimiento de la profecía de Dietrich Bonhoeffer quien, en sus Cartas desde la Prisión, anunciaba para este tiempo la emergencia de "un cristianismo sin religión".

Por muchos años, la gran mayoría de iglesias o congregaciones del cristianismo, sean protestantes o católicas, han seguido un esquema básico que reproduce la iglesia institucional centrada en el pastor o sacerdote, con una estructura jerárquica y una institución de propensión universal. Un poder establecido y un programa evangelizador tendiente a incorporar si es necesario masivamente a los fieles alrededor del Templo, como ya hemos descrito.

Con la emergencia de los carismas dentro de la iglesia, este esquema está siendo cambiado. En el sector católico, desde los años 60s hasta nuestros días, un profundo fervor y devoción espiritual ha venido renovando las estructuras eclesiales, dando lugar por un lado a las "Comunidades Eclesiales de Base" con una fuerte carga de participación política organizada y por otro, a las Comunidades del Espíritu Santo, más inclinadas al cultivo de los dones espirituales y la renovación bíblica.

---

[181] Entrevista al Apóstol Samuel Arboleda concedida el 20 de abril del 2008. Debo destacar la bondad del apóstol Arboleda, que solo puede provenir del corazón de Dios. Actitud por la cual ha sido injustamente criticado, por apóstoles mucho más duros e implacables con los caídos.

En el campo protestante, esta experiencia se ha dado en diversas iglesias históricas con sed de renovación, produciendo más de una comunidad híbrida (metodistas pentecostales, presbiterianos pentecostales, reformados pentecostales, bautistas pentecostales, etc.). No obstante, este cambio significativo, un cambio más dramático lo hemos experimentado recientemente con la emergencia o restauración del carisma apostólico y profético en las iglesias pentecostales y carismáticas. En otro lugar hemos señalado que estamos ante un nuevo proceso de carismatización de las iglesias que denominamos genéricamente "Post pentecostalismo".

El Post pentecostalismo no es una negación o a una superación total del pentecostalismo anterior.

Es, por el contrario, una trasformación dialéctica ("aufgebung"[182]) en el orden del conocimiento de lo sobrenatural del pentecostalismo tradicional (que maneja una lógica diferente y tal vez más radical), con relación a la Experiencia del Espíritu.

Como he señalado en otro lugar,

> "El Post pentecostalismo es en un sentido una consecuencia del pentecostalismo y, en otro, una ruptura del mismo. Tal vez la mejor y la más fácil ilustración de esto se aprecie en lo que le ocurrió al judaísmo del primer siglo cuando le nació el cristianismo desde

---

[182] *Aufheben o Aufhebung* es una palabra alemana con varios significados aparentemente contradictorios, entre ellos "levantar", "abolir", o "sublimar". El término ha sido definido también como un proceso de "abolir", "preservar" y "trascender". En la filosofía, aufheben es utilizado por Hegel para explicar lo que sucede cuando una tesis y una antítesis interactúan, sobre todo a través del término "sublimar". Una revista británica "Aufheben" tomó su nombre de este concepto (https://es.wikipedia.org/wiki/Aufheben). En efecto, allá por el siglo XIX Hegel encontró que el fascinante y ambivalente término alemán "Aufhebung" se ajustaba con comodidad al tercer movimiento de su dialéctica, tanto, que no dudó en utilizarlo en su *Enzyklopädie der philosophischen Wissenschaften*. El vocablo alemán significa dos cosas aparentemente contradictorias: "suprimir" y "conservar", aunque el castellano lo traduzca económicamente como "superación". Aufhebung es un logro y al igual que la síntesis, una vez alcanzado tiene la particularidad de convertirse automáticamente en una tesis que será confrontada con su antítesis y en forma dinámica e ideal volverá a encontrarse con una nueva síntesis: la Aufhebung que *suprime los pensamientos anteriores, pero conserva lo mejor de ellos, lo positivo*. Los enriquece y perfecciona llevándolos a un nivel superior. Véase: http://susana-lesinsolents.blogspot.pe/2011/03/aufhebung.html.

el interior de sus propias entrañas. El cristianismo es, como sabemos, una radicalización del judaísmo, al mismo tiempo que una re interpretación de éste (de cara a nuevas realidades) pero sobre todo, de cara a una nueva experiencia espiritual: la experiencia del encuentro con el resucitado que los había capacitado para la misión y que entonces los había empoderado (Hch. 1:8ss) para enviarlos como apóstoles a las naciones del mundo a predicar el evangelio con milagros y señales que acompañan su predicación (Mt 10:57ss)"[183].

Se trata, desde el punto de vista de la sociología de la religión, de un cambio en la forma de ser iglesia, que tiende a retornar a los inicios del cristianismo en el marco de una sociedad tradicional con estructuras patriarcales, similares a las anfictionías antiguas. En consecuencia, la aplicación de esquemas familiares en la evangelización ("la iglesia que está en tu casa" – o los "grupos familiares cristianos"), no serían otra cosa que la reasunción de los antiguos sistemas de convivencia étnica que sintoniza bien con maneras tradicionales y rurales de la vida religiosa latinoamericana. Que así sea, no invalida su eficacia ni desmerece necesariamente otras formas posibles de organización y gobierno de la iglesia, como aquellas que apelan a la democracia en las denominaciones pentecostales tradicionales.

Volvamos a nuestro punto. Una iglesia celular es una congregación cuya dinámica de vida está organizada por grupos o células de crecimiento de entre 7, 12 o 15 miembros cada una. Para ser una verdadera iglesia celular no basta con tener células, es necesario que las células sean la columna vertebral de la iglesia y que ellas mantengan siempre una estrecha y coordinada relación con la organización central. Por esa razón, es legítimo preguntarse si es lo mismo una Iglesia Celular o una Iglesia con Células.

Hay una inmensa diferencia entre una iglesia celular y el método tradicional de la iglesia hacia los *grupos pequeños*. Muchas iglesias en Europa tienen grupos pequeños, o son *iglesias minoritarias* según la calificación sociológica de Roger Mehl para las iglesias metodistas de Europa[184]. Algunos los ven como una parte vital de la vida y visión de la iglesia, mientras que para

---

[183] Campos, Bernardo *"Los albores del post pentecostalismo: ocaso y nacimiento de una pentecostalidad más universal"* en Cyberjournal For Pentecostal Charismatic Research (USA):http://www.pctii.org/cyberj/cyberj13/bernado.html.
[184] Mehl, Roger. *Sociología del Protestantismo*. Madrid: Studivm. 1974.

otros en realidad prácticamente no forman parte de la iglesia. Es hora de pensar de nuevo como 'hacemos iglesia'.

Muchas iglesias buscan un método efectivo para el ministerio de las células. Pero el punto de partida debe ser un conocimiento de que *las células son el núcleo de la vida de la iglesia*. Desde el punto de vista de la Biblia, los grupos familiares cristianos (células) no son un programa o un componente más de la iglesia. Más bien, son el método fundamental para que la iglesia ocurra. Es decir, son el método para madurar, entrenar y movilizar a los miembros del cuerpo de Cristo. Por esa razón, entendemos que las células son el principal componente de una iglesia que verdaderamente sigue el modelo del Nuevo Testamento.

Los apóstoles del Nuevo Testamento nunca hubieran realizado lo que hicieron sin una visión de la *iglesia celular*. Por ejemplo, en Jerusalén, en el Día de Pentecostés, 3,000 personas fueron añadidas a la iglesia. Todos se bautizaron en agua y todos continuaban asiduamente en la fe. Todos recibían enseñanza en la doctrina de los apóstoles. Todos continuaban fielmente en la oración y en dar testimonio. Todos se comprometieron a formar parte del compañerismo (Hechos Caps. 2-4ss). Esto es muy distinto a la situación de hoy día, donde hasta un 90 por ciento de aquellos que se entregan a Cristo luego reniegan, y, de los que llegan a involucrarse de alguna manera en la iglesia, solo persiste tal vez un 10 por ciento.

Son muchas las razones por la cual la iglesia primitiva tuvo tal éxito, pero sin duda alguna, una de las razones más significativas en la iglesia de Jerusalén fue el énfasis en las células, aunque no lo hayan reconocido con ese nombre.

> *"Todos los días se reunían en el Templo, con entusiasmo, partían el pan en sus casas y compartían sus comidas con alegría y con gran sencillez de corazón."* (Hechos 2:46)

Además de las grandes asambleas en el Templo, se encontraban a menudo en casa de uno y otro. Estas no eran simples reuniones en casas o grupos de compañerismo en hogares, tal como tradicionalmente se encuentra en los pequeños grupos de hoy Eran micro iglesias celulares haciendo todo tal como la iglesia debe hacer. Atestiguaban, evangelizaban, mantenían compañerismo, oraban, maduraban y cuidaban a los pobres; todo esto en las células. No hay otra explicación adecuada para lo eficaz que eran en discipular y para su experiencia de un crecimiento fenomenal.

* *Universalidad y localidad de la iglesia.*

La iglesia celular forma parte de la única Iglesia del Señor Jesucristo. Es parte de la gran familia universal de creyentes dispersos en todas partes del mundo y en distintas épocas de la historia. Cada célula, siendo ella una iglesia completa pues "donde están dos o tres reunidos en su nombre allí está el Señor"— contribuye al crecimiento del cuerpo de Cristo en la tierra.

En cada iglesia local, sea de estructura celular o no, hay representada una iglesia universal y viceversa. Lo importante es sentirse miembro del *Corpus Christianum* más grande. Las estructuras y las formas de gobierno pueden ser distintas y respetables, pero lo que interesa en el fondo es formar parte del Cuerpo de Cristo, el pueblo de Dios que camina y hace misión hasta que se complete la multitud de los salvos que heredarán "cielos nuevos y nueva tierra".

* *La alternativa posible: "Ecclesiola in Ecclesia"*

El concepto del grupo de célula poco tiene que ver con la idea tradicional de grupos de hogar en muchas iglesias de hoy. Puede que los grupos de compañerismo en casa, de oración, de intereses especiales, de estudio bíblico, todos tengan algo que ofrecer, pero no son grupos celulares. ¿Qué es entonces una iglesia celular?

Las células en realidad son las unidades de fe que organizan el cuerpo de los creyentes en grupos pequeños con el propósito de alabar, experimentar a Dios, desarrollar ministerios y evangelizarla. En pocas palabras, las células hacen todo lo que 'la iglesia' hace, pero en miniatura. Esto quiere decir que la célula es la unidad primordial de la 'iglesia', su columna vertebral, donde ocurre el verdadero trabajo de la iglesia. Por tanto, una Iglesia celular es una concentración de *ecclesiolas in ecclesia,* como solía decir Juan Wesley.

No obstante, hay que advertir con Lloyd-Jones que el concepto "ecclesiola" tiene también sus matices[185].

Las *ecclesiola in ecclesia* también son conocidas como "conventículos", palabra que en español tiene una marcada connotación peyorativa, de reunión ilícita, lo cual no necesariamente está presente en su equivalente inglesa "conventicle" (conventículo). Como su propio nombre indica, la ecclesiola se refiere a la formación de un grupo eclesial en el interior de la propia Iglesia. Tradicionalmente, ellas han sido la expresión del pietismo y se han desarrollado hasta convertirse en un rasgo característico del protestantismo —aunque no de manera exclusiva, puesto que también están presentes en el catolicismo romano (cf. los llamados movimientos eclesiales tales como Opus Dei, Legionarios de Cristo, Movimiento Neo-Catecumenal, etc.).

La justificación de la ecclesiola normalmente ha sido la existencia de núcleos de verdaderos creyentes en el seno de grandes iglesias multitudinarias (de multitudes). Ha sido sobretodo en la tradición luterana y en la anglicana que ellas han proliferado.

La misma terminología, "células", se inspira directamente de los grupos de la Resistencia francesa durante la Segunda Guerra Mundial, o de la organización del Partido Comunista durante el franquismo español y hace referencia a una iglesia en la clandestinidad, lo cual es una contradicción en un régimen de Libertad. Lloyd-Jones pone de manifiesto que la tradición verdaderamente reformada se ha manifestado contraria a las ecclesiola: ni Zwinglio, ni Calvino, ni los puritanos las pusieron en práctica ni las apoyaron.

De hecho, el Directorio para el Culto Familiar, de la Asamblea de Westminster puede ser considerado, en buena medida, como un cortafuego en contra del desarrollo de los "conventículos" (léase ecclesiolas) en las congregaciones[186].

---

[185] Lloyd-Jones, D.M. *Ecclesiola in Ecclesia. 'Aproximaciones a la Reforma de la Iglesia'*. Discurso pronunciado en la Conferencia Puritana y Westminster en 1965. Ver: http://www.the-highway.com/ecclesia_Lloyd-Jones.html.
[186] Cf. Westminster Hoy. *La Otra Iglesia Invisible: Ecclesiola in Ecclesia*. Diciembre 7 del 2009. https://westminsterhoy.wordpress.com/2009/12/07/la-otra-iglesia-invisible-ecclesiola-in-ecclesia/.

*   *Un medio entre otros para edificación de la iglesia*

Uno de los aspectos que despierta más asombro en cuanto al trabajo celular es la distancia enorme que existe entre todas las iglesias que implementan células y los diferentes modelos que se desarrollan. Todos los que han iniciado células dicen "tener células", pero cuando cada uno detalla lo que está haciendo, descubrimos que "hacen cosas diferentes", "dan importancia a aspectos diferentes" y "apuntan a objetivos diferentes". Es hora de preguntarse con sinceridad ¿Tenemos células o tenemos lo que cada uno de nosotros ha definido como células?

A esta altura vale aclarar que Dios puede usar cualquier método éticamente cristiano para que su obra crezca. Por lo tanto, si Dios está dando regularmente crecimiento en su Iglesia siga usted adelante, esa es una clara señal bíblica de que Dios está trabajando a través de su gente (1 Corintios 3:67). Dicho de otro modo, la iglesia celular, es un medio entre otros tan válido como los demás para edificar la iglesia. Pero si usted ve que las cosas no han cambiado mucho después de un tiempo adecuado o está interesado en optimizar su actual trabajo en células lo invito a que revisemos juntos si las acciones que hemos adoptado han respetado las líneas básicas de lo que llamamos "Una iglesia celular". Sería incorrecto estar esperando los mismos resultados de crecimiento si hemos dejado de lado las recomendaciones primarias para instrumentar células en nuestra iglesia.

*   *Las Comunidades Eclesiales de Base en el catolicismo popular*

Tal vez la experiencia con la que la tradición católica ha vivido su mayor transformación, sean las Comunidades Eclesiales de Base (CEBs). Estas son iglesias que nacen del pueblo y se organizan dinámicamente en función de las necesidades básicas de la población, amén de sus necesidades sociales y espirituales. Aunque parecen no tener mucha acogida en algunos países de la región, dada la carga tradicionalista del catolicismo, estas CEBs se han desarrollado mucho en el Cono Sur (especialmente en Brasil y Chile) y en Centro América y algunos barrios hispanos en los Estados Unidos. Se mencionan aquí porque del lado católico han transformado el rostro de la iglesia y la están obligando a una reestructuración profunda. Naciendo en medio de una estructura tan inflexible como la católica, las

CEBS son un signo de que los cambios son posibles aún en estructuras eclesiásticas duras y universales.

* *El crecimiento relativamente proporcional del pentecostalismo*

En realidad, si se observa el crecimiento de las comunidades pentecostales, encontraremos que en proporción a los otros sectores del protestantismo y del catolicismo romano, éstas han crecido considerablemente en América Latina y El Caribe[187]. No obstante, ese crecimiento no es ni permanente, ni simétrico. Se trata seguramente de un crecimiento sostenido, pero es bajísimo en términos de tiempo, si lo comparamos con el ritmo de crecimiento de las iglesias que usan el modelo de crecimiento celular. El crecimiento evangélico en América Latina hacia el 2010 oscila entre el 15 y 30%. Son los casos de Brasil, Chile, Guatemala y varios otros países de Centroamérica[188].

Crecimiento Evangélico Estimado en otros países de América Latina

País	% Estimado de Crecimiento Poblacional 1960	1985	% Estimado al Año 2010
Brasil	4.4%	15,9%	45.7%
Chile	11.7%	21.6%	38.8%
Costa Rica	1.3%	06.5%	32.4%
El Salvador	2.5%	12.8%	66.5%
Guatemala	2.9%	18.9%	126.8%
Puerto Rico	5.8%	20.9%	75.1%

---

[187] Campos, Bernardo. *¿Se vuelve Pentecostal América Latina?"* Publicado en un medio electrónico por la Agencia Latinoamericana y Caribeña de Comunicación – ALC.

[188] En el Perú, según datos de Perú Para Cristo, la población evangélica llegó en el 2003 al 13.69 % de una población general de 27'148,100 hbs.; dando un total de 3,716, 247 evangélicos, o sea 1 de cada 8 personas. De allí estimamos que un 80% son pentecostales y un 10 % de éstos últimos son carismáticos. Actualmente, hacia el 2015 la población evangélica en el Perú se estima en un 15 % de una población de 30 millones.

Fuente: David Stoll, *Is Latin American Turning Protestant?* Berkeley: University of California Press. 1990.[189]

Una encuesta del Centro de Investigación PEW de los Estados Unidos señala que el Pentecostalismo Latinoamericano hacia el 2005 llegaba a 156.9 millones y los carismáticos a 28.1 millones. Para PEW Research Center, el pentecostalismo se ha convertido en una parte importante del panorama religioso y político de América Latina en los últimos años.

> Desde la década de 1960, la región ha experimentado un crecimiento espectacular en el número de pentecostales. Según cifras de 2005 de la Base de Datos Cristiana Mundial, los pentecostales representan el 13%, aproximadamente 75 millones de una población de casi 560 millones de América Latina. Miembros carismáticos de denominaciones no pentecostales, que en América Latina son abrumadoramente católicos, suman un adicional de 80 millones más o menos, o sea un 15% de la población. Tan recientemente como en 1970, los pentecostales y carismáticos combinados representaban no más del 4% de la población de la región[190].

Pentecostales & Carismáticos en América Latina [191]

En millones:	1900	1970	1990	2005
Pentecostales y carismáticos (en millones)	0.01	12.6	118.6	156.9
Pentecostales y carismáticos como % de la población total	0.0	4.4	26.9	28.1
Fuente: *World Christian Database*				

---

[189] Stoll, David *"Estimate of Evangelical Growth in Select Latin American Countries"* in: Is Latin American Turning Protestant? Berkeley: University of California Press. 1990. pp. 337-338.
[190] http://www.pewforum.org/2006/10/05/overview-pentecostalism-in-latin-america/.
[191] Ibídem.

Queda por ver, sin embargo, si el crecimiento evangélico logrado en esos países obedece más bien al uso de alguna *tecnología* evangelística que no sean las clásicas campañas, predicación al aire libre o visitación por las casas. Parece ser que, en términos de resultados en un corto plazo, el *método del crecimiento celular* ha demostrado ser más eficaz, pues involucra a más número de personas en la tarea evangelizadora y permite el desarrollo de mayores niveles de liderazgo y ministerios.

No son pocas las iglesias evangélicas que están adoptando ahora el sistema de la iglesia celular, con grandes e importantes logros. El único costo parece ser el de la renuncia a los viejos esquemas institucionales y probablemente la ruptura o desgajamiento de sus Denominaciones de origen. Para muchos asumir el modelo de células, les ha significado tener que salir de la Denominación Madre, muy a pesar de ellos mismos, por la intransigencia de aquel liderazgo que no se abre a la libertad del Espíritu, o que no es sensible a la necedad de un cambio radical. Las experiencias de la "Iglesia Bethel" de Paramonga en el Perú y de "Manantial de Vida" en Colombia son interesantes, pues ambas se dan en el seno de una estructura denominacional como las Asambleas de Dios.

Queda por ver hasta cuando los odres viejos resistirán la sabia del vino nuevo. A nuestro juicio, es cuestión de tiempo o de actitudes. A menos que el liderazgo nacional de las denominaciones-madre sea capaz de dar luz verde a esta "revolución silenciosa" (como reza el lema de la Iglesia Manantial de Vida de Colombia), abriéndose decididamente a la obra del Espíritu y deponga sus intereses personales al servicio del Reino de Dios, la aplicación del modelo de *iglesia celular* no verá sus mejores resultados. Digámoslo claramente: Nuestra oración al Señor es que la iglesia entera pueda ser renovada evitando, en tanto sea posible, las divisiones o escisiones en la unidad del cuerpo de Cristo.

El crecimiento explosivo de las Comunidades Cristianas a partir de la asunción del modelo de "iglesia celular"

El rasgo característico de los actuales cambios en la eclesiología contemporánea es el referido al crecimiento celular, como ya se ha visto. Pero la nota saltante es el cambio de nombre de las comunidades que aplican el sistema celular. De comunidades "pentecostales" pasan a ser comunidades "cristianas".

Al parecer la renuncia al nombre de "pentecostal" se trata de una simple estrategia proselitista, con miras a incorporar más adeptos del catolicismo romano, pero también de un implícito deseo de superar los viejos esquemas del pentecostalismo popular. En otro sentido, es un remedo inconsciente de la tendencia universalista de la iglesia católica.

El origen de esta aparente nueva nomenclatura hay que ubicarlo en las comunidades carismáticas provenientes del catolicismo en los años 60, a partir de la renovación carismática. El apelativo de "cristiano" en lugar de "pentecostal", da cuenta también de una nueva identificación con los sectores de clase media, a los cuales miran como población potencial de conversión.

Muchas de esas "comunidades cristianas" asumieron decididamente un sistema de organización y gobierno celulares, empezando por instaurar los cultos familiares o células de crecimiento como motor central de su crecimiento. Precisamente la diferenciación de las comunidades cristianas de las iglesias pentecostales clásicas, está en la forma de gobierno y en la organización independiente. Cada congregación local es autónoma y su tendencia es a la formación de líderes medios para que sostengan el desarrollo independiente de iglesias por las casas.

Lección 14. Ministerios, dones y operaciones del Espíritu en el pentecostalismo

§ El Ejercicio de Ministerios, dones y operaciones del Espíritu en la iglesia contemporánea

Un tema determinante en la pastoral pentecostal es el relativo a los Dones ministerios y Operaciones del Espíritu como tres formas de edificar la iglesia y manifestar el Reino de Dios. Hay tres listas de dones en el NT: Romanos 12:6-8; Efesios 4:11-12 y, 1 Corintios 12:8-10. Usualmente los pentecostales han hecho énfasis en los dones espirituales de 1 Corintios

12 y más recientemente la discusión se ha centrado en la lista de Efesios 4:11-12.

Muchos estudios especializados han puesto de relieve su importancia, en el Nuevo Testamento[192].

De acuerdo con el Dr. Peter Wollensack, los dones son como "*Paquetes de Gracia*" que Dios ha dado a cada persona como un ADN natural y espiritual.

> "Dios que es Espíritu ha puesto sobrenaturalmente un ADN espiritual único y particular dentro de cada uno de nosotros. Los varios aspectos de ese don pueden ser considerados como "gracias" – habilidades y aptitudes que proceden de Dios mismo. Se originan en la dimensión invisible del alma y el espíritu. En otras palabras, residen en la eternidad – fuera del reino de la carne. Podemos obtener un pequeño vistazo de esta realidad en lo que el Señor le habló al profeta Jeremías en el tiempo de su llamado a servir como profeta: Antes que te formara en el vientre, te conocí y antes que nacieras, te separé, te di por profeta a las naciones (Jr. 1: 5) Jehová diseñó el espíritu y el alma de Jeremías de tal manera que sería capaz de lograr su destino ordenado por Dios en esta tierra. Y Él también ha hecho lo mismo con cada uno nosotros".
> "Mientras que la combinación de características y habilidades son distintas para cada persona, las Escrituras nos proveen de una idea clara para las categorías o tipos generales de "*paquetes de gracia*" con los cuales Él dotó a los hijos e hijas de Adán. Estos son revelados en Romanos 12:6-8 2: "Tenemos, pues, diferentes dones, según la

---

[192] Delorme, Jean (Director) *El Ministerio y los Ministerios según el Nuevo Testamento*. (Con la colaboración de Paul Bony. Edouard Cothenet. Henry denis, Pierre Dornier, Augustin George, Pierre Grelot, Annie Jaubert, Simon Legasse, Andue Lemaire, Xavier León-Dufour, Charles Perro, Bernard Sesboue y Maurice Vidal) Madrid: Eds. Cristiandad, 1974; Guerra y Gómez, J., *Epíscopos y Presbíteros. Evolución semántica de los términos epíscopos-presbíteros desde Homero hasta el siglo segundo después de Jesucristo*. Burgos 1962.; Mateos, J., *Los «Doce» y otros seguidores de Jesús en el evangelio de Marcos*. Madrid, 1982.; Parra, A., Ministerios laicales, en Ellacuría, I. y Sobrino, J. *Mysterium Liberationis. Conceptos Fundamentales de Teología de la Liberación*, II. Madrid 1990, 319-343. Schillebeeckx, Edward. *El ministerio eclesial. Los responsables en la comunidad cristiana*. Madrid, 1983.; Schillebeeckx, Edward, La comunidad cristiana y sus ministerios: *Concilium* 153 (1980) 395-438.

gracia que no es dada: el que tiene el don de profecía, úselo conforme a la medida de la fe; el de servicio, en servir; el que enseña, en la enseñanza; el que exhorta, en la exhortación; el que da, con generosidad; el que preside, con solicitud; el que hace misericordia, con alegría"[193].

Y concluye el Dr. Wollensack:

"En realidad, cada uno de estos dones representa una categoría del ADN espiritual que tiene una variedad de características. Una vez que tengamos un entendimiento espiritual de los atributos de cada *paquete de gracia*, podremos ver en forma más clara que estos dones son verdaderamente sobrenaturales y no simplemente rasgos del carácter o habilidades naturales"[194].

Lo que sigue es una aproximación a saber cómo se entienden los dones, ministerios y operaciones del Espíritu en las comunidades pentecostales.

En la comprensión pentecostal una cosa son los dones espirituales como los de 1 Corintios 12 y otro los Ministerios como en Efesios 4:11: apóstol, profeta, evangelista, pastor y maestro. Estos fueron constituidos por Jesucristo. Los dones son capacidades que Dios da a sus hijos para el servicio o la obra. Son manifestaciones sobrenaturales del Espíritu Santo (1 Corintios 12:7-11) para la mantener unidad del cuerpo de Cristo. Los dones ministeriales son para perfeccionar a los santos para la obra del ministerio y edificación del cuerpo de Cristo. (Efesios 4; 11).

Las operaciones del Espíritu Santo, en cambio, son una variedad de obras que, como señales, los creyentes hacen en el poder del Espíritu. Caminar sobre las aguas, calmar la tempestad, "detener" el Sol, o hacer llover cuando hay sequía, son operaciones del Espíritu.

En las comunidades pentecostales varios son los ministerios o tareas de servicio dentro y fuera de la iglesia. Los siguientes son actualmente los ministerios reconocidos.

---

[193] Wollensack, Peter *Descubriendo Su ADN Espiritual. ¡Los dones que Dios le ha dado y están dentro de usted, existen con un propósito!* Estados Unidos de América: Harvest Equippers. 2014: 19-20.
[194] Ibíd.

§ Ministerio de Adoración, alabanza e intercesión

El ministerio de adoración es el servicio que se rinde a Dios mediante la alabanza (cánticos festivos) y la adoración con palabras y obras, a manera de un homenaje a Dios. Se busca la Gloria de Dios y no el beneficio del hombre. Junto con este servicio a Dios, viene la intercesión, que se considera un ministerio especializado de oración y el ayuno en favor de los hijos de Dios, la nación y el mundo entero. Adicionalmente a esto en muchas iglesias se ha instalado el cántico profético o cántico de inspiración en el Espíritu.

La iglesia de América Latina y El Caribe ya no es más la misma después de la nueva canción introducida por Marcos Witt y otros cantantes cristianos como Danilo Montero, Marcos Barrientos, Jaime Murrel, Annette Moreno, Alex Campos, Crystal Lewis, DC Reto, Doris Machin, Daniel Calveti, Danny Berrios, Esther Moreno, Hillsong United, Jaci Velasquez, Jesús Adrian Romero, Juan Luis Guerra, Lilly Goodman, Marcela Gándara, Marcos Vidal, Ricardo Montaner, Semilla De Mostaza, Tercer Cielo, Vico C., para citar sólo los más conocidos. Witt y muchos de ellos cambiaron definitivamente el perfil de la liturgia no solo protestante sino incluso de la Católica y carismática con la nueva alabanza y adoración.

El evangelista Alberto Motessi, escribiendo el *Prólogo* del libro de Marcos Witt titulado *Enciende una Luz*, señalaba con toda razón y emoción que,

> "así como hay un antes y un después de Martin Lutero, antes y después de Spurgeon, antes y después de la Calle Azusa, antes y después de Billy Graham, en América Latina podemos señalar igualmente un antes y un después de Marcos Witt"[195].

En el pentecostalismo tradicional anterior a Marcos Witt, los dos documentos infaltables en la devoción cristiana protestante eran la Biblia y el himnario. Si bien hasta hoy hay denominaciones que siguen en este esquema, la gran mayoría de ellas ha dejado el himnario por asumir las nuevas canciones proyectadas mayormente a través de data-shows o retroproyectores. Un estilo devocional nuevo y refrescante se ha instalado en

---

[195] Motessi, Alberto H. *"Prologo"* a la Obra de Marcos Witt, *Enciende Una Luz*. Casa Creación, 2000: 11.

la iglesia evangélica. No obstante, se han dejado sentir también las críticas a muchas de la *novels* canciones por ser "románticas" y a veces con poco sustento bíblico o sin ninguna base doctrinal, como traía el himnario. Son romántica e idílicas que hablan de una intimidad con Dios, pero la letra a veces no permite distinguir si se está cantando a Dios, a la naturaleza, a la esposa o al ser amado terrenal.

Con la nueva canción evangélica, no solo se ha renovado la liturgia y la espiritualidad cristiana, sino que con ella ha empezado una nueva forma de comunicación con la sociedad circundante y secular. Reconocidas por la sociedad secular y las radioemisoras como "música con mensaje", muchas canciones, especialmente las de Jesús Adrián Romero y Marcos Witt, se tocan y se cantan en círculos no cristianos y no pocas emisoras seculares las ponen en concursos por el Top de sintonía ocupando primeros puestos.

El propio Marcos Witt ha recibido cinco Grammy Latinos, dos premios Billboard de la música latina, diez Premios Arpa y un premio de la Gente. Sus canciones «Sana nuestra tierra» y «Dios de pactos» recibieron el premio Arpa en la categoría "Canción del año" y su sencillo promocional «Hay una respuesta», quién donó sus ganancias a una obra caritativa en contra del sida, también fue nominado para la misma. Su álbum *Tiempo de Navidad* se posicionó en el puesto octavo de la lista de *Billboard Latin Pop Albums*, con lo que adquirió una nominación al Grammy Latino y otra al Premio Dove. Los GMA Dove Awards o Premios Dove fueron creados en 1969 por la Gospel Music Association de Estados Unidos para reconocer a los artistas más destacados en la industria musical cristiana. Las ceremonias de premiación se realizaban en Nashville, Tennessee; sin embargo, desde 2011 se celebran en Atlanta, Georgia.

Otros dos de sus álbumes, *Dios es bueno* y *Alegría*, ganaron el Grammy Latino y el Premio Billboard Latino en 2006 y 2007 respectivamente. En 2009 Marcos Witt fue productor asociado de *Poema de salvación*, la película fue vista por 500 000 personas en Estados Unidos y México y en 2011 el equipo de producción obtuvo el premio *Arpa* por "Mejor DVD, cortometraje o largometraje del año"[196].

---

[196] Premios y nominaciones de Marcos Witt, en: https://es.wikipedia.org/wiki/Anexo:Premios_y_nominaciones_de_Marcos_Witt#cite_note-mark-2.

> *Se exige de los ministros de alabanza y adoración grados de profesionalidad para ejercerlo, así como una piedad consagrada para conducir adecuadamente al pueblo a la comunión con Dios*

Lo cierto es que no hay iglesia pentecostal que no haya sido influida de alguna manera por este nuevo espíritu de adoración y alabanza. Tanto se ha perfeccionado este servicio a Dios que se viene considerando como propiamente un ministerio y se exige de los ministros de alabanza y adoración grados de profesionalidad para ejercerlo, así como una piedad consagrada para conducir adecuadamente al pueblo a la comunión con Dios. La improvisación de antaño ha quedado atrás, y junto con ella la espontaneidad del culto pentecostal ha quedado también relegada al olvido. A la par de estos cambios, se ha introducido también grados de *espectacularidad* en los cultos de adoración, donde los "adoradores" montan --cuando lo creen necesario-- verdaderos "shows de la fe" con luces y humos, semejantes a los conciertos del mundo, con la finalidad de atraer a las juventudes. Desde una visión pastoral habrá que evaluar los beneficios y los resultados producentes y contraproducentes de estas nuevas formas de alabanza y adoración.

§ *Ministerio docente de la iglesia*

La tarea de educar a los hombres en la fe de Cristo supone el anuncio previo del evangelio a toda criatura, desde la niñez, para que cuando el individuo fuere viejo no se aparte de los caminos del Señor (Proverbios 22:6). La evangelización es, en este sentido, anterior a la educación cristiana. Sin embargo, Dios forma o prepara a sus hijos aún antes de que éstos lo reconozcan conscientemente como su Padre y como su Dios.

La educación cristiana aplicada a los niños, cuya conciencia está en proceso de crecimiento, puede jugar un rol importantísimo al prepararlos para el conocimiento de Cristo y la aceptación madura de las verdades de salvación. La instrucción en la Palabra de Cristo por medio de las Sagradas Escrituras forjará los valores más elementales y más altos, de modo que pueda asegurarse a futuro una generación sana cuyos criterios de libertad, justicia, amor, esperanza, vida, respeto al otro, solidaridad, comunitariedad, entre otros, contribuyan a construir una sociedad más justa y democrática. En una palabra, que los haga capaces de recrear el mundo a la imagen de un mundo cimentado sobre los fundamentos de la fe.

Como es natural la construcción de un mundo nuevo, a partir de hombres nuevos, supone un proyecto histórico de largo plazo y rebasa la simple instrucción o repetición del credo fundamental de la iglesia, (el catecismo). Tal proyecto involucra una serie de acciones y de relaciones que coloca a la educación cristiana en el centro de la producción cultural, en diálogo con las diversas disciplinas del conocimiento humano, así como con las diversas instituciones sociales que rigen el comportamiento humano.

La historia, la filosofía, la sociología, la antropología, la psicología, la economía, la política, la religión, etc. son áreas de la vida involucradas en el proceso de formación de hombres nuevos para una vida nueva.

La educación cristiana viene a ser, así, una parte especializada de las ciencias de la educación y es inseparable de ésta. La educación cristiana, por tanto, no puede estar separada de los procesos históricos y sociales del país, pues constituye la base moral y la estructura ideológica para la formación de la identidad nacional.

La educación cristiana se realiza a través de varios espacios. Uno de ellos es la *educación religiosa* que se imparte desde las escuelas y colegios, sean particulares, o nacionales, evangélicas, católicas o no católicas. Otro espacio es propiamente *la iglesia*. Allí la enseñanza de los contenidos de la fe cristiana toma la forma de un discipulado. Vale decir, que se instruye en el conocimiento de las Sagradas Escrituras a todos los discípulos o seguidores de Cristo, preparándolos para el desarrollo de la misión de la iglesia en el marco de la realidad actual.

> *La construcción de un mundo nuevo, a partir de hombres nuevos, supone un proyecto histórico de largo plazo y rebasa la simple instrucción o repetición del credo fundamental de la iglesia*

En las iglesias pentecostales este proceso se lleva a cabo mediante el estudio de la Biblia entre semana (algunos lo llaman "academia bíblica") y el estudio de la Biblia graduado (por edades) durante los domingos (conocido como "Escuela Dominical"). Las iglesias mejor organizadas incluyen un plan de formación más integral y diversificado por edades, géneros y vocaciones. Así, se forman teológicamente en las Sociedades de Damas (Liga Femenina) Sociedad de Jóvenes (Embajadores de Cristo, Esfuerzo Cristiano, Avanzada Juvenil, etc.), Sociedad de Caballeros, cada una con objetivos y actividades propios, pero todos con el común denominador de una formación bíblica para la misión de la iglesia (Mateo 28:18-20; Hechos 5:42; Marcos 16:15-18).

Clases dominicales para niños, formación catequética para nuevos creyentes o estudios bíblicos y teológicos para el ministerio cristiano, son cada uno ámbitos y niveles de una educación cristiana debidamente planificada. Un espacio más especializado lo constituye la *educación teológica* para el ministerio sagrado, a través de institutos bíblicos, seminarios, facultades de teología o programas de teología en universidades. Esta formación supone las dos anteriores y su orientación básica es la ordenación para el ministerio especializado.

> *Hoy por hoy los pentecostales han desarrollado procesos educativos de alto nivel y pueden competir con antiguos e históricos centros de formación teológica protestantes.*

La educación teológica universitaria actual avanza por niveles académicos que va desde un certificado, diploma, bachillerato, licenciatura, maestría hasta un doctorado en teología. Se trata de una formación académica (teórico-práctica) y un adiestramiento para la función pastoral (sacerdotal o profética) o la función docente o evangelística, según Efesios 4:11. Hoy por hoy los pentecostales han desarrollado procesos educativos de alto nivel y pueden competir con antiguos e históricos centros de formación teológica protestantes.

§ *Ministerio Evangelístico Pentecostal. Proselitismo y salvación*

La primera cosa que debemos aclarar es que el evangelismo no es un don, sino la tarea encargada por Jesucristo a toda su iglesia. Una excusa común de los cristianos cuando se les habla del evangelismo es decir: "El evangelismo no es mi don". No obstante lo dicho, si bien la tarea evangelística es una responsabilidad de todos los cristianos, debemos reconocer que ser Evangelista es ser reconocido como poseedor de uno de los carismas ministeriales de Efesios 4:11-12. En ese sentido, no todos los cristianos tienen esa gracia (carisma) o ministerio, pero el acto de predicar el evangelio, no es exactamente un don. ¿Entonces, qué es? El Apóstol Pablo dice:

> "*Y él mismo constituyó a unos, apóstoles; a otros, profetas; a otros, evangelistas; a otros, pastores y maestros, a fin de perfeccionar a los santos para la obra del ministerio, para la edificación del cuerpo de Cristo*" (Efesios 4:11-12).

Note que dice que los dones son dados *para perfeccionar a los santos, para la obra del ministerio*. El don u oficio de evangelista es, como el de los apóstoles, profetas, pastores y maestros, para "perfeccionar a los santos para la obra del ministerio, para la edificación del cuerpo de Cristo", es decir, no es predicar el evangelio a los inconversos para convertirlos en **prosélitos** (puesto que ellos no son aún parte del cuerpo de Cristo), sino colaborar en la salvación del mundo y la edificación de la Iglesia. Visto así, una persona que tiene el don de evangelista es una persona que es llamada a predicar el Evangelio como a motivar y entrenar a otros cristianos para esa misma tarea. El predicar el evangelio no es en principio un don, sino la responsabilidad de todo cristiano verdadero.

En resumen, todo cristiano tiene el mandato de evangelizar. El don de evangelista se manifiesta en la capacidad espiritual de equipar a los cristianos a evangelizar, de presentar la verdad de Cristo sin caer en un **proselitismo** ilegítimo. Este don se evidencia en la práctica. Si usted está compartiendo su fe continuamente, luego de un tiempo sabrá si tiene ese don, puesto que sentirá que eso es lo que quiere hacer impetuosamente. Es algo natural que el Espíritu Santo produzca en el creyente fiel la motivación de proclamar a Cristo en todo tiempo y en todo lugar. El mandato de Jesús es claro a su iglesia: "*Id por todo el mundo y predicad el evangelio a toda criatura*" (Marcos 16.15).

Pero, como bien observa Cecil M. Robeck Jr., en esa tarea, el proselitismo puede tener un efecto negativo, porque

> Es una plaga en la veracidad del mensaje cristiano y sobre la eficacia de la misión cristiana (...) El proselitismo, según G.R. Evans, "*es una señal de que el sentido de compartir una mente común se ha*

> *roto*". Este desglose (o quiebre) se puede observar en dos niveles. En primer lugar, se puede observar en la multitud de comunidades cristianas que no respetan ni reconocen la plena autenticidad de reclamaciones eclesiales realizadas por otras comunidades también cristianas. En segundo lugar, se puede observar en nuestra incapacidad o falta de voluntad para trabajar juntos en una definición común de los términos. Hasta la fecha, la evangelización de un grupo es todavía proselitismo de otro grupo[197].

El proselitismo es en realidad el empeño exagerado con que una persona o una institución tratan de convencer y ganar seguidores o partidarios para una causa o doctrina, violentando la libertad de las personas. En este esquema, prosélito es toda persona que se incorpora a una religión por la fuerza de la seducción. Por extensión, se aplica también a todo individuo que se consigue para una doctrina, facción o ideología.

Este vocablo, originariamente no estaba ligado a lo religioso, pero con el tiempo fue tomando este matiz. En ese sentido, muchas religiones cristianas distinguen entre lo que es *proselitismo i-legítimo* y la evangelización que incluiría un *proselitismo legítimo* desde el punto de vista jurídico. Éste último concepto es el adecuado ya que no se trata de convencer a nadie para que profese una religión, para que crea en Dios, sino que la decisión de profesar un determinado culto, debe surgir del convencimiento del creyente, del nacimiento de la fe[198].

Es por eso también que en la actualidad se utiliza más bien el término *conversión* para el acto de los fieles de una religión que adoptan otra. Mientras que proselitismo se refiere a conseguir adeptos para un partido político, seguidores para alguna acción, o votos para una elección. Este último caso se aplica, durante las campañas electorales, para describir a los intentos de parte de los candidatos de los partidos a que las personas cambien su voto. Y así conseguir que no voten a quien originalmente pensaban, sino que lo hagan a su favor.

¿Implica la evangelización actos de legítimo proselitismo? Esta es una pregunta muy cara al pentecostalismo, pues para el movimiento pentecostal, la

---

[197] Robeck, Jr., Cecil M. *Mission and the Issue of Proselytism*, en: *International Bulletin of Missionary Research*, January 1996: 1
[198] Quees.la ¿Qué es proselitismo? En: http://quees.la/proselitismo/ 23.11.2015.

evangelización implica naturalmente conversiones y por ello mismo incorporación de nuevos creyentes a la fe pentecostal.

La respuesta jurídica de la *Dra. María José Ciaurriz,* profesora Titular de Derecho Eclesiástico de la Universidad Nacional de Educación a Distancia de Madrid, arroja una nueva luz a la discusión.

Ciaurriz es autora del libro: «*El derecho de proselitismo en el marco de la libertad religiosa*», del Centro de Estudios Políticos y Constitucionales. En el libro, la autora dilucida qué es la libertad religiosa como marco del **derecho de proselitismo** de las confesiones y los estados.

Para la autora, «el proselitismo forma efectivamente parte del derecho de libertad religiosa». «Evangelizar es un acto legítimo de proselitismo» reconociendo que hay formas ilegítimas de hacer proselitismo, cuando se coacta la libertad de las personas y se las fuerza tomar decisiones contra su voluntad.

Según Ciaurriz, el derecho de libertad religiosa aparece mencionado, de una u otra manera, en todas las *Declaraciones Internacionales* que recogen el reconocimiento de los derechos humanos fundamentales. Igualmente sucede con las Constituciones de la mayor parte de los países democráticos y, en general, con toda la doctrina moderna en torno a la materia: la libertad religiosa no se presenta como un derecho que el Estado o el Poder público concede a los ciudadanos, sino como un derecho previo al ordenamiento jurídico y que éste tiene el deber de tutelar y proteger. Un derecho que se desarrolla a través de variadas formas de actuarse, entre las que resultan capitales el derecho a elegir y profesar la religión deseada; el derecho a cambiar de religión; y el derecho a manifestar la propia religión, que a su vez engloba el derecho de publicar, enseñar, predicar y hacer proselitismo, además del derecho a actuar en la vida pública y privada de acuerdo con las propias convicciones religiosas. De todo ello se deduce que el derecho de proselitismo forma efectivamente parte del derecho de libertad religiosa[199]. Al preguntársele sobre el *proselitismo ilegítimo*, la Dra. Respondió:

> Debe tenerse en cuenta que cuando algún Estado, como es el caso

---

[199] ¿Proselitismo o evangelización? Entrevista a la jurista María José Ciaurriz. MADRID, 10 junio 2003 (ZENIT.org) en: http://mercaba.org/FICHAS/Evangelizacion/proselitismo_evangelizacion.htm (Consultado el 23.11.2015).

> de Grecia, ha condenado a personas pertenecientes a una religión distinta de la nacional por llevar a cabo un *proselitismo ilegítimo*, la mayor parte de las veces el Tribunal Europeo de Estrasburgo ha dado la razón a quien ejercía el proselitismo y no al Estado, por considerar que la propagación, por todos los medios legítimos, de la propia fe, es un derecho integrado en la libertad religiosa (…)Toda manifestación de la propia fe es un acto de proselitismo, en cuanto que traslada a los demás la noticia de una convicción personal que, de por sí, tiende a comunicarse. Ello se puede hacer mediante la enseñanza, mediante la exposición de las propias ideas en libros y en medios de comunicación, así como en conferencias y demás sistemas similares; se puede hacer mediante la conversación directa y privada…, es decir, se puede hacer por todos los medios legítimos que tengan por objeto dar a conocer a otras personas las propias convicciones y, también, atraerlas a las mismas[200].

Desde ese punto de vista, la conversión de nuevos creyentes, que lleva a los nuevos conversos a elegir dónde y con quien congregarse, es un derecho legítimo y no atentaría para nada contra otras formas confesionales o religiosas. Sería deseable, sin embargo, que al compartir la fe se deje en libertad del nuevo convertido de asistir a la iglesia que quiera, sobre todo si es un practicante de alguna de las familias confesionales del cristianismo.

§ *Ministerio de misericordia o ayuda social*

Entre las comunidades pentecostales es connatural un ministerio de Ayuda Social o de misericordia. Por lo general este ministerio tiene finalidad de satisfacer necesidades de quienes viven en la pobreza o están atravesando por momentos difíciles. Se trata, en efecto, de una *solidaridad mecánica*, automática, o espontánea. Como la mayoría de los fieles pentecostales son pobres o han salido de la pobreza, de manera natural sienten que deben ayudar a sus congéneres. Ocasionalmente recogen y entregan alimentos, realizan ofrendas y donaciones gestionadas por el pastor u

---

[200] Ibíd.

otros los miembros de la iglesia. Esta solidaridad pentecostal se da frente a situaciones de emergencia, como en épocas escolares o en festividades como Navidad y Año Nuevo. Se proporciona asistencia humanitaria y espiritual a familias de escasos recursos para mostrar el amor y la misericordia que nos dejó como legado nuestro Señor Jesucristo.

En esta acción se expresan **valores** como la *equidad* y la acción con *justicia*. Como dice la Escritura: "Hay quienes reparten, y le es añadido más; y hay quienes retienen más de lo que es justo, pero vienen a pobreza" (Proverbios 11:24). *El valor de la generosidad*: "El alma generosa será prosperada; y el que saciare, él también será saciado"(Proverbios 11:25) *El valor de la Honestidad*: "Procurando hacer las cosas honradamente, no sólo delante del Señor sino también delante de los hombres". (II Corintios 8:21); *El valor de la Solidaridad*: "Y respondiendo el Rey, les dirá: De cierto os digo que en cuanto lo hicisteis a uno de estos mis hermanos más pequeños, a mí lo hicisteis" Mateo 25:40; *El valor de la Compasión o Caridad*: "Bienaventurados los misericordiosos, porque ellos alcanzarán misericordia" (Mateo 5:7), y *el valor de la hermandad*: "Este es mi gran mandamiento: que os améis unos a otros, como yo os he amado" (Juan 15:12), además de la comunitariedad, compañerismo y la organización social (solidaridad orgánica).

Con el paso de los años, el ministerio de ayuda social que podría haberse quedado en el puro asistencialismo, ha avanzado a nuevas formas de participación ciudadana en pro del desarrollo local, regional y nacional. Una nueva comprensión de la misión, pasa por considerar el trabajo eclesial o pastoral como una acción social en el sentido que Max Weber había señalado.

La Acción social como objeto de estudio de la sociología, es el análisis del comportamiento humano en los diferentes medios sociales. La acción humana está estructurada de acuerdo a normas compartidas y aceptadas por los miembros de una colectividad.

La sociología presenta una doble perspectiva complementaria al analizar la realidad social: subjetiva o interna y objetiva o externa. Ambos análisis se remontan a dos concepciones sobre la acción social: la del sociólogo alemán **Max Weber** (1864-1920) [201] y la del teórico social francés **Émile Durkheim** (1858-1917)[202].

Weber define la sociología como "*ciencia de la acción social*" y afirma que "la acción humana es social siempre que los sujetos de la acción incorporen en ella un sentido ***subjetivo***". Con esta apreciación, Weber quiso mostrar que los caracteres de una acción social se encuentran en la percepción y en la comprensión del sujeto de la conducta de los demás.

Para Durkheim, el carácter social de la acción humana es ***objetiva*** en razón de que obedece a las "maneras colectivas de obrar, pensar y sentir externas al individuo", que ejercen un poder coercitivo sobre su conducta, gracias a determinados patrones de conducta que ejercen sobre nuestra mente una influencia reguladora de nuestras acciones. Así por ejemplo,

---

[201] Max Weber, economista y sociólogo alemán, quizá el más importante de todo el siglo XX, conocido por su análisis sistemático de sociología política y del desarrollo del capitalismo y la burocracia. Weber nació el 21 de abril de 1864 en Erfurt y estudió en las universidades de Heidelberg, Berlín y Gotinga. Letrado en Berlín (1893), enseñaría Economía en las universidades de Friburgo (1894), Heidelberg (1897) y Munich (1919). Fue editor, durante algunos años, del *Archiv für Sozialwissenschaft und Sozialpolitik*, publicación alemana de sociología.

[202] Teórico social francés y uno de los pioneros del desarrollo de la sociología moderna. *Durkheim* nació en Epinal (Francia) en el seno de una familia judía. Se graduó en la Ècole Normale Supérieure de París en 1882 y luego trabajó como profesor de derecho y filosofía. En 1887 comenzó a enseñar sociología, primero en la Universidad de Burdeos y después en la de París. Durkheim pensaba que los métodos científicos debían aplicarse al estudio de la sociedad y creía que los grupos sociales presentaban características que iban más allá o eran diferentes a la suma de las características o conductas de los individuos. También estudió la base de la estabilidad social, es decir, los valores compartidos por una sociedad, como la moralidad y la religión. En su opinión, estos valores (que conformaban la conciencia colectiva) son los vínculos de cohesión que mantienen el orden social. La desaparición de estos valores conduce a una pérdida de estabilidad social o anomia (del griego anomia, 'sin ley') y a sentimientos de ansiedad e insatisfacción en los individuos. Explicó el fenómeno del suicidio como resultado de una falta de integración del individuo en la sociedad. Durkheim analizó esta correlación en su obra *El suicidio: un estudio sociológico* (1897). Para explicar sus teorías en sus escritos utilizó a menudo material antropológico, especialmente de sociedades aborígenes. Otros de sus libros son La división del trabajo social (1893), Las reglas del método sociológico (1895) y Las formas elementales de la vida religiosa (1912).

los principios morales infundidos por la religión, juegan un rol decisivo a la hora de tomar decisiones y actuar.

La acción social ha sido estudiada a su vez por el sociólogo estadounidense **Talcott Parsons** (1902-1979)[203], uno de los principales teóricos de la sociología contemporánea. Sus teorías acerca de los *mecanismos* de la acción social y los *principios organizativos* que subyacen en las estructuras sociales, contribuyeron al desarrollo de la sociología americana.

Partiendo de la definición de Weber, en su obra *La estructura de la acción social* (1937) Parsons sitúa la acción en cuatro subsistemas: biológico, psíquico, social y cultural, que conforman el sistema de la acción. Para Parsons, toda acción es siempre global, es decir, está inscrita en esos cuatro subsistemas y es resultado de la interacción de las fuerzas o influencias de cada uno de ellos.

La acción social, como observaba Weber, no es tal solo por ser externa o por tener una continuidad, pues la costumbre en si misma o la tradición no se consideran propiamente "acción social", sino que es tal *por su "**significación**" para los demás*. Esto quiere decir que, para que sea considerada acción social debe ser portadora de un "**sentido**" para la comunidad humana con la que se mantiene una "**relación**" social.

Esta es la razón por qué muchas veces la acción social de las iglesias es mejor reconocida como "Servicio" Social, servicio de amor, de sacrificio y de entrega al costo incluso de la vida misma. La comunidad cristiana

---

[203] Considerado un funcionalista, Talcott Parsons pensaba que la sociedad tiende hacia la autorregulación y la autosuficiencia satisfaciendo determinadas necesidades básicas, entre las que se incluyen la preservación del orden social, el abastecimiento de bienes y servicios, y la protección de la infancia. Según la teoría funcionalista, la sociedad es un organismo y cada parte cumple una finalidad o realiza una función. Todos los miembros de la sociedad cooperan para cubrir sus necesidades porque tienen objetivos y valores comunes. Entre las obras de Parsons se encuentran: La estructura de la acción social (1937), El sistema social (1951) y Sociedades: perspectivas evolucionistas y comparativas (1966). Fue uno de los sociólogos más influyentes del siglo XX, pero ha sido criticado por no prestar suficiente atención al cambio social y a los conflictos asociados a él.

suele distinguir entre acción social, acción pastoral y evangelización, como se ha visto en esta obra[204].

§ *Ministerio Profético pentecostal*

En el mundo pentecostal es común el cultivo y desarrollo de un ministerio profético. Mucho antes que tuviera lugar la emergencia de movimientos neo-apostólicos y proféticos, el pentecostalismo aceptaba abiertamente el ministerio profético. Era usual presenciar en las iglesias la emergencia o irrupción sorpresiva de profetas al comienzo, en medio o al final del culto. Como en el Antiguo Testamento, la práctica de "buscar a Dios" en las faldas de los cerros aún continúa en muchos países entre los grupos pentecostales autónomos. Al parecer existe la idea de que Dios se manifiesta en los lugares altos y apartados, vestigio de la vida rural de nuestros pueblos.

La costumbre evangélica y pentecostal consiste en subir a las faldas de los cerros, tomar esos lugares y convertirlos en "Montes de Oración y adoración". Muchas veces atraviesan cementerios o lugares desérticos ya que, por lo general los pueblos jóvenes o barriadas están en la periferia o asentados en las laderas de los cerros. Buscan entablar allí una conversación "directa" con Dios por uno o muchos días, libre del bullicio de la ciudad.

En algunos casos, cuando se trata de un grupo de orantes, entienden que Dios se manifiesta a través de un *profeta místico*, quien sirve de intermediario para una conversación del grupo con Dios. Allí, según manifiestan, Dios desvela algunos secretos para la futura vida personal de los orantes, reparte dones o ministerios y comunica grandes verdades para el pueblo

---

[204] Para el caso de Colombia véase el interesante artículo de Lozano, Fabio. *Evangélicos y Pobreza: Reflexiones a partir del estudio de la Acción Social de las iglesias evangélicas en Colombia*. En: El reino de Dios_final.indd 253-274 Descargado el 17/12/08. Lozano es teólogo y master en Desarrollo Rural de la Pontificia Universidad Javeriana de Bogotá (Colombia) y PhD en Estudios sobre América Latina de la Universidad de Toulouse Le Mirail (Francia). Profesor e investigador, miembro del grupo de trabajo de CLACSO, "Religión y Sociedad" y del grupo de investigación "Conflicto, Regiones y Sociedades Rurales", de la Pontificia Universidad Javeriana.

creyente. En otros casos, en zonas urbanas céntricas, esos lugares apartados (consagrados) son reemplazados por lugares especiales dentro del templo, a los que tienen acceso sólo los elegidos para el ministerio profético. Los seguidores suelen denominar a los profetas "vasos del Señor", por ser vasos comunicantes de las palabras de Dios.

Es común que un culto de adoración haya "**ministración**" que consiste en una impartición carismática con imposición de manos, la emisión de mensajes proféticos individualizados o grupales y la manifestación de visiones y acciones taumatúrgicas, liberación de endemoniados, si fuera el caso.

§ *El Ministerio Apostólico contemporáneo*

He dedicado un pequeño libro[205] a la comprensión de la vigencia o caducidad de los carismas apostólicos y proféticos y encontré en la historia del cristianismo una continuidad casi inagotable de los mismos. Todos los dones y ministerios que menciona la Biblia nunca cesaron. Han estado presentes en todas las épocas de la vida de la iglesia. A veces manifestados abiertamente y otras como latentes en períodos de sequía espiritual. Lo que sí ha sucedido, es el enfriamiento espiritual de muchas iglesias lo cual les ha impedido desarrollar discernimiento espiritual para reconocerlos. A la par de esto y, gracias a un mal manejo de las ciencias bíblicas, exegéticas y hermenéuticas, algunos llegaron a ignorar los carismas ministeriales, aduciendo que se agotaron en el siglo I de la era cristiana (Cesacionismo).

Paradójicamente científicos liberales, como Rudolf Bultmann y Paul Tillich, eruditos ambos, dan un amplio lugar en sus teologías a los carismas ministeriales y a las manifestaciones del Espíritu Santo.

---

[205] Campos, Bernardo. *Visión de Reino: Apóstoles y Profetas en la historia del Cristianismo. Apreciación Fenomenológica de un Movimiento de Restauración y Reforma*. Lima, Perú: Bassel Publishers, 2009.

> *Todos los dones y ministerios que menciona la Biblia nunca cesaron. Han estado presentes en todas las épocas de la vida de la iglesia.*

Según pude observar, existe un hilo de continuidad como **Historia de las manifestaciones carisma- ticas**, las cuales han sido levantadas por algunos historiadores de manera indirecta. Me ha resultado sumamente útil, en tal sentido, las sugerencias del historiador carismático renovado Pablo A. Deiros[206] toda vez que su nueva experiencia con el Espíritu lo ha llevado a releer la historia en una perspectiva diferente a los bautistas tradicionales de donde emerge. En su persona vemos un ejemplo claro de cómo la lectura de la historia se ve afectada por la experiencia y subjetividad del intérprete. El Dr. Deiros es un historiador tocado por el Espíritu, como el Dr. Cecil M. Robeck Jr., erudito historiador de las Asambleas de Dios de los Estados Unidos.

Por otra parte, las obras histórico-teológicas de Hans Kung[207] sobre *El Cristianismo: Esencia e historia, Ser Cristiano, La Iglesia, Existe Dios*, entre otras, me han permitido reconocer la lucha por la unidad de la iglesia a lo largo de siglos de la marcha de *las* iglesias como parte de la una, santa, apostólica Iglesia Universal. En esa virtud, vale la pena entrecruzar la *historia de los cristianismos* con la historia de los concilios y movimientos ecuménicos[208].

Interesado en mostrar la continuidad de los movimientos carismáticos,

---

[206] Deiros, Pablo A. y Mraida, Carlos *Latinoamérica en Llamas*. Miami: Caribe, 1994: 24-111.

[207] Küng, Hans. *El cristianismo: Esencia e historia. Madrid: Trotta, 1997;* Küng, Hans *La Iglesia*. Barcelona: Herder, 1968 y su Monumental obra *¿Existe Dios?* Madrid: Editorial Trota, 2005 es de lejos una historia de la filosofía en clave teológica o de la Fe en clave filosófica.

[208] Bus, Theo, *El movimiento Ecuménico* La Paz: Editora Hisból, 1997; Livigstone, y Cross. *Diccionario oxford de la Iglesia cristiana*, Londres, 1974: 443-444; De Santana, Julio y López, Mauricio. *Homo Oecumenicus*, en: López,Mauricio A. *Los Cristianos y el cambio social en la Argentina*, Mendoza, APE –FEC, 1989; y la bien informada obra de Lambert, Bernard *El Problema Ecuménico*. Madrid: Ediciones Guadarrama, 1963; De Jesús, Manuel Latin *Ecumenismo Mundial, Defensores de la verdad*, Guatemala, 1995.

Pablo Deiros toma la imagen de *la lluvia* de Joel 2:23-32 de E. Glenn Hinson[209], y sugiere considerar al menos cuatro períodos por los que ha atravesado el movimiento del Espíritu, después de Pentecostés: 1) Las lluvias tempranas(100-400), 2) la Gran Sequía(400-1650), 3) Las lluvias tardías (1650-1900), y 4) Las lluvias recientes(1900-1998ss). Naturalmente para los fines de ese libro agregué un período más: El *Apostólico-profético* (1980-2010)[210].

A la luz de esa periodización, Deiros[211] mostró cómo en la historia se han sucedido una serie de manifestaciones carismáticas y cómo muchos héroes de la historia del cristianismo, más conocidos por sus reformas sociales, sino lideraron los movimientos carismáticos en su época, por lo menos se las tuvieron que ver con ellos. Para el efecto de este libro, propuse y desarrollé la siguiente periodización:

> **Periodo Apostólico Formativo** (6 AC-100 DC) Los Doce Apóstoles del Cordero
> **Período Post Apostólico Temprano** (100-400) Los Padres Apostólicos
> **Período Post Apostólico Posterior** (400-1650) Los Movimientos "heterodoxos"
> **Período de Reformas para el Avivamiento** (1650-1900) Los Post Reformados
> **Período de Restauración de lo Apostólico Profético** (1900-2010ss):
> - (1900-1960) El Movimiento *Pentecostal*
> - (1960-1980) El Movimiento *Carismático*
> - (1980-2010) El Movimiento *Apostólico-profético*[212].

---

[209] Glenn Hinson, E. "The significance of Glossolalia in the History of Christianity" en *Speaking in Tongues: Let'sTalk About It* (hablar en lenguas. Hablemos de eso) Waco, Texas: Eord Books, 1973:61-80.
[210] Campos, Bernardo *Visión de Reino: Apóstoles y Profetas en la historia del cristianismo. Apreciación Fenomenológica de un Movimiento de Restauración y Reforma*. Lima, Perú: Bassel Publishers, 2009:37-39.
[211] La periodización sugerida por Deiros cubre hasta el año 1998, a juzgar por la ampliación de su obra en la serie de libros que le siguió. Cf. Deiros, P. A. *La acción del Espíritu Santo en la Historia. Las Lluvias tempranas (años 100-550)*. USA: Ed. Caribe, 1998.
[212] Campos, Bernardo. *Visión de Reino*: 37-39.

Una primera distinción que hay que hacer en cuanto a *lo apostólico* hoy es la diferencia entre los "doce apóstoles del cordero" y los "apóstoles de la ascensión" como continuadores. He oído comentar a algunos apóstoles modernos el texto de Efesios 2.20: "*edificados sobre el fundamento de los apóstoles y profetas, siendo la principal piedra del ángulo Jesucristo mismo*". Usando este texto aducían que los actuales apóstoles y profetas son el fundamento de la iglesia y por eso los fieles les deben respeto y sumisión. Grave error de interpretación.

Los "Doce Apóstoles del Cordero"

Merecen un estudio detallado el estudio del llamamiento y establecimiento de los apóstoles en los evangelios en relación con su carácter único y su función como fundamento para la iglesia. Uno de los datos más seguros de la vida de Jesús es que constituyó a un grupo de **doce** discípulos a los que denominó los "Doce Apóstoles". Este grupo estaba formado por hombres que Jesús llamó personalmente, que le acompañan en su misión de instaurar el Reino de Dios, que son testigos de sus palabras, de sus obras y de su resurrección.

El *grupo de los Doce* aparece en los escritos del Nuevo Testamento como un grupo estable o fijo. Sus nombres son "Simón, a quien le dio el nombre de Pedro; Santiago el de Zebedeo y Juan, el hermano de Santiago, a quienes les dio el nombre de Boanerges, es decir, «hijos del trueno»; Andrés y Felipe, y Bartolomé y Mateo, y Tomás y Santiago el de Alfeo, y Tadeo y Simón Cananeo; y Judas Iscariote, el que le entregó" (Marcos 3:16-19).

En la Iglesia primitiva el título de apóstol se hizo extensivo a otros que propagaron el mensaje cristiano, como Pablo, Bernabé y Timoteo.

En las listas que aparecen en los otros Evangelios y en Hechos de los Apóstoles, apenas si hay variaciones. A Tadeo se le llama Judas, pero no es significativo, pues como se ve, hay varias personas que se llaman de la misma manera —Simón, Santiago— y que se distinguen por el apelativo o por un segundo nombre. Se trata pues de Judas Tadeo. Lo significativo es que en el libro de los Hechos no se hable de la labor evangelizadora de muchos de ellos: señal de que se dispersaron muy pronto y de que, a pesar de eso, la tradición de los nombres de quienes eran los Apóstoles estaba muy firmemente asentada.

San Marcos 3:13-15 dice que Jesús: *"subiendo al monte llamó a los que él quiso, y fueron donde él estaba. Y **constituyó a doce**, para que estuvieran con él y para enviarlos a predicar con potestad de expulsar demonios"*.

Señala de esa manera la iniciativa de Jesús y la función del grupo de los Doce: estar con él y ser enviados a predicar con la misma potestad que tiene Jesús. Los otros evangelistas —San Mateo 10,1 y San Lucas 6,12-13— se expresan en tonos parecidos. A lo largo del evangelio se percibe cómo acompañan a Jesús, participan de su misión y reciben una enseñanza particular. Los evangelistas no esconden que muchas veces no entienden las palabras del Señor y que le abandonaron en el momento de la prueba. Pero señalan también la confianza renovada que les otorga Jesucristo.

Es muy significativo que el número de los elegidos sea *Doce*. Este número remite a las *doce tribus* de Israel (Cf Mateo 19:28; Lucas 22,30; etc.), y no a otros números comunes en el tiempo —los miembros del Sanedrín eran 71, los miembros del Consejo en Qumrán 15 ó 16 y los miembros adultos necesarios para el culto en la sinagoga, 10—, por lo que parece claro que se señala de esta manera que Jesús no quiere restaurar el histórico reino de Israel (Hechos 1,6) —sobre la base de la tierra, el culto y el pueblo— sino instaurar el Reino (sobrenatural) de Dios sobre la tierra.

A ello apunta también el hecho de que, antes de la venida del Espíritu Santo en Pentecostés, Matías ocupe el lugar que Judas Iscariote y complete el número de los doce (Hechos 1:26).

Otro hecho fundamental en misión apostólica está signado por el debate sobre la continuidad del mensaje del Reino en el ministerio apostólico. En el comienzo del Evangelio de san Marcos (Marcos. 1:15), Jesús anuncia el principio de su vida de predicación con estas palabras: '*El tiempo se ha cumplido y el Reino de Dios está cerca; convertíos y creed en el Evangelio*'. En todas sus enseñanzas, la expresión Reino de Dios o en ocasiones Reino de los Cielos, constituye el eje central del anuncio de Jesús. Él es quien inaugura el Reino y quien nos invita a participar en su enriquecimiento y difusión.

Para extender ese Reino, Jesús hubo de seleccionar doce discípulos por las doce tribus de Israel, significando con ello que la comunidad cristiana es el Israel de Dios (Gálatas 6:16), que hereda los privilegios del antiguo Israel y continúa la obra del Mesías.

De las epístolas del Nuevo Testamento y de otras fuentes que provienen de los dos primeros siglos de nuestra era, es posible obtener información sobre la organización de las primeras congregaciones. Las epístolas que Pablo habría enviado a Timoteo y a Tito (a pesar de que muchos estudiosos actuales no se arriesgan a afirmar que el autor de esas cartas haya sido Pablo), muestran los comienzos de una organización basada en el traspaso metódico del mando de la primera generación de apóstoles, entre los que se incluye a Pablo, a sus continuadores, como obispos. De hecho, para la cristiandad antigua, el fundador de la Iglesia cristiana en un país era considerado de forma habitual como el apóstol de ese país: Gregorio de Armenia es el apóstol de Armenia, como Santiago es de España. La lista de apóstoles con esta última denominación se enriquece con san Bonifacio de Alemania; san Anselmo de Canterbury en Inglaterra; san Patricio en Irlanda; san Columba, en Escocia; san Cutberto de Northumbria y san Dionisio, de Francia.

Dado el frecuente uso de términos tales como *obispo*, *presbítero* y *diácono* en los documentos, se hace imposible la identificación de una política única y uniforme. Hacia el siglo III se hizo general el acuerdo y respecto a la *autoridad* de los obispos como continuadores de la labor de los apóstoles. Sin embargo, este acuerdo era generalizado sólo en los casos en que sus vidas y comportamientos asumían las enseñanzas de los apóstoles, tal como estaba estipulado en el Nuevo Testamento y en los principios doctrinales que fundamentaban las diferentes comunidades cristianas.

El ministerio de Pedro y su lugar en la Iglesia debe también ser esclarecido, ya que el catolicismo considera que el pontífice católico-romano es el sucesor de Pedro. La vocación paulina y su reconocimiento como apóstol advenedizo merecerán una consideración especial, pues podría ser decisivo para la consideración de la incorporación de "otros apóstoles" después de "**los doce**" que es la designación usada para la época. ¿Por qué Matías tuvo que completar el número de los doce? La importancia de esa designación echará luz sobre su significado para la historia de lo apostólico.

Sumamente importante para esclarecer la organización de la iglesia en el primer siglo es *la comunidad apostólica de Jerusalén*, el kerigma de Jerusalén base de la cristología neo testamentaria, y el establecimiento de ancianos (presbíteros) en las ciudades, así como la relación entre los apóstoles de Jerusalén y la iglesia de la diáspora judía.

La profecía de Jesús sobre la destrucción de Jerusalén y su cumplimiento en el año 70, las manifestaciones proféticas en Corinto, como la profecía de Juan en el Apocalipsis, son decisivas para discernir, por otra parte, el *espíritu profético* en el Nuevo Testamento. De igual modo, el martirio de los apóstoles jugará también un rol importante para la *espiritualidad apostólica*, porque marcará el destino irrenunciable de toda vocación apostólica que se precie[213].

La pregunta decisiva, sin embargo, está regida por el cambio en el contenido fundamental de la comisión apostólica en el marco del programa mesiánico: el anuncio de la llegada del Reino de Dios y la consecuente formación de la Iglesia. Fue durante el período post-apostólico, cuando el cristianismo se institucionalizó y perdió de vista el Reino como mensaje central de Jesús.

Mi sugerencia es que una serie de factores la obligaron a ello. En *primer lugar*, tras la ola de persecuciones, la necesidad de mantenerse vivos indujo a la iglesia a hacer prosélitos. En *segundo lugar*, el cambio en la composición de la Iglesia, que tuvo lugar más o menos a fines del siglo II, la fusión con el mundo helenístico que dio lugar a los maestros apologistas. En *tercer lugar*, la auto comprensión de la iglesia como cuerpo místico de Cristo como factor determinante para el giro hacia lo eclesiástico y el enfriamiento de los carismas.

En efecto, los cristianos siempre estuvieron convencidos de que la promesa de Jesús de estar con ellos "*siempre, hasta el fin de los días*" se hizo realidad mediante su "cuerpo místico en la tierra", es decir, la Iglesia como cuerpo de Cristo. Pero pronto esta comprensión la llevó a creer que su tarea en la tierra consistía en completar ese cuerpo incorporando

---

[213] Para los efectos de este libro daré por sentado el manejo bíblico teológico de la época apostólica entre los lectores, que va desde la elección de "los doce" hasta la muerte del Apóstol Juan. Sobre el sentido bíblico de apóstol véase; Kittel, Gerhard (editor*), "apostolos"* (apóstol) y *"pempein"* y *"apostellein"* (enviar) en *A Igreja do Novo Testamento*. Sao Paulo: ASTE, 1965: 111-187.

miembros, más que en hacer que Dios gobierne al mundo, o que estableciera su Reino. La consecuencia fue que, por casi dos mil años, el cristianismo perdió de vista la centralidad del Reino y la cambió por la misión evangelizadora expresada en la idea de ganar más fieles para Cristo. Por eso, algunos estudiosos cuestionan el hecho de que se pretenda asumir que Jesús intentó fundar una iglesia, ya que la palabra iglesia (ecclesia) se menciona sólo dos veces en los Evangelios. Hemos de insistir que el mayor problema a resolver en el movimiento apostólico posterior, será el esclarecimiento de cuándo y por qué motivos la centralidad del Reino fue desplazada por la centralidad de la Iglesia, o lo que es peor, cuándo y por qué motivos la iglesia se erigió a sí misma como un Reino aquí en la tierra. Cuándo y por qué motivos el cristianismo dejó de ser una *espiritualidad*— un camino—para convertirse en una *religión* y cuáles serían las consecuencias para su vida y misión.

Otro elemento que destaca el periodo temprano es la relación del cristianismo con el judaísmo. En un momento dado, los cristianos con un pasado no judío comenzaron a superar en número a los judíos cristianos. En este sentido, el trabajo del apóstol Pablo tuvo una poderosa influencia. Pablo era judío de nacimiento y estuvo relacionado de una forma muy profunda con el destino del judaísmo, pero, a causa de su conversión, se sintió el "instrumento elegido" para difundir la palabra de Cristo a los gentiles, es decir, a todos aquellos que no tenían un pasado judío.

Fue él quien, en sus epístolas a varias de las primeras congregaciones cristianas, formuló muchas de las ideas y creó la terminología que más tarde constituiría el eje de la fe cristiana. Muchos teólogos posteriores basaron sus conceptos y sistemas en sus cartas, que ahora están recopiladas y codificadas en el Nuevo Testamento.

En la actualidad, la pretensión del carácter absoluto del cristianismo en detrimento del judaísmo y de otras religiones y la relación de hegemonía que mantiene el catolicismo con las distintas organizaciones eclesiásticas que existen por toda la cristiandad, es la causa de las principales divisiones entre ellas. El catolicismo ha tendido a equiparar su propia estructura institucional con la Iglesia universal, mientras que algunos grupos protestantes y ortodoxos han estado prontos a reclamar que ellos y sólo ellos, representan la verdadera Iglesia visible.

Los Apóstoles de la Ascensión

Este periodo apostólico temprano culmina con una discusión sobre la *sucesión* apostólica. La interpretación protestante sobre Mateo 16.18-19 coincide con la interpretación católica de que Cristo les ha dado a los Apóstoles y a Pedro unos privilegios singulares ¿Pero, debía terminar la misión de los Apóstoles con la muerte de ellos?

En *primer lugar*, la respuesta depende de lo que se entienda por "misión de los Apóstoles". Si se entiende como el fundamento y punto de partida cronológico de la Iglesia, nadie negará que esta posición es *única* y, por tanto, *irrepetible* como todo hecho histórico[214]. Pero ¿queda con ello agotado el sentido de las palabras del Señor? ¿Quería él hacer sólo esta evidente afirmación? ¿No le compete esta posición única también a los demás discípulos y compañeros del Señor que estuvieron con él «desde el bautismo de Juan hasta la Ascensión»? (Hechos 1: 21s.), refiere a Bernabé, a Marcos, a Mnason (Hechos 21: 16) y a los 500 hermanos, que fueron favorecidos de una aparición del Resucitado (1ª. Corintios 15: 6)

Los «Doce» ocuparon una posición especial entre los discípulos porque habían sido constituidos por el Señor como testigos auténticos de su Resurrección y órganos de su revelación. A ellos se les encomendó la misión especial de predicar el Evangelio y les fue confiado el poder de enseñar, santificar y gobernar. Ellos fueron los primeros portadores de esta misión y de estos poderes y, por ello, son fundamento y fuente de su eficacia - esto constituye su función apostólica única e irrepetible -, pero no debían permanecer como los únicos responsables de la misión de enseñar y gobernar. Fueron constituidos padres del nuevo pueblo de Dios que debía reemplazar a las doce tribus de Israel, y, como tales, eran principio y fundamento de la era salvífica de la Nueva Alianza. Pero también eran pastores y guardianes del pueblo de Dios y, como tales, siempre los necesitaba la Iglesia y el Señor los constituyó hasta el fin de los tiempos.

En *segundo lugar*, la vocación y los poderes de los «Doce» no eran privilegios puramente personales, ni una medida pasajera. Las palabras con las que describe el Señor la misión de los Apóstoles no se pueden limitar a la época

---

[214] Kung, Hans *La Iglesia*. Barcelona: Herder, 1968: 422.

fundacional de la Iglesia. No están restringidas al tiempo de la fundación de la Iglesia, sino que se refieren a la esencia de la Iglesia, que está por encima de los cambios y de los tiempos.

> *Atar y desatar es el origen y la fuente auténtica de un derecho sacerdotal permanente*

El discurso de Mateo 16:18 da instrucciones para la conservación del orden y la disciplina en la Iglesia y no hace ninguna referencia a la época de la fundación de la Iglesia. El poder de «atar y desatar» se ha de actuar en la Iglesia siempre que no sea suficiente la corrección fraterna, por consiguiente, debe ser algo duradero. Pero las opiniones están divididas. Católicos y ortodoxos, creen que tal poder reposa sobre los ministros.

> «Todos los ortodoxos - dice W. Solowjew - están de acuerdo en afirmar que el poder apostólico de atar y desatar no ha sido conferido a los «Doce» como personas privadas o como privilegio limitado en el tiempo, sino que es el origen y la fuente auténtica de un derecho sacerdotal permanente, que es transmitido de los Apóstoles a sus sucesores en el orden jerárquico, los obispos y sacerdotes de la Iglesia universal»[215].

No obstante, se debe señalar que si este ministerio y ese poder son extensibles, deberá serlo a la iglesia entera y no únicamente a los ministros[216].

El discurso de la gran comisión (Mateo 28) está todavía más claramente en una perspectiva secular. La misión del Señor se extiende a todos los pueblos y a todos los tiempos y la garantía de su asistencia vale «hasta el fin del mundo». Si él llama a los Apóstoles «luz del mundo», «sal de la tierra», sólo tiene sentido si en el mundo existen siempre titulares y portadores de la misión apostólica.

En *tercer lugar*, se evitarían muchas confusiones si se atiende a que la palabra apóstol, entonces como ahora, se usa en un sentido estricto y en un sentido

---

[215] Solowjew, W. *Monarchia sancti Petri* (trad. Alemana de L. Kobilinski-Ellis, Mainz 1929) 473. citado por Lang, Albert *"Apóstol": ¿un carisma extinto? La permanencia del oficio apostólico* en http://apologetica.org.
[216] Kung, Hans. *La Iglesia:* 424.

amplio, es decir, en el sentido de la posición particular irrepetible de los «Doce», de su carácter de fundamento y en el sentido de su poder de misión, que debía continuar en la iglesia. En el primer sentido, los 12 Apóstoles no tienen sucesores, son únicos e irrepetibles; en el segundo sentido, su oficio ha pasado a la iglesia como cuerpo de Cristo y se vislumbra en sus ministros.

El pueblo cristiano siempre tuvo conciencia de que a los Apóstoles les competía una posición peculiar en el plano de la salvación y que la época apostólica quedó cerrada con su muerte. Pero también era consciente de que las funciones de enseñar y gobernar, inseparables de la vida de la Iglesia, perduraban en el ministerio de la iglesia y en particular en sus obispos. Así, al principio, no se incluían los nombres de los Apóstoles en las listas de los obispos, sino que se comenzaban éstas con el primer obispo constituido por un Apóstol. Se quería destacar la posición especial de los Apóstoles. Esta disposición se encuentra todavía en Ireneo e Hipólito. Pero más tarde, ya en Cipriano (200-258), los Apóstoles son incluidos en las listas de los obispos. Se quería acentuar entonces la permanencia del Poder jerárquico sacerdotal y pastoral conferido a los Apóstoles. Se trata sólo de una diversa concepción histórica y de una diferencia en la simple exposición, no en la cosa misma[217].

Finalmente, las palabras dirigidas por el Señor a Pedro no pueden entenderse solamente como la misión especial de Pedro limitada al tiempo de la fundación de la Iglesia. El sentido natural de todas las imágenes que el Señor ha empleado para expresar la posición privilegiada de Pedro *en el círculo de los doce*, es que ésta es esencial e imprescindible para la Iglesia y no se limita al tiempo de su fundación.

Los adversarios en su mayoría sólo se fijan en la imagen de la «roca fundamento» y la interpretan en el sentido de que Pedro debe ser la primera piedra, sobre la cual el edificio de la Iglesia se apoya una vez para siempre. Pero esta concepción estática de la Iglesia no es exacta, pues ella no es un edificio rígido y muerto, sino un organismo viviente, una sociedad en crecimiento. La existencia y cohesión de esta sociedad viva sólo puede

---

[217] Söhngen, G. *Die Einheit in der Theologie* (Munich 1952) 307, citado por Lang, Albert *"Apóstol": ¿un carisma extinto? La permanencia del oficio apostólico* en http://apologetica.org.

ser garantizada por una permanente y eficaz función de roca en la Iglesia. Esto se deduce también claramente de las otras imágenes, con las que Cristo describe la misión de Pedro entre los doce y que, como nota con razón Cullmann, son poco o nada consideradas por la mayoría de teólogos protestantes.

El cargo de administrador de una casa, la posesión del supremo poder de «atar y desatar», la actividad del que «confirma a sus hermanos» y de pastor, no se pueden de ningún modo limitar temporalmente. El sentido de estas imágenes no se puede referir solamente al tiempo de los comienzos de la Iglesia. Ellas no tienen relación exclusiva con la fundación de la Iglesia, sino que aluden a su consistencia y permanencia. La casa necesita siempre un administrador; la fe amenazada, un apoyo dado por Dios; el rebaño, un pastor solícito.

> *La sucesión apostólica se mantiene mediante la ordenación de obispos de forma personal e ininterrumpida desde los tiempos de los apóstoles.*

Las iglesias católicas, ortodoxa, orientales, nestoriana, la anglicana, algunas luteranas y el propio movimiento apostólico moderno, afirman que la sucesión apostólica se mantiene mediante la ordenación de obispos de forma personal e ininterrumpida desde los tiempos de los apóstoles. Incluso algunos "padres apostólicos" señalaron que los apóstoles ordenaron personalmente a obispos, los cuales de forma ininterrumpida han seguido ordenando nuevos obispos hasta hoy.

Esta doctrina de los obispos como sucesores de los apóstoles, los cuales a su vez eran sucesores de Cristo, es formulada por primera vez por san Clemente[218] a finales del siglo I. Sin embargo, su formalización hubo de

---

[218] *Primera Carta de San Clemente a los Corintios* XLII: 1-5. El texto completo puede verse en la edición de Humer, Sigifrido *Los Padres Apostólicos. Versión crítica del original griego con introducciones y notas.* Bs.As: Desclee de Brouwer, 1949:141, o en la de Lightfoot, J. B "*Los Padres Apostólicos*" (5 vols., Londres, 1889-1890); edición abreviada, Lightfoot-Harmer, Londres, vol. De 1893 y las ediciones digitales:http://www.conoze.com/doc.php?doc=4862; http://www.cristianismo-primitivo.org/ y http://www. primeroscristianos.com/.

esperar al surgimiento de las diversas doctrinas gnósticas entre los siglos I y IV, al proclamar sus seguidores que existía una tradición oculta que se remontaba al propio Cristo y a los apóstoles. La Iglesia Cristiana de esta época utilizó la doctrina de la sucesión apostólica para contrarrestar las predicaciones de los gnósticos, haciendo énfasis en la figura del obispo como preservador de la verdad revelada transmitida por los apóstoles.

La *sucesión apostólica* como signo de fidelidad al mensaje cristiano y a las enseñanzas de Cristo es considerada esencial por las iglesias ortodoxas, orientales y católica y también por las anglicanas y algunas iglesias luteranas. Sin embargo, la mayoría de las iglesias protestantes conceden poca o ninguna importancia a esta doctrina puesto que, de acuerdo a su interpretación de las Escrituras, la relación con Cristo y los apóstoles se dan a través de los *carismas* de la Iglesia.

El movimiento apostólico-profético actual sin proponérselo, ha colocado nuevamente esta doctrina en el centro de la discusión y su definición dependerá de cómo perciba la Tradición de la Iglesia, la unidad de la fe cristiana en relación con sus tres legítimas vertientes (la Iglesia Católica Romana, el protestantismo mundial y la Iglesia Ortodoxa) ¿Qué ha de significar la reivindicación del oficio apostólico para la comprensión de la iglesia una, santa, católica y apostólica? Si el pontífice romano es la continuación directa del apóstol Pedro, ¿Qué mérito o validez tiene esa sucesión para los ortodoxos, protestantes y neo pentecostales apostólicos? ¿Qué aspectos de la vida apostólica primitiva se vislumbran en el movimiento apostólico contemporáneo y qué es lo que les da la legitimidad de su oficio?

No siempre llegaremos a una clara respuesta. Lo que sí queda claro es que, aun habiendo continuidad entre los primeros apóstoles y los apóstoles posteriores o de la ascensión, *los doce* iniciales son únicos e irrepetibles. Si hay algo que caracterizó a los apóstoles de todas las épocas y que no debemos pasar por alto, fue su renuncia a los bienes materiales y su vocación al martirio por causa de Cristo. Los cinco ministerios señalados en Efesios 4.11-12 están vigentes hoy. El hecho que haya ahora malos apóstoles, no debería invalidar ese ministerio. Hay malos pastores, y no por eso vamos a negar la existencia del ministerio pastoral.

Pastoral Pentecostal 234

CAPÍTULO VI
CAMPOS RECURRENTES DE LA ACCIÓN PASTORAL PENTECOSTAL (II PARTE)

Lección 15. Espiritualidad Pentecostal

Una de las mejores obras que he leído sobre Espiritualidad Pentecostal es la de Steven J. Land, traducida al español por el teólogo argentino Daniel Oliva[219]. El autor, miembro de la Iglesia de Dios (Cleveland) ha señalado con mucha razón que si hay algo que caracteriza a la espiritualidad pentecostal es la *Pasión por Reino*. El pentecostalismo forma su identidad y vive en función del Reino. Otras marcas de esa espiritualidad son una *visión apocalíptica* (en el sentido de la irrupción del Espíritu en los postreros días), un *compañerismo misionero* como integración afectiva (Koinonía en la misión) y como una transformación trinitaria en el sentido de una *trinidad escatológica*. Todo empuja hacia el final de la historia, de regreso al Padre y a la instauración definitiva del Reino de Dios. En tal sentido es la escatología la que estructura la experiencia pentecostal y la que de paso configura su hermenéutica y teología narrativa, como bien señala Kenneth J. Archer:

> La tradición narrativa pentecostal es la historia escatológica cristiana de la participación de Dios en la restauración de la comunidad cristiana y la implicación dramática de Dios en la realidad y la comunidad pentecostal. La comunidad pentecostal lee las Escrituras desde una perspectiva pentecostal, así como todas las lecturas, habrá una transacción entre el texto bíblico y la comunidad que se

---

[219] Land, Steven J. *Espiritualidad Pentecostal: Una Pasión por el Reino*. Quito Ecuador: Editorial SEMISUD, 2009. La versión original en inglés ha sido publicada por la Shefield Academic Press: Land, Steven J. *Pentecostal Theology. A Passion for the Kingdom*. England: Shefield Academic Press, 1993.

traduce en la producción de sentido. Por lo tanto existe un encuentro dialéctico entre dos polos, el texto bíblico y la comunidad (...) Cuando la comunidad pentecostal lee las Escrituras con el propósito de desarrollar una teología y una praxis, cohesiona las historias bíblicas con su experiencia[220].

Steven Land indica, que lo medular de la espiritualidad pentecostal pasa por una relación estrecha entre la justicia, la santidad y poder de Dios. Dice:

> Mi tesis es que la justicia, la santidad y el poder de Dios están correlacionados con los afectos distintivamente apocalípticos que son la base sobre la cual se integra la espiritualidad pentecostal. Esta espiritualidad es cristocéntrica, precisamente porque es pneumática. Su evangelio quíntuple se centra en Cristo porque su punto de partida es el Espíritu Santo. Subrayando esta correlación, se puede afirmar que se trata de una soteriología que acentúa la salvación como participación en la vida divina, más que la remoción de la culpa[221].

En la experiencia cristiana, como sabemos, la espiritualidad se concibe como un "*encuentro con el Señor*" en la historia cotidiana, un "*caminar según el Espíritu*" que da vida, contraria a la carne que produce muerte. Es el Camino de Cristo que se describe, según el teólogo peruano G. Gutiérrez, como la "*ruta trazada por Jesús de regreso al Padre*"[222]. Se trata de un caminar, de un peregrinaje, que se hace aquí en la historia concreta de la tierra, en busca del Creador. Por esa razón toda espiritualidad se vive en la comunidad y se desarrolla en la historia. Como es histórica y existencial, toda espiritualidad toma la forma de la comunidad que la cultiva y se desarrolla con los elementos propios de la cultura y supone una praxis. Como yo lo veo esa praxis puede ser liberadora o enajenante, regia (pasión por el reino) o súbdita de ideologías humanas.

---

[220] Archer, Kenneth J. *A Pentecostal Hermeneutic. Spirit, Scripture and Community.* Cleveland Tennesee USA: CPT Press, 2009: 134-135.
[221] Land, Steven. *Op. cit:* 24.
[222] Gutiérrez, Gustavo. *Beber en su propio pozo. En el itinerario espiritual de un pueblo.* Lima: CEP, 1983.

Describiendo la teología de Gutiérrez, Edith González Bernal, Docente de la Facultad de Teología de la Pontificia Universidad Javeriana de Bogotá, pone de relieve precisamente esa relación con el contexto:

> El tema de la *espiritualidad* en la producción teológica de Gustavo Gutiérrez constituye la columna vertebral de su pensamiento. La *espiritualidad* se fundamenta en una experiencia de encuentro con Jesús y se expresa en una forma de vida, una manera de ser y de estar. La espiritualidad es el dinamismo que invita y llama al cristiano a vivir según el Espíritu y a reconocer en Jesús la fuente y posibilidad de caminar bajo la acción del Espíritu. Asimismo, la espiritualidad se evidencia mediante una vida en comunidad, en solidaridad y compromiso especialmente con los pobres y marginados. En sus obras, Gutiérrez señala dos aspectos fundamentales de la espiritualidad: por una parte, la Revelación, el hecho salvífico, la gracia, el don, la iniciativa divina de encuentro; por otra parte, el proceso humano subjetivo de conversión, de apertura a la acción de Dios y a la apropiación personal de una vida en solidaridad y entrega[223].

En efecto, para G. Gutiérrez, la espiritualidad se experimenta viviendo el evangelio conforme a la fuerza del Espíritu Santo, que se expresa en solidaridad y en conversión al prójimo, en gratuidad y en comunión. Tres aspectos fundamentales destacan en la obra del teólogo que vale la pena resaltar en la construcción de una pastoral de la espiritualidad pentecostal.

- *En primer lugar, una espiritualidad que es vida en el Espíritu*, considerada bíblicamente por Gutiérrez como "vivir según el Espíritu", "dejarse guiar por el Espíritu", "caminar en libertad en el Espíritu".
- *En segundo lugar, una espiritualidad que se vive mediante un itinerario* en el que el punto de partida es el *encuentro con el Señor*. Este encuentro es determinante para el camino que se ha de seguir según el Espíritu: es tematizado y testimoniado; es iniciativa divina; es la experiencia de ser encontrado antes que nada por Él, de descubrir dónde habita, cuál es su morada y hacia dónde y a qué nos mueve.

---

[223] González Bernal, Edith. "*La espiritualidad en la producción teológica de Gustavo Gutiérrez*" en, Franciscanum • Volumen LI • Nro 151 • enero-junio 2009: 275-309.

- *En tercer lugar, una espiritualidad que presenta desafíos al quehacer teológico*, referida a un sujeto en concreto, es decir, al sujeto que hace teología, a su identidad, a la experiencia de fe y de seguimiento al Señor, igual que a la identidad de la teología como disciplina[224].

Esta estructura general, sin embargo, da lugar a múltiples espiritualidades en la historia, según como una determinada comunidad de fe reordene los ejes fundamentales de la vida cristiana o parta de una intuición central. Lo que hace la diferencia entre ellas, es el núcleo alrededor del cual organizan su camino espiritual, el modo de hacer la síntesis[225]. En mi opinión, este núcleo alrededor del cual los pentecostales construyen su camino espiritual es uno que denominamos *pentecostalidad* y que está marcado dialécticamente por la situación social en la que se historiza la fe y la esperanza y por el principio espiritual que regula su conducta y le impone un estilo particular a su identidad religiosa.

La espiritualidad pentecostal es construida partiendo de la experiencia de conversión (encuentro personal con Cristo), la búsqueda incesante de la presencia de Dios en Espíritu en la vida personal (la unción y reproducción de Pentecostés de Hechos 2) así como la santificación permanente (consagración) para el ejercicio del ministerio, el testimonio público y la anticipación y premura del reino de Dios.

El Profesor Klaus Berger, de la Universidad de Heidelberg, destaca otros aspectos de la «espiritualidad» como la alegría y la visión interior:

> Un tipo de estilo de vida donde prima el amor a lo invisible (...) En las cosas cotidianas y pequeñas se decide, por tanto, el carácter de una espiritualidad. Puesto que el lenguaje en su conjunto *constituye nuestra patria*, también el lenguaje religioso puede «producir» al hombre. En este hecho radica la significación de las oraciones formuladas de antemano. Y puesto que las formas religiosas marcan a los hombres, *la espiritualidad es también una forma de identidad histórica*. Además, hoy en día una espiritualidad también tiene algo que

---

[224] Ibíd.: 277-278.
[225] Gutiérrez, Gustavo. *Beber en su propio pozo. En el itinerario espiritual de un pueblo.* Lima: CEP, 1983: 135.

ver con una experiencia espiritual situada entre la alegría y la visión interior, en el sentido más amplio de la palabra[226].

Enmarcada en el contexto cultural latinoamericano, la espiritualidad pentecostal está signada por la experiencia de un Dios que se sale al encuentro en las precarias condiciones de su existencia. Dios es, fundamentalmente, el Creador del Universo, con quien hay que mantener relaciones de reciprocidad. Un coro pentecostal exalta, por ejemplo, la correspondencia divina de este modo: "*No hay nadie como mi Dios, no hay nadie; yo le hablo, el me responde; le pedimos, él nos da...*" Se trata de un Dios que nos sale al encuentro en su diario caminar, en la experiencia de su peregrinaje "sin rumbo" en la modernidad periférica. Las duras condiciones de los migrantes en la mayoría de las ciudades de América Latina, han marcado decisivamente la disposición psicosocial del hombre religioso. Se experimenta perdido, extraviado, sin rumbo, solo, desestructurado, abandonado.

En la experiencia latinoamericana, el pentecostal pre-converso se sentía "errabundo" (sin rumbo) y, una vez converso, interpretaba su novedad de vida como una que va "del desierto al Paraíso". Situación, esta última, en el que Dios es Templo, morada, Ciudad de Luz, Nueva Jerusalén, Roca fuerte, Seguridad. El Templo es morada de Dios aquí, y su poder "se manifiesta" en todo lugar, pero preferentemente en los lugares altos. Quizá haya que ver aquí una remembranza de los ritos antiguos en los que tiene lugar una teofanía.

En la espiritualidad pentecostal Dios es un Dios que se manifiesta con poder y que exige plena santidad (pureza) de sus hijos. Hay una ligazón entre Dios que es santo y la moral de santidad de sus adoradores. Su santidad puede manifestarse -en la vivencia pentecostal- en forma de un trueno o rayo (Illapa=trueno, en la teogonía andina). El relámpago puede ser, por eso, una señal de la majestad divina, como lo recibió Habacuc en la antigüedad (Habacuc 3:3-4).

---

[226] Berger, Klaus. *¿Qué es la espiritualidad Bíblica? Fuentes de la mística cristiana.* Santander: Sal Terrae, 2001: 11-12.

> En las mentalidades pentecostales, la manifestación de Dios (o teofanías) son decisivas. Quien haya "visto a Dios" debe reflejar su gloria.

Ese reflejo de la gloria de Dios debe ser percibido por la comunidad creyente y la sociedad misma, en términos de un cambio de vida y debe traducirse, preferentemente, en un testimonio fresco. En otras palabras, la *presencialidad* de Dios debe ser renovable cada cierto tiempo y no sólo recordada como una experiencia mítica primordial referida al *illo tempore*. Son muchas las manifestaciones de Dios, relatadas por los pentecostales en los cultos, que son referidas a la vida cotidiana. Lo particular de esta experiencia de Dios, es que se da precisamente entre los más pobres de la congregación y su presencia significa obras concretas de compensación a las necesidades cotidianas. Se trata de un Dios que efectivamente suple sus carencias y que milagrosamente provee para el sustento diario. Dios es, así, un Dios vivo, real y concreto.

Entre los pentecostales latinoamericanos, se conserva aún *el mito de la velada visitación de Dios*. Este se presenta bajo la apariencia de un pobre harapiento para probar la práctica de misericordia de sus hijos, del mismo modo que Jesús se presentó a los caminantes de Emaús (Lucas 24). Esta visión de Dios se conserva especialmente en las comunidades pentecostales cuyos adherentes conservan tradiciones ancestrales.

La teofanía pentecostal, se diferencia de la que perciben los teólogos de la liberación en la espiritualidad católica, que trata de *"ver a Dios en el rostro del pobre"*, sino que "es el pobre quien busca ver el rostro de Dios". Como representación, no es Dios quien se revela en el pobre (que de hecho lo hace a diario). Dios, por el contrario, está escondido, velado, en la figura del pobre o en la de ángeles y apariciones. Su revelación debe implicar una ruptura de esta condición social. Es en la "superación" (relativa) de la pobreza que el sentido de la revelación cobra toda su vigencia, pues la pobreza conduce a la muerte y, tras la muerte, en la resurrección (la otra vida), la vida se revela plenamente. Y ese no es, necesariamente, un estado ultramundano, pues aquí y ahora Dios está presente, socorriendo, bendiciendo, proveyendo. Un aporte interesante sobre la espiritualidad Pentecostal es el del Dr. Darío López de la Iglesia de Dios del Perú. En su libro *La Fiesta del Espíritu*[227], siguiendo a Villafañe[228] y Harvey Cox[229], Darío López describe la espiritualidad pentecostal como una *fiesta del Espíritu*, especialmente en el culto:

> En estos espacios de encuentro con el Dios de la vida, la espontaneidad y la alegría, el compañerismo y la mutua aceptación, el libre acceso y la recuperación de la palabra, le otorgan precisamente ese sabor de fiesta y ese aroma característicos de encuentro de amigos entrañables, de compañeros de ruta, de reunión familiar, que tiene la fiesta en el contexto de América Latina[230].

En el caso peruano, la festividad ocupa un lugar muy importante especialmente en las culturas serranas, de donde proviene un importante contingente de fieles. El hombre de la sierra vive en función de la fiesta. Articula su vida por medio de la fiesta. Ella es el eje sobre el cual gira su año calendario. Se mueve entre fiesta y fiesta y sin duda, el culto pentecostal, heredero de la cultura festiva del hombre andino, así como también del centroamericano, girará en torno a la fiesta.

Un enfoque interesante es el que hace el Dr. Rodrigo Mullian Tesner[231] al describir la experiencia pentecostal con el Espíritu –por lo general en el

---

[227] López, Darío. *La Fiesta del Espíritu. Espiritualidad y celebración pentecostal*. Lima, Perú: Ediciones Puma, 2006.
[228] Villafañe, Edwin *El Espíritu Liberador. Hacia una Ética Social Pentecostal Latinoamericana*. Buenos Aires-Grand Rapids: Nueva Creación-William B. Eerdmans Publishing Company, 1996: 23.
[229] Cox, Harvey. *La Religión en la Ciudad Secular. Hacia una Teología Postmoderna*. Santander: Ed. Sal Terrae, 1984.
[230] López, Darío. Op. Cit.: 29.
[231] Mullian Tesner, Rodrigo *Somatosemiosis e identidad carismática pentecostal*. Chile: *Revista Cultura y Religión*, (Vol 3, Nro. 2: 2009: 188-198) en: http://www.revistaculturayreligion.cl/index.php/culturayreligion/article/view/ 158. Su Tesis Doctoral aporta elementos muy ricos para comprender los procesos de ritualización como mediaciones semióticas que describen los procesos de cambio sociocultural. Cf. Mullian Tesner, Rodrigo *Metamorfosis Ritual. Desde el Nguillatun al Culto Pentecostal. Teoría, historia y etnografía del cambio ritual en comunidades mapuche huilliche*. Talcahuano, Chile: Universidad Austral de Chile, 2012; Véase también Mullian Tesner, Rodrigo- Izquierdo, José Manuel y Valdes, Claudio *Poiesis numinosa de la música pentecostal: Cantos de júbilo, gozo de avivamiento y danzas en el fuego del espíritu* publicado por *Revista Musical chilena*. vol.66 no.218 Santiago dic. 2012. Analizando el papel de la música en la producción de la experiencia religiosa pentecostal, este

marco del culto-- como una *somatosemiosis*, es decir, una *corporalización* de la presencia del Espíritu Santo.

> La identidad pentecostal se define por la experiencia de la alteridad espiritual, lo que en el evangelismo carismático se denomina el "sello del Espíritu Santo" que bautiza con su poder. Las señales de su presencia se inscriben en el cuerpo de los fieles en la forma de sensaciones, emociones, manifestaciones sintomáticas, experiencias extáticas, de modo que, literalmente, el verbo se hace carne en los participantes del culto. En términos psicodinámicos, la 'entrada en el espíritu' o 'unción espiritual' se conceptualiza como un proceso de disociación somatomorfo, porque supone una escisión de las funciones de la conciencia —marcado por la pérdida del autocontrol y experiencias de posesión— y se presenta acompañado de manifestaciones somáticas. En la perspectiva pentecostal, es el Espíritu Santo quien toma dominio de las acciones de los creyentes y se expresa a través de su corporalidad, llenándolos de gozo, produciéndoles una sensación de plenitud y sentido de certidumbre. Se trata, por lo mismo, de un mecanismo eficaz para enfrentar las crisis vitales. La disociación tiene efectos integradores. El éxtasis sagrado confirma la doctrina eclesial, funda una comunidad mística y ofrece un principio de identidad que abraza las diversas dimensiones de la vida del individuo. (...) El análisis de la *somatosemiosis* muestra al pentecostalismo como un caso ejemplar deconstrucción social de la subjetividad, donde las representaciones culturales aparecen encarnadas, articulando el sentido en los procesos de crisis, disociación y reintegración del yo.

La espiritualidad como cualquier otra, experimenta contradicciones y tensiones que son necesario estudiar y asumir. A continuación veremos algunas de esas contradicciones y tensiones.

último texto muestra el rol central que desempeña en la retórica del evangelismo carismático, como apoyo de la estructura performativa del culto, elemento de continuidad y marcador de su evolución.

§ *Fe y razón en la espiritualidad pentecostal: La tensión entre Espíritu y Palabra*

No siempre ha sido fácil en las comunidades pentecostales guardar un equilibrio sano entre la Fe y la razón, entre la vida en el Espíritu y el cultivo y estudio de las Sagradas Escrituras. A veces se han visto divorciadas.

En sus inicios o etapa carismática y fundacional, por lo general las comunidades pentecostales dan mucho énfasis a la piedad personal y al desarrollo de una espiritualidad basada en la oración y comunión íntima con Dios. Solo muchos años después y con el paso del tiempo, un proceso natural de crecimiento cualitativo, las lleva a prepararse para el cumplimiento eficaz de la misión.

Simón Chan, refiriendo a la teología pentecostal y la tradición cristiana espiritual busca el equilibrio cuando dice con mucha razón:

> "Pensar en Dios y orar a Dios no son dos tareas separadas que de alguna manera debemos juntar por medio de un puente mecánico llamado 'aplicación espiritual'; al contrario, últimamente son un solo acto de relacionarse a Dios. Si los Pentecostales a comienzos del siglo veintiuno van a recuperar el corazón que el movimiento tuvo en sus primeros diez años, necesitan desarrollar una teología Pentecostal espiritual"[232].

Por su parte, el Dr. Norberto Saracco, teólogo pentecostal argentino, escribiendo sobre *"Los desafíos y tentaciones de una Pastoral Latinoamericana,"*[233] señala que, entre varias tentaciones, una de ellas relacionada con la formación ministerial, es la *ignorancia ungida* porque existe un divorcio entre la iglesia y la educación teológica. Una unción con poco fundamento bíblico y teológico. Lo expresa así:

---

[232] Chan, Simon. *Pentecostal Theology and the Christian Spiritual Tradition* (JPTS 21, Sheffield: Sheffield Academic Press, 2000), 31-32.

[233] Saracco, Norberto. *Pastoral latinoamericana; desafíos y tentaciones*. Buenos Aires, 2009 en: http://redcristianaradial.org/uploads/3/2/3/2/3232275/pastoral_latinoamericana_tentaciones_y_desafios.pdf.

Una de las primeras consecuencias de este divorcio entre iglesia y educación teológica fue que ambas se encerraron en sí mismas, trataron de sobrevivir la una sin la otra y buscaron argumentos para justificar este camino de vidas paralelas. Los seminarios trataron de contar con un cuerpo docente cada vez más autóctono y mejor preparado. El nivel académico se elevó. Pero, paradójicamente, la distancia con la iglesia fue mayor. Se puso como parámetro a lograr el modelo de los centros de estudios europeos o norteamericanos y el objetivo fue la formación de teólogos al estilo de esas instituciones. Es suficiente ver los requisitos de acreditación de algunas instituciones para entender la profunda brecha entre el graduado que la iglesia pretende y lo que el seminario quiere lograr. La iglesia envía a sus candidatos para que sean pastores o líderes de ministerios y el seminario intenta devolvérselos teólogos profesionales[234].

Y por otra parte, muchas iglesias se han cerrado a la formación de teólogos y como consecuencia, sigue diciendo Saracco:

Se está levantando una generación de líderes instantáneos, ignorantes de las cuestiones teológicas fundamentales y sin herramientas para discernir lo verdadero de lo falso. Lo que estamos viviendo es una degradación del oficio pastoral. La consecuencia más directa es el analfabetismo bíblico de los evangélicos contemporáneos y una fe vacía de contenido[235].

La salida según Saracco pasa, en primer lugar por no desistir de *una formación ministerial teológicamente sólida.* El saber y la reflexión teológica son la columna vertebral de todo proceso de formación ministerial.

---

[234] Ibíd.: 13.
[235] Ibíd.: 14 Esto es para Saracco una "ignorancia ungida" que habría que oponer, digo yo, a la "docta frialdad" del academicismo que menosprecia la espiritualidad.

En segundo lugar, promover *una educación teológica ministerialmente útil*. Es decir, desarrollar los contenidos y aplicar su metodología de acuerdo a la situación de la iglesia y de quienes sirven en ella. No son los ministerios de la iglesia los que deben adaptarse al molde de los seminarios, sino los seminarios los que deben adaptarse a ellos. Una educación ministerialmente útil hoy debe ser pensada para personas bivocacionales y con un contenido que abarque la complejidad y pluralidad de los ministerios. El currículo –señala Saracco-- debería incluir bioética, ciencias sociales (política, economía, pensamiento contemporáneo, etc.), liderazgo, mundo globalizado, nuevas tecnologías, familias no tradicionales, iglesia posmoderna, nueva religiosidad, etc. Pero también necesitamos teólogos. La iglesia debe estar dispuesta a invertir tiempo y recursos en la formación de los doctores de la fe.

> *No son los ministerios de la iglesia los que deben adaptarse al molde de los seminarios, sino los seminarios los que deben adaptarse a ellos (Norberto Saracco)*

Y en tercer lugar, *la educación teológica debe ser contextualmente relevante*. Esta debe ser pensada desde un contexto determinado para un contexto determinado. La teología llega a ser verdaderamente universal cuando es profundamente contextual[236].

> *Necesitamos teólogos. La iglesia debe estar dispuesta a invertir tiempo y recursos en la formación de los doctores de la fe.*

En efecto, otra cosa sería la vida de las iglesias, si se produjera un balance entre la piedad y el estudio, entre la razón y la fe, entre la devoción y el quehacer teológico. De hecho, hay que reconocer que se vienen haciendo esfuerzos en círculos pentecostales por reflexionar científicamente sobre la experiencia del Espíritu. Se han creado sociedades de investigación del pentecostalismo en varias partes del mundo[237] que

---

[236] Ibíd.: 16.
[237] Una lista mundial (Asia, África, Europa, Sudamérica, Norteamérica y Oceanía) de sociedades académicas pentecostales, boletines internacionales pentecostales, revistas electrónicas pentecostales, publicaciones *on line* pentecostales, seminarios pentecostales, iglesias y centros de investigación de los pentecostalismos, puede

buscan dar razón de la esperanza que hay en nosotros los pentecostales. En nuestro continente, la *Red Latinoamericana de Estudios Pentecostales* (RELEP) lo viene haciendo desde 1999 y en Los Estados Unidos La *Society for Pentecostal Studies* (SPS) hace lo mismo. No obstante, todo el esfuerzo que puedan hacer estas sociedades, resultarán insuficientes, mientras no exista una voluntad de las iglesias por vivir el evangelio de manera integral y contextual, atendiendo a la investigación como a la oración. Espíritu y Palabra, dos realidades que no deberían contraponerse, si no complementarse mutuamente.

Bien señala el Dr. René Padilla, el más preclaro fundador de la Fraternidad Teológica Latinoamericana:

> Las Escrituras no cumplen su función aparte de la obra que el mismo Espíritu que las inspiró realiza en el corazón del hombre. El *Cristo documentado* cobra realidad presente únicamente mediante el testimonio *Spiritus Sancti*. La Palabra y el Espíritu son inseparables; la bibliología y la pneumatología se complementan mutuamente. La Biblia representa el aspecto objetivo de la revelación; el Espíritu el subjetivo. Los dos aspectos, el objetivo y el subjetivo se encuentran en la experiencia cristiana. Dicho de otro modo: la Biblia no es sólo el registro de la revelación que se dio en el pasado, sino también el medio que el Espíritu utiliza para comunicar el conocimiento de Dios en el presente[238].

Ahora bien, en mi opinión, es el creyente quien debe buscar permanente e insistentemente que esa relación del Espíritu con la Palabra y la Palabra en el Espíritu sea una realidad en su experiencia personal.

---

verse en Hunter, Harold D. Ph.D. *Pentecostal-Charismatic Theological Inquiry International* en: http://www.pctii.org/.

[238] Padilla, René. *El Debate Contemporáneo sobre la Biblia*. Barcelona: Ediciones Evangélicas Europeas, 1972: 139.

§ *La mística pentecostal: Oración y ayunos en las iglesias pentecostales*

El término místico es una categoría que señala como característica de lo divino su presencia en la experiencia religiosa y se caracteriza por decir: "El mismo Dios está aquí presente". El fenómeno místico según Paúl Tillich es "una tentativa de trascender todos los ámbitos del ser finito con el objeto de unir el ser finito con el infinito"[239]. La mística es un tipo de experiencia muy difícil de alcanzar en que se llega al grado máximo de unión del alma humana a lo Sagrado durante la existencia terrenal. Se da en las religiones monoteístas (zoroastrismo, judaísmo, cristianismo, islam), así como en algunas politeístas (hinduismo). Algo parecido también se muestra en religiones filosóficas, como el budismo, donde se identifica con un grado máximo de perfección y conocimiento.

La mística pentecostal

El nombre del evangelista Yiye Ávila en América Latina es sinónimo de espiritualidad en el sentido tradicional pentecostal. Él fue capaz de desarrollar junto con una mística, escuadrones de oración para respaldar sus campañas evangelísticas. Fue conocido también por su libro *La ciencia de la Oración* y el ayuno de 40 días.

De acuerdo con su biografía en Wikipedia, José Joaquín Ávila Portalatín, conocido como Yiye Ávila, nació en Camuy, Puerto Rico, un 12 de septiembre de 1925 y vivió hasta el 28 de junio de 2013. Fue fisicoculturista, escritor y evangelista pentecostal. Su discurso se caracterizó por proclamar la inminente venida de Jesús. Obtuvo los títulos de Míster Puerto Rico 1952 y Míster North América en 1953. A principios de la década de 1960, Ávila fundó su ministerio en Puerto Rico, y después lo extendió a Estados Unidos y Centroamérica. En 1988 creó la "Cadena del milagro", la cual se transmite en diferentes países del mundo.

Los libros que escribió tocaron temas típicamente pentecostales, como: Perfecto amor. Comentario basado en I Corintios 13 (1987); Señales de su Venida (1989); El engaño (1990); Los Dones del Espíritu (1993): El anticristo (1994); ¿Pasará la Iglesia por la gran tribulación? (1994); Sin santidad

---

[239] Tillich, Paul *Teología Sistemática II* (Existencia y Cristo). Salamanca: Sígueme, 1982: 115-117.

nadie le verá (1994); El ayuno del señor: Ayuno de victoria (1994); La Ciencia de la Oración (1995); ¿Quiénes se irán?: El arrebatamiento de la Iglesia (1995); Sanidad Divina: Y por su llaga fuimos nosotros curados (1995); El cuerpo glorificado (1996); Perfecto amor: Una exposición acerca de dual (sic) y cómo debe ser el amor que servirá de puntal (1996); El Cristo de los Milagros (1996); El profeta Elías: La fe y obediencia de un hombre que consagró su vida al servicio de Dios (1996); El sacrificio de la Cruz (1996); El valle de los huesos secos (1996) y más recientemente, Mis experiencias con Jesús (2006). Yiye Ávila marcó época en el mundo pentecostal y lo recordamos con mucho cariño y gratitud.

Ciertamente el ayuno, la oración, las vigilias, la meditación devocional, la búsqueda de santidad y la piedad son todos ellos temas recurrentes en el pentecostalismo y hablan de un tipo de espiritualidad que está a la base en la construcción de la identidad pentecostal. Así lo ha señalado Laura Saá, teóloga ecuatoriana pentecostal, en un reciente artículo[240] que informa sobre una encuesta realizada el 2009 dentro del PRIDEMI que, por sus siglas, es el Programa Intensivo de Desarrollo Ministerial, enfocado a pastores y líderes, del Seminario Sudamericano (SEMISUD) de la Iglesia de Dios del Ecuador para Sudamérica. La finalidad del PRIDEMI es actualizar conocimientos para un mejor ejercicio ministerial, así como completar créditos académicos, que les permitan optar por un título académico-ministerial. Laura Saá, profesora en el Semisud informa que 300 personas participantes del PRIDEMI 2009, respondieron a dos preguntas para saber "¿Hacia dónde va el pentecostalismo Latinoamericano?":

> La primera: **Desde su experiencia ¿qué otros elementos no mencionados pueden aportar en la construcción de la identidad pentecostal?** Las respuestas incluyeron la diversidad de maneras de buscar al Espíritu Santo, la experiencia del bautismo en el Espíritu Santo (aunque varios hablaron de la necesidad de que la glossolalia sea quitada como requisito para ser ministro de la Iglesia, refiriéndose a la Iglesia de Dios). Se habló también de la evangelización de los perdidos enfatizando el ser y no tanto el hacer. La primacía del llamado sobre la preparación. Se resaltó asimismo el gozo de la adoración teniendo como premisa que el ser humano

---

[240] Saá, Laura "Identidad pentecostal en el Ecuador: Reflexiones en la primera década del siglo XXI" en Chiquete, Daniel y Orellana, Luis (Eds) *Voces del Pentecostalismo Latinoamericano Vol IV*, Chile: RELEP, 2011: 493-510.

fue creado con el propósito de alabar y adorar a Dios. Uno de los elementos dentro de esta adoración es el *testimonio personal*, resultado de un cambio y transformación hecho por el poder de Dios en la vida de la persona que ha recibido a Cristo. Se dijo también que las sanaciones y el echar fuera demonios son distintivos del pentecostalismo. Por eso, los testimonios de liberación son parte del culto pentecostal y permiten a las personas afianzar su fe[241].

La segunda pregunta fue: **En la actualidad ¿cuáles son los elementos de la identidad pentecostal que se están perdiendo?** Las respuestas que se dieron incluyeron: la predicación del evangelio en todo lugar, predicación al aire libre, cruzadas evangelísticas, además de la pérdida del fervor en la predicación. Hablaron también de la pérdida del énfasis en la experiencia de hablar en lenguas y de las sanidades. Así mismo, la pérdida de la Koinonía por la aparición y tendencia a las mega iglesias que no permiten una relación más íntima y personalizada entre los creyentes[242].

Si hay algo que caracteriza al pentecostalismo es la mística o la unión espiritual del ser humano con Dios, avanzar a niveles más altos de unión con el creador y desarrollar una vida de santidad. Esta mística se cultiva especialmente en el culto pentecostal que funciona como un espacio para el éxtasis[243] según veremos a continuación.

§ *Del culto a la Misión: El culto pentecostal, espacio para el éxtasis*

Desde el comienzo hasta el final del culto pentecostal se da un proceso gradual y ascendente orientado siempre a lograr un "contacto con el cielo" mediante el éxtasis. Así, un culto típicamente pentecostal es el espacio donde se genera el éxtasis místico.

Si bien en el culto pentecostal la afirmación de la trascendencia, de lo

---

[241] Ibíd.: 505.
[242] Ibíd.: 506-507.
[243] Véase mi artículo *"El Culto Pentecostal, espacio para el Éxtasis"* en el capítulo 6 de mi libro *Experiencia del Espíritu. Claves para una interpretación del pentecostalismo*. Quito, Ecuador: CLAI, 2002: 77-89.

santo, de lo indecible, se realiza por oposición a lo humano temporal, por afirmación de lo hondamente pecaminoso de la sociedad, o por reproducción arquetípica de un lenguaje gestual, en el culto "gloso-hablante", no se trata de una evasión de realidades terrestres (escapismo o alienación) ni tampoco de una reproducción del dualismo gnóstico que opone bien y mal. Se trata, en todo caso, de la reproducción y representación moderna (en formas primitivas) de la experiencia de lo sagrado. Una forma cultural de recrear el orden cósmico en el que el *rito* prevalece sobre el concepto, la *danza* sobre la tesis, el *gesto* sobre el verbo, sin oponerse necesariamente al discurso teórico.

El *culto pentecostal*[244] comprende los siguientes momentos: cánticos, oración de apertura, clausura del tiempo profano, etapas de progresión mística, oración de cierre y misión o extensión del tiempo sagrado sobre el tiempo profano. Veámoslo brevemente.

a. Cánticos: Hacia la clausura del tiempo profano

Popurrí de cánticos o cadena de "coritos" cortos que se repiten hasta lograr casi una incorporación del sentido generador de aquellos, a modo de "preparación del ambiente espiritual" antes de la apertura oficial del culto. Todos los cánticos están sujetos a modas, tendencias y cadencias, así como a estilos y gestos rituales propios de una época o lugar de procedencia. En los últimos años se ha dejado sentir una fuerte influencia centroamericana en la liturgia y la nueva canción introducida entre otros por Marcos Witt como vimos en la *Lección 14* de esta obra.

Por lo general esa "cadena de coritos o cánticos breves" se suceden unos tras otros sobre la base del mismo acorde musical (muchos coros en *La bemol*). Esta cadena de coritos es fundamentalmente una "cadena de sentido" que está en armonía semántica con el tipo de culto que se realiza. Si es evangelístico, los cánticos tienden a preparar a los creyentes y no creyentes para la conversión. Así todos los participantes armonizan en una

---

[244] Si bien hay una diversidad de cultos pentecostales, estructuralmente posee más o menos las mismas características, variando en los énfasis de acuerdo a objetivos. López, Darío *op. cit:* 47-55 el culto pentecostal tiene 4 aspectos distintivos: la oración, el canto, el testimonio y la predicación. Son como los elementos centrales, porque puede haber otros.

sintonía espiritual, hasta alcanzar los objetivos conscientes o inconscientemente propuestos.

b. Oración oficial de apertura del culto: Instauración "oficial" del poder divino

El "comienzo oficial del culto" por la oración está a cargo del Pastor de la Congregación. La oración de apertura es conocida como invocación. Ella tiene una doble finalidad: consagrar todo el culto a Dios y "atar a los demonios" para que no actúen con libertad dentro del espacio sagrado. Es el momento en que tiene lugar una guerra espiritual, un conflicto entre las fuerzas del bien y las fuerzas del mal y por eso mismo es decisivo para el resto del culto. Se trata de una instauración del Poder divino representado por el pastor (que "consagra el culto a Dios" y "ata los demonios"). Generalmente los participantes confiesan sentir liberación de "ataduras" y una disposición inusual en el sentido de mejora del ánimo para el culto.

Sin embargo, la atadura de demonios no siempre es garantía de que el culto será pacífico. A veces es necesario de nuevo "atar a los demonios" dentro del mismo culto. Se trata de un momento en el que se interrumpe el culto para luchar con el demonio hasta vencerlo. Esto no representa para los feligreses una falta de poder sino por el contrario una ocasión para que la Gloria de Dios se manifieste y mostrar que el bien vence sobre el mal. Entonces el triunfo es de Jesús y el poder de Dios se manifiesta con prodigios y señales maravillosas. Por su importancia y su sentido esta oración debe estar a cargo de un oficial preparado espiritualmente y con autoridad espiritual.

c. Clausura del tiempo profano

El "preámbulo cultual" no oficial, cuasi profano, está a cargo frecuentemente de los laicos que se postulan como líderes. Es una especie de "calentamiento" cuyo fin es, entre otras cosas, el de clausurar el tiempo profano (olvidar o poner en stand by las preocupaciones de lo cotidiano), para "entrar en el ámbito de lo sagrado" por vía de la concentración del interés en lo divino y mediante el canto repetido y buscar una consagración a Dios. Este tiempo de cánticos es también un espacio donde los que tienen el "don" del canto ejercen su ministerio y donde los líderes en preparación van aprendiendo a dirigir.

d. Etapas de progresión mística en el tiempo cultual

Desde el comienzo hasta el final del culto se experimenta un proceso gradual y ascendente tendiente a lograr el éxtasis. Todos buscan deliberadamente una experiencia directa con Dios. El éxtasis mistifico es para el culto Pentecostal el centro o la cumbre de su desarrollo. Mediante el éxtasis se logra un contacto con el cielo con consecuencias decisivas para la conducta subsecuente de los participantes. Es usual para los pentecostales referirse a este momento como "subir" o "estar" en la presencia de Dios.

e. Momento cultual del "habla" de Dios

Es el momento central del culto y puede darse al comenzar el culto, al medio o casi al finalizar. En el "momento cultual del habla de Dios", por lo general, el profeta místico emite "su" mensaje en "lenguas extrañas"[245] (1 Corintios 13:12) las cuales son inmediatamente "interpretadas"[246] por él mismo, o bien espera la interpretación de otro profeta. El que sea en "lenguas extrañas" es importante sobre todo para connotar que no es un mensaje humano o de esta tierra. A veces, el "mensaje" es corroborado por la "visión" de otro profeta místico que "ve" en imágenes la configuración del mensaje verbalizado por el anterior.

La congregación "arde" (llora, goza, o contesta con su silencio hermenéutico, lo aprueba o desaprueba) y acompaña el "suceso comunicativo" en oración silente y reverente, susurrando en su propio lenguaje o en lenguas igualmente extrañas "amenes" y "aleluyas" que reiteran o confirman la "profecía".

El "orden" de culto pentecostal

---

[245] Conocida también como "glosolalia". Se trata de un lenguaje que el propio orante no entiende, pero que para él tiene un sentido. No es un idioma necesariamente, pero podría serlo también. Lo más importante de la glosolalia no es su traducción, sino su significación como sentido en medio de un culto que rompe con el lenguaje cotidiano, directo, simple y humano, como si se connotara que se está en otro ámbito de la realidad: la realidad de lo sagrado.

[246] No confundirla con "traducción" literal. Aquí no se busca ni una equivalencia "formal" ni una equivalencia "dinámica" de las palabras que emite el orante. Se interpreta el sentido del acto por el conjunto de la oración del orante.

Aparentemente el culto pentecostal no tiene un "orden" establecido, como el que tiene el culto anglicano, luterano o metodista. Sin embargo, el culto pentecostal, aunque es distinto y variado según la ocasión, guarda un orden más o menos estructurado, en el que conserva una serie de elementos como veremos a continuación.

Hay una variedad de "cultos" pentecostales. Los más conocidos son el culto Evangelístico, el culto de oración, el culto dedicado a la enseñanza de la Palabra de Dios, los cultos especiales (aniversario de la iglesia, navidad, pascua, pentecostés, día de la madre, etc.), el culto dominical central (evangelístico), entre otros.

Hay también cultos especiales de oración (de un día, una semana, un mes continuo, con objetivos específicos, etc.), cultos especiales de evangelización (más conocidos como campañas evangelísticas en la Iglesia o al aire libre), cultos de alabanza y adoración (incluye mensaje de la Biblia), Cultos de Bautismo y Santa Cena (eucaristía), Cultos de Acción de gracias (culto fúnebre *in memorian* de alguna persona), cultos para la dedicación o presentación de niños, cultos de "sanidad divina", cultos de restauración espiritual (reconciliación del converso), cultos de liberación (de endemoniados), entre otros. Cada uno de estos cultos procura siempre ser *extáticos*, es decir, carismáticos, con manifestación de los "ministerios", "dones" y "operaciones" del Espíritu.

En lo que sigue se ofrece una descripción fenomenológica del culto pentecostal como *tipo ideal* en la que se refleja una estructura y una morfología dinámica.

El "culto extático" en general puede vivir varios *momentos* que llamaremos "de progresión mística" y su centralidad estará en lo que hemos denominado "el momento del habla de Dios". No siempre son los mismos, pero siguen una estructura más o menos regular o constante. No está de más recordar que los cultos pentecostales son muy variados en intensidad, forma y contenido y que el que se describe aquí es más o menos un culto tipo, experimentado por el autor durante más de 47 años. Las etapas o momentos del culto que a continuación se describen, ayudarán a situar y explicar la generación, vivencia y continuidad del éxtasis místico pentecostal:

1) *Búsqueda gradual y ascendente de las experiencias místicas* a través de himnos especiales y cantos breves y alusivos que procuran permanentemente romper la rutina de lo cotidiano para "reanudar" la comunicación "directa" con Dios mediante la oración prolongada, la oración en lenguas extrañas o glossolalia, la cual se espera debe "derramarse como un río" en cualquier momento del culto.

2) *Momento específico del "habla de Dios"*. Esta puede darse indistintamente por una "profecía" que es interpretada de un discurso en lenguas extrañas (glossolalia), o por una predicación dramática y tautológica donde el predicador repite, es decir, "entona" literalmente el texto bíblico leído actualizando para los oyentes un nuevo sentido o mensaje. Otras veces el habla de Dios se da por expresión libre a través de actos o gestos significativos dentro del culto o mediante testimonios personales "frescos" o vividos en la semana. Los testimonios contados como que ocurrieron mucho tiempo atrás tiene en el ambiente Pentecostal una mala reputación. Es señal de que el feligrés no está en permanente comunión con Dios y sólo vive de recuerdos.

El testimonio antiguo sólo es permitido para la *conversión* fundamental del creyente. Es importante destacar aquí que el "Habla de Dios" no distingue sexo, raza o edad. Muchas veces son más bien mujeres quienes profetizan o traen "palabra de Dios", desde sus asientos. No necesitan pararse detrás del púlpito para que su palabra sea oída con autoridad, pues esa autoridad no es *delegada* democráticamente sino *asumida* carismáticamente por el mismo hecho de profetizar en nombre de Dios. Entonces hombres, mujeres y niños escuchan atentamente la "palabra de Dios" mientras continúan orando mentalmente o en voz baja.

Sólo interrumpen al profeta o a la profetiza, predicador o visionario, diciendo "amenes" o "aleluyas", agradeciendo cada palabra de Dios emitida por el profeta.

3) *Momento del éxtasis profético.* Puede darse en cualquier momento, pero usualmente se da dentro del momento del habla de Dios. Mejor dicho, el habla de Dios se da precisamente por mediación del éxtasis profético, mediante el cual según entienden los practicantes Dios habla directa o "audiblemente" a su pueblo. Ningún alimento o ingesta (alucinógeno) es necesario para provocar el éxtasis pentecostal.

> Ningún alimento o ingesta (o alucinógeno) es necesario para provocar el éxtasis pentecostal.

4) *Momento del sacrificio*, que en este caso está representado por la entrega de diezmos y ofrendas, consagración al ministerio, la "dedicación" o presentación de niños a Dios, Bautismo en agua, entrega o promesa de bienes, celebración de la Santa Cena o Sagrada Comunión (eucaristía).

5) *Espacio para la restauración de la salud.* La Intercesión por la sanidad de los enfermos que tiene lugar inmediatamente después de la predicación. Aquí se ora por los enfermos presentes y ausentes. Los presentes si son pocos, pueden pasar hasta el pie del altar (considerado lugar santo) donde serán ungidos, simbólicamente o con aceite, por el ministro que tiene el don de la sanidad. Los participantes reciben mediante la imposición de manos una restauración de su salud física, espiritual, psicológica, etc. Si son muchos los que buscan sanidad, el predicador sugiere que se queden en sus propios asientos y que ellos mismos pongan sus manos donde se ubica la región afectada y que mediante la oración busquen la sanidad. Los que han sido sanados o han sido objeto de un milagro, pasan adelante y cuentan emocionados el beneficio recibido de Dios.

En un culto extático pentecostal muchos cojos son sanados, mudos hablan, ciegos ven, personas desahuciadas por los médicos reciben restauración de su salud, los afligidos o "endemoniados" son liberados y los incrédulos reciben fe para creer. Se trata de un estado donde la congregación se coloca ante Dios como postrada o enferma y donde Dios aparece como el restaurador de la armonía plena que existía *in Illo Tempore* (en el comienzo de todo). Ocasionalmente se hacen oraciones por personas ausentes. Según la costumbre antigua los familiares llevan a la iglesia una prenda de vestir del enfermo y se ora sobre ella. Esta es una costumbre no cristiana, pues la costumbre cristiana mencionada ya en el libro de los Hechos de los apóstoles en la Biblia, indicaba —por el contrario llevar una prenda del pastor hasta el enfermo de modo que la virtud del "ungido de Dios" restablezca la salud del enfermo (Hechos 19:11-12). El hombre de santidad irradia virtud. Este es el caso de la curación de la mujer con flujo de sangre que tocó el manto de Jesús, mencionada en el evangelio de Marcos 5:21-42.

6) *Momento del retorno simbólico al Paraíso o al Edén*. Inmediatamente después de este drama creacional, los visitantes reciben un llamamiento a la conversión, es decir, a un retorno a Dios Padre. Tras el mensaje y la oración, los creyentes que se habían alejado de la iglesia son convocados a restablecer su comunión con Dios. Los feligreses ya convertidos son invitados a consagrar sus vidas totalmente a Dios mediante un voto de fidelidad o mediante su dedicación al ministerio de la predicación. Es aquí donde los líderes potenciales reciben la *unción* para ejercer oficialmente su ministerio o en el que los miembros antiguos renuevan sus votos ante la congregación que los observa respetuosamente.

7) *Oración de cierre*, a cargo del pastor o director oficial del culto. Si hubo un Pastor Visitante, este cierra el culto a Dios con una oración de despedida, en el que enfatiza: "Señor nos despedimos de *este lugar* santo, más *no de tu presencia* y ayúdanos a permanecer fieles durante la semana".

8) *Momento de salida*. Se da a través de cantos finales de adoración a Dios, o simplemente mediante una exhortación del director del culto o del Pastor a mantenerse fieles al Señor de ahí en adelante. Se recuerda las exigencias éticas del cristiano y la necesidad imperativa de evangelizar a otros, esto es, de cumplir la misión para la cual Dios lo ha puesto en esta tierra. Se trata también de un *retorno* al tiempo profano, pero desde la perspectiva de lo sagrado. Vale decir, que lo sagrado debe invadir ahora el tiempo y el espacio profanos para transformarlo durante la semana. Al finalizar el culto, el pastor envía a los feligreses a la misión encargándoles que hagan discípulos a todas las naciones.

Es el momento de la *Misa* o envío. Tras una consagración y ministración en el altar, el pastor ora, consagra y envía a las misiones a los fieles que respondieron al llamado de Dios y tomaron la decisión de servir a Dios a tiempo completo.

> *La misa no sería otra cosa que vivir en la vida práctica lo que se ha aprendido y vivido en la liturgia eucarística o Santa Cena.*

Según sabemos, el término «misa» se originó en el siglo IV para despedir a los fieles al final de la ceremonia eucarística (*Ite, missa est: la misa ha terminado*) y, luego, a toda la celebración o bien a la segunda parte de la misma (la actual celebración eucarística). Explicaciones posteriores prefieren su derivación de la palabra latina *missio*. De ese modo, la misa no sería otra cosa que vivir en la vida práctica lo que se ha aprendido y vivido en la liturgia eucarística o Santa Cena.

§ *Sobre los rituales de consagración y acciones simbólicas o proféticas*

En el Pentecostalismo tradicional, hay lugar para la emergencia y "ministerio" de *profetas místicos*[247], para diferenciarlos de los *profetas históricos* del profetismo hebreo.

El profetismo que describimos aquí es *místico extático*, por dos razones: En primer lugar se trata de un profetismo que se nutre paradigmáticamente del profetismo bíblico, especialmente inspirado en el "*profetismo temprano*" más relacionado a la adivinación que a la interpretación histórica del profetismo tardío. Los ciclos de Elías y Eliseo son preponderantes de ese profetismo carismático. No obstante, el profeta místico pentecostal —como los profetas históricos— habla siempre a su comunidad en representación de Dios tratando de modelar la conducta cotidiana de los fieles. Repite literalmente la expresión de los profetas históricos "Así dice el Señor".

---

[247] El término *místico* es una categoría que señala como característica de lo divino su presencia en la experiencia religiosa y se caracteriza por decir: "El mismo Dios está aquí presente". El fenómeno místico es según Tillich, Paul "Una tentativa de trascender todos los ámbitos del ser finito con el objeto de unir el ser finito con el infinito". Id., *Teología Sistemática II* (Existencia y Cristo). Salamanca: Sígueme, 1982: 115-117.

En segundo lugar, es místico porque busca relacionarse con el cielo más allá del puro sentido metafórico de hundirse en el misterio en sus aspectos terribles y fascinantes.

Los profetas pentecostales, actúan dentro de un "espacio y tiempo sagrados". En el caso pentecostal el culto dentro del Templo y los lugares altos, son el tiempo y el lugar por excelencia cuándo y dónde el profeta místico nace, se instruye y ejerce su ministerio. Si bien un sólo profeta místico no siempre reúne las cuatro "capacidades" del chamán que menciona Mircea Elíade (curandero, psicopompa, místico y visionario) éstas se presentan distribuidas entre el "cuerpo de profetas" y cada uno a su turno hará uso de alguna cualidad durante el culto. Estas facultades (más bien "dones") más desarrollados en un típico culto Pentecostal son: glossolalia (hablar en lenguas) acompañada de profecías (en lenguaje críptico o "lenguas extrañas"), visiones y éxtasis místico.

Las expresiones proféticas incluyen además de palabras, rituales conocidos como *actos proféticos* tendiente a comunicar dramáticamente el mensaje del cielo y otros tipos de rituales de consagración o de liberación de "ataduras" espirituales.

Los actos proféticos pueden incluir expulsión de demonios como sanidades y consagración de lugares mediante gestos simbólicos.

§ *Carisma y poder en las comunidades pentecostales*

> 6 Entonces los que se habían reunido le preguntaron, diciendo: Señor, ¿restaurarás el reino a Israel en este tiempo? 7 Y les dijo: No os toca a vosotros saber los tiempos o las sazones, que el Padre puso en su sola potestad; 8 pero recibiréis poder, cuando haya venido sobre vosotros el Espíritu Santo, y me seréis testigos en Jerusalén, en toda Judea, en Samaria, y hasta lo último de la tierra" Hechos 1:6-8 -Reina-Valera 1960 (RVR1960).

La pregunta política por la restauración del Reino a Israel en la historia recibió una respuesta de Jesús en una dimensión mayor a la que ellos esperaban. Jesús sabía que lo que buscaban era el poder para gobernar. Sin embargo, los refirió al poder del Espíritu Santo para el martirio desde Jerusalén hasta lo último de la tierra.

De hecho se dio un empoderamiento de los discípulos con la llegada del Espíritu Santo en Pentecostés. Aunque eran hombres del vulgo, como reconocieron los principales de Judea, luego del influjo del Espíritu, ya no fueron los mismos. Hablaban con denuedo la palabra de Dios, tenían el favor del pueblo e iniciaron una vida en comunidad que les llevó a superar la pobreza o al menos a cubrir las necesidades de todos en el momento más difícil de las condiciones sociales de Jerusalén.

¿Qué relación posible puede haber entre carisma del Espíritu y el Poder? El poder al que alude Jesús es un poder que desciende de lo alto y otorga autoridad a los mensajeros del Reino.

Distinguiendo entre autoridad y poder, Enrique Maza, señala que:

> Toda autoridad necesita cierto poder. La autoridad necesita dinero, prestigio, influencia, información, análisis, conocimientos, doctrina, capacidad de mantener el orden y de castigar, capacidad de negociación y muchas otras cosas más. Todo esto es y da poder. En este sentido, el poder es un instrumento de la autoridad. Pero no se pueden confundir el contenido de la autoridad y el contenido del poder. Y menos todavía se puede confundir el contenido de la autoridad con la absolutización del poder, con un poder acumulado, quitado a otros, que ya no es instrumento de la autoridad sino dominio sobre los demás, al controlar -por despojo, privación y acumulación-, los elementos sociales que los demás quieren y necesitan[248].

En una perspectiva cristiana, la autoridad deja de existir cuando el contenido de un poder de este tipo sustituye al contenido de la autoridad. La autoridad cesa allí donde se convierte en poder. Lo típico de la autoridad es apelar a la libertad, dirigirse al hombre en cuanto es una persona autónoma.

---

[248] Maza, Enrique (resumido por Miquel Suñol). *"La autoridad termina cuando se convierte en poder"*, en: *Christus*, 41 n.° 490 (1976) 43-46.

Lo típico del poder en cuanto acumulación de control y dominio, es suprimir la libertad. El fin de la autoridad es la realización de los valores humanos y el ayudar a los hombres a que realicen su ser humano de la manera más plena. Es por eso un servicio al futuro y debe reconocer que ella misma está sujeta a este desarrollo. No puede sacralizarse. El poder se sacraliza, se fija en sí mismo, se hace intocable, no desarrolla para el futuro: ni cambia ni permite cambiar. La autoridad, consciente de sus límites, se somete a la crítica y se reconoce fundamentalmente igual a sus súbditos, eliminando por tanto la distancia social con los subordinados. El poder, no.

> *El fin de la autoridad es la realización de los valores humanos y el ayudar a los hombres a que realicen su ser humano de la manera más plena*

En la Iglesia, la autoridad —estructurada en un conjunto sistemático de relaciones— estructurada en un conjunto sistemático de relaciones- controla todos los elementos del ambiente socio religioso, todas las decisiones y todo el poder y confecciona en un cuerpo de doctrina la justificación de este control.

El evangelio implica —quizá en la dimensión de la utopía— un nuevo tipo de autoridad. La única autoridad es Jesús, en su práctica de vida y en su palabra. Jesús es la revolución con respecto al gobierno tradicional social y religioso. Él no ha venido a instituir ni autoridades dogmáticas ni potestades disciplinarias. Él ha venido a instituir un nuevo tipo de relaciones sociales, en la fraternidad, en la igualdad, en la justicia, en el servicio, en el amor.

Lo que es incompatible con la opción por el mesianismo de Jesús es un sacerdocio no concebido como un despojo total de sí mismo, como una actitud vital de servicio, como una lucha frontal por la justicia, como un rechazo absoluto el sistema social de explotación de clases, como una opción de clase con los oprimidos. Así resume Miquel Suñol la propuesta de Enrique Maza en la Revista *Christus*[249].

---

[249] Ibíd.

¿Ejercen poder o autoridad los líderes pentecostales? No hay una respuesta uniforme. Depende del status que adquieran en sus comunidades locales.

Para abordar con alguna precisión la tipología del liderazgo pentecostal, me valdré de la tipificación weberiana de la triple jefatura. Según Weber pueden distinguirse tres tipos de jefes: 1) El "jefe Carismático", considerado infalible y que se rodea de un misterio distanciador; 2) El "jefe Tradicional" a la vez autoritario y protector; y 3) El jefe democrático" o de carácter racional, legal, cuya autoridad se establece sobre bases consultivas y racionales[250]. En la experiencia pentecostal, prevalecen el tipo carismático y el tipo tradicional, lo que no quiere decir que no exista el tipo de líder democrático.

El tipo de jefe democrático más que una **relación** o una **aptitud** es una **función** que tiene lugar, o por lo menos, es exigida por el grupo con mayor arraigo "institucional" durante las asambleas o sesiones electorales o deliberativas. Como tal, esa función si alguna vez es ejercida en el pentecostalismo, lo es en su estadio de "iglesia" y casi nunca en su estadio de "secta".

En las asambleas se espera que el líder **adopte** una **actitud democrática** que permita reflejar la voluntad soberana de la congregación. En circunstancias, la calidad del "carisma" de conducción o la investidura del rol "democrático" es así puesta a prueba, como si el "juego de ese rol" se constituyera, aunque sea por un momento, en una especie de criterio social de verificación del poder del grupo y de la vocación del líder. La influencia social que ejercen los tipos de Jefe "carismático" y "tradicional" en el pentecostalismo, tienen lugar desde el momento mismo en el que el grupo nace o renace como tal. De suerte que es absolutamente necesario hablar simultáneamente de grupos o sociedades carismáticas y de grupos o sociedades tradicionales. Ahora bien, la permanencia del líder en el poder varía según el tipo de líder y grupo. Mientras el grupo carismático promueve **líderes** vitalicios, el grupo tradicional promoverá **líderes electivos**. Por lo general, los **líderes fundadores** que son producto de una emergencia espontánea, ejercen un **liderazgo del tipo patriarcal** sea éste honorario o activo; en tanto que los **líderes promovidos** o convocados por el grupo,

---

[250] Weber, Max. *Economía y Sociedad. Esbozo de Sociología Comprensiva.* México: Fondo de Cultura Económica, (9)1984: 173-203, 328-475ss.

deben someterse bien a la autoridad del líder patriarcal o a la autoridad de la congregación que los constituyó como tal.

La relación "líder-grupo-líder" comienza, pues, con la "consagración ministerial" del líder pentecostal y dura según la teología pentecostal de las vocaciones ministeriales "hasta que el Señor lo llame a su presencia", es decir, hasta la muerte. En muchos casos el liderazgo pentecostal está planteado en términos de **sucesión familiar** padre-esposa-hijos. Verdaderos clanes familiares que dan motivo, como es obvio, a "rebeliones internas" de los líderes potenciales que aspiran al poder.

Respecto de la consagración ministerial, es necesario anotar de paso que en el pentecostalismo "*consagración al ministerio*" no es sinónimo de *ordenación ministerial*. Un líder pentecostal puede estar consagrado al ministerio, ser un líder activo aceptado por el grupo y no haber sido ordenado para el ministerio. En la mayoría de los casos la institucionalización oficial del ministerio es la coronación de una larga trayectoria ministerial y, en el mejor de los casos, seguido por un período de adoctrinamiento en un centro de estudios bíblico-teológicos de la Denominación.

El líder pentecostal del tipo carismático, goza de una **emergencia espontánea** en el seno del grupo y ejerce su liderazgo sin haber cumplido mayor requisito que el haber sido "llamado por el Espíritu" para servir al Señor, y un hábil 'manejo' de la Sagrada Escritura. En todos los casos, lo que cuenta no es la preparación académica, sino la *experiencia y los resultados en crecimiento*; criterio decisivo en la pastoral pentecostal.

1. El tipo carismático de líder pentecostal

La jefatura carismática pentecostal se produce en el espacio de gestación de un grupo o movimiento profético. La revitalización de elementos mesiánicos y proféticos, así como experiencias religiosas caracterizadas por especulaciones milenaristas, racionalizaciones gnósticas y cultos extáticos entre otros, generan la atmósfera necesaria (por lo menos a nivel ideológico) para la incubación, gestación y desarrollo de **personalidades carismáticas** que aducirán y asumirán "el derecho a dirigir" y conducir al resto "pecador" y "perdido". Esto es así porque, a la luz de su experiencia, el resto ha sido "incapaz" de llegar a ser como esas personalidades o no ha recibido la gracia de ser elegido entre los muchos.

La participación en experiencias místéricas y el ejercicio de un ministerio público (predicación, sanación, exorcismos, etc.) conformarán los aspectos sociales y prácticos que fortalecerán la nueva relación "líder-carismático-grupo-consagrado". Como señalaba Weber, la "infalibilidad" y el "misterio" distanciador caracterizarán al líder carismático. Si la **infalibilidad** está en proporción directa con la "delegación de una autoridad o un poder de lo alto" (por eso los pentecostales insisten en el Bautismo del Espíritu, pues este va asociado a la recepción vertical de un "poder" divino (Hechos 1:8; 4:29-31; Marcos 16:14-20; Mateo 28:18-20) que les da prestigio y los legitima, el **ministerio** lo está con la ideología mesiánica que endiosa o diviniza al líder, pero esta vez en la horizontalidad del grupo.

En el pentecostalismo, el liderazgo carismático, a diferencia del tradicional, es más frecuente en el comienzo o en el final del ciclo de movilidad interna, esto es, en el estadio de "secta" y en el estadio de "movimiento". En el estadio intermedio de "iglesia", es decir, de institucionalización o des-institucionalización, si bien no faltan los líderes carismáticos, abundan los líderes "tradicionales". Si el estadio de secta hizo propicio su generación, el estadio de movimiento promoverá la epifanía (aparición o **revelación pública**) del líder carismático; necesario, por lo demás, para el ejercicio de su vocación.

Precisamente, ambos estadios, de secta y movimiento, son los más fecundos para la aparición de los "grandes líderes" cuyo influjo sobre los grupos es vertical y monolítico. Se da una tal simbiosis entre el líder y el grupo "seguidor", que las relaciones se vuelven *cuasi* irracionales, pues descansa más bien en la confianza de que el líder es infalible y no fallará. El grupo responde casi "como autómata" a la voz del líder como si estuviera influido por la necesidad imperiosa de responder a su estímulo. La voluntad del líder es equiparada a la Voluntad de Dios: "*Vox arbitrii, vox Dei*".

2. El tipo tradicional de líder pentecostal

Deudor también de una sociedad de tipo tradicional pero con influencias de la sociedad moderna, el líder tradicional será **llamado** por el grupo en asamblea a ejercer sus funciones. Es electo por el grupo de entre los líderes candidatos. El líder tradicional puede haber tenido un origen carismático o estar inspirado por esa imagen, pero en la práctica, su relación con una congregación que ahora ha adquirido el estatus de "Iglesia" y ha asimilado el **ideal democrático** de las sociedades modernas, le confiere cuando degenera, una personalidad psicótica con tendencias maníaco depresivas. El sujeto amenaza frecuentemente en convertirse en un adicto institucional. Vale decir que se convertirá en un asiduo gestor de nuevas iglesias en las que prevalezca la institucionalidad y se afirme la identidad pentecostal.

En el esquema pentecostal, pese a las apariencias, el líder tradicional no es necesariamente el líder de multitudes sino más bien el líder de "iglesias minoritarias" que no pasan de los 100 miembros. El tamaño del grupo tiende a estancarse o petrificarse, pues preocupado por donar identidad, controlarla y mantenerla, el grupo resta su movilidad y tiende más bien a fijar y estabilizar las relaciones entre los miembros. Ese proceso institucionalizador, además de dar lugar a situaciones patológicas, cuando alega tradición, es el factor desencadenante de la involución sectaria de la iglesia.

Autoritario y **protector**, el líder tradicional afirmará su **jerarquía** sacerdotal, será divulgador de la doctrina pentecostal de la cual se ha hecho especialista, adoptará formas litúrgicas fijas, seguirá un estilo de piedad moderada, y afirmará los dogmas de la Pentecostalidad. Manejando una especie de **teología testimonial**, pre lógica, el líder tradicional se constituirá en el "maestro" adoctrinador del grupo. Tal función docente, por lo general entra en conflicto con la función carismática y profética. Por **función carismática** debemos entender aquí aquellas acciones cultuales neumáticas y que, especializados, toman la forma de "ministerios", cuyo componente principal son los "dones espirituales" de los que habla la Biblia (1 Corintios 12; Romanos 12; Efesios 4; etc.).

A diferencia del líder carismático, el líder tradicional es dependiente del grupo y, revestido de cierta investidura y status que lo diferencia del grupo, debe manejarse bajo la consigna gubernamental en la que, la voz del pueblo es la voz de Dios ("*Vox populi, vox Dei*").

3. El tipo democrático de líder pentecostal

A estas alturas uno se pregunta si hay lugar en el pentecostalismo para el tercer tipo weberiano de "Jefe democrático" y si, de última, puesto que se mueven dentro de una sociedad "democrática", los pentecostales no terminarían reproduciéndola.

A mi juicio, la cuestión debe resolverse según el contexto social del grupo y según su ideología escatológica. El pentecostalismo, basado fundamentalmente en la literalidad de la Biblia, ha pensado y desarrollado una ética social cuyos arquetipos procuran reproducir el modelo de "iglesia primitiva" y el modelo de sociedad teocrática del Israel pre monárquico hasta Saúl.

Es, sobre todo, en su estadio de secta cuando el pentecostalismo intenta un estado teocrático en medio de una sociedad democrática. La disonancia social que tal empresa produce, lejos de llamarnos a la reflexión de si es o no una conducta psicopática, deviene más bien, una especie de delirio mesiánico que realimenta y re mentaliza al grupo sociológicamente caracterizado como "secta". Resulta, pues, casi imposible pensar en el tipo de jefe democrático dentro de las organizaciones pentecostales en su estadio de formación.

Sociedad hierocrática como es, el pentecostalismo enfatizará una eclesiología neumática en sacrificio de una eclesiología histórica. Primará la "Profecía" sobre el "Acuerdo", la "Ley" sobre el "Amor", y la "Teocracia" sobre la "Democracia". Perseguirá obviamente, el ideal "teocrático" en el que el líder carismático se desenvuelva libremente, ya que este es el espacio por excelencia para su realización personal. ¿Cómo, pues, ejercen el poder los líderes pentecostales?

4. La administración del poder en las comunidades pentecostales

La cuestión del **poder** y de la **autoridad** en el pentecostalismo tiene dos direcciones según sea el tipo de liderazgo que prevalezca. El líder carismático que realiza un ministerio apostólico, cual es la de ser fundador de una comunidad pentecostal, declarará a sus discípulos haber recibido su Autoridad del mismo Dios.

El líder tradicional, en cambio, pudiendo hacer referencia a la misma investidura espiritual, recibe su autoridad para gobernar del grupo que lo eligió. Puesto que en este caso es el grupo el que le confiere autoridad, la administración del poder en última instancia estará en manos de la Asamblea. Desde el punto de vista de la psicología social se puede decir que tanto en uno como en el otro caso, siempre es el grupo el que confiere autoridad. La diferencia radica en los mecanismos de **apelación**, como veremos a continuación.

El líder carismático ejerce poder (y también abusa de él) gracias a que el grupo que lo sigue ha sido mentalizado en la creencia de que, si el mismo Dios ha erigido al líder, nadie, sino el mismo Dios puede destituirlo. El grupo carismático no tiene, así, *poder de censura* sobre el líder. Si disiente con el líder, puede a lo más desligarse de su tutela, pero de ningún modo socavar los cimientos ideológico religiosos del "poder divino" del líder. El **mecanismo de apelación** usado en este caso es el de la *profecía* y el *carisma*. Por profecía entendemos aquí aquella experiencia religiosa mística según la cual Dios comunica su voluntad por revelación directa a sus voceros llamados "profetas" o videntes.

> *La profecía es aquella experiencia mística según la cual Dios comunica su voluntad por revelación directa a sus voceros llamados "profetas" o videntes.*

Es el caso de los líderes tradicionales el mecanismo de apelación no es la profecía ni el carisma, sino **el acuerdo** y **la institucionalidad**. La "palabra sagrada" de la Escritura y la Constitución Eclesiástica tiene prioridad sobre la "voz del espíritu" del profeta. La "norma" consensualmente aprobada prevalece por sobre la "intuición" profética. Aquí la congregación es la que controla el poder; ella unge, consagra, ordena y sanciona al "sacerdote". Si hay disenso, es el líder el llamado a retirarse de la congregación. El grupo, no obstante, es infalible.

Son, pues, dos los **criterios de autoridad** en las comunidades pentecostales.

En las **sociedades carismáticas** el criterio de autoridad es vertical y espiritualizante; se verifica o confirma mediante la realización de acciones taumatúrgicas (señales y prodigios: Marcos 16:20; Hechos 4:29-31ss).

En las **sociedades tradicionales**, por ser "sociedades de tránsito", la institucionalidad prevalece, como hemos dicho, sobre el carisma. El criterio de autoridad es más bien horizontal y político y se verifica en el líder por su "habilidad de conducción", su experiencia en el gobierno de los grupos, y su calidad para representar al grupo en sus relaciones externas. Dicho en términos populares, la "maniobra" prevalece sobre el "prodigio", de igual modo como la religión triunfa sobre la magia.

Lección 16. La educación en la fe de Cristo

§ Espiritualidad pentecostal y educación teológica

No siempre hay, pero debería haber una relación estrecha entre espiritualidad pentecostal y educación teológica. En varios proyectos o programas educativos de pentecostales de América Latina, se combinan ejercicios espirituales con capacitación o instrucción teológica. Incluso algunos periodos académicos (trimestres o bimestres) de teoría y períodos de práctica ministerial. No esperan que los estudiantes acaben la carrera para hacer prácticas o involucrarse recién en el ministerio. Llevado a la vida religiosa, estos centros de formación incluyen ejercicios espirituales o devocionales cada día de estudio procurando así el equilibrio entre la espiritualidad y la educación teológica.

Sabemos que la espiritualidad no es solo un asunto interiorista de intimidad con Dios, sino un estilo de vida que incluye la vida cotidiana, la interculturalidad y la convivencia social. En este sentido, Matthias Preiswerk, teólogo y pedagogo suizo-boliviano, quien es un especialista en materia de educación y educación teológica, refiriéndose a la Pneumatología y el espíritu de la diversidad, ha dicho con mucha razón:

Desde el paradigma intercultural, el énfasis pneumatológico implica una relativización de las culturas, así como la posibilidad soberana del Espíritu de manifestarse a través de cualquiera de ellas, más probablemente de manera contracultural. El Espíritu no implica una evasión o negación del contexto y de lo cultural sino la pregunta sobre las marcas de su presencia[251].

Por ello habría que ver, en el trabajo social de las iglesias pentecostales, en su incidencia social o vida pública relativamente nueva, una importante forma de vivir la fe y la espiritualidad o de hacer religión en el mejor sentido de la palabra.

§ *La formación teológica de pastores pentecostales*

Los pentecostalismos entraron a la escena latinoamericana —a este mercado de ofertas simbólicas de bienes de salvación— recién en el siglo XX y se formaron entonces bajo el influjo de la mentalidad americana. A diferencia de los pentecostalismos del Sur de América Latina, (Argentina, Brasil y Chile) los pentecostalismos centroamericanos (con excepciones) fueron de procedencia rigurosamente norteamericana y por eso mismo dependientes ideológicamente del fundamentalismo americano en sus orígenes.

Siendo una masa pobre, los pentecostales no pudieron sino limitarse a crecer producto de un proselitismo evangelizador, así como desarrollar su potencial humano por el lado espiritual, desplazando lo académico a un segundo plano. Por lo menos así lo fue durante sus primeros 50 años de su implantación, liderado por misioneros de segunda generación para quienes la función de la iglesia en el mundo no pasaba por la transformación del hombre en sociedad.

Como es natural, la aparición de los diversos sectores del protestantismo en América Latina, significó la aparición de diversos estilos educativos que el paso de los años cristalizó en institutos y seminarios de formación pastoral. Los primeros seminarios se dedicaron a atender la demanda de preparación de líderes para una Iglesia Evangélica que crecía al ritmo de las

---

[251] Preiswerk, Matthias. *Contrato Intercultural. Crisis y Refundación de la Educación Teológica*. La Paz, Bolivia: CLAI-Sinodal / Plural Editores, 2011: 312.

migraciones internas y que rápidamente experimentaba un acelerado proceso de burocratización y especialización religiosa.

La iglesia de la segunda época de implantación estaba atravesada por una preocupación apologética: ser una alternativa al modo de vivir católico-romano, significando con ello, por una parte, su crítica indirecta a la sociedad política que había hecho alianza con la Iglesia Católica y, por otra parte, constituyéndose en el espacio desde donde construir una nueva identidad social, a despecho de la existencia de otras instituciones civiles y políticas con igual vocación.

Se trataba, a mi juicio, de la comprensible búsqueda de legitimación por parte de una corporación religiosa en situación de minoría. Ella trataba de competirse ideológicamente sectores amplios de la sociedad civil. Así fue como la iglesia evangélica de los comienzos del siglo XIX y transcurso del siglo XX, y su consiguiente proceso educativo, se articuló apologéticamente como un proyecto anti católico, anti socialista y anti ecuménico.

En sus inicios, el proceso de la Educación Teológica en la región, como todo proceso de innovación o renovación de un viejo régimen, tuvo origen progresista. Ante el colapso del régimen de cristiandad católico, las nuevas capas intelectuales que habían encontrado en la nueva fe protestante un medio de nuevo consenso, aparecían en el escenario político-social de la época como un sector de avanzada y de transformación. Prueba de ello son las acciones y concepciones misioneras de entonces que, aún para la iglesia evangélica de hoy, resultan fuera de tiempo.

Los analistas han hablado del "Sistema Pentecostal" de educación teológica, que consistió en un "sistema de aprendices" de formación ministerial del nuevo converso. Es decir, que el proceso de especialización del líder Pentecostal comienza con su primera conversión y no termina hasta su ordenación, al cabo de un proceso largo de prueba y demostración de eficiencia proselitista. Eso quiere decir, que los indicadores de la educación teológica pentecostal no fueron académicos, sino evangelísticos o pastorales, por no decir pragmáticos. Se trataba de una educación durante el proceso mismo del proselitismo religioso o, mejor, a condición de él.

> *El instituto bíblico pentecostal fue un centro evangelístico y el educador un instructor misionero.*

El instituto bíblico pentecostal fue un centro evangelístico y el educador un instructor misionero. Se trata de una educación teológica para el crecimiento cuantitativo de la iglesia y, por su huelga social, una educación que sin quererlo terminaba en la contención del cambio social. Por lo menos en su primera etapa (a partir de los años 60 cuando empieza a tomar forma la conciencia protestante en América Latina) quizá más que ningún otro, el instituto bíblico pentecostal se convirtió en el centro catequético y el espacio para la generación de líderes carismáticos. Recién a partir de fines de los 80 y los 90, los pentecostales empiezan a desarrollar un liderazgo mejor cultivado gracias al apoyo becario de agencias misioneras europeas, y gracias a que, los seminarios reformados empiezan a abrir sus puertas a estudiantes de otras confesiones, motivados en cierto modo por la falta de estudiantes y también por su apertura ecuménica.

Los institutos pentecostales que en la última década proliferaron, estuvieron orientados a servir de vasos comunicantes de una política de evangelización mundial en la perspectiva de la Escuela del "Ingle-crecimiento" como la que se impartía en el *Fuller Theological Seminary*. Si bien hay intentos nacionales de reestructuración académica, todavía no han podido desligarse de la tutela misionera que tiene formas de estar presente vía medios de comunicación masiva (tele evangelismo); importación de una línea editorial conservadora; y mediante programas rotativos estadounidenses por toda América Latina.

Las famosas "Escuelas de evangelismo" llámese Haggai, Morris Cerullo, "Explo", etc., así como la teleeducación vía Internet y otros medios, liderado por los evangelistas de éxito en los USA y los centros misionológicos patrocinados por agencias norteamericanas, resultaron ser alternativas seguras a los intentos "nativizadores" de los estudiantes nacionales y de los centros de pastoral de perfil ecuménico. De este modo y visto ideológicamente, el sistema económico internacional aseguró sus órganos de consenso y desarticuló proyectos de autogestión educativa.

Fue la consolidación de la teología latinoamericana de la liberación, lo que agudizó la escalada de agresión ideológica y la que justificó la presencia directa de programas educativos extranjeros en América Latina, a partir de los años 70s.

Después de estos años, una avalancha de Seminarios e Institutos bíblicos denominacionales (entre ellos pentecostales) se consolida en el continente. Un importante número de pentecostales de la segunda y tercera generación de creyentes, se vuelca masivamente a los estudios teológicos. Otro sector acude a seminarios protestantes inter denominacionales de prestigio como ISEDET en la Argentina, La Universidad Bíblica Latinoamericana de Costa Rica (Ex Seminario Bíblico Latinoamericano), la Comunidad Teológica de Chile, La Universidad Metodista de Sao Paulo (UMESP), Brasil, la Facultad Luterana de Teología de Río de Janeiro, o el SETECA en Guatemala, entre otros.

Muchos egresados de estos seminarios o universidades viajan a Norteamérica y Europa a hacer postgrados para doctorarse o post doctorarse. Paralelamente una importante generación de laicos profesionales pentecostales acude a las aulas teológicas para completar sus conocimientos bíblicos, toda vez que ya ocupan puestos de liderazgo en sus iglesias. El fruto se puede ver ahora muchos años después. Los niveles académicos de reflexión y producción teológica han crecido significativamente y se han ganado el respeto de académicos seculares. Incluso muchos profesionales pentecostales ocupan puestos públicos y se realizan como profesionales de buen nivel y respeto.

Lección 17. Pobreza, riqueza y pentecostalismos

En América Latina los pentecostalismos anidaron mayormente entre las camadas pobres de la población y a ello se atribuye su éxito, al menos en la primera mitad del siglo XX. Con el paso del tiempo y el crecimiento del mercado, los pentecostales han vivido también una movilidad social. Importantes sectores de las capas medias de la sociedad también se han hecho pentecostales, pero su condición de clase social y el influjo del mercado neo liberal los ha llevado a adoptar una Teología de Prosperidad (TP) para explicar esa movilidad. El contexto o telón de fondo es la realidad de la pobreza y sus diversas explicaciones.

En la década del 70, luego de la revolución cubana (1959) y una ola de militarizaciones, nació una teología que buscaba interpretar con la ayuda de las ciencias sociales las injustas condiciones de pobreza de un continente con riquezas mal distribuidas. Se la conoció con el nombre de Teología de la Liberación[252]. Gustavo Gutiérrez, teólogo peruano y sacerdote dominico, fue el principal articulador de una teología latinoamericana de liberación. Inspirado en la Obra de Rubem Alves, psicoanalista, educador, teólogo, poeta y escritor brasileño, escrita en Princeton en 1969, Gutiérrez sistematizó una propuesta teológica que influyó decisivamente sobre la iglesia latinoamericana. Un periodista del diario *La Jornada* (en línea) escribió el día del fallecimiento de Alves (sáb, 19 jul 2014):

> Alves se convirtió en el impulsor intelectual del movimiento más revolucionario de la Iglesia católica, la Teología de la Liberación, a partir de su tesis de doctorado defendida en 1969 en Princeton, Estados Unidos, bajo el título de "*La Teología de la Esperanza Humana*". En su tesis, el intelectual brasileño ya sustentaba los pilares sobre los cuales se erguiría la ideología de la Teología de la Liberación, la cual propone que la religión sea interpretada y practicada desde la perspectiva de los más pobres[253].

La Teología Latinoamericana de la Liberación es actualmente una de las teologías de mayor influjo en el mundo. En su obra Gutiérrez distingue dos estados de pobreza: como un «estado escandaloso» y como una «infancia espiritual». Gutiérrez observa que mientras el primero es aborrecido por Dios, el segundo es valorado. Por un lado: "La pobreza es para la Biblia un estado escandaloso que atenta contra la dignidad humana y, por consiguiente, contrario a la voluntad de Dios." Para poder llegar a esta conclusión Gutiérrez realiza un excelente análisis de la condena de la pobreza en el Antiguo Testamento, principalmente en los profetas, y en el Nuevo Testamento.

Por otro lado, presenta la pobreza como una infancia espiritual, refiriéndose, a las bienaventuranzas de Mateo y Lucas. "Bienaventurados los pobres porque el reino de Dios ha comenzado".

---

[252] Gutiérrez, Gustavo. *Teología de la liberación. Perspectivas* Salamanca: Ediciones Sígueme, 1975.
[253] http://www.jornada.unam.mx/ultimas/2014/07/19/muere-rubem-alves-padre-intelectual-de-la-teologia-de-la-liberacion-5855.html.

§ La pobreza como contexto de la teología y la búsqueda de salidas

La pobreza se puede definir como la situación que afecta a las personas que carecen de lo necesario para el sustento de sus vidas, es decir, que no pueden satisfacer sus necesidades básicas. Se trata de un concepto multidimensional. No atiende sólo aspectos económicos sino que también incluye aspectos no materiales y ambientales. Implica no tener la oportunidad de vivir una vida larga, sana, creativa y disfrutar de libertad, dignidad, respeto por sí mismo y de los demás.

Causas de la pobreza

Las causas de la pobreza son múltiples. Entre ellas se pueden mencionar *grosso modo*:

- Problemas políticos;
- Crisis de los mercados financieros;
- Desastres naturales;
- Gestión inadecuada del medio ambiente o utilización incorrecta de los recursos naturales por parte del hombre.
- Injusticia Social

Los indicadores

Se han propuesto distintas metodologías para medir la pobreza de los habitantes del planeta. Algunos utilizan indicadores de carácter pecuniario (producto interno bruto PIB), otros tienen en cuenta cuestiones vitales (esperanza de vida, consumo diario de calorías, entre otros) y otros, aspectos educativos (analfabetismo, etcétera). Cada uno de estos indicadores ofrece ventajas y desventajas y su aplicación depende del propósito que se persiga.

El Programa de las Naciones Unidas para el Desarrollo (PNUD)[254] que

---

[254] http://www.escuelapnud.org/biblioteca/documentos/abiertos/dadh-u2_Pobreza.pdf Véase también: http://hdr.undp.org/en/media/hdr_1997_en_ chap 1.pdf.

presenta informes mundiales anuales señalaba en su Informe Mundial de 1997 un índice de la pobreza humana, (IPH), cuyo objetivo fue incluir las diferentes características de privación de la calidad de vida. Este índice tomaba en cuenta las siguientes *variables*:

- Porcentaje de la población con esperanza de vida menor a 40 años;
- Porcentaje de adultos analfabetos;
- Porcentaje de personas sin acceso a servicios de salud y a agua potable;
- Porcentaje de niños menores de cinco años víctimas de malnutrición.

De acuerdo con este índice, la pobreza humana ya en 1997 afectaba a una cuarta parte de la población del mundo en desarrollo. Los países que se encuentran en los últimos lugares de la clasificación según el IPH ocupan también los últimos lugares de la clasificación según el Índice de Desarrollo Humano. El África al sur del Sahara y Asia Meridional son las áreas donde la pobreza humana está más generalizada. Níger, Sierra Leona y Burkina Faso son los países del mundo que presentan los valores más altos, con más del 55% de la población en condiciones de pobreza.

A los efectos de la comparación internacional, se ha definido el *umbral de pobreza* como la línea fijada en un dólar diario por persona; suma considerada suficiente para adquirir los productos necesarios para sobrevivir. Todavía hoy en el mundo en desarrollo 1.300 millones de personas viven con menos de un dólar diario y cerca de 3.000 millones, casi la mitad de la población mundial, con menos de dos dólares.

El hecho de que los países industrializados alcancen los porcentajes más bajos de pobres, no significa que en esos países no los tengan, pues el problema de la pobreza es mundial. Lo que ocurre es que en esos países la mayoría de sus habitantes no son extremadamente pobres y gran parte tiene acceso a condiciones dignas de vida. En cambio, en los países en desarrollo, existe un predominio de pobres y una minoría de ricos.

En el mundo, la mayoría de los pobres todavía se localiza en las zonas rurales, pero esta situación está cambiando y probablemente ahora en el siglo XXI la mayor parte viva en ciudades, aunque sigan en condiciones de pobreza. Este proceso ha sido resultado de la migración a las zonas urbanas, del menor acceso a recursos productivos, del desarrollo insuficiente de la vivienda urbana y la infraestructura física, entre otras razones.

La búsqueda de soluciones

Todos los países necesitan políticas y estrategias para reducir sustancialmente la pobreza en el plazo más breve posible. Es importante el papel que juegan los siguientes elementos que deben ser tenidos en cuenta en forma conjunta. Ninguno, por sí solo, basta para combatir la pobreza.

a. El mercado

El mercado puede cumplir una función benefactora con los pobres, pero no lo está haciendo. En teoría, si las corrientes financieras y comerciales funcionan bien, las economías prosperarán y la riqueza llegará a los pobres. Pero, actualmente, la globalización económica, los embates especulativos y la fragilidad de los mercados, sumado a las ambiciones y egoísmos de los poderosos ponen en evidencia la debilidad de esta teoría.

La crisis financiera sufrida en el Sudeste Asiático es un ejemplo de esto. En Indonesia ha provocado grandes estragos, graves tensiones sociales y actos de violencia, luego de 30 años de crecimiento económico y de reducción de la miseria. El impacto fue mayor porque no estaba previsto un sistema de protección social capaz de ayudar a los pobres en caso de recesión. Sólo se han aplicado intervenciones a corto plazo para limitar o paliar los perjuicios. Estas consideraciones nos llevan a concebir nuevas estrategias de *desarrollo sostenible* que deben atender dos graves problemas del siglo XXI: la desocupación masiva y la acentuación de las desigualdades dentro de las naciones o entre ellas en el marco de un planeta que se empeña en la autodestrucción.

b. El Estado

El Estado (los Estados Nacionales) también puede contribuir eficazmente a la lucha contra la pobreza y para ello debería:

- Fomentar las expresiones pacíficas de las demandas de la gente y la participación política;
- Garantizar espacios democráticos;
- Estimular a las asociaciones entre el sector público y el sector privado;
- Luchar para una distribución más equitativa de las riquezas;
- Velar por la responsabilidad y la transparencia en todos sus actos;
- Brindar educación, información y salud básicas para todos.

Le corresponde al Estado un papel activo y firme para implementar estrategias de *erradicación de la pobreza,* pero, asimismo, debe saber cuándo intervenir y cuándo mantenerse al margen.

c. Las Iglesias

Aunque debe quedar claro que no es, estrictamente hablando, labor de las iglesias, estas pueden y deben intervenir en la lucha concertada contra la pobreza. Precisamente la Organización de las Naciones Unidas para la Agricultura y la Alimentación (FAO, por sus siglas en inglés) ha destacado la labor de las iglesias tanto católica como protestante frente al hambre y la pobreza en el mundo. Ha puesto de relieve que la humanidad tiene suficientes recursos para satisfacer las necesidades alimentarias de todo el mundo y a pesar de ello, persisten obstáculos de orden económico, social y político que lo impiden. Según el director general de la FAO en el 2012, "el sector rural debe seguir siendo el papel principal en las estrategias de desarrollo; de que se promuevan modelos sostenibles de producción agropecuaria y de consumo alimentario y de que se garantice mayor equidad y eficacia en la gestión del sistema alimentario"[255].

El Consejo Mundial de Iglesias viene trabajando desde hace muchos años en favor de los pobres del mundo. En su Asamblea del 2006 en Porto Alegre, vio claramente que existen formas divergentes de analizar esta

---

[255] http://www.hazteoir.org/noticia/46347-fao-destaca-labor-iglesia-frente-hambre-y-pobreza-en-mundo.

realidad y actuar al respecto; y por eso busca desarrollar un nuevo paradigma que permita acercar las distintas posturas respecto a este asunto.

Este proyecto alienta a las iglesias a que investiguen alternativas a la globalización económica y aboguen por ellas. Se trata de unir a las iglesias y los asociados ecuménicos del Norte, Sur, Este y Oeste para que reflexionen y obren juntos con el fin de encontrar formas nuevas y creativas de utilizar la riqueza mundial para erradicar la pobreza. Les anima a crear nuevas sinergias entre los distintos puntos de vista acerca de la pobreza, la riqueza y la ecología.

En el contexto del proceso AGAPE (*Globalización Alternativa para los Pueblos y la Tierra*)[256] que comenzó antes de 2006, el proyecto sigue trabajando con los asociados ecuménicos, centrándose en cuestiones como el comercio justo, la cancelación de la deuda, los mercados financieros, la evasión fiscal, los bienes y servicios públicos, los medios de subsistencia y trabajos decentes, la agricultura que da la vida, el poder y el imperio, y la deuda ecológica. Aunque muchos estudios han ofrecido información sobre las personas que viven en la pobreza, poco se sabe de los ricos. Por eso el CMI incita a las iglesias a que desarrollen una "línea de consumo y avidez" junto con la "línea de pobreza", que sirva de orientación a los cristianos.

Recientemente, desde la espiritualidad, un servicio especial organizado por el Consejo Mundial de Iglesias (CMI) en la capilla del Centro Ecuménico, en Ginebra, (Suiza) dedicó oraciones a los Objetivos de *Desarrollo Sostenible* para después de 2015, que pretenden eliminar la pobreza extrema, combatir la desigualdad y la injusticia, y luchar contra el cambio climático y la escasez de agua para el año 2030.

d. Los mismos pobres.

Los propios pobres también son importantes para superar la pobreza mediante sus aptitudes y sus valores culturales. Los proyectos para luchar contra la pobreza deben comprender y respetar la cultura local. Muchas

---

[256] Véase el proceso AGAPE en https://www.oikoumene.org/en/resources/documents/wcc-programmes/public-witness-addressing-power-affirming-peace/poverty-wealth-and-ecology/neoliberal-paradigm/agape-background-document/@@download/file/agape-new.pdf.

propuestas han fracasado porque se han querido imponer programas realizados en otros lugares a realidades locales que difieren enormemente.

Las comunidades deben organizarse para la acción colectiva basadas en sus propios sistemas de valores culturales. Sudáfrica es un ejemplo de país donde se ha producido la interacción entre el pueblo, el mercado y el Estado para erradicar la pobreza. El ímpetu político del triunfo en la lucha contra el *apartheid* impulsa ahora la lucha contra la pobreza humana. Este proceso cuenta con el compromiso político, con estrategias basadas en las asociaciones entre el sector público y el privado y con un proceso de desarrollo impulsado por el pueblo.

La movilización popular hacia la *erradicación de la pobreza* puede asumir muchas formas. Entre ellas se pueden mencionar:

- Asociaciones corporativas;
- Sindicatos, que han desempeñado un papel fundamental en la promoción de mejores condiciones de vida y de trabajo;
- Movimientos populares: es importante que surjan espontáneamente a partir de iniciativas de la propia población afectada y que no sean controlados o manipulados desde el poder.

e. El apoyo de instituciones internacionales

Organizaciones internacionales como la Organización de las Naciones Unidas (ONU) desempeñan un papel fundamental en el impulso de estrategias de desarrollo humano. Las acciones de la ONU pueden servir para reforzar y complementar las actividades gubernamentales por ser más flexibles y más aptas para llegar a algunas comunidades de manera efectiva.

Uno de los agentes fundamentales en esta esfera es el Programa de las Naciones Unidas para el Desarrollo (PNUD), cuya labor se centra en el alivio de la pobreza. El PNUD considera que la pobreza es un fenómeno complejo cuya erradicación requiere tanto potenciar a la persona como proveerla de ingresos y servicios básicos adecuados.

La labor del PNUD abarca el fortalecimiento de la capacidad de los gobiernos y de las organizaciones de la sociedad civil para que puedan abordar todos los factores que contribuyen a la pobreza. Entre sus objetivos figuran:

- Aumentar la seguridad alimentaria;
- Mejorar la disponibilidad de vivienda y de servicios básicos;
- Crear oportunidades de empleo;
- Facilitar el acceso a la tierra, el crédito, la tecnología, la capacitación y los mercados; y
- Hacer posible la participación de la gente en los procesos políticos que determinan su vida.

Las instituciones financieras internacionales del sistema de las Naciones Unidas desempeñan un papel básico en la financiación de numerosos programas centrados en los aspectos sociales de la erradicación de la pobreza. En apoyo de los Objetivos de Desarrollo del Milenio, el Banco Mundial ha centrado su labor en cuatro ámbitos prioritarios: la enseñanza para todos, el VIH/Sida, el agua y el saneamiento, y la salud.

A nivel nacional e internacional, todas las organizaciones de las Naciones Unidas trabajan desde sus especialidades y mandatos para el logro del **Objetivo del Milenio** No. 1: "**Erradicar la pobreza extrema y el hambre**":

> La meta de reducción a la mitad del porcentaje de personas cuyos niveles de ingresos están por debajo de la línea de pobreza extrema está a punto de cumplirse en el Perú. De 23% de pobreza extrema en 1991, se pasó a 12,6% en el año 2008. La meta es reducir esta proporción a 11,5% al 2015. Según destaca el informe 2008, en el ámbito nacional se ha reducido la incidencia de pobreza en todos los departamentos del Perú, excepto en Huancavelica. Entre el 2004 y el 2008, la brecha de la pobreza en promedio se redujo en 5,1 puntos porcentuales. Por otra parte, en el área rural, si bien se registra una disminución en la brecha de pobreza de 5,6%, ésta es aún elevada (21%). En el ámbito laboral, al 2008 la tasa de ocupación de la población en edad de trabajar fue de 70% y la cuarta parte de la población ocupada tenía ingresos inferiores a la línea de pobreza extrema. Respecto a la meta de reducir a la mitad entre 1990 y 2015 el porcentaje de personas que padece hambre, al 2008 la meta de desnutrición global registra el 81% de cumplimiento. Sin embargo la desnutrición crónica afecta a más del 20% de niños y niñas menores de 5 años y el 30,9% de la

población tiene déficit calórico. La anemia en niños y niñas es otro indicador crítico que afecta al 56.8% de los/las menores de tres años. En los últimos años no se ha observado una mejora significativa. En el Perú, el porcentaje de niños y niñas con peso por debajo al peso normal para su edad se ha reducido de 10,8%, en el año 1991, a 5,9% en el periodo 2007-2008, y se acerca a la meta de 5,4% establecida para el 2015. Sin embargo el informe destaca que en las áreas rurales este indicador permanece alto, pues llega a afectar entre el 2007-2008 a un 9,5% de niñas y niños menores de 5 años, en especial a las niñas[257].

En el caso de **Guatemala**, el resumen de la situación, respecto del cumplimiento del objetivo No. 1 de los Objetivos del Milenio, es el siguiente:

> **Meta 1A: Reducir a la mitad, entre 1990 y 2015, la proporción de personas que viven en pobreza extrema.** En general esta meta muestra que la pobreza relativa disminuyó pero la cantidad de personas que viven en pobreza incrementó. Asimismo hubo un incremento poco significativo en relación a la proporción del ingreso nacional que corresponde a la quinta parte más pobre de la población (1.2% en el año 2000 a 2.9% en el 2011)
> **Meta 1B: Lograr empleo pleno y productivo, y trabajo decente para todos, incluyendo mujeres y jóvenes.** Este conjunto de indicadores no tiene establecida como tal una meta para el año 2015, sin embargo se puede hablar que ha habido apenas un 0.5% de incremento en la tasa de crecimiento del PIB por persona empleada. En cuanto al comportamiento de la relación empleo – población, se observa que el avance ha sido muy lento, en el año 1989 del total de la población en edad de trabajar solamente el 48% estaba ocupada y en 2011 el 54%. Por último sobre el indicador de Población ocupada que trabaja por cuenta propia o en una empresa familiar puede decirse que el 43.1% de la población ocupada en Guatemala trabaja por cuenta propia; situación que refleja la vulnerabilidad laboral de la mayoría.

---

[257] http://onu.org.pe/los-odm-en-el-peru/erradicar-la-pobreza-extrema-y-el-hambre/.

Meta 1C: Reducir a la mitad, entre 1990 y 2015, el porcentaje de personas que padecen hambre. La desnutrición global disminuyó del 21.8% al 13.1% entre 1995 y 2008. Este indicador ha tenido un crecimiento sostenido de 1.6 puntos porcentuales por año; y en la actualidad se encuentra a 2.2 puntos porcentuales de alcanzar la meta. Por otro lado, la desnutrición crónica, ha descendido a ritmo pausado, pasando de 55.2% en 1995, a 49.8% en 2008, reduciéndose entre esos años solamente 5.4 puntos porcentuales[258].

Como se aprecia, el avance de la lucha contra la pobreza, es desigual y resta mucho por hacer todavía en favor de los pobres. La realidad de pobreza es alarmante y no puede escapar a los buenos oficios de una pastoral pentecostal. Para ver qué puede hacer la iglesia, ésta debe ser capaz primero de interpretar la realidad y luego emprender acciones pastorales consecuentes. En los últimos años y por influjo de ideologías exógenas, en América Latina una interpretación de esa realidad se ha conocido con el nombre de *Teología de la Prosperidad* (TP). Es tanto una interpretación como una respuesta casi mágica a la realidad de la pobreza. Veámosla.

§ *Sobre la Teología de la Prosperidad*

La TP haciendo una lectura muy ideologizada de la pobreza, ha planteado básicamente que la pobreza es una maldición y que lo que Dios quiere es la prosperidad financiera de sus hijos.

El origen de esta teología, de acuerdo a algunos comentaristas[259], se ha vinculado con el movimiento del Nuevo Pensamiento que se inició en la década de 1800 y posteriormente con los movimientos curativos de la década de 1950 en Estados Unidos. Posteriormente la enseñanza de prosperidad ocupó un lugar destacado en el Movimiento de "Palabra de Fe" (Word of Faith movement) y en la década de 1980 tuvo mayor auge con la difusión del tele-evangelismo. En los años 1990s y 2000s, fue adoptado

---

[258] http://www.gt.undp.org/content/guatemala/es/home/mdgoverview/overview/mdg1/.
[259] Jehle, Chris Soong- Rah, Chan Brandon Wrencher. *CCDA Theological Journal*, 2014 Edition. Wipf and Stock Publishers, p. 21.

por líderes influyentes del movimiento carismático y promovido por distintos religiosos cristianos en todo el mundo, a veces llevando a la creación de mega-iglesias. Prominentes líderes en el desarrollo de la teología de la prosperidad incluyen a E. W. Kenyon, Oral Roberts, T. D. Jakes, A. A. Allen, Robert Tilton, T. L. Osborn, Joel Osteen, Creflo Dollar, Kenneth Copeland, Kenneth Hagin, Edir Macedo, entre muchos otros.

En la comunidad latina, se ha promovido especialmente a través de pastores como Cash Luna, Guillermo Maldonado, Ana Méndez, Rony Chaves, entre otros.

Según el sociólogo presbiteriano del Brasil, Antonio Gouvea Mendonça[260] cuatro aspectos caracterizan a la teología de la prosperidad:

- *Características empresariales de prestación de servicios* o de oferta de bienes religiosos mediante recompensa pecuniaria, con modernos sistemas de marketing.
- *Distanciamiento de la Biblia,* la cual es usada en forma esporádica y sin ningún rigor hermenéutico o exegético.
- *La inexistencia de comunidad,* ya que relación más bien se sitúa entre "empresa" y "cliente"
- *Intenso ambiente de magia.*

De acuerdo con esta caracterización, los contenidos básicos de la fe cristiana como el amor, la solidaridad, la renuncia a las posesiones materiales, la centralidad de la cruz de Cristo, quedan como en un lugar secundario.

Los predicadores del evangelio de la prosperidad recurren a mecanismos de persuasión como la "afirmación" y "repetición", para ahuyentar el raciocinio crítico y la duda. En estas expresiones hay un claro rechazo del sufrimiento, la enfermedad y la pobreza. Algunos "slongans" que pueden oírse con frecuencia son los siguientes: "Dios es un rey rico, y si somos hijos del rey, estamos destinados a ser príncipes en la Tierra", "La enfermedad es del diablo", "La pobreza no es la voluntad de Dios".

Usan literalmente Marcos 10:30 que dice: *"De cierto os digo que no hay ninguno que haya dejado casa, o hermanos, o hermanas, o padre, o madre, o mujer, o hijos, o tierras, por causa de mí y del evangelio, que no reciba cien veces más ahora en este*

---

[260] Gouvéa Mendonca, Antonio. *Protestantes, Pentecostais & Ecuménicos. O Campo religioso e seus personagens*, Sao Bernardo do Campo, Umesp, 1997, p. 165.

tiempo; casas, hermanos, hermanas, madres, hijos, y tierras, con persecuciones; y en el siglo venidero la vida eterna". Pero no se debe tomar en sentido literal porque el contexto general del pasaje se refiere a lo difícil que será para los ricos entrar en el reino de Dios. No podemos imaginarnos cómo se podrían manejar situaciones como tener cien padres o madres, o mujeres o hijos. El final del versículo termina diciendo "con persecuciones" aspecto éste último que muy difícilmente es subrayado por los adherentes a la teología de la prosperidad.

La persona que no ha logrado la *"perfomance"* que buscaba y que se le prometía desde el púlpito, ahora tiene no sólo que sobrellevar su problema de carencias económicas, sino también la culpa de la "falta de fe".

Las críticas que se pueden hacer desde la Biblia a la teología de la prosperidad, son que el Dios de esta teología, deja de ser el que se solidariza con los pobres, maltratados y marginados de la sociedad (Éxodo 3:23-25), o el defensor de huérfanos, viudas y pobres (Isaías 1:17, Éxodo 22:22-24), para pasar a ser el Dios de los ricos, de los poderosos, de los que se enriquecen y, con sus riquezas, dominan sobre los demás. Se trata de un *Dios Sensual*[261] como bien ha dicho Carlos Antonio Barbosa, y cuyo culto resalta más la sombra o el lado oscuro de la personalidad humana. En otros términos, "al Dios que se preocupa, en la tradición bíblica, de garantizar la vida a los pobres, hoy le sucede un Dios, que dice satisfacer los más superfluos caprichos humanos"[262].

Pronunciarse en contra de la teología de la prosperidad no significa que los que no concuerdan con ella están a favor de la pobreza. La pobreza no es una virtud en sí misma. De lo que se trata es de no ser miopes como para no ver que la pobreza no es una cuestión meramente espiritual (demonios de pobreza) o de una falta de fe de parte de los que la sufren. La promesa del Evangelio de Jesús no implica de suyo, un ascenso social y una acumulación de riquezas como resultado. La pobreza es atribuible, como ya hemos visto, a esquemas y estructuras de poder que permiten que los ricos lleguen a serlo y lo siguen siendo cada vez más a costa de los pobres.

---

[261] Carneiro Barbosa, Carlos Antonio. *O Deus Sensual. Psicología Simbólica & Religião: O mito de fausto e a representação social do sagrado na Religião de Mercado.* Sao Paulo, Brasil: Editora Reflexão, 2013.
[262] Ocaña Flores, Martín. *Los Banqueros de Dios, Una aproximación evangélica a la Teología de la Prosperidad.* Ediciones Puma, Lima, 2002.; 4, 19.

De acuerdo con Martin Ocaña[263], en su libro *"Los Banqueros de Dios"*, la teología de la prosperidad, (también conocida como *Evangelio de la prosperidad*, *«Palabra de Fe»* o *«Confiésalo y recíbelo»*) es un conjunto no sistematizado de doctrinas de cierto grupos religiosos que enseñan que la prosperidad económica y el éxito en los negocios son una "evidencia externa" del favor de Dios.

Ocaña también de tradición presbiteriana, ha estudiado en el Seminario Evangélico de Lima, la Facultad Evangélica Orlando Costas y en la Universidad Bíblica Latinoamericana, es pastor de la Iglesia Evangélica Bautista en Moquegua y profesor en el Seminario Bautista del Sur del Perú. Ocaña dice que lo que en los últimos 25 años se ha extendido por América Latina una Teología de Prosperidad que en realidad empezó en Estados Unidos en los años 60, pero que es en el fondo una *apología* de la prosperidad estadounidense, como canon para medir si una sociedad es cristiana o no.

Ocaña señala que esa teología, que se presenta como expresión doctrinaria del neo-pentecostalismo, pero también de otras familias denominacionales, está estrechamente vinculada a la teología de la guerra espiritual. Utilizando la Biblia fuera de contexto, la TP aduce que el pecado de Adán hizo perder la productividad al hombre; que José era un empresario maderero; que Jesús se rodeó de amigos y damas ricas y que disponía de tanto dinero que necesitó un tesorero.

Con abundantes citas de los predicadores de la prosperidad y extensa bibliografía, el libro ilustra sobre la hermenéutica neo-pentecostal, la ausencia de una visión futura en la teología de la prosperidad y sus equívocas miradas sobre avivamiento, misiones y bienestar. Ocaña, advierte, sin embargo, que no está en contra de la *pentecostalización* de la iglesia; y, que las innovaciones litúrgicas y la alabanza introducidas por la *iglesia electrónica* no son desechables en su totalidad, sino que debemos aprender de sus aspectos positivos. La TP es una enseñanza común entre muchos telepredicadores y también entre algunas iglesias pentecostales y neo pentecostales (incluso entre predicadores evangélicos y carismáticos de origen protestante), la cual establece que Dios quiere que los cristianos sean exitosos en "todos sus caminos", especialmente en el área de las finanzas.

---

[263] Ibíd. Véase también Venables, Gregorio et. al *Fe y Prosperidad: Reflexiones sobre la teología de la prosperidad.* Editorial Lámpara, La Paz, Bolivia, 1999.

Los defensores de esta doctrina aseguran que su propósito de fondo es la financiación de predicadores alrededor del mundo (evangelización), basada en versículos de la Biblia, como Deuteronomio 8:18 que dice: *Antes acuérdate de Jehová tu Dios, porque él te da el poder para hacer las riquezas, a fin de confirmar su pacto que juró a tus padres, como en este día,* o en Mateo 7:20 *Por sus frutos los conoceréis*[264].

Los críticos de estas enseñanzas alegan que estas doctrinas son usadas para enriquecer indebidamente a los líderes religiosos que explotan la ingenuidad de los creyentes sinceros que ofrendan su dinero, y que el énfasis en «la bendición material» es una malinterpretación de la Biblia. Por ejemplo, el pasaje de Deuteronomio antes citado se referiría exclusivamente a un pacto entre Dios e Israel, sin ninguna relación con la Iglesia.

En México, entre los predicadores que enseñan la teología de la prosperidad, se encuentran varios pastores pentecostales, evangélicos y sobre todo, de la Iglesia Universal del Reino de Dios. En Chile, uno de los países con mayor población protestante en proporción en Sudamérica, los grupos que enseñan esta doctrina son movimientos como Vida Visión y el grupo internacional Enlace TBN a través de su señal de televisión, el canal 50 de Santiago. No obstante, en Chile esta visión no ha tenido la acogida como en otros países de la región. En Guatemala, el predicador que basa sus lecciones dominicales en prosperidad, es el líder carismático evangélico Cash Luna. En Costa Rica, el canal televisivo TBN-Enlace, dirigida por Jonás González, ubicado en el distrito de Pavas, tenía a Costa Rica como sede central, pero ahora se ha trasladado a los Estados Unidos. En el Perú el movimiento de prosperidad fue dado a conocer primero por el pastor Capurro de la Iglesia Agua Viva y luego seguido David Lozano Pérez, ex pastor de la Iglesia Fuente de Bendición y toda su familia y gran parte de las iglesias neo apostólicas y carismáticas.

Varias otras áreas de la teología son tergiversadas. La cristología de la prosperidad sufre una seria mutación ya que enseña que «Cristo era rico». Esta es media verdad y, como tal, esconde en sí misma una mentira. El conocido texto que se esgrime como fundamento para esa aserción es el de 2 Corintios 8:9: «*Porque ya conocéis la gracia de nuestro Señor Jesucristo, que por amor a vosotros se hizo pobre, siendo rico, para que vosotros con su pobreza fueseis enriquecidos*». Tomando el texto en todo su contenido, fácilmente se pone al descubierto la falacia de la teología de la prosperidad. Efectivamente, Cristo

---

[264] Biblia Reina-Valera 1602.

era rico, pero lo cierto es que, dice Pablo, por amor a nosotros **se hizo pobre.** Y la verdad incuestionable del Evangelio es que Jesús nació pobre, vivió pobre y murió pobre (Lucas 2:24; 9:57, 58; 23:50-53). Comentando estos hechos, Jürgen Moltmann, el famoso teólogo protestante, dice:

> Desde el punto de vista sociológico, el movimiento de Jesús en Galilea fue un movimiento de pobreza. Los discípulos debían salir con los pies descalzos, sin provisiones, como mendigos y sin hogar, y anunciar el Evangelio a los pobres (Mateo 6:25-33)[265].

También la eclesiología sufre modificaciones sustanciales en este tipo de propuestas de prosperidad. De ser la iglesia "comunidad del Espíritu, familia de Dios y hermandad solidaria", en la práctica de la TP la iglesia se ha convertido en una «empresa exitosa» aunque, pero sólo para algunos privilegiados del sistema. Para decirlo en términos de Ocaña Flores: "La iglesia de la comunidad de los pobres pasó a ser club de banqueros y empresarios"[266].

La teología de la prosperidad no toma con suficiente realismo la existencia del mal y el sufrimiento en la experiencia humana. Y, como agudamente advierte José Mardones: "Tomar en serio, en toda su largura espacial y temporal, el mal y el sufrimiento nos lleva derechos al bien, a los símbolos de lo imperecedero, al Absoluto y a Dios"[267].

Finalmente diríamos que la Teología de la prosperidad le debe mucho más a la ideología del mercado neoliberal que a las Sagradas Escrituras. Si bien es una respuesta a la realidad de pobreza en el mundo y en particular a la de América Latina, no termina por lograr un fundamento bíblico sólido sobre las *posesiones materiales*[268] que no deben ocupar el primer lugar en las

---

[265] Moltmann, Jürgen *O Caminho de Jesús Cristo*, trad. Ilson Kayser, Petrópolis: Vozes, 1993: 144.
[266] Ocaña: 5.
[267] Mardones, Luis. *El discurso religioso de la modernidad. Habermas y la Religión*, Barcelona: Anthropos, 1998: 259.
[268] En este sentidolas conferencias bíblicas del SETECA, impartidas por el Dr. Blomberg, profesor de NT del Denver Seminary, dictadasdel 11 al 13 de agosto de 1998 son muy esclarecedoras. Véase Blomber, Craig L. "*Las posesiones materiales en el cristianismo primitivo*" en: http://www.edificacioncristiana.com/portada/posesionesmaterialescristianismprimitivo.pdf (consultado el 29.11.2015) Cf. También, Blomber, Craig L. *Ni pobreza ni Riquezas: Una teología bíblica de las posesiones materiales.* Terrasa:

prioridades cristianas. Hay que buscar *primero* el Reino de Dios y su justicia y luego todas las demás cosas llegarán por añadidura.

§ *Perspectiva bíblica de la pobreza*

Los pobres en la Biblia ocupan un puesto de gran relieve. Mientras que la historia profana casi siempre ignora a estas personas y se limita a hablar de ellas sólo en las raras ocasiones en que son protagonistas con rebeliones, sublevaciones y revoluciones[269]. La Sagrada Escritura, por el contrario, aborda expresamente el tema de la pobreza; es más, llega a proponer este estado, humanamente despreciable y mísero, como ideal de vida si es que esa realidad estorba nuestra comunión con él. Si puede parecer excesivo considerar que los pobres son los protagonistas de la historia de Israel, es indiscutible, sin embargo, que esta categoría de personas atrae la atención de los legisladores, de los profetas y de los salmistas en el AT, y de Jesús y de los autores inspirados en el NT. La pobreza es el estado en el que Dios nos confronta.

El pueblo de Dios nació en la pobreza más extrema; Israel en el desierto tuvo la experiencia de este estado de penuria: "(El Señor) te ha humillado y te ha hecho sentir hambre para alimentarte luego con el maná" (Deuteronomio 8:3). Más aún, entre los miembros del pueblo de Dios no existía ningún rico o acaudalado, sino que todos dependían completamente para la subsistencia de la intervención divina, tanto para el alimento (el maná, las codornices, etc.; Éxodo 16) como para la bebida (los milagros con los cuales Moisés hizo brotar agua de la roca o purificó fuentes contaminadas; Éxodo 15:22ss; 17:1 ss). Así pues, el nacimiento de Israel está marcado profundamente por la pobreza más extrema, por las privaciones y por los sufrimientos.

CLIE, 2002; Dos obras muy equilibradas sobre este tema son: Gálvez, Rigoberto *Éxito según Dios. Leyes, Principios y Verdades que rigen el verdadero éxito.* Guatemala: Ediciones Fortaleza, 2012 y Jiménez Tabash, Yamil. *Dios quiere prosperarte.* Costa Rica: Ministerio Casa del banquete, 1997.

[269] Cf. por ejemplo, la revuelta de los plebeyos contra los patricios en la joven república de Roma o la insurrección de los esclavos guiados por el gladiador Espartaco.

Sobre todo no se debe desvalorizar el factor teológico siguiente: los protagonistas de la fase final o escatológica de la historia salvífica son los pobres: el profeta de Nazaret y su madre, la virgen María, vivieron en la pobreza más absoluta; además, Jesús exigió de sus seguidores la elección de ese estado, mientras que la comunidad cristiana de los orígenes vivió en la más perfecta comunión de bienes, después de haber vendido sus miembros sus riquezas, poniendo lo recabado a disposición de todos los hermanos.

El profetismo bíblico es claro en señalar la injusticia como causa de la pobreza. Después de la entrada en Palestina, aunque la división con la asignación de las tierras por Moisés y Josué se hizo inspirándose en criterios de equidad basándose en la población de cada una de las tribus (Números 32:1ss; Josué 13-21), lentamente se produjo una fuerte disparidad de bienes y riquezas, haciéndose algunos israelitas cada vez más ricos y poderosos, mientras que otros, a causa de deudas y de otros factores económicos, se empobrecieron cada vez más, e incluso hubieron de vender sus terrenos y en algunos casos fueron reducidos desgraciadamente a la esclavitud.

Para evitar que se agudizaran semejantes situaciones injustas e inicuas, el legislador de la *tôrah* en el código de la alianza creó la institución del jubileo y del año sabático (Éxodo 21:1s; 23:10s; Levítico 25; Deuteronomio 15:1-11), después de condenar la explotación de los pobres y las injusticias sociales (Éxodo 21:16; 22:20s.25s; Levítico 19:13s). En particular, la ley de Moisés exige la justicia en favor de los humildes y de los indefensos: "No violarás el derecho del pobre en sus causas... No explotarás al emigrante, porque vosotros conocisteis la vida del emigrante, pues lo fuisteis en Egipto" (Éxodo 23:6.9)[270]. Las situaciones de injusticia social, por las cuales también en Israel los bienes y las riquezas se encontraban en manos de unos pocos individuos, mientras que la gran masa del pueblo vivía en la miseria y en apuros, suscitaron la indignación y las iras de los hombres carismáticos animados por el Espíritu del Señor. Las desigualdades sociales, demasiado marcadas y escandalosas, rompen la solidaridad sagrada del pueblo de Dios y violan la justicia.

---

[270] http://mercaba.org/DicTB/P/pobreza.htm Cf. También Kittel, Gerhard. *Compendio del diccionario Teológico del Nuevo Testamento* [en adelante CDTNT]. Cf. "Pobreza": 946-950.

a) *Natán y Elías tisbita.* El rey David cometió una gran injusticia contra Urías, súbdito suyo y soldado fiel. No sólo incurrió en adulterio con la mujer de Urías, sino que se las arregló para que éste pereciese en la batalla (2 Samuel 11:2ss). La parábola del rico y del pobre, narrada al rey por el profeta Natán, es muy elocuente al respecto. El profeta, con gran valor, denunció en nombre de Dios la prepotencia del rey en perjuicio del pobre (2 Samuel 12:1-12). Elías el tisbita mostró no menor fortaleza al enfrentarse con otro rey prepotente, que había hecho asesinar a un súbdito para adueñarse de su viña (1 Reyes 21:1 ss). El intrépido profeta se enfrentó a Acab justamente cuando éste iba a tomar posesión de la viña de Nabot, denunciando abiertamente su delito en perjuicio de un pobre, y anunciándole los tremendos castigos divinos por la usurpación perpetrada 1 Reyes 1:19ss).

b) *El profeta Amós.* El primer gran profeta escritor que amenazó con tremendos castigos divinos a los injustos ricos propietarios de Israel fue Amós. Con lenguaje rudo, fustigó los vicios de cuantos oprimían a los pobres. Hablando en nombre del Señor, acusó a los poderosos de haber vendido al pobre por un puñado de dinero, cambiándolo por un par de sandalias; más aún, de haber pisoteado como polvo de la tierra la cabeza de los infelices (Amós 2:6s; 8:6) después de haberlos despojado de sus vestidos (Amós 2:8). Los notables de Samaria acumularon en sus palacios violencia y rapiña (Amós 3:10), y con semejantes latrocinios y extorsiones pudieron edificarse casas para el invierno y casas para el verano, grandes palacios con piedras labradas y adornados con lujosos objetos de marfil (Amós 3:15; 5:11s). Sus mujeres, llamadas despectivamente "vacas de Basán", no les van a la zaga a sus maridos en oprimir a los débiles (Amós 4:1). Estos voluptuosos que viven en el lujo más desenfrenado y en francachelas (Am 6:4ss), pisoteando la justicia más elemental (Amós 6:121, oprimen a los pobres y los humildes (Amós 8:4), cometen engaños y fraudes (Amós 8:5s). A causa de tales delitos, Amós amenaza con la venganza divina en el día del Señor (Amós 2:13ss; 3,14s; 8:9s). Y vendrán la guerra y la deportación Amós 4:2s; 6:7).

c) *La predicación de los otros profetas.* No menos lacerantes son las invectivas contra los ricos y poderosos lanzadas por otros hombres de Dios en defensa de los pobres y de la justicia. *Oseas*, el profeta de la ternura y del amor, no puede menos de señalar con el dedo acusador a los israelitas que defraudan y engañan, evidentemente en perjuicio de los pobres (Oseas 12:8).

Isaías comienza sus oráculos condenando la hipocresía de los notables de Judá, semejantes a los jefes de Sodoma y Gomorra, los cuales se muestran observantes y precisos en los actos externos del culto, pero no tienen el menor escrúpulo en derramar sangre y en oprimir a los humildes (Isaías 1:10-16), pisoteando el rostro de los pobres y quitándoles sus pocos bienes imprescindibles (Isaías 3:11s). También este profeta amenaza con el castigo del Señor a los opresores que viven en el lujo más desenfrenado (Isaías 3:16ss; 5:8-24, 9:9-10:4; 32:9-14), privando del espacio vital a los pobres, defraudando y despojando a los infelices.

De igual modo *Jeremías* no calla tampoco el pecado de los judíos hipócritas, que van al templo de Jerusalén a celebrar el culto y al mismo tiempo viven en la injusticia, oprimiendo a los pobres y derramando su sangre (Jeremías 7:1-11; 22:3,13ss); más aún, les anuncia ya la inminente venganza del Señor, la destrucción de la ciudad santa, la deportación de sus habitantes (Jeremías 7:12ss; 22:5ss) y el fin ignominioso de su rey, que será sepultado como un asno (Jeremías 22:13, 17-19). El que comete tales abominaciones, oprimiendo al pobre y al indigente y perpetra rapiñas e injusticias contra el prójimo, ciertamente no vivirá, sino que será castigado con la muerte (Ezequiel 18:12s). Elifaz el temanita estima que la terrible prueba abatida sobre Job, ya próximo a su fin, debe considerarse como una severa lección de Dios contra su amigo, porque éste habría vejado a los hermanos, despojándolos y robándolos, e incluso mostrándose sin piedad con los pobres y los infelices (Job 22:6-10). Pues el Señor venga a los oprimidos: "Yo vendré a juzgaros; seré testigo del acusador... contra los que explotan al jornalero, a la viuda y al huérfano y violan el derecho del extranjero sin ningún temor de mí" (Malaquías 3:5).

Lo mismo hace el Nuevo Testamento

La enseñanza de Jesús. Los "¡ayes!" de los profetas contra los ricos que oprimen a los pobres del tercer evangelista son puestos en boca de Jesús (Lucas 6:24). El profeta de Nazaret amenaza severamente a los ricos y enseña que muy difícilmente podrán participar de la gloria del reino de los cielos; es más fácil que un camello entre por el ojo de una aguja que un rico entre en el / reino de Dios (Marcos 10:23ss y paralelo).

En los evangelios y en los demás escritos neo testamentarios encontramos no sólo calurosas exhortaciones a socorrer a los pobres y a los necesitados, sino que se nos presentan modelos extraordinarios de caridad para con los humildes y los infelices. La justicia evangélica exige el ejercicio de la limosna, aunque practicada con un estilo nuevo (Mateo 6:2ss). Es más; el juicio final se realizará en base a las obras de misericordia a favor de los pobres: los hambrientos, los sedientos, los desnudos, los enfermos, etc. (Mateo 25:34ss). Jesús exige de sus seguidores que querían ser perfectos la venta de los bienes para distribuir a los pobres lo recabado a fin de aliviar su indigencia (Marcos 10:21 y paralelo), mientras que condena a los ricos que cierran el corazón a los pobres y a los miserables: la parábola del rico epulón ilustra con rara eficacia esta enseñanza y es altamente estimulante para abrir a la sensibilidad activa en favor de los infelices (Lucas 16:19ss).

En los escritos lucanos, además, se nos ofrecen modelos no comunes de amor concreto a los desgraciados y a los pobres. La parábola del buen samaritano muestra cómo hay que comportarse con el prójimo indefenso, oprimido y herido casi de muerte (Lucas 10:30ss). Zaqueo es presentado como un verdadero convertido a las exigencias del evangelio, pues declara no sólo que quiere reparar las injusticias cometidas restituyendo el cuádruple, sino que se compromete a distribuir la mitad de sus bienes a los pobres (Lucas 19:8). Para Lucas en particular, la ética evangélica exige la limosna y la ayuda activa a los indigentes: el que quiera convenirse en serio deberá hacer partícipes a los pobres de sus bienes (alimento y vestido; Lucas 3:11). Para obtener la pureza de corazón hay que distribuir las riquezas propias a los necesitados (Lucas 11:41), construyéndose así un tesoro inagotable en los cielos (Lucas 12:33s) y haciéndose amigos en el reino escatológico (Lucas 16:9). Por lo demás, Jesús mismo, aunque era pobre, con las ofertas recibidas de sus bienhechores ayudaba a los indigentes (Juan 13:29; Cf. Marcos 14:5 y paralelo).

En los Hechos de los Apóstoles, Lucas presenta otros modelos de solidaridad y de servicio en favor de los pobres. Los "siete" fueron elegidos para este fin (Hechos 6:1 ss). Tabita es una discípula muy amada en vida y llorada en la muerte, porque abundaba en obras buenas y hacía muchas limosnas, además de confeccionar túnicas y mantos para las viudas (Hechos 9:36.39). También el centurión Cornelio ejercitaba la beneficencia; por eso el ángel de Dios le reveló que sus limosnas, con sus oraciones, habían subido a la presencia del Omnipotente (Hechos 10:1ss). Pablo declara a los amigos de Éfeso que les ha enseñado cómo es preciso cuidar de los débiles, acordándose de las palabras del Señor Jesús, que dijo: "Hay más felicidad en dar que en recibir" (Hechos 20:35).

Pablo había tomado muy a pecho socorrer a los pobres: Hechos 11:29s nos informa de la colecta hecha en Antioquía y llevada a los hermanos necesitados de Jerusalén; en 2 Corintios 8-9 y en Romanos 15:25ss, el apóstol habla de semejante colecta de bienes para ofrecerlos a los cristianos de la Iglesia madre. Las cartas paulinas nos informan además de que la asistencia o servicio a los pobres constituía uno de los ministerios de las comunidades cristianas (Romanos 12:7s; 1Corintios 13:3ss).

Santiago enseña que la religión pura delante de Dios consiste en socorrer a los huérfanos y a las viudas en sus aflicciones (Santiago 1:27), mientras que Pablo exhorta a los creyentes a ser solícitos en las necesidades de los hermanos y diligentes en la hospitalidad (Romanos 12:13-13).

Lección 18. Pastoral de la conducta religiosa: La personalidad pentecostal

Otro ámbito de incidencia de la pastoral pentecostal es la *conducta religiosa*[271] que no siempre es sana. Hay conductas enfermas en la religiosidad pentecostal que ameritan una intervención psicológica y una liberación espiritual. Legalismos, fanatismos, fundamentalismos, divisionismos, ascetismos, hedonismos, sensualismos, materialismos, espiritualismos, maniqueísmos, regresionismos, ritualismos, ceremonialismos, alucinaciones y delirios, son todas ellas patologías religiosas que necesitan tratamiento adecuado y profesional.

---

[271] Véase entre otros Argyle, M. *La conducta religiosa*. Buenos Aires: Ed. Paidós, 1966; Argyle, M. *New directions in psychology of religion*, en: Brown, L. B. (Ed.), *Advances in the psychology of religion*. Oxford, Reino Unido: Pergamon Press, 1985: 8-17; Argyle, M. *Psychology and Religion. An introduction*. Londres: Routledge. (2000); Rodríguez Amenabar, Saúl Miguel *Metapsicología y Hecho Religioso*. Buenos Aires. Ed. Universitaria, 1979.

La Dra. Dante Bobadilla de la Facultad de Medicina Humana de la Universidad de San Martín de Porres de Lima, Perú, hablando precisamente de la conducta religiosa desde un punto de vista médico, distingue entre una *religiosidad negativa* y una *religiosidad positiva*.

> *La religión como fuente de normas y valores facilita la organización de la vida.*

Según Bobadilla, la *conducta religiosa resulta positiva* cuando fomenta el crecimiento interior de la persona, su desarrollo individual y su estabilidad psicológica ante los embates de la vida. Quienes tienen una sólida formación religiosa y profundas convicciones religiosas, están en mejor situación para soportar las adversidades repentinas de la vida, tienen mejor disposición para seguir en sus propósitos, y hasta curan más rápido de sus dolencias. La religión como fuente de normas y valores facilita la organización de la vida, sirve como soporte no solo para estructurar su existencia en torno de esas ideas básicas, sino como pauta para desenvolverse socialmente. En muchas ocasiones las personas no tienen más que pautas religiosas para su vida, ya que nadie más se las provee. Y aquellos que adolecen de estas pautas, salen al mundo como si entraran a un escenario sin tener ningún libreto, y es obvio que no les queda otra alternativa más que improvisar toda su existencia, carecen incluso de conceptos elementales como lo bueno y lo malo. No importa discutir qué es "bueno" y qué es "malo". En cierto momento lo importante es al menos tener estos conceptos. Quienes los tenemos podemos luego darnos el lujo de cuestionarlos, pero antes hay que tenerlos. Es muy común hoy encontrar personas que no manejan concepto alguno de lo malo, en medio de una sociedad caótica y permisiva.

En el otro extremo, *la conducta religiosa se vuelve negativa* cuando limita y asfixia al ser. Una causa muy común son las interpretaciones equivocadas de la Biblia. La obsesión que llegan a alcanzar algunas personas impide que puedan ver más allá de sus textos sagrados. La vida gira casi de manera exclusiva en torno de lo religioso, el pensamiento está enfocado en los pasajes bíblicos y en la Palabra del Señor. Se pierde el deseo y la actitud por resolver los problemas de la vida abandonándose "en las Manos del Señor". Es evidente que se trata de una especie de *adicción* por las ideas y símbolos religiosos, casi siempre acompañada de conductas obsesivo compulsivas. La vida de estas personas resulta empobrecida. Algunos rituales llegan a ser particularmente peligrosos para la salud. Muchas sectas incorporan rituales de sanación que pueden llegar a comprometer seriamente el estado clínico de un enfermo. Aun las más inofensivas, como las imposiciones de manos, llevadas al extremo ocasionan el agravamiento de una enfermedad mientras el paciente experimenta una sensación subjetiva de mejoría que engaña a todos. Los casos más conocidos son los de pacientes que se niegan a recibir trasfusiones, e incluso están quienes se niegan a consumir fármacos[272].

Por eso, creemos que una pastoral pentecostal debe incluir en su programa un tratamiento de conductas religiosas que se han vuelto patológicas y necesitan ser sanadas. Sin tratar de agotar todas esas patologías, al menos nos referiremos al divisionismo y sectarismo como dos males que requieren un tratamiento urgente y que, pese a tener conciencia de su gravedad, hemos hecho muy poco para solucionarlo como pentecostales[273].

---

[272] Bobadila, Dante. "*El origen del pensamiento religioso*" en: http://es.slideshare.net/Xileone/la-conducta-religiosa (Descargado el 21.11.2015).

[273] Recomiendo las obras de Peter Scazzero, que habla de la espiritualidad emocionalmente enferma y la emocionalmente sana. Desde su experiencia personal Scazzero, después de señalar los síntomas de la espiritualidad enferma ensaya caminos de salida. Entre esos caminos señala el conocerse a sí mismo, romper con el pasado, dejar el poder y control, agrandar el alma con el dolor y la pérdida, detenerse para respirar el aire de la eternidad mediante el devocional diario, crecer como un adulto emocionalmente maduro aprendiendo nuevas técnicas para amaro bien y amar a Cristo sobre todas las personas. Cf. Scazzero, Peter *Espiritualidad emocionalmente sana*. Miami, Fa. EE. UU: Ed. Vida, 2008; Scazzero, Peter *Iglesia emocionalmente sana*. Miami, Fa. EE. UU: Ed. Vida, 2009. En la misma línea, Stamateas, Bernardo para quien "La Fe Tóxica es una relación peligrosa y destructiva con una religión u organización. Se relaciona con la organización más que con Dios": Stamateas, Bernardo *Intoxicados por la fe: Cómo ser libres de una religión tóxica y vivir una espiritualidad feliz*. En su libro Stamateas menciona obras que antecedieron su investigación: Toxic Faith (de Arterburn, Stephen Editorial Nashville. 1991), *Toxic Religion* (de Tanza, Rosita Editorial Creare Space, 2008), *Toxic Spirituality* (de Gritsch, Eric W. Editorial Fortress Press, 2009), Toxic Churches (de Dupont, Marc Editorial Chosen, 2004), *Fauh that hurts, Failh chat heals* (de Arterburn, Stephen y Felton, Jack de Editorial Thomas Nelson, 1993), *Bad Faith* (de Thurlo, Aimee Minotaur Books, 2004), *The toxic congregation* (de Rediger, G. Loyd Editorial Abingdon Press, 2007), *Church Hurt* (de Corprew, Angela L. -Boyd, Editorial Creation House, 2008). También en español, como *Freud y la religión* (de Pié, Albert Editorial Biblioteca Autores Cristianos, 1970), *Psicología y*

La unidad de la Iglesia y el papel de los pentecostales

En mi libro *De la Reforma Protestante a la Pentecostalidad de la Iglesia*[274] he señalado que, aunque la práctica de división de los pentecostalismos parezca decir lo contrario, le toca a los pentecostales un aporte importante a la unidad de la iglesia.

La hipótesis que sostuve allí —y aun la mantengo hoy— es que el pentecostalismo es en sí mismo el signo o manifestación de un movimiento del Espíritu para la unidad de la iglesia. Que esta unidad se puede expresar históricamente en movimientos religiosos relativamente autónomos y absolutamente variados como los pentecostalismos en América, Europa, África o Asia o en cualquier otra parte del hemisferio, confundiéndose con expresiones concretas, iglesias, movimientos religiosos, "sectas" y agrupaciones religiosas. Discutí inmediatamente, la categoría inclusiva de la "pentecostalidad"[275] para favorecer la relación entre pluralismo religioso y unidad de la iglesia.

Y en el *Foro Pentecostal Latinoamericano* que realizamos en Isla de Maipo, en Chile (2012) en el marco del Foro Cristiano Mundial[276], sostuve precisamente que la Pentecostalidad, a juzgar por el libro de los Hechos, es un kairós y un suceso del Espíritu que se materializa en los cronos en forma

---

religión (de Rodríguez Amenábar, Saúl M. Ediciones Universidad del Salvador, 1988), y *Religión, psicopatología y salud mental* (de Font, Jordi Paidós, 1999).

[274] Campos, Bernardo *De la Reforma Protestante a la Pentecostalidad de la Iglesia*. Quito Ecuador: CLAI, 1997: 75-106.

[275] La pentecostalidad es una categoría teológica usada por el autor para diferenciarla de los pentecostalismos. Entendemos por pentecostalidad "el principio y práctica religiosa tipo, informada por el acontecimiento de pentecostés. Se trata de una experiencia universal que eleva a la categoría de "principio" (arqué ordenador) las prácticas pentecostales que intentan ser concreciones históricas de esa experiencia primordial. Se puede llamar pentecostalidad a la experiencia con el Espíritu de Dios que tiene el cristianismo mundial, aun cuando no seas pentecostales lo que lo experimentan.

[276] Campos, Bernardo "pentecostalismo y unidad en América Latina. Aspectos teológicos" en Campos, Bernardo - Orellana, Luis (Editores) *Fuego que Une. Pentecostalismo y Unidad de la Iglesia. Documentos del Foro Pentecostal Latinoamericano y caribeño. Santiago de Chile 2012 y Bogotá Colombia 2013*. Lima-Perú: FPL, 2013: 39-43.

de comunidades carismáticas expansivas de Oriente a Occidente y viceversa. Edifica la iglesia porque el Señor añade cada día los que han de ser salvos y hace posible la comunidad del Reino como comunidad solidaria que se funde y se confunde con el pueblo (Hch 4). La consecuencia o el milagro de Pentecostés consistió precisamente en el milagro de la comunicación entre diferentes (xenolalia, una forma de glossolalia) superando las barreras lingüísticas y culturales.

En Pentecostés, la comunidad apostólica no excluye ni a mujeres ni a extranjeros. Es por lo tanto a) Una *comunidad inclusiva* donde varones y mujeres en equidad esperan y experimentan por igual el cumplimiento de la promesa del Padre (son hijos e hijas del Padre); b) Una *comunidad cristo céntrica* que declara con poder que Jesús es hecho Señor y Mesías, en un contexto de opresión. c. *Un ejemplo de solidaridad mecánica y orgánica* entre pobres y pudientes (Hechos 6), ya que "en aquellos días no había pobres entre ellos porque los que tenían bienes los vendían y lo ponían a los pies de los apóstoles y estos lo repartían entre los necesitados" y d. *Una comunidad escatológica* que se ubica al filo del tiempo entre el comienzo de la nueva fe (en los postreros días) y el anticipo del final del cosmos (cuando la luna y el sol colapsan, Hechos 2).

Pentecostés es además un evento que suscita una Hermenéutica del Espíritu la cual, a la luz de las Sagradas Escrituras (la profecía de Joel, a) Lee los signos de los tiempos (el viento recio del día de Pentecostés), b) Explica su sentido en una dimensión teologal (responde a la pregunta "¿qué significa esto?" c) Invita a una decisión ética ("varones hermanos, ¿qué haremos?") d) Impele a una praxis consecuente (arrepentíos y bautícese cada uno para perdón de los pecados) con resultados en la vida de cada uno ("aquel día se añadieron como 3000 personas").

Proféticamente en Pentecostés estuvieron reunidas "todas las naciones bajo el cielo" simbolizando la universalidad del género humano, judíos, prosélitos (simpatizantes) extranjeros en su propia tierra, unidos para celebrar la pascua como liberación de la esclavitud y el triunfo de la resurrección.

El evento de Pentecostés tiene por eso un carácter de *Promesa cósmica* porque es "para toda carne", es decir, "para nosotros y para los que están lejos y para cuantos el Señor nuestro Dios llamare". En tal sentido es un movimiento del Espíritu que empuja la historia hacia el fin de los tiempos (*telos*) (Hechos 2).

Es desde esta visión de la pentecostalidad que podemos levantar propuestas pastorales para un aporte pentecostal a las patologías que perjudican al pueblo de Dios en América Latina. Divisiones y sectarismos son pecados que afectan terriblemente a la iglesia y a la humanidad entera.

§ *Sectarismo y divisionismo vs. Ecumenismo y unidad*

La experiencia pentecostal latinoamericana como superación del sectarismo y en favor de la unidad, es corta pero muy rica. Si bien no todos los sectores o tendencias pentecostales han participado en pro de la unidad, algunos pentecostalismos sí lo han hecho y sus prácticas perduran hasta hoy. Tres experiencias y esfuerzos de unidad marcan ese caminar en el Espíritu[277] en el subcontinente.

1. Los Encuentros Pentecostales y la Comisión Evangélica Pentecostal Latinoamericana, CEPLA

En Noviembre de 1994, el Consejo Mundial de Iglesias invitó a alrededor de cincuenta representantes de iglesias pentecostales de América Latina, junto con representantes del Consejo Latinoamericano de Iglesias a una Consulta, en Lima, Perú, con el propósito de compartir experiencias y testimonios, reflexionar juntos y explorar formas de profundizar el proceso de colaboración y unidad que ya se ha iniciado.

Varios elementos convergen para que el Consejo Mundial de Iglesias convoque a esta Consulta con Iglesias Pentecostales de América latina. En su Asamblea de Canberra en 1991 el CMI explicitó su interés de responder a las diversas voces que expresaban la necesidad de que el CMI entre en un proceso más sistemático de diálogo y colaboración con iglesias no miembros del Consejo y en especial con iglesias pentecostales, evangélicas

---

[277] Orellana, Luis - Campos, Bernardo (Eds.) *Ecumenismo del Espíritu. Pentecostalismo, Unidad y Misión*. Lima-Perú: FPL, 2012: 21-31 Cf. También: Campos, Bernardo - Orellana, Luis (Editores) *Fuego que Une. Pentecostalismo y Unidad de la Iglesia. Documentos del Foro Pentecostal Latinoamericano y Caribeño. Santiago de Chile 2012 y Bogotá Colombia 2013*. Lima-Perú: FPL, 2013.

e independientes. Esa preocupación pasó a ser parte del mandato de la Oficina de Relaciones con las Iglesias y la Comunidad Ecuménica que se creó tras la Asamblea de Canberra.

Una primera consulta con representantes de Iglesias evangélicas libres de América latina fue organizada por la Oficina en Quito, Ecuador, en noviembre de 1993, en estrecha colaboración con el CLAI. Fue una experiencia muy positiva que permitió iniciar una metodología del escuchar y aprender mutua que se utilizó más tarde en otras reuniones de este tipo.

A pesar de que las primeras iglesias pentecostales ingresaron al CMI en el año 1961, es sólo en los últimos años que el movimiento ecuménico representado en el CMI se abre a un mayor acercamiento con el movimiento pentecostal como tal. Este acercamiento se da en el marco de un proceso de búsqueda de comprensión del pentecostalismo como una expresión de religiosidad popular protestante que está planteando nuevos desafíos eclesiológicos y pastorales al movimiento ecuménico.

Por otro lado, en América Latina lentamente ha ido creciendo un proceso de acercamiento y cooperación entre iglesias pentecostales que quieren, desde su propia identidad, reflexionar juntas sobre su misión en medio de los graves problemas que afectan a la región. Al mismo tiempo quieren articular estrategias de trabajo y colaboración en torno a los diversos ministerios de la Iglesia. A partir de su identidad las iglesias pentecostales de América Latina quieren profundizar su participación en un movimiento ecuménico más auténtico y menos sectario.

En el año 1988 el Consejo Mundial de Iglesias apoyó la realización de una primera Consulta Latinoamericana de Pentecostales en Salvador Bahía, Brasil, con el objeto de ofrecer un espacio de diálogo y reflexión entre pentecostales de la región y de esta forma facilitar las condiciones para que estos articularan un proceso regional de cooperación y coordinación.

La formación de la *Comisión Evangélica Pentecostal Latinoamericana*, CEPLA, en el año 1990, ha permitido a un sector significativo del pentecostalismo latinoamericano tener la oportunidad de compartir sus reflexiones y buscar responder juntos a la necesidad de unidad y cooperación. Sin duda, queda mucho por hacer para incorporar en este proceso de unidad a amplios sectores del pentecostalismo latinoamericano que todavía no sienten la necesidad de abrirse al diálogo, básicamente por desconocimiento, por marginación en los procesos de diálogo por parte de los protestantismos y en parte por la soberbia de ser mayoría en el continente.

El proceso de unidad y colaboración de los pentecostales se ha dado en torno a algunas temáticas específicas tales como los desafíos que presenta al pentecostalismo la realidad de pobreza extrema, marginalización e injusticia que vive América Latina, la identidad pentecostal y en especial sus raíces teológicas, el ecumenismo y su pastoral en relación a sectores específicos como la mujer, los jóvenes, los indígenas y los niños.

Durante los años 1991-1992 se celebraron varios encuentros nacionales en Venezuela, Costa Rica, Chile y Brasil. En agosto de 1992 se realizó el Primer Encuentro Latino-americano de Mujeres Pentecostales, con el apoyo del CMI. El mismo año el CMI manifestó una vez más su interés para la búsqueda de la identidad y el testimonio pentecostal a través de la presencia de su Secretario General, el Pastor Emilio Castro que participó en el Encuentro Pentecostal Latinoamericano en Sao Paolo, Brasil. 53 denominaciones pentecostales de 17 países de América Latina fueron convocadas a este gran encuentro que congregó más de un centenar de hermanos y hermanas.

La Consulta de Lima (1994) ha sido un nuevo paso en el camino de las relaciones entre el CMI y las Iglesias pentecostales en América Latina. Más allá del apoyo al proceso de acercamiento entre esas Iglesias, incluso la creación de la CEPLA, se ha tratado de iniciar un diálogo con la finalidad de abrir nuevos espacios de cooperación. Las perspectivas futuras enumeradas en el documento final desde ahora constituyen una agenda común.

En 2001, el CEPLA convocó a una reunión de obispos pentecostales y los presidentes de América Latina y el Caribe, en Barquisimeto, Venezuela. Este evento reunió a delegados de Argentina, Brasil, Chile, Colombia, Costa Rica, Nicaragua, Perú y Venezuela. El grupo emitió una declaración llamando a la creación de un Consejo de Iglesias Pentecostales de América Latina y el Caribe. El objetivo principal de este consejo fue la reflexión crítica y constructiva de América Latina y el Caribe y sobre la experiencia pentecostal, a fin de contribuir al enriquecimiento de la identidad pentecostal y su contribución al movimiento ecuménico y la misión de la iglesia en todo el mundo. De ese modo siempre buscó proporcionar un espacio para discutir los problemas y desafíos del pentecostalismo y el particular contexto en el que las iglesias pentecostales en América Latina y el Caribe llevan a cabo su ministerio pastoral, profético y de sanidad espiritual.

Muchos otros encuentros se han realizado desde entonces hasta hoy. Estoy convencido que el Foro Pentecostal Latinoamericano actualmente en vigencia, toma la posta de una larga caminata y correrá empujado por los nuevos vientos del Espíritu, el cual va donde quiere. Docilidad y esperanza, perseverancia y optimismo deben ser nuestro acicate para cumplir nuestra tarea.

2. La Red Latinoamericana de Estudios Pentecostales (RELEP)

La Red Latinoamericana de Estudios Pentecostales (RELEP) está constituida por un grupo de estudiosos y estudiosas del Pentecostalismo latinoamericano, en su mayoría participantes directos de comunidades y/o proyectos pentecostales, procedentes de diversos países del continente, aunque incluyendo también a investigadores/as de otros contextos eclesiásticos y geográficos.

RELEP fue proyectada en sus líneas generales por un pequeño grupo de estudiosos/as pentecostales en la Ciudad de México (1998). Luego celebró un Primer Taller de Teología Pentecostal (Santiago de Chile, 1999). Posteriormente celebró una Cátedra sobre pentecostalismo (San José de Costa Rica, 2003) y en el 2008 organizó un Encuentro Internacional de Estudiosos/as del Pentecostalismo (Santiago de Chile, 2008). Producto de este trabajo de reflexión teológica, RELEP publica libros de la serie Voces del Pentecostalismo Latinoamericano que ya va por su V volumen.

Objetivo principal de RELEP es consolidar un espacio de reflexión y producción teológica pentecostales a nivel latinoamericano, de calidad académica y en apertura ecuménica. Entre sus objetivos derivados están: a) impulsar el conocimiento del pentecostalismo desde dentro de las comunidades pentecostales y centros de formación teológica en América Latina; b) ser un espacio que responda a la necesidad de coordinar, sistematizar y publicar la enorme riqueza de la teología Pentecostal que por ahora en gran proporción es de carácter oral; c) promover el diálogo teológico entre las diversas familias pentecostales y de éstas con las demás tradiciones e iglesias cristianas que compartan la búsqueda ecuménica y d) constituirse en un cuerpo de académicos que pueda exponer la teología Pentecostal en espacios académicos y eclesiales, así como ser un grupo de apoyo al desarrollo educativo de las diversas familias pentecostales del continente.

La red de teólogos e investigadores del Pentecostalismo es un organismo de producción y difusión de trabajos de investigación respecto de los Pentecostalismos Latinoamericanos y Caribeños. Está compuesta por creyentes que trabajan orgánicamente en las diversas comunidades pentecostales de América Latina y El Caribe y se desempeñan en diversas áreas de especialización tanto en Teología como en Ciencias sociales y diversas otras áreas del conocimiento. Esta conformación multidisciplinaria e intercultural hace posible que la Red pueda ofrecer una visión amplia, profunda, sistemática desde el interior de las comunidades religiosas. Su tarea es servir de espacio para la producción desde la práctica eclesial y social así como la de interpretar el significado de la presencia o ausencia de los Pentecostalismos en América Latina y El Caribe.

La Red, se ha convertido en un interlocutor privilegiado dentro de los espacios de estudio y diálogo, tanto a nivel continental como mundial. Son muchas las personas, instituciones y organismos que se interesan actualmente en el conocimiento de los Pentecostalismos, de modo que la Red sea para ellos un instrumento y un facilitador.

Junto a un conocimiento más profundo de la Pentecostalidad Latinoamericana y Caribeña, la Red quiere contribuir a la consolidación de una identidad Pentecostal con raíces regionales propias, sobre todo pensando en una juventud Pentecostal que hoy se enfrenta al siglo XXI dentro en un mundo religioso y secular, cada vez más complejo y fragmentado. Asimismo, a la par de responder a las preocupaciones y objetivos académicos, la Red ha buscado acompañar las prácticas litúrgicas y pastorales de nuestras comunidades.

3. El Foro Pentecostal Latinoamericano

En noviembre de 2010 se realizó en San José, Costa Rica un encuentro preparatorio del encuentro del Foro Cristiano Mundial (FMC) que habría de realizarse en Indonesia el año 2011. Como en el encuentro de San José la participación Pentecostal era menor del 10%, se pensó en la posibilidad de organizar alguna instancia latinoamericana de Coordinación Pentecostal. Este hecho fue apoyado favorablemente por el secretario del FCM, el Dr. Hubert van Beek. Así fue que se formó un *petit comité* que convocara a un encuentro continental donde se recogiera el aporte Pentecostal a la unidad cristiana.

Los objetivos y justificación de la reunión están en función de la importancia del aporte Pentecostal a la unidad cristiana la que se dificulta si se considera la actual dispersión y la falta de instancias que les convoquen para a analizar su presente y futuro en la Región. Sí bien ha habido varios intentos de convocar a pentecostales latinoamericanos, el último fue en septiembre de 1998 en la Habana, Cuba y quedó como testimonio de la reunión el libro *Jubileo, la Fiesta del Espíritu* editado el año siguiente en Quito, Ecuador. No obstante, hemos constatado que no ha habido seguimiento, ni coordinación de un programa que trabaje sostenidamente por la unidad visible de los cristianos.

El *Foro Pentecostal Latinoamericano* del 2011 realizado en Lima, Perú tuvo por objeto estudiar y organizar una reunión mayor y con una pluralidad de iglesias pentecostales de la Región para analizar el desarrollo reciente del movimiento y los desafíos actuales y su futuro. Tenemos expectativa que el Foro Pentecostal Latinoamericano que es contraparte del Foro Cristiano Mundial constituya un espacio privilegiado para el encuentro entre los cristianos y para organizar a futuro el testimonio común. Pero en esta búsqueda de unidad ha sucedido que el Espíritu Santo ha sorprendido a las Iglesias Pentecostales planteando nuevos desafíos para una agenda de misión en el siglo XXI, que ha señalado magníficamente Israel Batista Guerra[278].

---

[278] Batista Guerra, Israel. *El Espíritu Santo Sorprende a las Iglesias Pentecostales. Desafíos y dilemas para una agenda de misión en el siglo XXI*. Quito, Ecuador. SEMISUD, 2009.

§ Posesiones demoníacas y trastornos de la personalidad

Variadas son las actitudes de las iglesias frente a los fenómenos paranormales, especialmente aquellos que son conocidos por la apreciación religiosa como "casos de posesión demoníaca" a los que la ciencia médica moderna cataloga por lo general como enfermedades mentales. Sin duda, ante tales experiencias no se tiene una, sino muchas "explicaciones". Las iglesias han adoptado diversas conductas. Mientras la iglesia católica romana optó por formalizar el "exorcismo" como una práctica posible y recomendada sólo en casos específicos, los protestantes dividen sus posiciones entre la apelación a métodos de terapia con el uso de la psiquiatría y la psicología, y la aceptación casi generalizada de la presencia demoníaca en casi todos los órdenes de la vida.

El fenómeno conocido como posesión demoníaca en el Nuevo Testamento, aunque matizado por las creencias de la época, hace referencia a una realidad efectivamente demoníaca. Se trata en efecto de verdaderas posesiones demoníacas con la intervención directa del demonio como el personaje por quien se expresa la realidad del mal. Estas liberaciones -- como se las denomina actualmente, son conocidas en el Nuevo Testamento como sanidades, colocando la experiencia demoníaca en el marco de las enfermedades cuyas causas son espirituales (y por ello mismo atribuidas a seres espirituales como el Demonio), pero distinguiendo a la vez aquellas enfermedades que no son causadas propiamente por los demonios.

Las iglesias pentecostales son las que históricamente han llevado a la práctica la expulsión de demonios y la han hecho parte fundamental de su ministerio evangelístico. Tanto es así que muchos anuncios o propagandas evangelísticas, incluyen el anuncio de sanidades y expulsión de demonios.

Las iglesias pentecostales creen que el mandato de Jesús a sus discípulos de expulsar demonios va junto con la predicación como una señal que la acompaña necesariamente. El ritual de expulsar demonios ha llegado a ser característico del pentecostalismo tradicional. Tanto es así que tiene el peso de un ministerio. Hay quienes lo ubican como siendo parte del ministerio evangelístico y otros para quienes se ha convertido en la práctica en ministerio al que llaman "ministerio de liberación", aun cuando en el NT no exista esa definición. Le dan la categoría y el peso de ministerio por la dedicación exclusiva de algunos líderes a la expulsión de demonios.

Quienes tienen el don de sanidad, por lo general son requeridos por los miembros de las iglesias para ayudarles con sus enfermos y endemoniados. Las iglesias pentecostales por lo general son muy claras al distinguir entre *expulsión* de demonios y *exorcismo*. Casi nunca se refieren a la expulsión como exorcismo, pues creen que el exorcismo está referido a la magia y no a la religión. Los pasajes bíblicos que hacen alusión a los endemoniados son casi siempre interpretados en el sentido literal, corroborando la idea de que en efecto existen los demonios y que su realidad se manifiesta en la vida cotidiana. A veces, la lucha o pelea con el demonio se realiza en cada una de sus actividades espirituales. La demonología es parte fundamental de la hermenéutica de las Sagradas Escrituras. Al punto que mucho de las predicaciones correctivas critican el "ver" demonios en casi todas las esferas de la vida cotidiana. Tanto es así que antes de iniciar un culto ven necesario "atar" o expulsar a los demonios. De ese modo, se asegura un culto fervoroso y totalmente dedicado a Dios.

¿Demonios o trastornos de la personalidad?

Desde los primeros esbozos de lo que es la moderna psiquiatría, muchos son los que de forma directa o indirecta han intentado a veces sin mucho éxito, relacionarla con algunos de los llamados fenómenos paranormales como las **posesiones**, trances mediúmicos, viajes astrales, visitantes de dormitorio, etc. ¿Pero podemos, o mejor dicho, debemos echar mano de esta especialidad de la medicina para explicar dichos fenómenos? ¿Puede haber alguna relación entre la *psiqué* de una persona y un fenómeno de este tipo? Todo parece apuntar a una diferencia de diagnósticos de las enfermedades, la de los religiosos y la de los médicos.

Los inicios de la psiquiatría (la proto-psiquiatría), se los debemos al *hombre primitivo*, que atribuyendo un origen sobrenatural a las enfermedades mentales, realizó un primer enfoque terapéutico de las mismas. Así parecen confirmarlo los restos de cráneos trepanados hallados en Perú, a través de cuyos agujeros los diablos y espíritus malignos eran expulsados del cuerpo de los pacientes. Los síntomas que estos primeros enfermos presentaban, designaban la clase de entidades (malignas o benignas) que intervenían.

De igual modo, los rituales de exorcismo se convirtieron entre los antiguos hebreos, los griegos, los chinos y los egipcios, en una práctica frecuente, que se usaban con el fin de expulsar los espíritus diabólicos del cuerpo del enfermo[279].

Esta concepción sobrenatural de las enfermedades mentales se mantiene hasta *Hipócrates*, que hizo una primera clasificación de dichos males basada en cuatro temperamentos (colérico, sanguíneo, melancólico y flemático) que pensaba que explicaban la situación emocional del afectado. Tal clasificación es aceptada por la comunidad estudiosa hasta bien entrado el renacimiento, cuando José Luis Vives cuestiona el origen sobrenatural de los procesos psíquicos.

Se tiende a considerar al holandés Johann Weyer como padre de la moderna psiquiatría, quien en 1563 publica la obra *De Praestigiis Daemonum* (sobre el Prestigio de los Demonios) que formalmente denunciaba la demonología oficializada del *Malleus Malleficarum* ("El martillo de las brujas")[280], publicado hacia 1487 y en el cual se orientaba sobre la

---

[279] He escrito un artículo en el que, salvando las diferencias, comparo estructuralmente la sesión chamánica con el culto pentecostal en la costa norte del Perú. Cf. Campos, Bernardo *Sacerdotes, Curanderos y Visionarios: Función y significación del Chamanismo en la Sierra de Piura de Ayabaca y Huancabamba*. Lima, Perú: Bassel Publicaciones, 2005. Para los estudios antropológicos o etnológicos sobre sanidad y chamanismo, puede consultarse entre muchos: Levy-Bruhl, Lucien. *La Mentalidad Primitiva*. Buenos Aires: Eds. Leviatán.1957; Vazeilles, Daniéle. *Los chamanes, señores del universo. Persistencia y exportaciones del chamanismo*. España: Desclée De Brouwer.1995; Reinhard, J. "*Shamanism and Spirit Possession. The Definition Problem*" en Hitchcock, J.T. & Rex, L.J. Eds., *Spirit Possession in the Nepal Himalayas*. Warminster: Arts & Phillips LTD. 1976: 12-20; Pouillon, J. "*Maladie et Médicin: le meme et/ou l'autre? Remarques Ethnologiques, Nouvelle Revue de Psychanalyse* Nro. 1, 1970: 77-98; Metraux, A. "Religion and Shamanism" en: *Handbook of South American Indians*. 5, Washington: Smithsonian Institution, 1949: 559-599.

[280] En 1478 apareció la bula *Exigit sinserae devotionis affectus* del Papa Sixto IV instituyendo el Santo Oficio o Tribunal de la Santa Inquisición en España. El *Malleus Maleficarum*, el más famoso de todos los libros sobre brujería, se escribió probablemente en 1486 y se publicó en 1487. Este libro se convirtió en el manual indispensable y la autoridad final para la Santa Inquisición, para jueces y magistrados, para sacerdotes tanto católicos como protestantes, a lo largo de los tres siglos siguientes a su publicación, en la lucha contra la brujería en Europa. En manos de autoridades dominantes se convirtió en una maldición demoníaca para los dominados, en un instrumento de opresión demoníaco.

detección, examen y posterior condena de las brujas y brujos, que solían terminar sus días en la hoguera. Weyer contó con el apoyo de otros estudiosos como Scot, pero por lo general, fue duramente atacado, como lo muestra el hecho de que sus trabajos fueron víctimas de la censura eclesiástica hasta el siglo XX.

Ya en nuestros días, la psiquiatría, es capaz de dar explicación a muchos de los llamados fenómenos paranormales. Esquizofrenia, epilepsia, alucinaciones hipnagógicas e hipno pómpicas, parálisis del sueño, etc. son muchas de las psicopatologías que nos ayudarán a esclarecer un poco algunos casos en apariencia sobrenaturales.

En una *pastoral de la conducta religiosa* para casos de posesión demoníaca, es necesario tener conocimiento y discernimiento. **Conocimientos** básicos de psicología como para reconocer delirios y conductas psicóticas y derivarlos oportunamente a los especialistas y no confundirlos con posesiones demoníacas[281]. ***Discernimiento espiritual*** para reconocer cuándo estamos ante un caso de verdadera posesión demoníaca e intervenir como pastores con prácticas de liberación espiritual. El pastor pentecostal debe poder informarse leyendo ávidamente libros de *psiquiatría de la religión*, o lo que es más fácil, elegante y eficaz, constituir un equipo inter campus de sanidad y liberación, incluyendo en ese equipo a diversos profesionales de la salud y a ministros de sanidad y liberación. Así antes de obrar, someter al "enfermo" a un diagnóstico interdisciplinario. Luego dar lugar al especialista según sea el caso y operar sanidad o liberación.

§ *Patologías pentecostales contemporáneas*

Los legalismos, fanatismos, fundamentalismos, ascetismos, hedonismos,

---

[281] Un estudio multidisciplinario sobre los casos de posesión demoniaca desde el punto de vista de las ciencias de la religión lo podemos ver en: Giobellina Brumana, Fernando *El Cuerpo Sagrado. Acerca de los análisis de los fenómenos de posesión demoníaca*. Separatas de la revista Española de Investigaciones Sociológicas Nro. 34 (abril-julio) 1986: Cf. también: Pié, Albert *Freud y la religión*. España: Editorial Biblioteca Autores Cristianos, 1970; Rodríguez Amenábar, Saúl M. *Psicología y religión*. El Salvador: Ediciones Universidad del Salvador, 1988; Font, Jordi *Religión, Psicopatología y salud mental* (Argentina: Ed. Paidós, 1999.

sensualismos, materialismos, espiritualismos, maniqueísmos, regresionismos, ritualismos y ceremonialismos, alucinaciones y delirios, son todas ellas patologías de origen religioso.

Aunque estas patologías se manifiestan en casi todas las familias confesionales y no son exclusivas de un grupo religioso, creemos que como pentecostales estamos expuestos a ellas quizá con mayor regularidad.

Como *mera culpa* me acuso de ser legalistas en el uso de la Biblia y la moral; fanáticos en asuntos espirituales, fundamentalistas en la doctrina de nuestros orígenes. Practicamos ayunos y otros rituales casi en un sentido ascético, sino mágico. De un tiempo a esta parte, hemos dado un vuelco de 180 grados y hemos caído en el hedonismo dando rienda suelta a los placeres de la carne reprimidos por las primeras generaciones de misioneros. Una teología de la prosperidad ha trastocado nuestra esperanza en el cielo y nuestro sentido de trascendencia, por las inmanentes cosas de la tierra. Hemos cambiado la teología y tergiversado el sentido de pobreza y sufrimiento al que nos exponíamos por causa de Cristo y el ministerio. Nos hemos vuelto materialistas y el amor al dinero ha superado ampliamente a la búsqueda de satisfacción de nuestras necesidades básicas no cubiertas en la situación de pobreza.

Un falso espiritualismo nos ha alejado de la realidad y de los problemas de nuestros hermanos y hemos intentado escapar del mundo o hacerle huelga social, apurando el retorno de Cristo a la tierra. En algunos casos, por los afanes del ministerio de sanidad interior, guerra espiritual y liberación de endemoniados hemos caído, sin darnos cuenta, en un maniqueísmo, oponiendo lo divino a lo demoníaco como si ambos estuvieran en un mismo nivel. Dios es el Creador y Lucifer es una criatura. No pueden estar en un mismo nivel de oposición. Muchas de nuestras prácticas de sanidad del alma, han bebido de las teorías regresionistas orientales (Anatheóresis)[282] aduciendo maldiciones generacionales o

---

[282] Anatheóresis es una psicoterapia perceptiva que considera cuerpo y mente como un todo indisoluble. Por tanto la enfermedad no es más que una disfunción psíquica o física que tiene su génesis en la mente, siendo su sintomatología la expresión externa, física en muchos casos y observable de la situación patológica-emocional profunda del sujeto. Etimológicamente, Anatheóresis significa: mirar hacia atrás contemplando el pasado, exhumarlo, traerlo al presente, comprendiendo. Joaquín Grau –su creador- la denominó así, para diferenciarla de otras técnicas hipnóticas regresivas, ya que Anatheóresis es todo un cuerpo doctrinal

transportándonos *por el espíritu* al pasado de las personas. En otros casos ritualismos y ceremonialismos han invadido nuestros cultos por la negación de manifestaciones carismáticas y, en su lugar, nos hemos arrinconado en formalidades y normas establecidas.

En esta situación no me cabe la menor duda que las palabras de Jesús a los fariseos (fariseísmo) nos llega bien como líderes que hemos impuesto cargas pesadas a nuestros feligreses. Hemos recorrido mar y tierra para ganar almas para Cristo sin respetar sus decisiones y una vez convertidos, los hacemos dos veces más hijos del infierno que nosotros:

> *!!Ay de vosotros, escribas y fariseos, hipócritas! porque devoráis las casas de las viudas, y como pretexto hacéis largas oraciones; por esto recibiréis mayor condenación. !!Ay de vosotros, escribas y fariseos, hipócritas! porque recorréis mar y tierra para hacer un prosélito, y una vez hecho, le hacéis dos veces más hijo del infierno que vosotros* (Mateo 23:14-15).

Eso somos los pentecostales, hijos de Dios y fruto de nuestra hermosa América Latina y sus tradiciones culturales. Como hijos de nuestro pueblo, reflejamos las miserias y las grandezas de nuestra cultura popular. Reproducimos los autoritarismos de los que en el pasado fuimos víctimas. Somos nada más merecedores de la gracia de Dios que tuvo a bien rescatarnos de lo menospreciado y vil del mundo

> *Dios ha escogido lo necio del mundo, para avergonzar a los sabios; y Dios ha escogido lo débil del mundo, para avergonzar a lo que es fuerte; y lo vil y despreciado del mundo ha escogido Dios; lo que no es, para anular lo que es; para que nadie se jacte delante de Dios....*(1 Corintios 1:27-29).

---

basado en la experiencia clínica y en postulados científicos, no en digresiones mentales. Toda su teoría y práctica está expuesta y desarrollada en su libro: Tratado Teórico-Práctico de Anatheóresis: Las claves de la enfermedad (1996). en la terapia se puede emplear ocasionalmente la regresión a vidas pasadas, señalando que, para Anatheóresis, no es otra cosa que una proyección simbólica de los contenidos emocionales. No estima la validez de tales proyecciones y por ello se pueden utilizar como test y estrategia escenográfica. Cf. http://www.terapeutas-anatheoresis.com/.

¡Necesitamos con urgencia una pastoral que nos ayude a superar nuestras patologías y al mismo tiempo que nos haga aptos para ayudar a nuestros hermanos! Un trabajo conjunto, interdisciplinario, con otros profesionales de la salud sería de gran provecho para todos.

Pastoral Pentecostal 310

CAPÍTULO VII
PROBLEMAS COMPARTIDOS CON OTRAS IGLESIAS

Lección 19. Problemas humanos frecuentes

Problema de corrupción, baja o alta autoestima, aberraciones de la sexualidad, rituales nocivos, violencia religiosa, abuso de poder, estrés post traumático por causas religiosas, depresión, adicciones, son problemas comunes a todas las religiones y a todas las personas. La iglesia del siglo XXI debe ser capaz de ayudar a estas personas, a salir ella misma de esa trampa demoníaca y emprender acciones en favor de una vida sana.

§ *Pastoral en situaciones de crisis: social, cultural, económica, política, religiosa*

Las crisis son etapas por las que atravesamos en algún momento de la vida. Crisis (del griego κρίσις = dividir) es una coyuntura de cambios en cualquier aspecto de una realidad organizada pero inestable, sujeta a evolución. Los cambios críticos, aunque previsibles, tienen siempre algún grado de incertidumbre en cuanto a su reversibilidad o grado de profundidad, pues si no serían meras reacciones automáticas como las físico-químicas. Si los cambios son profundos, súbitos y violentos, y sobre todo traen consecuencias trascendentales, van más allá de una crisis y se pueden denominar revolución.

En el ámbito social, las crisis pueden designar un cambio traumático en la vida o salud de una persona o una situación social inestable y peligrosa en lo político, económico, militar, etc. También puede ser la definición de un hecho medioambiental de gran escala, especialmente los que implican un cambio abrupto. De una manera menos propia, se refieren con el nombre de crisis las emergencias o las épocas de dificultades de la crisis.

En la sección referida a la pastoral etárea[283] nos hemos referido a las distintas etapas del desarrollo humano que son entendidas antropológicamente como etapas de crisis. Aquí también la iglesia debe acompañar el desarrollo humano en el marco de la cultura, pues en el paso de una etapa a otra, las personas experimentan crisis y necesitan ayuda para su soporte emocional.

Intervención pastoral en situaciones de crisis[284]

En algún momento de la vida de los seres humanos como en las familias se enfrentan al impacto de situaciones trágicas, inesperadas y desestabilizadoras corriendo el riesgo de desequilibrar el equilibrio (homeostasis) del individuo y su sistema familiar, generando una situación de crisis.

El término crisis es usado con frecuencia para indicar la reacción interna de una persona ante una amenaza o riesgo interno. La crisis como un estado temporal de trastorno y desorganización, se caracteriza por la incapacidad del individuo o núcleo familiar para resolver la situación dada, usando la metodología y estrategias acostumbradas durante la situación crítica. Pero una situación de crisis es tanto una amenaza como una oportunidad para el cambio. En ese sentido es un período delicado y fértil al mismo tiempo.

Una situación de crisis se puede explicar con dos ejemplos prácticos, el primero en el campo de la medicina, cuando un médico expresa que hay una crisis, está hablando del momento que lleva la enfermedad, en la cual se produce un cambio, sea positivo o fatal. En el ambiente de la consejería pastoral es cuando el consejero hablando de una crisis matrimonial, se refiere a la disfunción que lleva al matrimonio, que puede dirigirse hacia el

---

[283] Véase Lección 6: Pastoral de transición o *rites de passage*.
[284] Hemos basado esta sección en las sugerencias de Infante, Juan Carlos *Reflexión sobre la intervención en situaciones de crisis* en: http://familiasistemica.overblog.com/pages/Reflexion_sobre_la_intervencion_en_situaciones_de_crisis-2465198.html El artículo citado carecía de referencias bibliográficas, de modo que lo usamos de una manera general. (Consultado el 26.11.2015).

fortalecimiento, crecimiento y restauración y/o a la desilusión y separación.

Hay crisis cuando los recursos habituales o extraordinarios resultan ineficaces para manejar la situación, permitiendo que la tensión se incremente hasta desbordar las capacidades del manejo.

En situaciones normales el individuo o la familia intentarán mantener un estado de equilibrio entre sí mismo y su entorno, respondiendo con su emotividad a una circunstancia amenazante.

Es necesario diferenciar entre una crisis y un problema. En ocasiones se tiende a confundir estos dos términos; todos los individuos y familias enfrentan **problemas**, pero esto no implica que estén viviendo una crisis. Se concluye con los conceptos expuestos, que cuando se experimenta una crisis, se pierde el dominio y el control que se tiene sobre uno mismo y el curso de la vida. Una **tragedia** es un acontecimiento desafortunado, más bien externo, que afecta a las personas de manera diversa, y no necesariamente conduce a una crisis o se deriva de ella. Por otro lado, una **emergencia** es un estado subjetivo que crea la sensación de que uno necesita ayuda externa inmediata para volver al equilibrio anterior o para poner fin a los cambios. Una emergencia puede obligar a una movilización extraordinaria de recursos, pero no requiere un cambio cualitativo.

La iglesia está llamada a socorrer a las personas y los pueblos en situaciones de crisis. Es parte de su ministerio pastoral ayudar a las personas que no ven salidas inmediatas a sus problemas. A veces basta con una palabra de orientación, pero otras requieren de la intervención de organismos gubernamentales o no gubernamentales para su solución. En esos casos, la iglesia cumplirá un papel mediador ante tales organismos y no debe pretender reemplazarlos.

En el aspecto religioso el ministro que interviene en la vida de un individuo o de una familia en crisis se plantea el doble objetivo de reducir en lo posible, el impacto del suceso que precipita la crisis, y al mismo tiempo de aprovechar la situación crítica para ayudar a los afectados a fortalecerse para resolver futuros problemas mediante el aprendizaje, estimular el desarrollo de nuevos mecanismos para superar las situaciones, aumentar la capacidad individual de adaptación y elevar el nivel de salud mental y espiritual.

Toda intervención en situaciones de crisis procura evitar que surjan síntomas psiquiátricos; evitar que aparezcan reacciones tardías o crónicas; aliviar los síntomas; restaurar el equilibrio emocional; devolver la fortaleza y el control, especialmente a sujetos inculpados; devolver a la persona al estado de funcionamiento que tenía antes de la crisis, o llevarla a un nivel superior.

§ *El problema de la corrupción*

Otro problema común a la pastoral latinoamericana es el de la corrupción social, policial, empresarial y política de nuestros países. Si bien el problema es muy antiguo, los rasgos o características actuales son alarmantes y las acciones de lucha contra la corrupción son desesperantes. Para el caso y por su claridad, seguiremos las anotaciones de Karime Daniela Guerra Correa[285] sobre el tema.

Concepto

La definición que me parece la más adecuada es la que da el periodista argentino Mariano Grondona. El señala que viene de la raíz indoeuropea *reut*, que quiere decir arrebatar. Se refiere a quitar o tomar alguna cosa con violencia y fuerza[286].

Es por lo tanto una situación anómala que se presenta y existe en todo tipo de organizaciones (incluida la iglesia), en dónde los prestadores de servicios se aprovechan de las facultades que tienen para sacar provecho de tipo económico a todo tipo de personas susceptibles a sus circunstancias y situaciones.

---

[285] Guerra Correa, Karime Daniela. "La corrupción política" en: http://www.monografias.com/trabajos88/la-corrupcion-politica/la-corrupcion-politica.shtml.
[286] Grondona, Mariano *La corrupción*, Planeta, Buenos Aires, 1993:19 citado por Wiens, Arnoldo "*Los evangélicos latinoamericanos ante el desafío de la corrupción*" en: http://www.kairos.org.ar/index.php?option=com_content&view=article&id=958 &catid=Aarticulos-de-la-revista-iglesia-y-mision&Itemid=156.

Tipos de corrupción

Existen diversas tipologías de la corrupción desde la que hace sólo referencia a la extorsión y el soborno, hasta las que se refieren a tipos específicos y especiales. Estos tipos son:

Extorsión.- Es cuando un servidor público, aprovechándose de su cargo y bajo la amenaza, sutil o directa, obliga al usuario de un servicio público a entregarle también, directa o indirectamente, una recompensa.

Soborno.- Es cuando un ciudadano o una organización, entrega directa o indirectamente a un servidor público, determinada cantidad de dinero, con el propósito de obtener una respuesta favorable a un trámite o solicitud, independientemente si cumplió o no con los requisitos legales establecidos.

Peculado.- Es la apropiación ilegal de los bienes por parte del servidor público que los administra.

Colusiones.- Es la asociación delictiva que realizan servidores públicos con contratistas, proveedores y arrendadores, con el propósito de obtener recursos y beneficios ilícitos, a través de concursos amañados o, sin realizar estas (adjudicaciones directas), a pesar de que así lo indique la ley o normatividad correspondiente.

Fraude.- Es cuando servidores públicos venden o hacen uso ilegal de bienes del gobierno que les han confiado para su administración.

Tráfico de influencias.- Es cuando un servidor público utiliza su cargo actual o sus nexos con funcionarios o integrantes de los poderes ejecutivo, legislativo o judicial, para obtener un beneficio personal o familiar, o para favorecer determinada causa u organización.

La falta de ética.- Es un tipo especial de corrupción que si bien no tiene que ver directamente con la apropiación ilegal de recursos del gobierno y de ciudadanos usuarios, sí entraña entre algunos servidores públicos, una conducta negativa que va en contra de los propósitos y metas de las instituciones públicas. Esta falta de ética se pude observar cuando determinado servidor público no cumple con los valores de su institución, es decir, cuando no conduce sus actos con: honestidad, responsabilidad, profesionalismo, espíritu de servicio, por citar algunos.

Causas de la corrupción

Se pueden señalar tres tipos de causas que posibilitan la aparición de la corrupción y que se pueden dar en mayor o menor medida en cualquier Estado:

Causas formales

Las causas formales se desprenden de la delimitación técnica del término y son: La falta de una clara delimitación entre lo público y lo privado; la existencia de un ordenamiento jurídico inadecuado a la realidad nacional; la inoperancia práctica de las instituciones públicas. Juntas o por separado. Estas causas están presentes en buena parte de los países latinoamericanos.

Causas culturales

La cultura política de un país, es el conjunto de actitudes, normas y creencias compartidas por los ciudadanos y que tienen como objeto un fenómeno político (en este caso la corrupción). Las condiciones culturales permiten así delimitar la extensión de las prácticas corruptas, la probabilidad que se produzcan y el grado de tolerancia social con que pueden contar. Son cuatro condiciones culturales básicas: 1) la existencia de una amplia tolerancia social hacia el goce de privilegios privados; permite que prevalezca una moralidad del lucro privado sobre la moralidad cívica; 2) La existencia de una cultura de la ilegalidad generalizada o reducida a grupos sociales que saben que "la ley no cuenta para ellos" fomenta la corrupción y la tolerancia social hacia ella; 3) La persistencia de formas de organización y de sistemas normativos tradicionales, enfrentados a un orden estatal moderno, suele provocar contradicciones que encuentran salida a través de la corrupción.4) Para algunos casos latinoamericanos, ciertas manifestaciones corruptas podrían explicarse por la escasa vigencia de la idea de nación y la ausencia de una solidaridad amplia fundada en el bienestar común.

Causas materiales

Las causas materiales se refieren a situaciones concretas que dan lugar a prácticas corruptas. Las situaciones concretas de las que se trata en este caso son las distintas brechas existentes entre el orden jurídico y el orden social vigente.

Consecuencias de la corrupción

- Favorece la consolidación de élites y burocracias políticas y económicas.
- Erosiona la credibilidad y legitimidad de los gobiernos.
- Reproduce una concepción patrimonialista del poder.
- Reduce los ingresos fiscales e impide que los escasos recursos públicos coadyuven al desarrollo y bienestar social.
- Permite la aprobación y operación de leyes, programas y políticas, sin sustento o legitimidad popular.
- Revitaliza una cultura de la corrupción y contribuye a su proliferación.

Lucha contra la corrupción

La corrupción es un problema que afecta gravemente la legitimidad de la democracia, distorsiona el sistema económico y constituye un factor de desintegración social. De ello son conscientes los Gobiernos del Hemisferio y han "iniciado" a promover y ejecutar acciones que aseguren la erradicación de este flagelo.

La lucha contra la corrupción es tal vez uno de los campos en los cuales la acción colectiva de los Estados no solamente es útil y conveniente, sino absolutamente necesaria. La iglesia tiene aquí un nuevo campo de misión.

Las sugerencias de Arnoldo Wiens frente al problema de la corrupción son muy atinadas. Wiens propone cinco acciones concretas de la iglesia[287]:

> 1) *Revalorizar la función de la comunidad alternativa como «sal y luz», de manera análoga a la propuesta de «Transparencia Internacional» de formar islas de integridad en la lucha contra la corrupción.* La comunidad alternativa cristiana es el grupo ideal para funcionar como isla de integridad en un contexto de corrupción. Los cristianos tienen que

---

[287] Wiens, Arnoldo. "*Los evangélicos latinoamericanos ante el desafío de la corrupción*" en: http://www.kairos.org.ar/index.php?option=com_content&view=article&id=958&catid=90%3Aarticulos-de-la-revista-iglesia-y-mision&Itemid=156.

estar dispuestos a luchar por el bien y en contra del mal en la sociedad. La comunidad alternativa debe detectar quiénes son los perjudicados y oprimidos a través de las pujas de poderes.

2) *Participar activamente en la actividad política con el fin de luchar por cambios estructurales en la sociedad latinoamericana.* Estos esfuerzos serán de vital importancia para que la fe cristiana y su ética hagan un aporte significativo en la lucha contra la corrupción generalizada en América Latina.

3) *Velar constantemente por la transparencia interna y purificación de la comunidad cristiana y de las instituciones eclesiásticas y para eclesiásticas.* Se sugiere a tal efecto la implementación de normas éticas que ayuden a controlar la transparencia y la corrupción. Sin lugar a dudas las enseñanzas del Sermón del Monte adquieren una importancia singular en tal esfuerzo: se requiere la voz profética de la comunidad alternativa.

4) *Enfatizar de manera prioritaria en el discipulado la conducta y la lucha contra la corrupción.* El discipulado incluye el acompañamiento de los cristianos en su afán de salir del círculo vicioso de la corrupción. La comunidad alternativa no puede bendecir ni recibir dinero mal habido ni donaciones que proceden de la corrupción. El discipulado cristiano debe enfatizar el concepto de mayordomía que Dios exige del ser humano. No se puede privilegiar lo económico por sobre otros valores. Deben condenarse, por lo tanto, las actitudes que provocan beneficios sectoriales; los avances técnicos que benefician ciertos aspectos productivos, pero deshumanizan a los que se «benefician» o destruyen otros valores; los procesos que provocan desocupación o situaciones sociales desesperantes; las especulaciones políticas basadas en la emergencia social.

5) *Apoyar todos los esfuerzos, sean cristianos o no, que se dediquen a la lucha contra la corrupción.* Para ello, todos los principios de lucha contra la corrupción desarrollados en la sociedad de manera efectiva son válidos y aceptables también para los cristianos. Crear redes locales, regionales, nacionales e internacionales contra la corrupción entre cristianos y no cristianos, con el objetivo de influenciar creativa y positivamente en las distintas esferas sociales. Utilizar los medios de comunicación existentes para concienciar a toda la sociedad en cuanto al daño moral y social que representa la corrup-

ción, presentando modelos de vida honestos y transparentes. Promover la reflexión en torno a la corrupción, de manera que se logre mayor profundización y efectividad en la lucha contra la misma. En todos esos esfuerzos se tendrá que pagar el precio de las consecuencias de tales acciones, que muchas veces se encontrarán con fuertes oposiciones, persecuciones, amenazas y hasta el martirio. Adquirir la incorrupción como un estilo de vida, como vocación cristiana.

§ *Aberraciones de la sexualidad: Desviaciones y perversiones*

La psicología actual distingue entre una desviación y una perversión. No todas las desviaciones son perversiones. Una **desviación sexual** tan solo es una anomalía un comportamiento no aceptado en un contexto cultural y para que exista una perversión es necesario que haya un comportamiento que lo sustituya. Este es un factor indispensable para obtener *placer* sexual.

La investigación médica no proporciona datos acerca de la posibilidad de que las desviaciones sexuales sean hereditarias; sólo al caso del homosexualismo en el que hay estudios que dicen que existe un *posible* factor hereditario.

Se entiende usualmente que la homosexualidad no es una enfermedad, sino una *desviación* de la conducta **normal**. Las anomalías de los cromosomas que aparecen en el momento de la concepción pueden producir trastornos y estos podrían causar una conducta sexual anormal y no hay pruebas de que estas conductas estén asociadas con las anomalías cromosómicas. ¿Cuáles son entonces las causas de la desviación sexual? En algunos casos puede haber causas *biológicas*, pero las causas *culturales* de la desviación sexual son mucho más frecuentes y en ellas podemos ubicar la degradación espiritual de las personas. Después de todo, todos nacemos en una cultura, que nos enseña gran parte de las conductas sexuales.

Las muestras de la conducta sexual en las distintas culturas suelen ser muy dispareja. Pero la conducta sexual **normal**[288] adulta es el *coito heterosexual* en las culturas conocidas. Muchas veces no es fácil comprender las causas por las cuales una cierta cultura ha desarrollado hábitos sexuales muy peculiares. Pero otras veces esos hábitos se deben al carácter cazador, agricultor, pastoril o guerrero de la cultura.

La mayoría de los niños son influenciados sexualmente por sus padres y familiares cercanos. Los padres encarnan las actitudes sexuales de su cultura y las reproducen en sus hijos muchas veces inconscientemente. Por lo tanto, las principales fuentes emocionales de desviaciones sexuales son: una culpabilidad sexual inapropiada; repugnancia sexual inducida; temores sexuales; un sentimiento de inferioridad y una hostilidad y rabia sutil, asociadas con la sexualidad.

La **perversión** en cambio se define clásicamente como desviación del instinto sexual. Su estudio sistemático se ha propuesto una *clasificación descriptiva* y una nomenclatura de las perversiones.

La perversión concierne al objeto sexual: la pareja sexual elegida puede ser un individuo del mismo sexo, muy joven o muy viejo y hasta un cadáver. El objeto sexual puede igualmente ser un animal, la ropa, zapatos y objetos del otro sexo, el perverso puede también ponerse estas vestimen-

---

[288] La normalidad sexual se define en función de las necesidades y características biológicas de una especie. Si nos sujetamos a este criterio, serian normales todas las prácticas sexuales que no son dañinas para prolongar la especie humana. No es difícil rechazar a este criterio con cualquier ejemplo de la práctica sexual extraño, pero no debe impedir la fecundación. Tal vez un fetichista solo logra excitares si la mujer lleva calzado con elevados tacones de aguja; de este modo el hombre realiza coito normal. Esta conducta no pone en peligro a la especie humana, pero resulta contradictoria al admitir que sea una conducta normal sexual. En este caso, para comprender que es la normalidad sexual se definiría el concepto de madurez emocional, que para muchos es de salud mental que va evolucionando desde la niñez, para así alcanzar el mismo potencial psíquico de una persona. Este permitiría a cada persona elegir una sexualidad totalmente aceptada que no tenga riesgos ni para ella o para la especie y hasta podría ser fuera de las normas culturales. Es anormal todo aquello que va contra las buenas costumbres de la sexualidad de cada individuo (Gonzales Fernández, Álvaro *Desviaciones y Perversiones sexuales*, en: http://www.monografias.com/trabajos82/ desviaciones-y-perversiones-sexuales/desviaciones-y-perversiones-sexuales2.shtml).

tas. La práctica sexual misma puede pervertirse: mostrar los órganos genitales, buscar el sufrimiento de la pareja, erotizar el propio sufrimiento, la participación de un tercero o de varios en el acto sexual, la multiplicación de estos actos, la mezcla de la orina y las heces en estos actos, etc. Sin olvidar que estas prácticas frecuentemente se asocian unas con otras.

Esta enumeración constituye en sí misma una interpretación implícita de la perversión, pues supone un *orden natural* del instinto sexual que sería definible en comparación con las prácticas de los animales o a través de investigaciones estadísticas. Toda desviación estaría entonces ligada a un substrato orgánico, a una degeneración constitucional que conviene distinguir de los otros estigmas morfológicos o morales y que probablemente se origina por transmisión o debido a una predisposición hereditaria[289].

Perversiones sexuales

Las perversiones son actitudes sexuales que se caracterizan por intensas fantasías no convencionales, ya que involucran a objetos o seres no humanos, a personas que no podrían constituir una pareja sexual (como los niños), sentimientos humillantes o dolorosos, etc. Estas fantasías se dan en forma repetida, llevando a la concreción de actos que las involucren y provocando un malestar personal y social, que puede afectar la vida laboral o de relación.

Álvaro Gonzales Fernández, advierte que esta *psiquiatrización* de la perversión está viciada en su método, porque son los médicos y abogados los que han hecho esta clasificación con el objeto de responder a los problemas médico-legales resultantes de los actos delictivos y criminales cometidos por los perversos. Dentro de esta lista médico-legal de las perversiones se distinguen:

Los escritos de los perversos

El estudio de las perversiones se aborda con mayor provecho a través de la lectura de las obras escritas por los mismos perversos y por aquellos que han sabido reconocer en ellos al prójimo.

---

[289] Gonzales Fernández, Álvaro *Desviaciones y Perversiones sexuales*, en: http://www.monografias.com/trabajos82/desviaciones-y-perversiones-sexuales/desviaciones-y-perversiones-sexuales2.shtml.

La estructura perversa

Al estudio de la perversión en sentido diacrónico desarrollado por - Freud - a partir de la hipótesis genética que lo conduce a considerar al niño como un "perverso polimorfo", se agrega más recientemente la contribución de - Lacan y sus alumnos - quienes han retomado la noción de perversión en términos de estructura, es decir en su dimensión sincrónica, en la articulación de las diferentes instancias psíquicas. En tal sentido, el perverso se caracteriza menos por sus prácticas sexuales (múltiples y contingentes, en realidad) que por una organización psíquica que no se limita a su vida exclusivamente erótica.

La relación del perverso con la Ley es particularmente significativa. Lejos de ignorarla producto de una supuesta debilidad del Súper-Yo, el perverso provoca y desafía la Ley. Así, él se asegura de su presencia y de que siempre se encuentre alguien que se la recuerde y lo sancione, lo que denunciará inmediatamente como abusivo. Pero si el perverso provoca e interroga, más allá del aparato legislativo de la sociedad, a aquél que es el soporte familiar de la Ley, el padre, es igualmente alguien preocupado por establecer los fundamentos mismos de la Ley y se convierte fácilmente en moralista.

En la estructura perversa ocupa un lugar eminente el placer, buscado, a veces de manera compulsiva, no sólo por sí mismo, sino sobre todo porque representa para el perverso una experiencia extrema, próxima a la angustia, que considera exenta del engaño y que constituye la verdadera realidad, una realidad más digna.

La perversión tiende así, en acuerdo con esta noción de estructura perversa, a desbordar el marco estrecho que le asignaba una nosología descriptiva[290] y designa un conjunto estructurado que no se limita a formas negativas y reprehensibles desde un punto de vista médico-legal, en particular las actividades estéticas.

---

[290] La nosología es la rama de la medicina cuyo objeto es describir, explicar, diferenciar y clasificar la amplia variedad de enfermedades y procesos patológicos existentes, entendiendo éstos como entidades clínico-semiológicas, generalmente independientes e identificables según criterios idóneos.

Las parafilias

Las parafilias[291] se definen como un patrón de conductas sexuales (desviadas o perversas) en la que la fuente predominante de placer sexual no se busca en la cópula heterosexual. Esta es una definición que se aceptó hasta hace algunos años, pero como a la homosexualidad se la definió como una *preferencia sexual* en lugar de una *parafilia*, dejó de estar vigente y no se la considera una parafilia, sino una cuestión social de género.

Actualmente las parafilias se entienden como las conductas sexuales eróticas *que no son comprendidas* por la mayoría de las personas. Así encontramos que hay parafilias que castiga la Sociedad como **delitos** y existen otras parafilias que, aunque no son aceptadas, tampoco se les considera un delito. Desde el punto de vista de la Psiquiatría y del Psicoanálisis las parafilias siguen siendo consideradas "**perversiones**". La religión igualmente las considera perversiones, por lo que siempre habrá una discusión sobre la moralidad de las orientaciones sexuales y las parafilias.

Tomando como referencia la primera definición encontramos que existen algunas parafilias que se pueden encontrar dentro de la sexualidad *normal* si se les practica esporádicamente o como juego amatorio que precede a la copula normal.

Las parafilias son un deseo incontrolable, impulsivo y compulsivo de realizar el acto o de fantasearlo. De hecho los individuos que la practican pueden parecer exteriormente tan normales como cualquier otra persona.

Si estos instintos parciales tienen fijaciones en la etapa pre genital (o regresiones), permanecerán como fuente dominante de gozo sexual en el adulto. Las tendencias para las parafilias *existen en cada persona en forma latente* y las causas por medio de las cuales se transforman en actos francos son dudosas. Las **causas** más comunes son la ansiedad de castración, conflictos de Edipo y otras anomalías del medio familiar durante la niñez. La mayoría de las parafilias son llevadas a cabo por varones, no quedando exentas las mujeres pero en mucho menor número, también se dice que hasta el 78 % de los casos hay alteraciones neuro psiquátricas en diferentes grados.

---

[291] Guio Saavedra, Omar Eduardo *Educación sexual para la familia*, en: http://educacionparalafamilia.jimdo.com/parafilias/

Parafilias delictivas

El estado legal de las parafilias delictivas[292] varía ampliamente de cultura en cultura y de país en país. Por ejemplo en Inglaterra y algunas ciudades de los Estados Unidos a la *homosexualidad* no se le considera un delito cuando esta se practica entre adultos que consientan a ello. En otros sitios, aunque no es aceptada ampliamente es tolerada.

La *paidofilia* (Atracción sexual de la persona adulta hacia niños de su mismo o de distinto sexo), *necrofilia* (Conducta sexual de la persona que tiene relaciones sexuales con cadáveres humanos) se considera una perversión o una desviación sexual); *frouterismo* (parafilia consistente en la excitación erótica mediante el rozamiento del órgano genital con el cuerpo de otra persona sin su consentimiento) y el *exhibicionismo* (Tendencia patológica a mostrar los propios órganos genitales en público) y otras parafilias son consideradas como *delitos menores* y en ocasiones como *faltas* administrativas por la ley.

Otras parafilias no son penadas mientras no afecten a terceras personas, siempre y cuando la pareja este de acuerdo, por ejemplo: *fetichismo* (excitación erótica o la facilitación y el logro del orgasmo a través de un objeto fetiche), *urofilia* (parafilia en la cual la persona asocia la excitación sexual con la orina) y otras más.

Las parafilias siempre han existido desde que se tiene historia. Pero han surgido otras parafilias o sea han ido trasformando debido a los cambios que hay en las sociedades, así encontramos que cuando apareció el teléfono surgió una nueva parafilia, que es el realizar *llamadas obscenas*, (escatología telefónica[293]) lo mismo sucede con la computadora y otros medios.

---

[292] Carballal, Manuel. "*Las parafilias como factor criminógeno*" en http://manuelcarballal.blogspot.pe/2007/03/las-parafilias-como-factor-crimingeno.html.

[293] "Escatología" telefónica. Llamadas telefónicas obscenas como forma de obtener excitación sexual, el portador, varón o mujer, utiliza una serie de recursos vinculados con la erotización del sentido del oído y de la fonación, por la que todo el lenguaje verbal está comprometido, así, el contenido de los mensajes puede revelar procacidad oral, ser coprolálicas en el sentido de utilización de malas palabras, frases sexualmente excitantes o la emisión vocal de sonidos como gemidos, rugidos rítmicos y gritos imitando el orgasmo.

Por otra parte las relaciones sexuales con animales (zoofilia) son prácticas realizadas como un inicio de la vida sexual en personas del campo y no son consideradas como algo malo, en cambio en personas que viven en las ciudades, esta actividad puede considerarse como una enfermedad mental. Se han tipificado 138 parafilias, y cada vez hay más.

Paidofilia (pedofilia). Es el deseo o gusto por tener relaciones sexuales con menores de edad (niños o niñas). Los paidofílicos son personas que pueden tener familia, abusando también de ella, lo que es más común es que sea un homosexual. Los paidofílicos no tienen la capacidad para cortejar o relacionarse con mujeres por ser sumamente inseguros, y sus disfunciones eréctiles parciales, son sumamente comunes. Las relaciones paidofílicas pueden ser desde tocamientos hasta la penetración vaginal o anal, en algunas ocasiones asesinan a sus víctimas para evitar el ser descubiertos. Esta parafilia se caracteriza más que por la excitación sexual, por el uso y abuso del poder.

Necrofilia.- Se define como la obtención del placer sexual con cadáveres, generalmente por medio de la cópula con o sin mutilación subsiguiente. Es una desviación rara. Esta parafilia es castigada por la ley. Los necrofílicos profanan tumbas, entran al servicio forense o bien asesinan a sus víctimas para posteriormente violarlas, cuando esto sucede se constituye como una forma extrema de sadismo, siendo el objeto sexual un fetiche. Si el cadáver es violado directamente eso implica que un trastorno muy profundo de la personalidad, por regla una psicosis. Aunque el necrofílico presenta escaso interés en las mujeres vivas, algunos pueden realizar el coito si la mujer permanece totalmente quieta, como si estuviera muerta.

Exhibicionismo (violadores a distancia). El exhibicionismo es una parafilia común que se describe como una exposición deliberada y compulsiva de los genitales en público, siempre por un varón como medio para alcanzar la satisfacción sexual. Las mujeres por lo general obtienen más placer al exhibir otras partes de su cuerpo. En esta parafilia la satisfacción sexual se alcanza por medio de la masturbación posterior a la exhibición. Al sujeto exhibicionista, lo que le excita es la reacción de la víctima que puede ser de sorpresa, asombro o miedo. La teoría psicoanalítica sostiene que el exhibicionismo es utilizado como la negación de la ansiedad de castración. El hombre busca tranquilizarse con la reacción de la audiencia femenina (a menudo niñas) de que él si tiene un pene y de que le temen debido a él. Cuando el exhibicionismo se presenta en la pre adolescencia (es común) no es una perversión. Los exhibicionistas son por lo general hombres con personalidad inadecuada y tendencia sádica y sadomasoquistas. Ellos por lo general tienden a regresar al lugar de los hechos y por tanto son aprehendido y castigado por la ley.

§ *Rituales nocivos*

Así como hay parafilias delictivas, hay también rituales nocivos o perversos. No me refiero ahora a los rituales sexuales sino a rituales religiosos como los sacrificios religiosos, iniciaciones mistéricas, exorcismos que bordean el delito.

Rito y ritual

Para empezar veamos qué es un rito y su diferencia con los rituales El **rito** es un acto religioso o ceremonial *repetido* invariablemente en cada comunidad cultural. Los ritos son las celebraciones de los mitos o creencias; por tanto, no se pueden entender separadamente de ellos. Como dice Ricardo Serna, "el rito es la senda por donde avanza la ceremonia; y el ritual, los diferentes pasos que el caminante da para avanzar por ella. Dicho de otro modo, el rito sería el camino y el ritual el modo y manera de recorrerlo"[294]. El rito de la pascua es la celebración del éxodo o la liberación de la esclavitud, o el rito del bautismo que celebra el paso de la muerte a la resurrección del nacido de nuevo. Los ritos tienen un carácter simbólico y expresan como un drama litúrgico el contenido de los mitos.

Los **rituales** son una serie de acciones, realizadas principalmente por su valor simbólico. Son acciones que están basadas en alguna creencia, ya sea una religión, una ideología política, un acto deportivo, las tradiciones, los recuerdos o la memoria histórica de una comunidad, etc.

Los rituales se realizan por diversas razones, tales como la adoración de un dios (lo que correspondería un ritual religioso), un festejo nacional (como la independencia de un país), la muerte de un miembro de la comunidad (como un entierro).

---

[294] Serna, Ricardo "Sobre ritos y rituales", en: http://www.ellibrepensador.com/2012/03/01/sobre-ritos-y-rituales/.

La celebración de los ritos (rituales) puede consistir en fiestas y ceremonias, de carácter más o menos solemne, según pautas que establece la tradición o la autoridad religiosa o de la organización correspondiente. También sirve para ritos humanos como sacrificios con gallinas de algunos cultos religiosos como en el umbanda.

> *Los rituales responden a la necesidad de realizar o reforzar alguna creencia*

Es necesario diferenciar entre un ritual y una **acción cotidiana** que se repite desde hace mucho tiempo, por ejemplo: luego de levantarse por la mañana abrir las ventanas. Los rituales son conjuntos de acciones que están relacionados a creencias, por lo tanto, son acciones especiales, diferentes a las ordinarias, aun cuando se puedan practicar a diario. Los rituales responden a la necesidad de realizar o reforzar alguna creencia, en el caso de los religiosos por ejemplo para pedirle a un dios mejores cosechas y caza abundante, etc.; o responden a una costumbre como las cotidianas. Hay una variedad de ritos y éstos se pueden clasificar de la siguiente manera.

Tipología de los ritos

- **Ritos de purificación,** que se celebran por medio del agua: por ejemplo, los baños rituales y los bautismos. Lavan al individuo de su culpa y lo hacen digno ante la divinidad correspondiente.
- **Ritos de sangre:** que consisten en el derramamiento de sangre: por ejemplo, la circuncisión con fines religiosos o los sacrificios religiosos.
- **Ritos de tránsito o de paso:** se dan en momentos clave de la vida de una persona (nacimiento, pubertad, matrimonio, muerte); son específicos para cada comunidad y cultura.
- **Ritos funerarios:** relacionados con la muerte y el paso a la otra vida.
- **Ritos de iniciación:** relativos a la introducción a los misterios o prácticas secretas de religiones o de otras organizaciones similares (véase masonería, por ejemplo).
- **Ritos relativos a fenómenos naturales:** la primavera, la siembra, la cosecha, las tempestades.

- **Ritos de exorcismos:** para sacar los malos espíritus o demonios de algún lugar o de alguna persona.
- **Ritos de consagración:** de personas (reyes, sacerdotes) o de lugares (templos).
- **Ritos de conmemoración:** en recuerdo de acontecimientos, instituciones, hechos fundacionales.
- **Ritos de acción de gracias:** por las cosechas, por salir de una enfermedad grave, por haber sido salvado de un peligro.
- **Ritos de expiación:** para pedir el perdón divino[295].

Bien, ahora queda más o menos claro que es un rito y qué son los rituales, vayamos a nuestro asunto pastoral referido a los ritos nocivos.

Muchas de *ritos nocivos* están relacionados mayormente con la violencia contra niños y mujeres y están basados en la *tradición, la cultura, la religión o la superstición*. Estos ritos nocivos son cometidos y tolerados activamente por los padres del niño o por otros adultos dentro su comunidad, o con el consentimiento implícito o explícito de los progenitores. Se trata de discriminación flagrante e ilegal contra grupos de niños, incluido la *discriminación* de género y, en especial, la discriminación contra los niños con discapacidad. Incluyen la *violencia física extrema y el dolor* que, en muchos casos de forma intencionada, causa la muerte o una lesión grave. En otros casos se trata de maltrato psicológico. A menudo se cometen contra infantes, los cuales obviamente no tienen la capacidad de otorgar o denegar el consentimiento ellos mismos. Todas suponen un ataque a la dignidad humana de los niños y violan las normas internacionales de derechos humanos aceptadas universalmente.

Entre esos ritos, la Red Internacional de Derechos de los Niños (*Child Rights International Network*, CRIN, por sus siglas en inglés) enlista una serie impresionante de rituales nocivos, algunos de estos se dan en el marco de las religiones y otras en la sociedad secular.

> Agresiones con ácido; Vendar a recién nacidos y niños; Supersticiones sobre los bebés; Sangrías; Aplanamiento de senos; Circun-

---

[295] https://es.wikipedia.org/wiki/Rito.

cisión masculina; Castigo físico; Mutilación cosmética; Maldiciones; Dote y precio de las novias; Incisiones en el párpado; Mutilación genital femenina (ablación); Tabúes alimentarios (comidas asquerosas); Restricción o privación de alimentos (ayunos largos); Alimentación forzada; Ritos de iniciación de bandas; Crímenes de "honor"; Ritos de iniciación; Matrimonio infantil; Matrimonio por secuestro o violación; Matrimonios de intercambio; Rechazo de intervenciones médicas que salvan vidas; Aislamiento durante la menstruación; Extracción de órganos; Violaciones correctivas; Asesinato ritual; Abortos selectivos en función del sexo e infanticidio femenino; Asignación de sexo a niños intersexuales; Castigos prescritos por la ley Sharía[296]; Esclavitud infantil tradicional; Esclavitud sexual ritual; Esterilización de niños discapacitados o pertenecientes a minorías; Quemaduras con material de cocina; Extracción de los dientes de leche; Mutilación de la úvula; Mitos sobre la virginidad; Control de virginidad; Brujería [297].

¿Hay rituales nocivos en las iglesias pentecostales? Definitivamente sí. Por ejemplo, supuestos casos de liberación de endemoniados donde al no salir el "demonio" han comenzado a golpear con la Biblia a la víctima causándole lesiones graves y a veces la muerte. A esto se les puede sumar el maltrato psicológico o marginación a creyentes separados o divorciados que por alguna razón no llegan a casarse. El mandato o insinuación de algunos líderes pentecostales de hacer ayunos prolongados (ayunos de 40 días o más) sin la debida preparación, ha causado en algunos casos enfermedades o trastornos emocionales.

Se han dado casos también de presumibles violaciones de señoritas vírgenes como parte de rituales de iniciación, incluso con la venia de los padres como se denunció en el caso de la iglesia *La Luz del Mundo* en México

---

[296] Constituye un código detallado de conducta de Derecho islámico en el que se incluyen también las normas relativas a los modos del culto, los criterios de la moral y de la vida, las cosas permitidas o prohibidas, las reglas separadoras entre el bien y el mal. Sin embargo, su identificación con la religión es matizable: aunque está en el Islam, no es un dogma ni algo indiscutible.
[297] CRIN, "*Prácticas nocivas basadas en la Tradición, la cultura, la religión o la superstición*", https://www.crin.org/es/biblioteca/publicaciones/practicas-nocivas-basadas-en-la-tradicion-la-cultura-la-religion-o-la.

alegando un "derecho patriarcal" o el antiguo "derecho de pernada"[298]. Con relación a este caso, que podría ser emblemático de algunos líderes pentecostales, la Dra. Sylvia Marcos refiere:

> Las niñas empiezan por ser llevadas a dar masajes al Siervo de Dios. Otras veces tienen que bañarlo. Son inducidas por mujeres mayores que las conminan a "darle lo de más valor que tienen", esto es, su virginidad. Esto, les aseguran, será un gran honor para ellas. El hecho de que tales prácticas formen parte integral del culto, habla del servilismo con que la feligresía acata las fantasías de su Apóstol y máximo líder[299].

Si bien alguien podría argüir que estos casos se dan en las "sectas" y no en las iglesias, hay que reconocer que en el ambiente evangélico se sabe de casos similares, pero se los guarda en estricta reserva por miedo al mal testimonio ante el público.

Ciertos otros rituales evangélicos están relacionados con costumbres ancestrales propias de la tradición cultural de nuestros pueblos.

La solución a estas prácticas o rituales nocivos pasa necesariamente por la denuncia ante las autoridades. No obstante, será necesario una pastoral de acompañamiento a las víctimas de estos líderes abusadores, así como la toma de conciencia por medio de la educación para padres acerca de la nocividad de estos ritos. Para decirlo en lenguaje pentecostal, tales prácticas son demoníacas y necesitan ser expulsadas de nuestras congregaciones en el Nombre del Señor.

---

[298] Presunto derecho que otorgaba a los señores feudales la potestad de mantener relaciones sexuales con cualquier doncella, sierva de su feudo, que fuera a contraer matrimonio con uno de sus siervos.
[299] Marcos, Sylvia "*La Luz del Mundo: El abuso sexual como rito de iniciación*", en Masferrer, Elio *et.al. Ritos y Creencias del Nuevo Milenio*. México: *Revista Académica para el Estudio de las Religiones Tomo III*, 2000: 207-210. Cf. También: Mascareñas, Cesar - Mascareñas, Jorge "*Un Estudio Psicoanalítico sobre la Relación Líder-Feligresía en la Iglesia La Luz del Mundo*", *Revista Académica para el Estudio de las Religiones* México: Publicaciones para el Estudio Científico de las Religiones. 1997, Tomo I: 85-122; Marco, Lara "*Droga, Sexo y Crimen en Entrañas de la Secta; Samuel Joaquín, el apóstol*" El Universal, Primera Plana, 20 mayo 1997.

Como estos rituales se dan en el interior de las organizaciones religiosas, muchas veces no salen a la luz porque el cuerpo de líderes inmediatos los encubre.

Los llamados a prestar ayuda serán los mismos miembros que han llegado a tomar conciencia de la gravedad y se atrevan a corregir o a denunciar. Esto supone todo un trabajo de *desmitificación* del supuesto carisma divino del líder principal.

§ *Violencia religiosa y abuso de poder*

El abuso religioso es el maltrato infligido a los feligreses y extraños tomando como excusa la religión. Incluye el acoso o la humillación, a menudo con el resultado de un trauma psicológico. Entre los casos de abusos religiosos destaca el abuso de una posición del clero, como ha sucedido en los casos de abuso sexual cometidos por miembros de la Iglesia católica y en las iglesias protestantes y pentecostales.

Usando o valiéndose del supuesto poder divino reconocido por los feligreses, algunos líderes religiosos abusan de su poder. El abuso religioso es la manipulación psicológica y el daño infligido a una persona utilizando la enseñanza de doctrinas de la religión que ella practique. Esta manipulación la perpetran por lo general miembros de la misma fe o similar, e incluye el uso de una posición de autoridad sobre la víctima dentro de esa religión[300].

La violencia religiosa se dirige habitualmente contra niños y adultos vulnerables, y las motivaciones tras este abuso varían, pero pueden ser tanto bien intencionadas como maliciosas. La manipulación se produce cuando un individuo o grupo de individuos ejerce una tentativa de toma de control del comportamiento de una persona o de un grupo, utilizando técni-

---

[300] León, Jorge A. *Estructuras y rasgos psicopatológicos en la comunidad eclesial*, en: Revista *Teología y cultura*, año 2, vol. 3 (agosto 2005): 1-10. En ese artículo el Dr. Jorge león recomienda dos obras en esta dirección que vale la pena considerar: Lövas, E. *Dictadores espirituales, El abuso de poder en la Iglesia*, Barcelona: Libros CLIE, 1981; y Johson, D. y Van Vonderen, J. *El poder sutil del abuso espiritual: Cómo conocer la manipulación y falsa autoridad espiritual que hay dentro de la iglesia y escapar de ellas*. Miami: Editorial Unilit, 1995.

cas de persuasión o de sugestión mental, en busca de eliminar las capacidades críticas o de autocrítica de la persona, esto es, su capacidad de juzgar o de rehusar informaciones u órdenes.

De acuerdo a especialistas como Keith T. Wright[301], los abusos religiosos bienintencionados pueden tener consecuencias psicológicas a largo plazo. Causar un intenso miedo a la víctima puede inducirle a desarrollar una fobia específica sobre el tema contra el que le previnieron o una depresión prolongada, y es posible que acabe sufriendo un tenaz sentimiento de vergüenza que persiste incluso cuando crece o deja la iglesia. También puede manipularse a la víctima para que evite acciones beneficiosas (como tratamientos médicos) o para que tenga un comportamiento dañino.

Una de las formas de violencia religiosa es la generada contra los infieles en la evangelización. En las iglesias pentecostales se realizaron muchas conversiones insuflándole miedo a la gente si no aceptaba a Cristo. Ese día podía morir y quedar inmediatamente destinado a la muerte eterna. Otra fue la violencia apocalíptica expresada en la idea del regreso de Cristo. La doctrina de la inminencia del reino ("Hoy por la noche Cristo puede volver") predicada durante años, puede haber generado en la población pentecostal un sentimiento de inseguridad o una psicosis que luego repercutiría drásticamente sobre los feligreses.

Otra forma de violencia religiosa es la de pastores pentecostales contra sus líderes y feligreses, especialmente a los más cercanos que se vuelven incondicionales y que muchas veces, conociendo de estos males los ocultan. Ya sea por el embellecimiento de la ideología religiosa o por conveniencia de mantenerse en el puesto.

Se ejerce violencia religiosa también al manipular los textos bíblicos en la predicación o en la enseñanza, distorsionando su sentido para sustentar ideas preconcebidas.

La mayoría de las veces las mujeres y los niños constituyen la población más vulnerable a la violencia pastoral. Como bien señala Valeria Cristina Vilhena, "hay una relación muy estrecha entre género, violencia doméstica y religión"[302]. Ella denuncia entre otras cosas la *misoginia* o aversión contra la mujer y todo lo que venga de ella pues se la concibe, desde la antigüedad

---

[301] Wright, Keith T. *Religious Abuse: A Pastor Explores the Many Ways Religion Can Hurt As Well As Heal.* Kelowna, B.C: Northstone Publishing. 2001.
[302] Cristina Vilhena, Valeria. *Uma Igreja sem Voz. Análise de Gênero da violência doméstica entre Mulheres Evangélicas.* Brasil: Fonte Editorial, 2011: 73-128.

como bella, pero portadora del mal (mito de la mancha). Se trata de la imposición de las *masculinidades* que con la modernidad han entrado en crisis. En tal sentido la religión, pese a que ha sido manipulada, bien llevada puede contribuir a una equidad de género para superar todo tipo de violencia. Muchas veces "las mujeres evangélicas (agredidas física y moralmente por los cónyuges) creen que su condición femenina dependiente es un postulado religioso o una prueba y se someten a verdaderas torturas en nombre de su fe", dice Ingrid Hotte Ambrogi, la presentadora del libro de Cristina[303].

De otra parte, muchas iglesias tienen una estructura organizacional piramidal y sus líderes las dirigen en el marco de un esquema autoritario. Ronald Enroth, en su libro *Iglesias que abusan* (Churches That Abuse), identifica cinco categorías de abuso de poder:

> **Autoridad y poder** – Los grupos abusivos distorsionan el concepto de autoridad espiritual. El abuso surge cuando los líderes de un grupo se arrogan poder y autoridad que no van acompañados de la obligación de rendir cuentas, y niegan la capacidad de discutir o cuestionar las decisiones que toman. Esta característica implica pasar del respeto general por el que ostenta un cargo a la sumisión leal de los miembros sin derecho alguno a disentir.
>
> **Manipulación y control** – Los grupos abusivos se caracterizan por dinámicas sociales en las que se utilizan rutinariamente el miedo, la culpa y las amenazas para producir una obediencia incondicional y la conformidad del grupo, y se realizan severas pruebas de lealtad hacia los líderes ante todo el grupo. Los conceptos bíblicos de las relaciones entre líder y discípulo tienden a convertirse en una jerarquía en la que las decisiones del líder usurpan y controlan el derecho o la capacidad de discípulo para tomar decisiones en temas espirituales e incluso en rutinas diarias, como el tipo de empleo, dieta o ropa que se permiten.
>
> **Elitismo y persecución** – Los grupos abusivos se definen como únicos, y tienen una fuerte tendencia organizativa a separarse de otros organismos e instituciones. El dinamismo social del grupo

---

[303] Ibíd: 11.

implica ser independiente o aislarse, disminuyendo las posibilidades de corrección o reflexión interna. Se rechazan las críticas y evaluaciones externas, considerándolas intentos perturbadores de gente malvada que desea estorbar o hacer daño.

Estilo de vida y experiencia – Los grupos abusivos alimentan una rigidez de comportamiento y de creencias que exige una conformidad inquebrantable con los ideales y las costumbres sociales del grupo.

Disidencia y disciplina – Los grupos abusivos tienden a suprimir cualquier tipo de desafío y disidencia sobre las decisiones tomadas por los líderes. Algunas de las acciones disciplinarias son: humillaciones emocionales y físicas, privaciones y violencia física, castigos implacables y crueles[304].

§ *Adicciones y otros males del siglo XXI*

Se considera adicción a una enfermedad crónica y recurrente del cerebro que se caracteriza por una búsqueda patológica de la recompensa o alivio a través del uso de una sustancia u otras conductas. La adicción supone una incapacidad de controlar la conducta, dificultad para la abstinencia permanente, deseo imperioso de consumo, disminución del reconocimiento de los problemas significativos causados por la propia conducta y en las relaciones interpersonales, así como una respuesta emocional disfuncional[305].

La consecuencia es una disminución en la calidad de vida del afectado, problemas en el trabajo, en sus actividades académicas, en sus relaciones sociales y en sus relaciones familiares o de pareja.

---

[304] Enroth, Ronald. *Churches That Abuse*. Grand Rapids, Michigan: Zondervan Publishing House, 1992: 35-209
[305] Cf. "Definition of Addiction" en ASAM *Public Policy Statement on Treatment for Alcohol and Other Drug Addiction, Adopted*: May 01, 1980, Revised: January 01, 2010 citado por: http://www.asam.org/for-the-public/definition-of-addiction

La neurociencia[306] actualmente considera que la adicción a sustancias y a comportamientos comparten las mismas bases neurobiológicas. Además del consumo de sustancias psicoactivas, existen adicciones a procesos como la adicción *al sexo*, la adicción *al juego* (ludopatía), la adicción *a la pornografía*, la adicción *a la televisión*, al *deporte*, a las *nuevas tecnologías* (tecnofilia), *a la religión* (religo-dependencia) y a la *Internet*.

La adicción se caracteriza por la incapacidad de abstenerse sistemáticamente a aquello que nos cautiva y se caracteriza por un deterioro en el control del comportamiento; ansiedad o el aumento de "hambre" de drogas o experiencias gratificantes; necesidad de reconocimiento; disminución de problemas significativos con los comportamientos de uno y las relaciones interpersonales; y una respuesta emocional disfuncional.

En la actualidad gran parte de la población religiosa se ha sumergido en una serie de adicciones, anomalías de la conducta, desviaciones y aun aberraciones. La espiritualidad se ha vuelto dañina y su toxicidad ha degenerado en nuevas formas de esclavitud y dependencia.

En su libro *Intoxicados por la Fe*, Bernardo Stamateas menciona diez características de una fe toxica.

> 1. *Los miembros del sistema se jactan de tener habilidades, entendimiento y conocimiento; prueba todo esto de que están de posesión de la verdad.* Atacan a los demás por creer que son los únicos que se encuentran en el camino correcto. Citan las escrituras para motivar a los miembros, haciendo creer a los fieles que están sirviendo a Dios aunque en realidad están sirviendo a los intereses de sus líderes que se limitan a citar lo que les conviene. Los líderes tienen dones, revelación y autoridad y por lo tanto, nadie puede cuestionarles porque eso sería dudar de Dios. El líder o los líderes tienen un don especial que no tienen los demás miembros. En una iglesia sana, todos son iguales y especiales a los ojos de Dios.
> 2. *El líder es dictador y autoritario.* No hay diálogo.
> 3. *Existe un pensamiento de ser los perseguidos.* El mundo es malo, no somos como los del mundo. Atacan a los no-miembros y glorifican las actividades de su organización.

---

[306] La **neurociencia** es una disciplina que incluye muchas ciencias que se ocupan de estudiar, desde un punto de vista multidisciplinario, la estructura y la organización funcional del sistema nervioso, particularmente del Cerebro.

4. *Los sistemas tóxicos son de naturaleza punitiva.* Confiesan delante de otros sus pecados. Expulsan o censuran y castigan en otras maneras. Los miembros creen que es difícil seguir a Dios.

5. *En un sistema tóxico los adictos tienen que dar el máximo servicio.* Los miembros se gastan y no pueden pensar claramente; existe mucha inquietud. Cuando los líderes cometen errores buscan a un culpable para que ellos salgan siempre limpios.

6. *Por dentro de sí mismo se siente un vacío*, pero al exterior presentan cara de felicidad y de paz.

7. *La comunicación proviene de arriba hacia abajo y nunca desde la base.* No hay diálogo.

8. *Las reglas distorsionan el propósito de Dios.* En el lugar de Dios, las reglas refuerzan la adicción, no fortalecen la relación o la fe en Dios. Todos hablan de lo mismo, se visten de igual manera. No hay espacio para 1a individualidad. La fe consiste en reglas y más reglas.

9. *En un sistema de fe tóxica, los líderes no son responsables ante los demás.* Una persona que piensa que es solamente responsable para con Dios es una persona enferma.

10. *Categorizar a otros, generalizar, darles nombres, fabricar estereotipos para no hacer caso a sus creencias.* Generalizan, quitan la individualidad de la persona y desacreditan sus creencias[307].

El blog de Tork, medio en serio, medio en broma, describe una serie de síntomas que podrían ayudarnos a saber si somos **adictos a la religión** (religo-dependencia) como yo le llamo, o si nos mantenemos en un grado de equilibrio. Lea atentamente estas características y vea si a usted le pasa algo parecido.

1. Tu familia se queja de que siempre estás en la iglesia y nunca tienes tiempo para ellos.
2. Sientes mucha culpabilidad por faltar aún una sola vez al culto.

---

[307] Stamateas, Bernardo. *Fe Tóxica: El Entendimiento y La Superación de la Adicción a la Religión* en: http://campusministerial.org/diez-caracteristicas-de-un-sistema-de-fe-toxica (características tomadas de Bernardo Stamateas, *Intoxicados por la fe: Cómo ser libres de una religión tóxica y vivir una espiritualidad feliz*. Buenos Aires: Grijalbo, 2010: 111ss.

3. Sientes que Dios mira lo que haces y que si no haces bastante puede ser que te abandone y que no te bendiga.
4. Te encuentras que tienes poco tiempo para pasatiempos y placeres como antes porque sirves mucho en la iglesia.
5. Te han dicho que es difícil hablar contigo porque siempre estás citando la Biblia cuando conversas (la Biblia o algún libro religioso).
6. Estás dando dinero porque piensas que Dios te hará rico.
7. Has sido envuelto en una relación sexual con un ministro.
8. Es difícil que tomes una decisión sin consultar al ministro aún para asuntos pequeños. (no con el ministro, pero sí con el amigo ex-seminarista)
9. Ves a tu ministro como una persona que tiene más poder que otras personas.
10. Has hecho que tu fe te aísle de la familia y de los amigos.
11. Esperas que tu ministro arregle rápidamente los problemas de la vida.
12. Te sientes demasiado y sumamente culpable aún por los más pequeños errores.
13. ¿Has pensado que Dios quiere que te destruyas a ti mismo o a otros para ir a vivir con Él?
14. ¿Crees que Dios frecuentemente se comunica contigo en voz alta (en forma audible)?[308]
15. ¿Sientes que Dios está enojado contigo?
16. ¿Crees que todavía te van a estar castigando por algo que hiciste en tu niñez o juventud?
17. ¿Piensas que si trabajas un poco más duro Dios por fin te perdonará?
18. ¿Te ha comentado alguna vez alguien que tu pastor manipula tus pensamientos o tus sentimientos?[309]

---

[308] No tome en serio todo lo que se dice Tork. De verdad los pentecostales sí creemos que Dios habla audiblemente y no es locura ¿o sí?
[309] Tork *"Adicción a la religión" en: De razones y sinrazones. Estupidez disfrazada de raciocinio"*: http://bizcochodemontecristo.blogspot.pe/2008/01/adiccin-la-religin.html.

Todas estas situaciones son indicadores de lo que denominamos religo-dependencia. Confieso que los pentecostales tenemos una tendencia hacia la adicción religiosa, tal vez por nuestra tendencia santificacionista. La adicción puede aumentar gradualmente desde una condición básica, a una media o alta. Llega un momento en que el adicto a la religión está metido hasta el cuello en la "vida" religiosa que ya no tiene tiempo ni para sí mismo ni para su familia. Es capaz incluso de renunciar o abandonar a su familia (cónyuge, hijos) pensando que así sirve mejor a Dios.

Otros síntomas de adicción a la religión, según Tork son:

1. Pensar solamente en blanco y negro, sin matizar. La complejidad del mundo les sobrepasa.
2. Orar, ir a la iglesia, hablar de Dios, citar la Biblia obsesivamente. No poder dejar de hacerlo ni un día.
3. No hacer caso de las cosas que suceden en el mundo y alrededor; olvidar citas; no asistir ni a fiestas de la propia familia.
4. Pensar que el mundo y nuestros cuerpos son malos.
5. Rehusar pensar, dudar y preguntar.
6. Pensar que el sexo es sucio.
7. Ayunar demasiado o comer demasiado.
8. Siempre juzgar a todo el mundo o las cosas. Quejarse de todo porque no es bueno, porque no es de Dios.
9. Dar demasiado dinero a la iglesia que no está en proporción con la clase económica del adepto.
10. Control de la mente.
11. Aislamiento.
12. Actitudes de conflicto (choques) con las ciencias, hospitales, escuelas, etc.
13. Enfermarse físicamente. Ejemplos: dolores de la espalda, insomnio, dolores de cabeza, los nervios.
14. Recibir mensajes extraños de Dios o de los ángeles.
15. No comer hasta caer en una visión.
16. Cambios drásticos en la personalidad.
17. Miedos que no existen en la realidad. El círculo vicioso de la culpabilidad, el arrepentimiento y la vergüenza.

18. Problemas en la familia por todo esto[310].

En los últimos años han aparecido nuevas adicciones. Hay adictos al carisma profético. Adictos a las manifestaciones extraordinarias y psico pompas del Espíritu, adictos a los cultos espectaculares, adictos a las alabanzas y danzas hebreas, adictos a las cuestiones escatológicas o futurísticas, etc. Por el contrario, una fe o **una espiritualidad sana**, se caracteriza por:

1. Estar enfocada en el Dios soberano y en su presencia en la vida cotidiana.
2. Crece y madura. Supera etapas rudimentarias. Avanza en el conocimiento.
3. Respeta a los demás, aprecia sus talentos y reconoce debilidades.
4. Sirve libremente, sin miedo ni culpabilidad, ni compulsión.
5. Se auto valoriza.
6. Confía en otros.
7. No tiene miedo de abrirse, de compartir sus opiniones, de ser vulnerable
8. No está a la defensiva con los que piensan de diferente manera.
9. Vive su espiritualidad de manera individualizada y en comunidad
10. No es conformista.
11. Acepta sus limitaciones; no es perfeccionista.
12. Está orientada a relacionarse, no a una actuación ritualizada
13. Es equilibrada.
14. Tiene un Dios personal que gobierna el mundo, más allá de su propia religión y espiritualidad
15. No vive para la organización. Vive para Dios.
16. Vive el ministerio inter denominacionalmente y aún inter confesionalmente
17. Interpreta la Biblia devocionalmente y con base científica. No las contrapone.
18. Acepta y aprecia las preguntas y los desafíos a sus creencias.

---

[310] Tork "*Adicción a la religión*" en: *De razones y sinrazones. Estupidez disfrazada de raciocinio*": http://bizcochodemontecristo.blogspot.pe/2008/01/adiccin-la-religin.html.

19. No critica ni juzga a los demás ni a otras formas de espiritualidad[311].

De esto se trata precisamente, de vivir una vida equilibrada, pues la religión no lo es todo en la vida.

La religión es parte de la cultura, y nosotros la producimos. La vida es cultura, sociedad, economía, política, salud, ciencia, tecnología, familia, relaciones, amistad, etc. Hacer de una de ellas el centro y la totalidad excluyente, puede conducir a fanatismos o desviaciones psicológicas o anormalidades. Es necesario buscar siempre un equilibrio en todo.

---

[311] Cf. Modificado de Abels, Gilberto "*Comprendiendo la adicción*" (Lección 34. Adicción), en http://www.seminarioabierto.com/consejeria34.htm.

BIBLIOGRAFÍA

Fuentes escritas

Aimee, Thurlo. *Bad Faith*. Minotaur Books, 2004.

Albert, Pié. *Freud y la religión* Editorial Biblioteca Autores Cristianos, 1970.

Álvarez, Carmelo. *Santidad y Compromiso. El riesgo de vivir el evangelio*. México: CUPSA, 1985.

Anderson, Neil T. y Towns, Elmer L. *Ríos de Avivamiento*, Editorial Unilit. 1998.

Arana, Denis. *La restauración apostólica. La jugada Final.* Lima, Perú: 2002.

Archer, Kenneth J. *A Pentecostal Hermeneutic. Spirit, Scripture and Community*. Cleveland Tennesee USA: CPT Press, 2009.

Argyle, Michael. *La conducta religiosa*. (Biblioteca de Ciencia e Historia de las Religiones) Buenos Aires: Ed. Paidós, 1966.

Argyle, Michael. *New directions in psychology of religion*, en: L. B. Brown. (Ed.), *Advances in the psychology of religion*. Oxford, Reino Unido: Pergamon Press, 1985: 8-17.

Argyle, Michael. *Psychology and Religion. An introduction*. Londres: Routledge, 2000.

Arterburn, Stephen. *Toxic Faith*. Nashville Edit. 1991.

Audi, Robert *Religious Commitment and Secular Reason*, Cambridge Univ. Press, 2000

Audi, Robert. «The Separation of Church and State and the Obligations of Citizenship», *Philosophy and Public Affaires, vol. 18*, n.° 3, 1989:259-296

Batista Guerra, Israel. *El Espíritu Santo Sorprende a las Iglesias Pentecostales. Desafíos y dilemas para una agenda de misión en el siglo XXI*. Quito, Ecuador. SEMISUD, 2009.

Bellah, Robert N. (1967). «Civil Religion in America». *Journal of the American Academy of Arts and Sciences* 96 (1): 1–21.

Berger, Peter y Luckmann, Thomas. *La Construcción Social de la Realidad*. Buenos Aires, Amorrortu, 1968.

Berkhof, Luis. *Teología Sistemática*, Grand Rapids, USA: T.E.L.L., 1970.

Bernard, Lambert. *El Problema Ecuménico*. Madrid: Ediciones Guadarrama, 1963.

Blackaby, Henry. *Fresh Encounter*. B&H Publishing: Nashville, 2009.

Blomber, Craig L. *Ni pobreza ni Riquezas: Una teología bíblica de las posesiones materiales*. Terrasa: CLIE, 2002.

Boff, Clodovis. *Teología de lo Político. Sus mediaciones*. Salamanca: Sígueme, 1980.

Brandão, Carlos Rodrigues. *Os deuses do povo. Um estudo sobre a religião popular*. São Paulo: Brasiliense, 1980.

Brewster, Dan. *Los niños & la infancia en la Biblia*. Libro de trabajo | Edición revisada con Prólogo de Roy B. Zuck. Lima, Perú: Praise Inversiones S.A.C, 2012

Brewster, Dan. *Niñez, Iglesia y Misión*. Lima-Perú: Compassion International, 2011.

Bus, Theo. *El movimiento Ecuménico* La Paz: Editora Hisból, 1997.

Bustos R. Olga. "La formación del género: el impacto de la socialización a través de la educación", *Antología de la sexualidad humana*. I, Consejo Nacional de Población, México, 1994.

Campos, Bernardo - Amat y León, Oscar *Poder para Reinar: Modos y Motivaciones de Participación Política de los Evangélicos durante el primer gobierno del Ing. Alberto Fujimori"*. Lima, Perú: 1997.

Campos, Bernardo. *"¿Se vuelve Pentecostal América Latina?"* Publicado en un medio electrónico por la Agencia Latinoamericana y Caribeña de Comunicación – ALC.

Campos, Bernardo. *"El Culto Pentecostal, espacio para el Éxtasis"* en el capítulo 6 de mi libro *Experiencia del Espíritu. Claves para una interpretación del pentecostalismo*. Quito, Ecuador: CLAI, 2002: 77-89.

Campos, Bernardo. "Pentecostalismo y Unidad en América Latina. Aspectos teológicos" en Bernardo Campos-Luis Orellana (Editores) *Fuego que Une. Pentecostalismo y Unidad de la Iglesia. Documentos del Foro Pentecostal Latinoamericano y caribeño. Santiago de Chile 2012 y Bogotá Colombia 2013*. Lima-Perú: FPL, 2013.

Campos, Bernardo. *Campo Religioso y Campo Político: una aproximación al campo religioso protestante a partir de teoría de los campos de Bourdieu*. Lima, Perú: EPOS, 2000.

Campos, Bernardo. *De la Reforma Protestante a la Pentecostalidad de la Iglesia*. Quito, Ecuador: Ediciones CLAI, 1977.

Campos, Bernardo. *El Principio Pentecostalidad*. Santiago de Chile: CEEP Ediciones, 2016.

Campos, Bernardo. *Experiencia del Espíritu. Claves para una interpretación del pentecostalismo*. Quito, Ecuador: Ediciones CLAI, 2002.

Campos, Bernardo. *Hermenéutica do Espíritu*. Sao Paulo: Fonte Editorial (en prensa)

Campos, Bernardo. *Sacerdotes, Curanderos y Visionarios: Función y significación del Chamanismo en la Sierra de Piura de Ayabaca y Huancabamba*. Lima, Perú: Bassel Publicaciones, 2005.

Campos, Bernardo. *Visión de Reino: Apóstoles y Profetas en la historia del cristianismo. Apreciación Fenomenológica de un Movimiento de Restauración y Reforma*. Lima, Perú: Bassel Publishers, 2009

Cardoso Pereira, Nancy "*Pautas para una hermenéutica feminista de la liberación*", *RIBLA 25*,1996.

Carneiro Barbosa, Carlos Antonio. *O Deus Sensual. Psicología Simbólica & Religião: O mito de fausto e a representação social do sagrado na Religião de Mercado.* Sao Paulo, Brasil: Editora Reflexão, 2013.

Carroll, FL; SER Blouch; R.R Pidaparthi (2011). "Síntesis de haptenos mercapto-metanfetamina y su uso para la obtención de una mejor densidad de epítopo en metanfetamina vacunas conjugadas". *Diario de Química Médica (54)*: 5221-5228.

Carta Internacional de Derechos Humanos, Convenciones y pactos, ONU – Oficina del Alto Comisionado de las Naciones Unidas para los Derechos Humanos

Cartaya, Vasessa *La problemática del género en la política social: el caso de América Latina y el Caribe.* Guadalajara, Jalisco.1994.

Cassirer, Ernest. *Antropología filosófica,* México: FCE, 1987.

Cazés, Daniel. "La dimensión social del género. Posibilidades de vida para hombres y mujeres en el patriarcado", *Antología de la sexualidad humana I,* Consejo Nacional de Población, México, 1994: 335-388.

Cerny, EH; T. Cerny. "Las vacunas contra la nicotina" *Vacunas Humanas (5)*: en *Revista Vacunas.* 2012 13(4): 163-170.

Chan, Simon. *Pentecostal Theology and the Christian Spiritual Tradition JPTS* 21, Sheffield: Sheffield Academic Press, 2000: 31-32.

Chejter, Silvia. *Violencia de género y políticas públicas.* COVAC, México. 1994.

Chiquet,e Daniel y Orellana Luis (Eds) *Voces del Pentecostalismo Latinoamericano Vol IV,* Chile: RELEP, 2011.

Chris Jehle, Soong-Chan Rah, Brandon Wrencher. *CCDA Theological Journal,* Edition. Wipf and Stock Publishers, 2014.

CONAPO, *Antología de la sexualidad humana.* Tres tomos. Consejo Nacional de Población, México, 1994.

Conti, Cristina. *Hermenéutica Feminista. Alternativas*. Managua: Editorial Lascasiana, 2000.

Corprew-Boyd, Angela L. *Church Hurt: The Wounded Trying to Heal* Hardcover – July 10, 2008.

Cox, Harvey. *La Religión en la Ciudad Secular. Hacia una Teología Postmoderna*. Santander: Ed. Sal Terrae, 1984.

Cristina Vilhena, Valeria. *Uma Igreja sem Voz. Análise de Gênero da violência doméstica entre Mulheres Evangélicas*. Brasil: Fonte Editorial, 2011.

Cross y Livigstone, *Diccionario Oxford de la Iglesia cristiana*, Londres, 1974.

Dayton, Donald W. *Raíces Teológicas del pentecostalismo*. Buenos Aires. Ed. Nueva Creación-Grand Rapids y William B. Eerdmans Publishing Company, 1991

Dayton, Donald W. *Theological Roots of pentecostalism*. Grand Rapids, Francis Asbury Press of Zondervan Publishing House, 1987.

De Jesús, Manuel. *Latin Ecumenismo Mundial, Defensores de la verdad*, Guatemala, 1995.

De Santana, Julio y López, Mauricio. *Homo Oecumenicus*, en: Mauricio A. López, *Los Cristianos y el cambio social en la Argentina*, Mendoza, APE –FEC, 1989.

Declaración Universal de Derechos Humanos de la ONU – 1948.

Deiros, P. A. *La acción del Espíritu Santo en la Historia. Las Lluvias tempranas (años 100-550)*. USA: Ed. Caribe, 1998.

Deiros, Pablo A. y Mraida, Carlos *Latinoamérica en Llamas*. Miami: Caribe, 1994.

Delorme, Jean (Director) *El Ministerio y los Ministerios según el Nuevo Testamento*. Madrid: Eds. Cristiandad, 1974.

Desroche, Henri *Sociología y Religión*. Barcelona: Península, 1972.

DSM-V, *Diagnostic and Statistical Manual of Mental Disorders*. Fifth Edition, DSM-5tm Washington, DC- London, England: American Psychiatric Publishing, 2013.

Duffield, Guy P. y Van Cleave, Nathaniel M. *Fundamentos de Teología Pentecostal*. USA: LIFE Pacific College, 2da edición, 2002.

Dupont, Marc. *Toxic Churches*. Chosen Edit. 2004.

Durkheim, Émile. *El suicidio: un estudio sociológico*. México, Ediciones Coyoacán, 2000.

Durkheim, Émile. *La división social del trabajo*. Barcelona, Planeta-Agostini, 1933.

Durkheim, Émile. *Las formas elementales de la vida religiosa*. Madrid, Alianza Editorial, 1933.

Durkheim, Émile. *Las reglas del método sociológico*. México, Premiá Editores, 1987.

Elíade, Marcea. *Historia de las Creencias y de las Ideas religiosas*. 2 Vols. Madrid: Cristiandad, 1979.

Elíade, Marcea. *Tratado de Historia de las Religiones: Morfología y dialéctica de lo Sagrado*. Madrid: Cristiandad, 1980.

Ellacuría, Ignacio *Conversión de la Iglesia al Reino de Dios Para anunciarlo y realizarlo en la historia*. Santander: Ed. Sal Terrae, 1984.

Enroth, Ronald. *Churches That Abuse*. Grand Rapids, Michigan: Zondervan Publishing House, 1992

Entrevista al apóstol Herminio Zelada concedida el 16 de Mayo 2008.

Entrevista al Apóstol Samuel Arboleda concedida el 20 de abril del 2008.

Erikson, E. *Identidad, Juventud y Crisis*. Bs. Aires, Ed. Paidós, 1968

Farias Barrozo, Victor Breno. *Modernidade Religiosa. Memoria, Transmissão e emoção no pensamento de Danièle Hervoiu Léger*. Brasil: Fonte Editorial, 2014.

Fisichella, Rino. "Teología" en Dir. Pacomio; Luciano & Mancuso, Vito. *Diccionario Teológico Enciclopédico*. Estella (Navarra): Verbo Divino; 1996.

Floristán, Casiano. "En búsqueda de la teología práctica", en J. Bosch (ed.), *Panorama de la Teología Española*, Estella, 1999.

Font, Jordi. *Religión, Psicopatología y salud mental* (Argentina: Ed. Paidós, 1999.

Gálvez, Rigoberto. *Éxito según Dios. Leyes, Principios y Verdades que rigen el verdadero éxito*. Guatemala: Ediciones Fortaleza, 2012.

Gentile, Emilio: *Politics as Religion*. USA: Princeton University Press, 2006.

Gibellini, Rosino *La Teologia del siglo XX*. Santander: Editorial Sal Terrae, 1998.

Giobellina Brumana, Fernando. *El Cuerpo Sagrado: Acerca de los análisis de los fenómenos de posesión demoníaca*. Separatas de la Revista Española de Investigación Sociológicas N° 34 (abril-junio 1986): 161-193.

Gogin, Gina. *Presencia Religiosa en la Radio Limeña*. Lima, Perú: Fondo de Desarrollo Editorial de la Universidad de Lima, 1997.

Gómez, J Guerra. *Epíscopos y Presbíteros. Evolución semántica de los términos epíscopos-presbíteros desde Homero hasta el siglo segundo después de Jesucristo*. Burgos 1962.

González Bernal, Edith. "*La espiritualidad en la producción teológica de Gustavo Gutiérrez*" en, *Franciscanum*. Volumen N.o 151, enero-junio 2009: 275-309.

Gouvea Mendonça, Antonio. "Evolução historica e configuração atual do protestantismo no Brasil", en, A. G. Mendonça Prócoro Velasques Filho, *Introducao ao protestantismo no Brasil*. Sao Paulo, Brasil: Ediçoes Loyola, 1990: 11-59.

Gouvea Mendonça, Antonio. *Protestantes, Pentecostais & Ecuménicos. O Campo religioso e seus personagens*, Sao Bernardo do Campo, Umesp, 1997.

Gritsch, Eric W. *Toxic Spirituality*. Fortress Press, 2009.

Gutiérrez Sánchez, Tomás – Campos, Bernardo y Oshige Shiga, Fernando. *Evangélicos, Política y Sociedad (EPOS) Informe de Epos-Perú a la Consulta sobre Evangélicos y Política organizado por CEHILA Protestante*. Bs.As. 1998 (policopiado).

Gutiérrez, Gustavo. *Beber en su propio pozo. En el itinerario espiritual de un pueblo*. Lima: CEP, 1983.

Gutiérrez, Gustavo. *Teología de la liberación. Perspectivas* Salamanca: Ediciones Sígueme, 1975.

Habermas, Jürgen. "Religion in the Public Sphere", *European Journal of Philosophy*, 14:1, pp. 1-25.

Habermas, Jürgen. *Entre naturalismo y religión*, Barcelona, Paidós Ibérica, 2006.

Hinson, E. Glenn. "The significance of Glossolalia in the History of Christianity" en *Speaking in Tongues: Let´sTalk About It* (Hablar en lenguas. Hablemos de eso) Waco, Texas: Word Books, 1973.

Hocken, Peter. *Streams of Renewal: The Origins and Early Development of the Charismatic Movement in Great Britain* Exeter: Paternoster, 1986.

Hodge, Charles. *Systematic Theology,* II Vols. London and Edinburgh: Published By Thomas Nelson and Sons. New York: Charles Scribner and Co. 1982.

Hodge, Charles. *Teología Sistemática* II Vols. TERRASSA, Barcelona, España: Editorial CLIE, 1991.

Holland, Clifton. L. *Enciclopedia de Grupos Religiosos en Las Américas y la Península Ibérica: Religión en Guatemala*, Costa Rica: PROLADES, 210: 4 [Revisado 17.04 de 2014].

Hortelano, Antonio. *Teología de Bolsillo*. Madrid: Covarrubias; 1991.

Humer, Sigifrido. *Los Padres Apostólicos. Versión crítica del original griego con introducciones y notas*. Bs.As: Desclee de Brouwer, 1949.

Inhauser, Marcos R. y Maldonado, Jorge *et. al, Consolación y Vida. Hacia una pastoral de Consolación.* Quito, Ecuador: CLAI, 1988.

Jeremías, Joachin. *Teología del Nuevo Testamento I. La Predicación de Jesús.* Salamanca: Sígueme, 1974.

Jiménez Tabash, Yamil. *Dios quiere prosperarte.* Costa Rica: Ministerio Casa del banquete, 1997.

Johson, D. y Van Vonderen, J. *El poder sutil del abuso espiritual: Cómo conocer la manipulación y falsa autoridad espiritual que hay dentro de la iglesia y escapar de ellas.* Miami: Editorial Unilit, 1995.

Kittel, Gerhard (editor*). "apostolos"* (apóstol) y *"pempein"* y *"apostellein"* (enviar) en *A Igreja do Novo Testamento.* Sao Paulo: ASTE, 1965: 111-187.

Kittel, Gerhard "Pobreza", *Compendio del diccionario Teológico del Nuevo Testamento.* 946-950.

Klaus, Berger. *¿Qué es la espiritualidad Bíblica? Fuentes de la mística cristiana.* Santander: Sal Terrae, 2001.

Kraft, Charles. *Christianity with Power: Your World View and Your Experience With the Supernatural* Vine Books, Ann Arbor, MI, 1989.

Kung, Hans. *El Cristianismo: Esencia e historia.* Madrid: Trotta, 1997.

Kung, Hans. *La Iglesia.* Barcelona: Herder, 1968.

Kung, Hans. *La Iglesia.* Barcelona: Herder, 1968.

Kung, Hans. *¿Existe Dios?* Madrid: Editorial Trota, 2005.

Land, Steven J. *Espiritualidad Pentecostal: Una Pasión por el Reino.* Quito Ecuador: Editorial SEMISUD, 2009.

Land, Steven J. *Pentecostal Theology. A Passion for the Kingdom.* England: Shefield Academic Press, 1993.

Larousse, *Diccionario Manual de la Lengua Española Vox.* Larousse Editorial, S.L. © 2007.

León, Jorge A. *Estructuras y rasgos psicopatológicos en la comunidad eclesial*, en: Revista *Teología y Cultura*, año 2, vol. 3 (agosto 2005): 1-10.

Léon-Dufour, Xavier *Vocabulario de Teología Bíblica*. Barcelona: Ed. Herder, 1965: 473-75.

Levy-Bruhl, Lucien. *La Mentalidad Primitiva*. Buenos Aires: Eds. Leviatán.1957.

Lightfoot, J. B. "*Los Padres Apostólicos*" (5 vols., Londres, 1889-1890); edición abreviada, Lightfoot-Harmer, Londres, vol. De 1893.

López, Darío. *La Fiesta del Espíritu. Espiritualidad y celebración pentecostal.* Lima, Perú: Ediciones Puma, 2006.

Lövas, E. *Dictadores espirituales, El abuso de poder en la Iglesia*, Barcelona: Libros CLIE, 1981.

Lugo, Gamaliel. "Ética Social Pentecostal: Santidad Comprometida" en Carmelo Álvarez (editor), *Pentecostalismo y Liberación*. San José Costa Rica, 1992:101-122.

Lugo, Gamaliel. "Nuevo Orden Mundial, Globalización, y Deuda Externa" en Gamaliel Lugo (editor), *Jubileo La Fiesta del Espíritu. Identidad y Misión del Pentecostalismo Latinoamericano*. Maracaibo Venezuela-Quito, Ecuador: CLAI, 1999.

Luzuriaga, Lorenzo. *Historia de la educación y de la pedagogía* Buenos Aires: Losada, 1994.

Marco, Lara. "Droga, Sexo y Crimen en Entrañas de la Secta; Samuel Joaquín, el apóstol" *El Universal, Primera Plana*, 20 mayo 1997.

Marcos, Sylvia. "*La Luz del Mundo: El abuso sexual como rito de iniciación*", en Elio Masferrer *et.al. Ritos y Creencias del Nuevo Milenio. México: Revista Académica para el Estudio de las Religiones Tomo III*, 2000: 207-210.

Mardones, Luis. *El discurso religioso de la modernidad. Habermas y la Religión*, Barcelona: Anthropos, 1998.

Marshall, Teresa. *De prácticas y caminos, Salud Popular en América Latina*, CEAAL, 1989.

Martinez, Gaspar. *Confronting the Mystery of God: Political,* Liberation, and Public Theologies Continuum, 2001.

Marzal, Manuel. *La Transformación Religiosa Peruana.* Lima, Perú: PUCP Fondo Editorial, *1983.*

Mascareñas, Cesar - Mascareñas, Jorge. "*Un Estudio Psicoanalítico sobre la Relación Líder-Feligresía en la Iglesia La Luz del Mundo*", Revista Académica para el Estudio de las Religiones. México: Publicaciones para el Estudio Científico de las Religiones. 1997, Tomo I: 85-122.

Mateos, J., *Los «Doce» y otros seguidores de Jesús en el evangelio de Marcos.* Madrid, 1982.

Maza, Enrique (resumido por Miquel Suñol). *"La autoridad termina cuando se convierte en poder",* en: *Christus,* 41 n.° 490 (1976) 43-46.

McClymond, Michael. *Embodying the Spirit.* Johns Hopkins University Press: Baltimore, 2004.

Mehl, Roger. *Sociología del Protestantismo.* Madrid: Studivm. 1974.

Merino, Patricio. *Apuntes de antropología Teológica. Visión trinitaria y sistemática.* Manuscrito, s/f.

Metraux A. "Religion and Shamanism" en: *Handbook of South American Indians.* 5, Washington: Smithsonian Institution, 1949: 559-599.

Metraux A. *Le Voudou haitien.* Paris: Gallimard, 1958.

Míguez, Daniel. *Modernidad, posmodernidad y la transformación de los sectores medios y bajos en América Latina. Revista Ciencias Sociales* 10/2000: 56-68.

Moltmann, Jürgen. *O Caminho de Jesús Cristo* (trad. Ilson Kayser) Petrópolis: Vozes, 1993.

Motessi, Alberto H. "*Prologo*" a la Obra de Marcos Witt, *Enciende Una Luz.* Casa Creación, 2000.

Moulian Tesner, Rodrigo. *Poiesis numinosa de la música pentecostal*. Revista Musical Chilena, año LXVI, julio-diciembre, 2012, N° 218, pp. 38-55.

Mullian Tesner, Rodrigo, Izquierdo, Manuel, José y Valdes, Claudio. *Poiesis numinosa de la música pentecostal: Cantos de júbilo, gozo de avivamiento y danzas en el fuego del espíritu* publicado por *Revista Musical chilena*. vol.66 no.218 Santiago dic. 2012.

Mullian Tesner, Rodrigo. *Metamorfosis Ritual. Desde el Nguillatun al Culto Pentecostal. Teoría, historia y etnografía del cambio ritual en comunidades mapuche huilliche*. Talcahuano, Chile: Universidad Austral de Chile, 2012.

Munroe, Myles. *Redescubriendo el Reino. La antigua esperanza para nuestro mundo del siglo XXI*. USA: Paperback by Destiny Image Pubs. Apr 20, 2006.

Ocaña Flores, Martín. *Los Banqueros de Dios, Una aproximación evangélica a la Teología de la Prosperidad*. Ediciones Puma, Lima, 2002.

O'Connor, Edward Dennis. *The Pentecostal movement in the Catholic Church*. (7a. edición). Notre Dame, Indiana: Ave Maria Press.1974.

Olcese, Orlando; Moreno, Ramón; Ibarra, Francisco. «*The Guatemala Earthquake Disaster of 1976: A Review of its Effects and of the contribution of the United Nations family*» UNDP, Guatemala 1977.

Orellana, Luis y Campos, Bernardo (editores). *Ecumenismo del Espíritu: Pentecostalismo, Unidad y Misión*. Foro Pentecostal Latinoamericano-Foro Cristiano Mundial. Lima-Perú: 2012.

Pacomio, Luciano & Mancuso, Vito. "Teología" En: *Diccionario Teológico Enciclopédico*. Estella (Navarra): Verbo Divino; 1996.

Padilla, René. *El Debate Contemporáneo sobre la Biblia*. Barcelona: Ediciones Evangélicas Europeas, 1972. 139.

Pannenberg, Wolfhart *Teoría de la ciencia y teología*, Madrid: Libros Europa, 1981

Pannenberg, Wolfhart. *La revelación como historia*. Salamanca: Sígueme, 1977

Parra, A., "Ministerios laicales", en Ellacuría, I. y Sobrino, J. *Mysterium Liberationis. Conceptos Fundamentales de Teología de la Liberación*, II. Madrid 1990, 319-343.

Parsons, Talcott. *El sistema social*, 1951.

Parsons, Talcott. *La estructura de la acción social*, 1937.

Parsons, Talcott. *Sociedades: perspectivas evolucionistas y comparativas*, 1966.

Pearlman, Myer. *Teología Bíblica y Sistemática*. USA: Editorial Vida, Vigésima primera impresión, 1990.

Pérez Luño, Antonio Enrique. *Los derechos fundamentales*. Madrid: Tecnos, 1986.

Pié, Albert. *Freud y la religión*. España: Editorial Biblioteca Autores Cristianos, 1970.

Pinedo, Enrique (ed). *Niñez, Adolescencia y Misión Integral. Nuevos desafíos a la educación teológica en América Latina y El Caribe*. Bs. As: Ediciones Kairós, 2012.

Porcile, Teresa: *La mujer, espacio de salvación: misión de la mujer en la Iglesia, una perspectiva antropológica*. Montevideo: Trilce, 1991.

Pouillon, J."*Maladie et Médicin: le meme et/ou l´autre? Remarques Ethnologiques, Nouvelle Revue de Psychanalyse* Nro. 1, 1970: 77-98;

Preiswerk, Matthias. *Contrato Intercultural. Crisis y Refundación de la Educación Teológica*. La Paz, Bolivia: CLAI-Sinodal / Plural Editores, 2011.

Radford Ruether, Rosemary. *Mujer Nueva, Tierra nueva. La liberación del hombre y la mujer en un mundo renovado*. Buenos Aires, La Aurora, 1977.

Rahner, K. «Pastoraltheologie- ein Überblick», SW 19, 3-29; 6-7, citado por Alex Vigueras, *La teología práctica de Karl Rahner: Una teología pastoral en perspectiva escatológica*. En: *Teología y Vida*, Vol. LI Santiago de Chile, (2010), 445-476.

Ramírez, Eugenio. *Verdades y Mentiras sobre la Guerra Espiritual.* Chile: Ediciones Vida Nueva, 2009.

Rawls, John. «Una revisión de la idea de razón pública», en *El derecho de gentes y una revisión de la idea de razón pública*, Barcelona, Paidós. [1999]2001

Rawls, John. *El liberalismo político*, (trad. cast. de A. Doménech), Barcelona: Crítica. [1993] 1996.

Rediger, G. Loyd. *The toxic congregation* USA: Abingdon Press, 2007.

Reinhard, J. "*Shamanism and Spirit Possesion. The Definition Problem*" en Hitchcock, J.T. & Rex, L.J. Eds., *Spirit Possesion in the Nepal Himalayas.* Warminster: Arts & Phillips LTD. 1976.

Robeck, Jr. Cecil M. *Mission and the Issue of Proselytism*, en: *International Bulletin of Missionary Research*, January 1996: 1

Rodríguez Amenábar, Saúl Miguel. *Metapsicología y Hecho Religioso.* Buenos Aires. Ed. Universitaria, 1979.

Rodríguez Amenábar, Saúl. Miguel. *Psicología y religión.* El Salvador: Ediciones Universidad del Salvador, 1988.

Ropero, Alfonso – Hughes, Phipllip E. *Teología Bíblica del Avivamiento. Avívanos de nuevo.* Barcelona: Ed. CLIE, 1999.

Saá, Laura. "Identidad pentecostal en el Ecuador: Reflexiones en la primera década del siglo XXI" en Daniel Chiquete y Luis Orellana (Eds) *Voces del Pentecostalismo Latinoamericano Vol IV*, Chile: RELEP, 2011: 493-510.

Sakenfeld, Katharine Doob "Usos feministas de los materiales bíblicos", en M. Russell, Letty ed.: *Interpretación feminista de la Biblia.* Bilbao: Desclée de Brouwer, 1995.

Santos, Catalina. *Identidad de Género.* Lima, Perú, Proceso Kairós, 2005.

Scazzero, Peter. *Espiritualidad emocionalmente sana.* Miami, Fa. EE.UU: Ed. Vida, 2008.

Scazzero, Peter. *Iglesia emocionalmente sana.* Miami, Fa. EE.UU: Ed. Vida, 2009.

Schillebeeckx, Edward. *El ministerio eclesial. Los responsables en la comunidad cristiana.* Madrid, 1983.

Schillebeeckx, Edward. *La comunidad cristiana y sus ministerios: Concilium* 153 (1980) 395-438.

Schnackenburg, Rudolf. *Reino y Reinado de Dios. Estudio Bíblico-Teológico.* Madrid: Eds. FAX, 1965.

Schüssler Fiorenza, E. *Pero ella dijo. Prácticas feministas de la interpretación bíblica.* Madrid, Trotta, 1996.

Segura, Harold. *Las Niñas y los niños en los Propósitos de Dios. Aportes para un marco bíblico teológico sobre la Niñez.* Movimiento Cristiano "Juntos por la Niñez". Costa Rica, 2004.

Solivan, Samuel. *The Spirit, Pathos and Liberation. Toward an Hispanic Pentecostal Theology*, England: 1998.

Sperry Chafer, Lewis. *Teologia Sistematica* Tomos 1 y 2. España: Publicaciones Españolas, 1986.

Stamateas, Bernardo *Intoxicados por la fe: Cómo ser libres de una religión tóxica y vivir una espiritualidad feliz.* Buenos Aires: Grijalbo, 2010

Stark, Rodney. *The Rise of Christianity: A Sociologist Reconsiders.* Princeton University Press. 1996.

Stephen Arterburn y Jack Felton. *Fauh that hurts, Failh chat heals* Editorial Thomas Nelson, 1993.

Stoll, David *"Estimate of Evangelical Growth in Select Latin American Countries"* in: Is Latin American Turning Protestant? Berkeley: University of California Press. 1990.

Tancara, Juan Jacobo. *Teología Pentecostal. Propuesta desde comunidades pentecostales de la ciudad de El Alto.* La Paz: ISEAT & Palabra comprometida ediciones, 2005.

Tanza, Rosita. *Toxic Religion* CreareSpace Edit. 2008.

Tillich, Paul. *La Era Protestante*. Bs. As: Paidós, 1965: 245-246.

Tillich, Paul. *Teología Sistemática I*, Salamanca: Sígueme, 1981.

Tillich, Paul. *Teología Sistemática II*, Salamanca: Sígueme 1982.

Tillich, Paul. *Teología Sistemática*. Vol. III. Salamanca: Sígueme, 1984.

Torres Serrano, Juan Manuel. *El método de correlación en la teología práctica: fundamentos, objetivos, intereses y límites*. Theol. Xave. v.61 n.171 Bogotá ene./jun. 2011.

Turner, Víctor W., *El proceso ritual. Estructura y antiestructura*. España, Taurus, 1988 (Original en inglés The Ritual Process. Structure and Anti-Structure, 1969.

Vallier, Ivan *Catolicismo, Control Social y Modernización en América Latina*. Argentina: Amorrortu editores, 1970.

Van Gennep, Arnold. *Los ritos de paso*. España, Taurus, 1986 (Original en francés: Les rites de passage, 1909.

Vazeilles, Daniéle. *Los chamanes, señores del universo. Persistencia y exportaciones del chamanismo*. España: Desclée De Brouwer.1995.

Venables, Gregorio. et. al. *Fe y Prosperidad: Reflexiones sobre la teología de la prosperidad*. Editorial Lámpara, La Paz, Bolivia, 1999.

Villafañe, Edwin. *El Espíritu Liberador. Hacia una Ética Social Pentecostal Latinoamericana*. Buenos Aires-Grand Rapids: Nueva Creación-William B. Eerdmans Publishing Company, 1996.

Vine, W.E., *Diccionario Expositivo de Palabras del Antiguo y del Nuevo Testamento Exhaustivo*, Nashville: Editorial Caribe, 2000.

Vocci, F. Acri, J.- Elkashef, J. A. *Un desarrollo de medicamentos para los trastornos adictivos: El estado de la ciencia*. American Journal of Psychiatry (162): 2005: 1431-1440.

Von Balthasar, Hans. Urs *Antiguo Testamento* (Gloria 6). Editorial Encuentro, 1997.

Weber, Max. *Economía y Sociedad. Esbozo de sociología comprensiva.* México: FCE, (1922) 2012.

Weedon, William S. "Metafísica" En: Dir. Runes, Dagoberto. *Diccionario de Filosofía.* México: Grijalbo, 1981.

Wight, Fred H. *Usos y Costumbres de las Tierras Bíblicas.* Editorial Portavoz, 1961.

Wollensack, Peter. *Descubriendo Su ADN Espiritual. ¡Los dones que Dios le ha dado y están dentro de usted, existen con un propósito!* Estados Unidos de América: Harvest Equippers. 2014.

Wright, Keith T. *Religious Abuse: A Pastor Explores the Many Ways Religion Can Hurt As Well As Heal.* Kelowna, B.C: Northstone Publishing. 2001.

Wright. D. F. "Teología". En: Dir. Ferguson, Sinclair; Wrigth, David & Packer, J.I. *Nuevo Diccionario de Teología.* El Paso, Texas: Casa Bautista de Publicaciones, 1992.

Wynarczyk, Hilario. *Ciudadanos de dos mundos. El Movimiento evangélico en la vida pública argentina 1980-2001.* Bs. As.: UNSAM Edita, 2009.

Zaldivar, Raúl. *Teología Sistemática: Desde una Perspectiva Latinoamericana.* Barcelona, España: Ed. CLIE, 2006.

Fuentes digitales

"*Apologética*" en: http://apologetica.org

"avivamiento" en: www.avivamiento.com

"*cristianismo primitivo*" en: http://www.cristianismo-primitivo.org/ y

"*Derechos Humanos*" en http://es.wikipedia.org/wiki/Derechos_humanos

"*Música*" en http://es.wikipedia.org/wiki/Música

"*Pedagogía*" *Etimología de la palabra pedagogía* en: http://pedagogia.mx/concepto/

"*Pobreza*" http://mercaba.org/DicTB/P/pobreza.htm

"*Primeros cristianos*" en: http://www. primeroscristianos.com/

"*Psicología*" en http://es.wikipedia.org/wiki/Psicología

"*Retórica*" en Wikipedia: http://es.wikipedia.org/wiki/Retórica

"*Rito*" en: https://es.wikipedia.org/wiki/Rito

"*Teología Práctica*" en: Wikipedia. https://es.wikipedia.org/wiki/TeologiaPractica

"*Trabajo Social Aprobado por la Asamblea de la FITS*", Montréal, Canada, en Julio de 2000 citado por http://es.wikipedia.org/wiki/Trabajo_social

"*Trabajo Social*" en Wikipedia: https://es.wikipedia.org/wiki/Trabajo_social

Abels, Gilberto "*Velatorios*", en: http://www.seminarioabierto.com/ [Descargado el 12.12.14]

Abels, Gilberto "*Administración Pastoral*" Seminario Reina Valera On line en: http://www.seminarioabierto.com/admin00.htm

Abels, Gilberto "*Comprendiendo la adicción*" (Lección 34. Adicción) en http://www.seminarioabierto.com/consejeria34.htm

ACNUR, http://www.acnur.org/t3/

ACNUR, *Tendencias Globales sobre refugiados y otras personas de interés del ACNUR*" en. http://www.acnur.org/t3/recursos/estadisticas/ [Consultado el 23 de septiembre de 2012]

Arnáiz, Nuria G. "*Sanar la enfermedad mental no sólo una cuestión de fe*", Editado por: *Protestante Digital* 2013 http://protestantedigital.com/sociedad/29582/Sanar_la_enfermedad_mental_no_solo_una_cuestion_de_fe

ASAM "Definition of Addiction" en ASAM *Public Policy Statement on Treatment for Alcohol and Other Drug Addiction, Adopted*: May 01, 1980, Revised:

January 01, 2010 citado por: http://www.asam.org/for-the-public/definition-of-addiction

Blomber, Craig L. "*Las posesiones materiales en el cristianismo primitivo*" en: http://www.edificacioncristiana.com/portada/posesionesmaterialescristianismprimitivo.pdf (consultado el 29.11.2015)

Bobadila, Dante "*El origen del pensamiento religioso*" en: http://es.slideshare.net/Xileone/la-conducta-religiosa (Descargado el 21.11.2015)

Campos, Bernardo "*Los albores del post pentecostalismo: ocaso y nacimiento de una pentecostalidad más universal*" en Cyberjournal For Pentecostal Charismatic Research (USA):http://www.pctii.org/cyberj/cyberj13/bernado.html

Campos, Bernardo *Visión de Reino en:* <http://www.academia.edu/12214871/Vision_de_Reino>

Carballal, Manuel "*Las parafilias como factor criminógeno*" en http://manuelcarballal.blogspot.pe/2007/03/las-parafilias-como-factor-crimigeno.html

Carlos Infante, Juan. *Reflexión sobre la intervención en situaciones de crisis* en: http://familiasistemica.over-blog.com/pages/Reflexion_sobre_la_intervencion_en_situaciones_de_crisis-2465198.html (Consultado el 26.11.2015)

Carlos Valdivieso, "*Medición de pobreza y desarrollo humano, dos extremos de los mismos ejes*" en: http://www.escuelapnud.org/biblioteca/documentos/abiertos/dadh-u2_Pobreza.pdf

Catalina Santos, *Identidad de Género*" en: http://www.kairos.org.ar/articuloderevistaiym.php?ID=1304

CEKK, *Carismatischen Erneuerung in der Katholischen Kirche* http://www.erneuerung.de/

CLIE, Editorial. "*Charles Hodge, Datos biográficos (1797-1878)*" en: http://www.clie.es/noticias/autor/charles-hodge/

Congreso internacional de Trabajadores Sociales, Santiago de Cuba.24-29/IX/2001 citado en http://es.wikipedia.org/wiki/Trabajo_social

Consejo Monetario Centroamericano, http://www.secmca.org/INFORMES /Coyuntura/Historico/2014/Coyuntura3Trim2014.pdf

Corporación Latinobarómetro *Banco de Datos en Línea "Informe 2013"* en: http://www.latinobarometro.org/documentos/LATBD_INFORME_LB_2013.pdf

Corporación Latinobarómetro. *Banco de Datos en Línea* 16 de abril de 2014:/Santiago de Chile en: http://www.latinobarometro.org/latNews Show.jsp

CRIN, "*Prácticas nocivas basadas en la Tradición, la cultura, la religión o la superstición*", https://www.crin.org/es/biblioteca/publicaciones/practicas-nocivas-basadas-en-la-tradicion-la-cultura-la-religion-o-la

Enciclopedia Británica, "*Rites de passage*" en: http://global.britannica.com/EBchecked/topic/504562/rite-of-passage

Escuela para todos (1977). «*Terremoto en Guatemala*». *Página del Almanaque Escuela para Todos.* en: http://www.almanaqueept.org/index.php/libros/finish/13-1977/2261-terremoto-en-guatemala [Consultado el 5 de noviembre de 2014]

Fraga, I. M. "*Teologia Prática e Teologia Pastoral: qual a relação?*" en: http://www.webartigos.com/artigos/teologia-pratica-e-teologia-pastoral-qual-a-relacao/55944/

Gallardo, Helio en: http://www.heliogallardo-americalatina.info/index.php?option=com_content&view=article&id=97&catid=11&Itemid=106

Gonzales Fernández, Álvaro. *Desviaciones y Perversiones sexuales*, en: http://www.monografias.com/trabajos82/desviaciones-y-perversiones-sexuales/desviaciones-y-perversiones-sexuales2.shtml)

Grondona, Mariano. *La corrupción*, Planeta, Buenos Aires, 1993:19 citado por Arnoldo Wiens, "*Los evangélicos latinoamericanos ante el desafío de la corrupción*"en:http://www.kairos.org.ar/index.php?option=com_content&view=article&id=958&catid=90%3Aarticulos-de-la-revista-iglesia-y-mision&Itemid=156

Guerra Correa, Karime Daniela. "*La corrupción política*" en: http://www.monografias.com/trabajos88/la-corrupcion-politica/la-corrupcion-politica.shtml

Guerrero Rodríguez, Pablo. "*Teología Pastoral: Idea, Palabra, Acción. La reflexión sobre la acción de la Iglesia*" (original: «¿Qué es la teología pastoral?: orígenes y sentidoactual». Conferencia pronunciada el 1 de junio de 2012 en el congreso de aniversario de la Revista SalTerrae ("La Teología pastoral y sus encrucijadas", p. 4) en: https://www.academia.edu/4795574/TEOLOGIA_PASTORAL_IDEA

Guio Saavedra, Omar Eduardo *Educación sexual para la familia*, en: http://educacionparalafamilia.jimdo.com/parafilias/

HO/ACI PRENSA / EWTN Noticias "*La FAO destaca la labor de la Iglesia frente al hambre y la pobreza en el mundo*" en: http://www.hazteoir.org/noticia/46347-fao-destaca-labor-iglesia-frente-hambre-y-pobreza-en-mundo

http://www.conoze.com/doc.php?doc=4862;

Hunter, Harold D. *Pentecostal-Charismatic Theological inquiry international* en: http://www.pctii.org/

Identidad Personal y Social "*La Teoría de la Identidad de Erick Erickson*": http://www.geocities.com/ResearchTriangle/Thinktank/4492/noticias/erikson.htm

Instituto Humanitas Unisinos, "*Cadernos de Teologia Publica*" Disponible en: http://www.ihu.unisinos.br/areas/teologia-publica/58627-programa-teologia-publica. [Descargado el 11 mayo. 2005]

La Jornada, "*Muere Rubem Alves, padre intelectual de la teología de la Liberación*" en: http://www.jornada.unam.mx/ultimas/2014/07/19/muere-rubem-alves-padre-intelectual-de-la-teologia-de-la-liberacion-5855.html

Lloyd-Jones, D.M. *Ecclesiola in Ecclesia. 'Aproximaciones a la Reforma de la Iglesia'. Discurso pronunciado en la Conferencia Puritana y Westminster en 1965.* Ver: http://www.the-highway.com/ecclesia_Lloyd-Jones.html.

Lozano, Fabio. *Evangélicos y Pobreza: Reflexiones a partir del estudio de la Acción Social de las iglesias evangélicas en Colombia.* En: ElreinodeDios_final.indd253-274 (Descargado el 17/12/08)

Luis Sulvurán, José *¿Qué es una Pastoral Juvenil? Pastoral Juvenil de Coyuca* (México) en: http://impactojuveniljuncos.jimdo.com/que-es-una-pastoral-juvenil/

Luna, Cash. *"Casa de Dios, tu casa"* en http://www.cashluna.org/index.cfm/page/conocenos/show/199/Casa-de-Dios

Map International, Equipo Regional. *"Salud integral e iglesia en América Latina"*, en:http://www.kairos.org.ar/index.php?option=com_content&view=article&id=1194&catid=90%3Aarticulos-de-la-revista-iglesia-y-mision&Itemid=156 (Descargado el 10 julio 2014)

Marcone, Julieta. Hobbes: entre el iusnaturalismo y el iuspositivismo. Andamios [online]. 2005, vol.1, n.2 [citado 2016-03-09], pp. 123-148. Disponible en: <http://www.scielo.org.mx/scielo.php?script=sci_arttext&pid=S1870-00632005000300006&lng=es&nrm=iso>. ISSN 1870-0063.

Martín del Moral, M. y Fernández, P. Lorenzo «*Conceptos fundamentales en drogodependencias*» en: http://media.axon.es/pdf/71675.pdf [Consultado el 14 de octubre de 2014]

Mcbride, Josh "600 millones de Pentecostales en el Mundo" Agencia La Voz. Basshunter - All I Ever Wanted. En: http://noticiaslavoz. Blogspot.com/ 2009/02/600-millones-de-pentecostales-en-el.html

Mora, Medina Ma. Elena y Villatoro, Jorge. *La epidemiología de la salud mental en México. International Association for Suicide Prevention* (IASP). World Suicide Prevention, Suicide Prevention the Globe: Strengthening Factors and Instilling Hope, en: http: //iasp.info/wspd/pdf/2012_wspd_brochure.pdf, julio de 2012.

Mullian Tesner, Rodrigo *Somatosemiosis e identidad carismática pentecostal.* Chile: *Revista Cultura y Religión*, (Vol 3, Nro. 2: 2009: 188-198) en: http://www.revistaculturayreligion.cl/index.php/culturayreligion/article/view/ 158.

Nonini, Rogelio "*La ética de la conducta ministerial*" en: http://www.seminarioabierto.com/formacion32.htm

ONU, "*Objetivo Del Milenio Nro. 1: Erradicar la pobreza extrema y el hambre*" (Perú) en: http://onu.org.pe/los-odm-en-el-peru/erradicar-la-pobreza-extrema-y-el-hambre/

ONU, *Convención de las Naciones Unidas contra la Delincuencia Organizada Transnacional*, Anexo II, Sección I, Artículo 3: 44–45. «Convention on Transnational Organized Crime». Unodc.org en: http://www.unodc.org/unodc/en/treaties/CTOC/index.html [Consultado el 11-07-2014]

Padilla, C. René. "*¿Para qué sirve la teología?*", *Revista Kairós*. Buenos Aires, Argentina. Disponible en: www.kairos.org.ar/

Panotto, Nicolás. "*Modernidades, posmodernidad y pentecostalismos*" en: http://www.slideboom.com/presentations/122057/Modernidades-posmodernidad-y-pentecostalismos.

Pew Research Center. "*Spirit and Power - A 10-Country Survey of Pentecostals* in: http://www.pewforum.org/2006/10/05/overview-pentecostalism-in-latin-america

PNUD, "*Human Development Reports*" (Media) en: http://hdr.undp.org/en/media/hdr_1997_en_chap1.pdf

PNUD, "*Erradicar la pobreza extrema y el hambre ¿Cómo vamos? (Guatemala)*" http://www.gt.undp.org/content/guatemala/es/home/mdgoverview/overview/mdg1/

Poblete, Renato. *El desafío del pentecostalismo* en: http://pentecostalidad.com/index.php/2015/07/19/ el-desafio-del-pentecostalismo/ (consultado el 18.11.2015)

Portillo Fernández, Carlos. *La teoría de Lawrence Kohlberg*, en: http://ficus.pntic. mec. es/ ~cprf0002/nos_hace/desarrol3.html [descargado 09.04.15]

Premios y nominaciones de Marcos Witt, en: https://es.wikipedia.org/ wiki/ Anexo: Premios_y_nominaciones_de_Marcos_Witt#cite_note-mark-2

Proceso Agape en https://www.oikoumene.org/en/resources/documents/wcc-programmes/public-witness-addressing-power-affirming-peace/po verty-wealth-and-ecology/neoliberal-paradigm/agape-background-document/@@download/file/agape-new.pdf

Quees.la, *¿Qué es proselitismo?* En: http://quees.la/proselitismo/23.11.2015

Red de Vida, http://www.reddevida.org/index.php/archivo/27-la-comision-nacional-de-pastoral-de-drogadependencia-ante-los-obispos. [Consultado el 17-02-2014]

Rich, Phil *"Adicciones"* en: http://www.mind-surf.net/drogas/adicciones.htm. [Consultado el 22 de Julio 2011]

Robeck, Jr., Cecil M. *Calle Azusa: 100 años después.* En: http://es.calameo.com/read/00025451143c9081333ac

Saracco, Norberto. *Pastoral latinoamericana; desafíos y tentaciones.* Buenos Aires, 2009 en: http://redcristianaradial.org/uploads/3/2/3/2/3232275/pastoral_latinoamericana_tentaciones_y_desafios.pdf

Secretaria de Salud. *Programa de Acción: Salud Mental*, citado por Nuria G. Arnáiz, en "Sanar la enfermedad mental no sólo una cuestión de fe", en: Protestante Digital 2013 http://protestantedigital.com/sociedad/29582/Sanar_la_enfermedad_mental_no_solo_una_cuestion_de_fe

Segundo Protocolo Facultativo del Pacto Internacional de Derechos Civiles y Políticos, destinado a abolir la pena de muerte, ohchr.org en: http://www2.ohchr.org/spanish/law/ccpr-death.htm [descargado el 05.09.14]

Serna, Ricardo. *"Sobre ritos y rituales"*, en: http://www.ellibrepensador.com/2012/03/01/sobre-ritos-y-rituales/

Söhngen, G. *Die Einheit in der Theologie* (Munich 1952) 307, citado por Albert Lang, *"Apóstol": ¿un carisma extinto? La permanencia del oficio apostólico* en http://apologetica.org

Solowjew, W. *Monarchia sancti Petri* (trad. Alemana de L. Kobilinski-Ellis, Mainz 1929) 473. Citado por Albert Lang, *"Apóstol": ¿un carisma extinto? La permanencia del oficio apostólico* en http://apologetica.org

Stamateas, Bernardo. *Fe Tóxica: El entendimiento y la superación de la adicción a la religión* en: http://campusministerial.org/diez-caracteristicas-de-un-sistema-de-fe-toxica.

Susana, Peiro. *"Aufhebung"*, en: http://susana-lesinsolents.blogspot.pe/2011/03/ aufhebung.html

Terapeutas, *"Anatheóresis"* en: http://www.terapeutas-anatheoresis.com/

Tork, Blog de. *"Adicción a la religión" en: De razones y sinrazones. Estupidez disfrazada de raciocinio*": http://bizcochodemontecristo.blogspot.pe/2008/01/adiccin-la-religin.html

United States Conference of Catholics Bishops *Catequesis de adultos* en http://www.usccb.org/beliefs-and-teachings/who-we-teach/young-adults (© 2015 Conferencia de Obispos Católicos de Estados Unidos) [Descargado 09.04.15]

Valles, Daniel. "De-Género" en http://www.oocities.org/elmeollodelasunto/art/grldegenero.htm

Westminster Hoy. *La Otra Iglesia Invisible: Ecclesiola in Ecclesia.* Diciembre 7 del 2009. https://westminsterhoy.wordpress.com/2009/12/07/la-otra-iglesia-invisible-ecclesiola-in-ecclesia/

Wiens, Arnoldo "*Los evangélicos latinoamericanos ante el desafío de la corrupción*" en:http://www.kairos.org.ar/index.php?option=com_content&view=article &id=958&catid=90%3Aarticulos-de-la-revista-iglesia-y-mision&Itemid=156

ZENIT ¿Proselitismo o evangelización? Entrevista a la jurista María José Ciaurriz. Madrid, 10 junio 2003 (ZENIT.org) en: http://mercaba.org/FICHAS/Evangelizacion/proselitismo_evangelizacion.htm (Consultado el 23.11.2015).

Pastoral Pentecostal 366

www.ingramcontent.com/pod-product-compliance
Lightning Source LLC
Chambersburg PA
CBHW081207170426
43198CB00018B/2875